Klaus P. Greis

Word 5.5 Makrotechnik

Makroprogrammierung, Tools,
Tips und Tricks

KLAUS P. GREIS

WORD 5.5 MAKROTECHNIK

MAKROPROGRAMMIERUNG, TOOLS, TIPS UND TRICKS

Die Deutsche Bibliothek – CIP-Einheitsaufnahme

Greis, Klaus P.:
Word 5.5 Makrotechnik: Makroprogrammierung,
Tools, Tips und Tricks / Klaus P. Greis. – Braunschweig;
Wiesbaden: Vieweg, 1992
    ISBN 978-3-528-05184-6   ISBN 978-3-663-13869-3 (eBook)
    DOI 10.1007/978-3-663-13869-3

Dieses Buch ist keine Original-Dokumentation zur Software der Fa. Microsoft.
Sollte Ihnen dieses Buch anstelle der Original-Dokumentation zusammen mit Diskette verkauft worden sein, welche die entsprechende Microsoft-Software enthalten, so handelt es sich wahrscheinlich um eine Raubkopie der Software.
Benachrichtigen Sie in diesem Fall umgehend Microsoft GmbH, Edisonstr. 1, 8044 Unterschleißheim – auch die Benutzung einer Raubkopie kann strafbar sein.

Verlag Vieweg und Microsoft GmbH

Das in diesem Buch enthaltene Programm-Material ist mit keiner Verpflichtung oder Garantie irgendeiner Art verbunden. Der Autor und der Verlag übernehmen infolgedessen keine Verantwortung und werden keine daraus folgende oder sonstige Haftung übernehmen, die auf irgendeine Art aus der Benutzung dieses Programm-Materials oder Teilen davon entsteht.

Satz: Klaus P. Greis
Umschlaggestaltung: Schrimpf & Partner, Wiesbaden

Gedruckt auf säurefreiem Papier

Vorwort

Was Sie nicht brauchen ...

... sind Kenntnisse irgendwelcher Art über Makros. Sie brauchen nicht zu wissen, was sie sind, was sie können und wie sie entstehen.

Was Sie mitbringen ...

... sind notwendigerweise Kenntnisse der grundlegenden Arbeitstechniken mit Word 5.5:

- Befehle in den Menüs wählen

- Dialogfelder handhaben

- Text eingeben, markieren, löschen und an anderer Stelle des Dokument wieder einfügen

... und was Sie geboten bekommen

In dem vorliegenden Buch finden Sie:

- Eine Einführung in die Makro-Technik

- Eine fundierte Erklärung der Word-Makro-Sprache

- Programmiermethoden und ihre effiziente Anwendung

- Einsatzfähige Makros für Ihre tägliche Arbeit mit Word

- Praxiserprobte Makro-Tools zur Programmierung Ihrer Makros

- Tips und Erfahrungen

- Eine Diskette mit allen Tools und Makros (insgesamt über 100)

Inhaltsverzeichnis

Über dieses Buch

Kennen Sie diese Situation?

Aus einem längeren Dokument müssen zunächst die Seiten 4 - 6 und 13 ausgedruckt werden, anschließend von verschiedenen Seiten einzelne Absätze und schließlich das ganze Dokument. Dann kommt das nächste Dokument ...

Ein dauerndes Ändern der Einstellungen im Dialogfeld des Druckbefehls ist die Folge; manchmal kommt dann doch das Falsche aus dem Drucker ...

Dabei bleiben die Finger zwar beweglich, aber einfacher, schneller und sicherer läßt sich das alles mit nur drei Tasteneingaben erledigen.[1]

Was leistet die Word-Makro-Technik?

Durch den Einsatz von Makros können Sie Arbeitsabläufe automatisieren. Im einfachsten Fall handelt es sich dabei um die Aufzeichnung alltäglicher Tastenfolgen, die Sie dann immer wieder ablaufen lassen können; die Einstellung bestimmter Druckparameter ist dafür ein Beispiel (siehe oben).

Möglich sind aber auch umfangreiche Makros, bei denen Sie schon bei der Programmierung oder auch erst während des Einsatzes Bedingungen festlegen können, die dann vom Makro während seines Ablaufs berücksichtigt werden.

In jedem Fall werden Sie durch den Makro-Einsatz von Routinearbeiten entlastet, die zwar notwendig sind, aber auch mehr oder weniger zeitraubend, manchmal fehlerträchtig und hin und wieder auch lästig.

Ziel und Inhalt des Buches

Das Buch erklärt in vier Teilen ausführlich alle Bereiche der Makro-Technik. Sie können auf diese Teile je nach Ihrer Verwendungsabsicht in unterschiedlicher Folge zugreifen.

---

[1]   Die Makros, die sich dahinter verbergen, finden Sie übrigens in Kapitel 28.

▸ **Teil A** führt Sie in die **Grundlagen der Makro-Technik** von Word 5.5 ein. Dabei geht es um die formalen Schritte von der Erstellung eines Makros über Test und Änderung bis zu seinem endgültigen Einsatz.

▸ **Teil B** beschreibt die **Makro-Sprache**, zeigt Programmiermethoden und erläutert beispielhafte Anwendungen. Damit können Sie ausgefeilte Lösungen auch komplexer Problemstellungen realisieren.

▸ **Teil C** stellt Ihnen ein umfangreiches System praxisbewährter **Programmierwerkzeuge** zur Verfügung. Diese Sammlung von Makros, Modulen und Textbausteinen nimmt Ihnen die formalen Aspekte der Programmierung ab und ermöglicht es Ihnen dadurch, sich ganz auf die inhaltliche Seite der Problemlösung zu konzentrieren.

▸ **Teil D** enthält **Makros für alle Bereiche** Ihrer Arbeit mit Word - vom Öffnen eines Fensters bis zum fertigen Ausdruck des Dokuments. Tips und Tricks aus dem Makro-Alltag ergänzen diesen Teil.

Die Darstellungsweise in diesem Buch

In den einzelnen Kapiteln der Teile finden Sie ein bestimmtes System der Darstellung, das Ihnen die inhaltliche Arbeit mit dem Buch erleichtert.

Beispiel

Bei diesem Stichwort zeigen Beispiele, worum es beim dargestellten Thema geht. Hier werden auch konkrete Aufgabenstellungen und Probleme beschrieben, wie Sie sie aus Ihrer Word-Praxis kennen.

```
Makro-Sequenzen verdeutlichen das Beispiel und zeigen exempla-
risch den Lösungsschritt zum dargestellten Problem.
```

Makro-
Fehler

Hier werden Fehler beschrieben, die in bestimmten Situationen entstehen können. Neben der Erklärung der Ursache finden Sie auch Hinweise zur Fehlerbeseitigung.

```
        Die Fehlermeldung, die Word präsentiert,
             wird im Wortlaut wiedergegeben.
```

Siehe auch:

Hier finden Sie Querverweise auf andere Kapitel, in denen zusätzliche Aspekte dargestellt sind, die mit dem vorangegangenen Thema zu tun haben.

Achtung Neben diesem Stichwort finden Sie Tips zur Vereinfachung der Arbeit mit Makros, Hinweise auf Makro-Tools und Warnungen vor möglichen "Stolpersteinen".

Das Makro *soundso*: Ihr Nutzen

Die Makros, die Ihnen mit diesem Buch zur Verfügung stehen, erleichtern Ihnen die Arbeit, machen sie effizienter und sicherer. Welchen spezifischen Nutzen Sie durch das einzelne Makro haben, ist unter dieser Überschrift erläutert.

Einsatz des Makros

1. Unter dieser Schlagzeile wird beschrieben, wie Sie das Makro starten.

2. Wenn vor dem Makro-Start bestimmte Dinge zu machen sind, wird das ebenfalls hier beschrieben.

3. Alles, was Sie während des Makro-Ablaufs tun müssen, zeigen Ihnen Hinweise in Dialogfeldern und in der Meldungszeile.

Funktion des Makros

Unter dieser Überschrift ist im Detail erklärt, warum das Makro wann welche Schritte ausführt oder nicht. Dabei werden makrotechnische Besonderheiten ebenso erläutert wie Aspekte der "normalen" Arbeit mit Word, die in Zusammenhang mit dem Makro stehen.

Damit die Erklärungen nachvollziehbar sind, ist der vollständige Makro-Text wiedergegeben.

---

1. An dieser Stelle finden Sie immer den vollständigen Makro-Text.
2. Er ist mit dem Makro auf der beiliegenden Diskette identisch.

█ Anpassung an Ihre Situation

Falls Sie das eine oder andere Makro an Ihre individuelle Situation anpassen
wollen oder müssen, wird das unter dieser Überschrift dargestellt.

```
1.   Dabei sind - wie bei der Funktionsbeschreibung des Originalmakros - die ein-
     zelnen Schritte aufgelistet, die im Makro-Text anzupassen sind.
2.   Was dabei im einzelnen zu tun ist, wird ausführlich erklärt.
```

Die Installation der Makros

Alle beschriebenen Makros, Module und Textbausteine befinden sich auf der
beiliegenden Diskette in den beiden Makro/Textbaustein-Dateien
M-PRAXIS.TBS und M-TOOLS.TBS. Kopieren Sie beide Dateien auf die
Festplatte in Ihr Word-Verzeichnis. Sie können das entweder mit dem DOS-
Befehl COPY tun, oder - angewandte Makro-Technik - Sie setzen dafür ein
Makro ein.

█ Kopieren mit einem Makro

Sie brauchen noch nichts von Makro-Technik oder -Programmierung zu verstehen, um das Makro einzusetzen. Es ist bereits vorhanden. Machen Sie folgendes:

1.   Starten Sie Word wie gewohnt.

2.   Legen Sie die Diskette dieses Buches in das Laufwerk A: ein, und ver-
     riegeln Sie es.

3.   Wählen Sie den Befehl *Makro Bearbeiten* und dann im Dialogfeld *Makro
     bearbeiten* die Option < Öffnen >.

4.   Wählen Sie im Listenfeld *Verzeichnisse* die Laufwerksbezeichnung
     [-A-]. Ihr Bildschirm sollte jetzt aussehen wie in Bild 1.

5.   Wählen Sie im Listenfeld *Dateien* den Namen KOPIEREN.TBS.

6.   Warten Sie auf das Dialogfeld mit der Erfolgsmeldung (Bild 2), und
     drücken Sie dann die Eingabetaste.[2]

---

[2]   Warum das alles so geschehen ist, wird in Kapitelabschnitt 4.5 beschrieben.

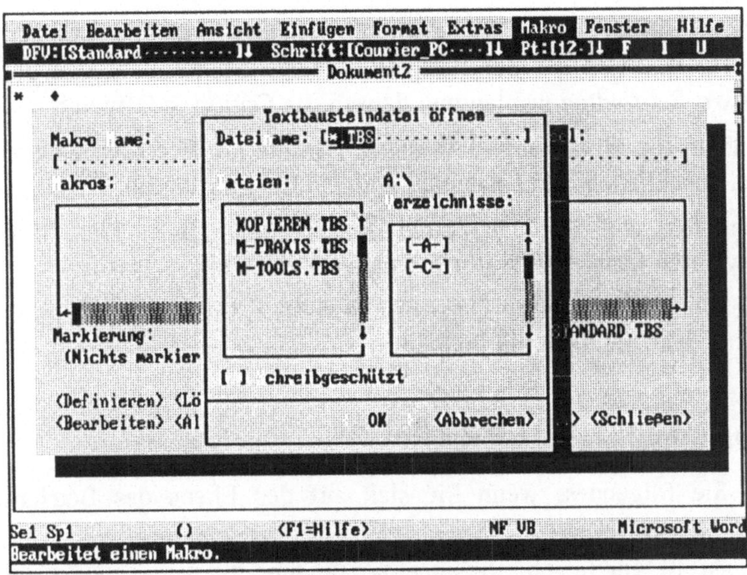

Bild 1: Das Dialogfeld zeigt die Makro-Dateien auf der beiliegenden Diskette

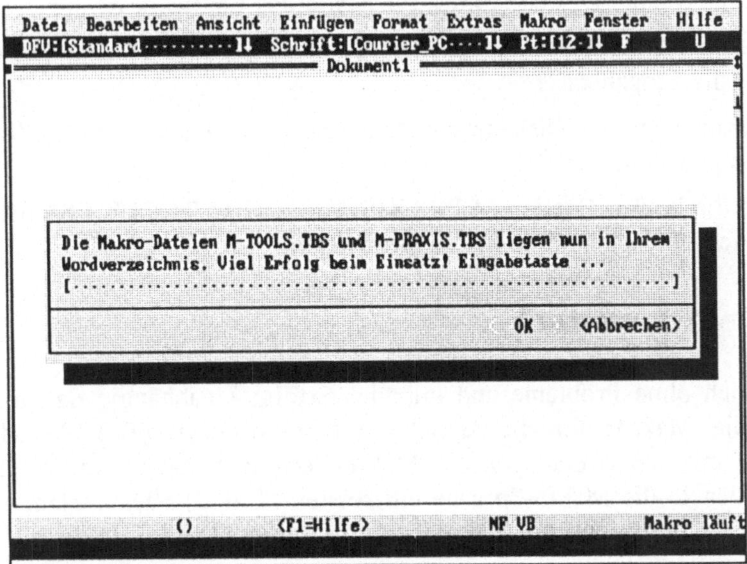

Bild 2: Wenn dieses Dialogfeld erscheint, ist der Kopiervorgang abgeschlossen

7. Öffnen Sie eine der beiden Dateien M-PRAXIS.TBS oder M-TOOLS.TBS auf der Festplatte, indem Sie noch einmal den Befehl *Makro Bearbeiten* wählen und danach die Option <Öffnen>.

8. Wählen Sie im Listenfeld *Verzeichnisse* die Laufwerksbezeichnung [-C-] und anschließend im Listenfeld *Dateien* die gewünschte Datei.

9. Schließen Sie das Dialogfeld *Makro bearbeiten*. Die Makros der gewählten Datei stehen Ihnen nun zur Verfügung.

Falls Sie eine andere Makro-Datei öffnen wollen, lesen Sie bitte in Kapitelabschnitt 2.3, was Sie dazu tun müssen.

Kopieren mit dem DOS-Befehl

Machen Sie folgendes, wenn Sie sich auf der Ebene des Betriebssystems befinden:

1. Wechseln Sie in das Verzeichnis, in dem Sie Word installiert haben. Wenn das Verzeichnis beispielsweise *Word* heißt, geben Sie nach der Systemaufforderung *cd\word* ein, und drücken Sie die Eingabetaste.

2. Legen Sie die Diskette dieses Buches in das Laufwerk A: ein.

3. Geben Sie nach der Systemaufforderung *copy a:m*.** ein, und drücken Sie die Eingabetaste.

4. Nehmen Sie die Diskette aus dem Laufwerk A:, und starten Sie Word wie gewohnt.

Wie Sie die beiden Dateien M-PRAXIS.TBS und M-TOOLS.TBS öffnen, ist ausführlich in Kapitelabschnitt 2.3 beschrieben.

Wie geht's weiter?

Hoffentlich ohne Probleme und mit viel Erfolg: Unabhängig davon, ob Sie gleich die Makros für die tägliche Arbeit einsetzen (Teil D) oder sich zunächst mit den Grundlagen der Makro-Technik befassen wollen (Teil A); ob Sie sich in die Makro-Sprache einarbeiten (Teil B) oder - erfahren in der Makro-Erstellung - auf die Makro-Tools zugreifen (Teil C). In diesem Sinne:

Viel Spaß!

Teil A
Makrotechnische Grundlagen

Vor die Arbeitserleichterung durch Makros hat Word die Beachtung einiger Formalitäten gesetzt. Es geht dabei um die rein technische Seite des Umgangs mit Makros:

▶ Mit dem **Menü Makro** enthält Word 5.5 in der neuen Benutzeroberfläche jetzt ein eigenes Menü, in dem alle Befehle zusammengefaßt sind, die zur Erledigung der formalen Aspekte der Makro-Arbeit notwendig sind.

▶ **Die Bearbeitung von Makros** umfaßt alle Schritte von der Erstellung und Benennung über das Testen und Ändern der Makros bis zum Speichern.

▶ **Beim Einsatz von Makros** können unterschiedliche Startverfahren angewendet werden. Dabei ist es wichtig, ob ein Makro etwa aus dem Arbeitsbildschirm heraus gestartet wird oder aus der Seitenansicht. Ebenso wichtig ist es zu beachten, wo der erste Makro-Schritt ausgeführt werden soll.

▶ Zwischen **Makros und Textbausteinen** besteht ein enger Zusammenhang: Sie sind zwar in derselben Datei gespeichert, werden aber in unterschiedlichen Dialogfeldern präsentiert.

▶ Die **Verwendung Ihrer alten Word 5.0-Makros** ist (u. a.) durch den Einsatz eines Konvertierungsprogramms gesichert.

Die folgende Übersicht zeigt den Inhalt von Teil A.

Übersicht Teil A

1 Makros: Hilfen zur effizienteren Arbeit mit Word

Makros sind Programme, die eine Folge einzelner Arbeitsschritte enthalten. Solche Programme können Sie mit Word selbst schreiben. Die Arbeitsschritte, die ein Makro enthält, werden nach seinem Start automatisch ausgeführt. Dabei wird alles das gemacht, was Sie ohne das Makro durch Eingabe einzelner Befehle und Betätigung einzelner Tasten auch erreichen können.

Der Unterschied zwischen der manuellen Ausführung durch Sie und der automatischen durch das Makro besteht vor allem darin, daß durch das Makro die Arbeitsschritte schneller und immer fehlerfrei ausgeführt werden - vorausgesetzt natürlich, daß im Makro selbst keine Schritte eingebaut sind, die Fehler verursachen.

Makros können alles das, was Sie vorher durch den Text des Makros festgelegt haben. Dadurch können sie (und Sie) Ihre Arbeit erleichtern. Von einer Erleichterung kann natürlich nur dann die Rede sein, wenn durch das Makro Arbeitsschritte ersetzt werden, die Sie sehr häufig ausführen müssen.

Makros können Befehle aus dem Befehlsmenü ausführen. Durch Makros lassen sich aber auch Texte erstellen, was natürlich nicht heißen soll, daß Makros Texte selbständig produzieren können. Sie müssen diese Texte vorher in irgendeiner Form schon einmal eingegeben haben, sei es in Form von Textbausteinen oder als Teil des Makro-Textes.

Beispiel   Wenn Sie einen Brief schreiben wollen, müssen außer dem eigentlichen Brieftext einige formale Textteile geschrieben werden: Absender, Empfänger, Datum, Anrede und Schlußformel. Bis auf die Empfängerangaben und den Inhalt des Briefes kann alles andere durch ein Makro geschrieben werden. Dabei gibt es verschiedene Möglichkeiten: selbst erstellte Textbausteine, in Word integrierte Textbausteine und unmittelbar im Makro eingefügte Textelemente. Das folgende Makro enthält alle drei Möglichkeiten:

```
<menü>ts<alt o>5<tab>3<tab>3<tab>3<return>
<oben>abs<f3>
<return 5>
«PAUSE Empfänger eingeben, dann Eingabetaste»<return>
«PAUSE Straße oder Postfach eingeben, dann Eingabeta-
ste»<return 2>
«PAUSE PLZ und Ort eingeben, dann Eingabetaste»<return 4>
<tab 6>datum<f3><return 3>
Sehr geehrte Damen und Herren,<return 2>
```

Nachdem die Seitenränder festgelegt sind, wird der selbst erstellte Textbaustein *abs* eingefügt. Dahinter verbirgt sich die vollständige Absenderangabe. Anschließend werden Sie in drei Schritten zur Eingabe der Empfängerdaten aufgefordert. Wenn Sie diese eingegeben haben, wird der Word-Textbaustein *Datum* eingefügt. Der Text der Anredeformel wird weder als Textbaustein eingefügt noch als direkte Eingabe manuell geschrieben; er ist Bestandteil des Makro-Texts und wird während des Ablaufs durch das Makro geschrieben. Ein mit diesem oder einem ähnlichen Makro erstellter Briefanfang könnte dann aussehen wie in Bild 1.1.

I. K. Rus
Testpilot
In den Wolken 1

2345 Ganzweitoben

P. Gasus GmbH
An der Rennbahn 6

7890 Weiterunten

12. September 1991

Sehr geehrte Damen und Herren,

Bild 1.1: Formale Teile eines Briefes lassen sich mit einem Makro einfach und schnell erstellen

Bei Makros lassen sich drei grundsätzliche Arten mit jeweils mehreren Varianten unterscheiden:

▸　Unverzweigte Makros

▸　verzweigte Makros

▸　Makros mit Schleifen

Die Besonderheiten, die diese verschiedenen Arten jeweils ausmachen, werden jetzt an einfachen Beispielen dargestellt. Die Schreibweise der Makro-Texte wird in Kapitel 19 erläutert.

Unverzweigte Makros sind solche, bei denen nach dem Start die in ihnen festgelegten Arbeitsschritte nacheinander bis zum Ende des Makros abgearbeitet werden. Diese Makros laufen ab, ohne daß Sie einzugreifen brauchen. Das folgende Beispiel ist ein solches unverzweigtes Makro.

```
<menü>ts10,5<tab>21<tab>2<alt u>3<return>
```

Dieser Makro-Text ist eine Folge von Tasteneingaben, durch die mit dem Befehl *Format Seitenränder* die Seitengröße DIN A5 mit bestimmten Seitenrändern festgelegt wird.

Bei verzweigten Makros hängt der Ablauf des Makros von Bedingungen ab, die Sie bei der Konzeption des Makros gestellt haben. Die Entscheidung, ob eine Bedingung erfüllt ist oder nicht, kann makroextern oder makrointern gefällt werden. Im ersten Fall entscheiden Sie über den weiteren Ablauf, im zweiten das Makro selbst.

Verzweigte extern gesteuerte Makros sind solche, bei denen an einer bestimmten Stelle der weitere Ablauf der Arbeitsschritte von Ihrer Entscheidung abhängt. Ein Beispiel für diesen Makro-Typ:

```
«AWENN Antwort="ja"»
    <menü>dp
    «QUITT»
«SONST»
    <strg pos1>
«EWENN»
```

Die Entscheidung für die eine oder andere Möglichkeit wird von Ihnen getroffen: Wenn Sie eine zuvor gestellte Frage mit "ja" beantworten, wird das Dokument gespeichert und anschließend das Makro durch QUITT beendet.

Im anderen Fall (SONST) wird der Cursor an den Zeilenanfang gesetzt und das Makro beendet.

Verzweigte intern gesteuerte Makros unterscheiden sich von dem eben beschriebenen Typ lediglich dadurch, daß nicht Sie, sondern die interne Makro-Logik entscheidet, wie das Makro weiter abläuft. Ein Beispiel dafür:

```
<pos1><menü>bs«Suchbegriff»<return>
«AWENN gefunden»
    <rechts><f8><ende><links><unt>
«SONST»
    <strg ende><umschalten einf><return>
«EWENN»
```

Hier wird die Entscheidung getroffen, ohne daß Sie eingreifen: Wenn der Suchbegriff gefunden worden ist, wird ein bestimmtes Stück des Texts markiert; sonst wird am Ende des Dokuments der Inhalt des Papierkorbs eingefügt und durch eine Absatzmarke abgeschlossen. Das Makro ist dann so oder so beendet.

Bei Makros mit Schleifen hängt der Ablauf ebenso wie bei verzweigten Makros auch von Bedingungen ab. Schleifen bedeuten Wiederholungen bestimmter Schritte des Makros. Die Entscheidung, ob, wann und wie oft eine solche Wiederholung stattfindet, kann entweder makroextern durch Ihre Eingaben oder makrointern durch Ihre einmal gemachten Vorgaben in Form der Makro-Logik getroffen werden.

Extern gesteuerte Wiederholungen werden dann ausgeführt, wenn Sie sich durch entsprechende Eingaben ausdrücklich dafür entscheiden. Ein Beispiel:

```
<menü>bs«Suchbegriff»<return>
«SOLANGE gefunden»
    «ABFRAGE Antwort=?Weitersuchen? J oder nur Eingabetaste»
    «AWENN Antwort="j"»
        <lösch>
        <umschalten f4>
    «SONST»
        «QUITT»
    «EWENN»
«ESOLANGE»
```

Solange der Suchbegriff gefunden worden ist, können Sie entscheiden, ob die Suche beendet oder ob weitergesucht werden soll. Wenn Sie sich für das Weitersuchen entscheiden, wird nach dem Löschen des gefundenen Suchbegriffs weitergesucht; sonst wird das Makro durch QUITT beendet. Für den Fall, daß weitergesucht wird, werden wieder die beiden Möglichkeiten zur

Entscheidung geboten - solange der Suchbegriff gefunden worden ist. Wenn er nicht mehr gefunden werden kann, weil das Dokument vollständig abgesucht worden ist, wird das Makro ebenfalls beendet.

Intern gesteuerte Wiederholungen werden solange ausgeführt, bis entweder eine zuvor bestimmte Zahl von Ausführungen erreicht ist oder die Bedingung für eine Wiederholung nicht mehr vorliegt.

Für den ersten Fall können Sie entweder schon bei der Erstellung des Makros festlegen, wie oft ein bestimmter Schritt ausgeführt werden soll. Im folgenden Beispiel wird der Textbaustein mit dem Namen *Zeile1* dreimal eingefügt, dann ist das Makro beendet.

```
«WIEDERHOLE 3»
    Zeile1<f3>
«EWIEDERHOLE»
```

Die Zahl kann aber auch erst nach dem Start des Makros festgelegt werden. Ein Beispiel:

```
«ABFRAGE Zahl=?Zahl der Linien eingeben. Eingabetaste»
«WIEDERHOLE Zahl»
    Zeile1<f3>
«EWIEDERHOLE»
```

Nachdem die gewünschte Zahl eingegeben worden ist, wird der Textbaustein so oft eingefügt, bis der Wert der eingegebenen Zahl und damit das Ende des Makros erreicht ist.

Für den zweiten Fall, die nicht mehr vorliegende Bedingung für eine Wiederholung, soll als Beispiel noch einmal ein Suchvorgang dienen:

```
<menü>bs«Suchbegriff»<return>
«SOLANGE gefunden»
    <lösch>
    <umschalten f4>
«ESOLANGE»
```

Ist der Suchbegriff gefunden worden, wird er gelöscht und der Suchvorgang solange wiederholt, bis der Suchbegriff nicht mehr gefunden werden kann, weil das Ende des Dokuments erreicht ist; eine Wiederholung ist damit nicht mehr möglich. Das Makro wird beendet.

Diese idealtypischen Makros sind in der Realität wohl selten in reiner Form anzutreffen; vielmehr wird jedes Makro eine mehr oder weniger umfangreiche Kombination der beschriebenen Grundtypen sein.

2 Der Makro-Dialog mit Word

Für den Dialog mit Word, das heißt die Wahl von Befehlen, das Markieren von Optionen usw. stehen die Menüs und die Dialogfelder zur Verfügung. Für die Bearbeitung und den Einsatz von Makros ist es ein (in Word 5.5 erstmals) eigenes Menü. Auch beim Makro-Dialog kann sowohl die Tastatur als auch die Maus oder eine Kombination der beiden eingesetzt werden.

Sie haben dabei Ihre individuelle und so auch optimale Bedienungsmöglichkeit. Deshalb finden Sie in diesem Buch bei den Beschreibungen (in der Regel) keine Hinweise, ob Sie etwa eine gewählte Option mit der Eingabetaste oder mit der Maus bestätigen, ob Sie ein Dialogfeld mit der Esc-Taste oder durch Klicken auf der Schaltfläche < Abbrechen > schließen usw.

Grundsätzlich wird beim Umgang mit Makros das Befehlsmenü *Makro* verwendet. Zwischen Makro- und Textbaustein-Datei besteht aber ein funktionaler Zusammenhang, der auch bei den Makro-Tools dieses Buches berücksichtigt wird (Kapitelabschnitt 21.4, 21.5, 21.6). Deshalb finden Sie im folgenden neben der Beschreibung des Menüs *Makro* auch die des entsprechenden Befehls für Textbausteine.

2.1 Das Befehlsmenü *Makro*

Das Menü *Makro* enthält drei Befehle (Bild 2.1), mit denen alle Schritte ausgeführt werden können, die beim Umgang mit Makros notwendig sind.

2.1.1 Der Befehl *Makro Aufzeichnen*

Mit diesem Befehl wird der Makro-Rekorder ein- und ausgeschaltet. Dadurch werden die Tastenbezeichnungen aufgezeichnet, die Sie bei eingeschaltetem Rekorder drücken. Im makrotechnischen Sinn werden die Funktionen der Tasten aufgezeichnet.

Um den Makro-Rekorder einzuschalten, wählen Sie den Befehl *Makro Aufzeichnen*. Sie können aber auch die hinter diesem Befehl genannte Tastenkombination Strg+F3 drücken. In beiden Fällen wird das Dialogfeld *Makro aufzeichnen* geöffnet (Bild 2.2).

Bild 2.1: Das Menü "Makro" enthält drei Befehle

Bild 2.2: Dieses Dialogfeld brauchen Sie, um Makros
aufzuzeichnen

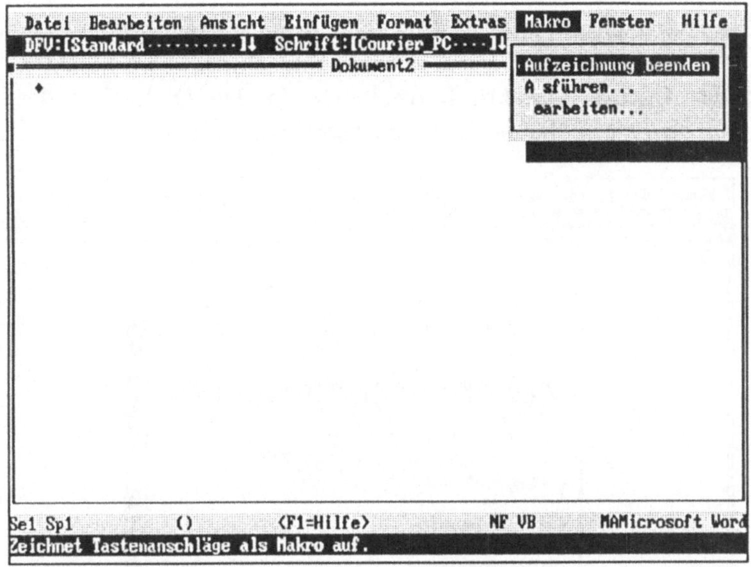

*Bild 2.3: Die zweite Form des Menüs "Makros" mit dem Befehl
"Aufzeichnung beenden"*

Geben Sie im Dialogfeld *Makro Aufzeichnen* die Benennung des Makros ein, unter dem es gespeichert werden soll. Wie man Makros benennt, finden Sie in Kapitelabschnitt 3.2.

Um die Aufzeichnung zu beenden, wählen Sie wieder das Menü *Makro*. Jetzt steht hier an erster Stelle der Befehl *Makro Aufzeichnung beenden* (Bild 2.3). Ausführlich ist das alles in Kapitelabschnitt 3.1.1 beschrieben.

2.1.2 Der Befehl *Makro Ausführen*

Wenn Sie eine bestimmte Tastenfolge, also ein Makro aufgezeichnet haben (oder auch programmiert), können Sie diese Funktionsfolge wieder abrufen. Das Makro führt also nacheinander alle aufgezeichneten Schritte aus. Dazu müssen Sie das gewünschte Makro benennen.

Wenn Sie den Befehl in der Menüleiste gewählt haben, erscheint das Dialogfeld *Makro ausführen*, in dem Sie festlegen, welches Makro ausgeführt werden soll (Bild 2.4). Das Dialogfeld ist zugleich eine Bestandsliste der vorhandenen Makros. Mehr zur Ausführung von Makros finden Sie in Kapitelabschnitt 4.1.

Wenn Sie aber das gewählte Makro doch nicht starten wollen, sondern den Makro-Text zunächst noch einmal auf den Bildschirm holen möchten, können Sie mit der Option < Makro bearbeiten> in das Dialogfeld des Befehls *Makro Bearbeiten* umschalten (siehe nächster Abschnitt).

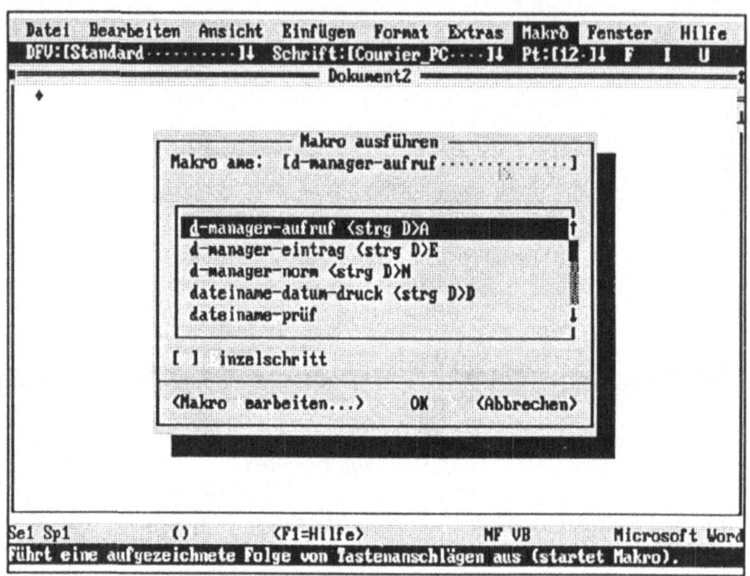

Bild 2.4: In diesem Dialogfeld wählen Sie das auszuführende Makro

2.1.3   Der Befehl *Makro Bearbeiten*

Makro-Texte müssen in der Regel öfter bearbeitet und wieder gespeichert werden, bis ein Makro einwandfrei läuft. Dazu dient der Befehl *Makro Bearbeiten*, mit dem das gleichnamige Dialogfeld geöffnet wird (Bild 2.5). Es ist ebenso wie das Dialogfeld *Makro ausführen* auch ein Bestandsverzeichnis der Makros. Außerdem ist es gewissermaßen ein "Spezial-Datei-Manager" für Makro-Dateien.

Mit den Optionen <Öffnen>, <Speichern> und <Verbinden> werden weitere Dialogfelder geöffnet (Bild 2.6). Dort können Sie Datei- und Verzeichnisnamen bestimmen, um Makro-Dateien zu öffnen, zu speichern oder zu verbinden. Mehr dazu finden Sie in den Kapitelabschnitten 2.3, 3.2, 3.3, 3.4.1 und 3.5.

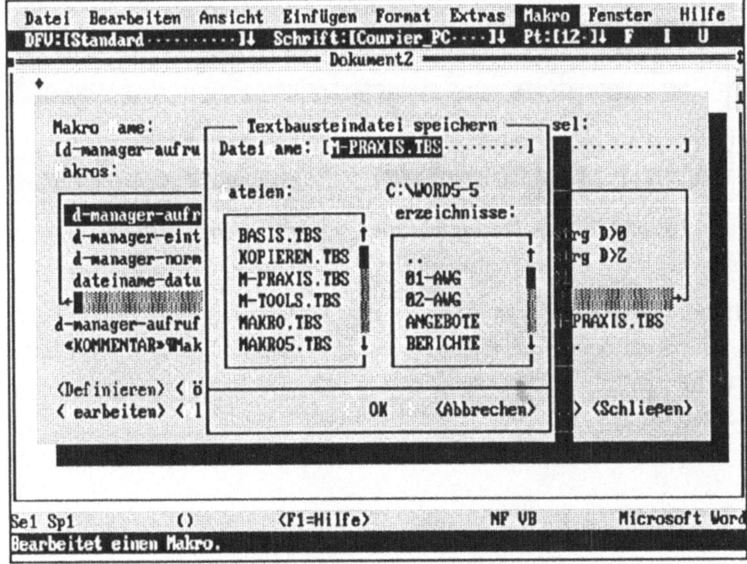

Bild 2.5: *Das Dialogfeld zum Speichern von Makros und für das Makro-Datei-Management*

Bild 2.6: *In diesem Dialogfeld bestimmen Sie, in welche Datei Ihr Makro-Bestand zu speichern ist*

2.2   Der Menübefehl
Bearbeiten Textbaustein

Für den Umgang mit Makros steht ein eigenes Menü zur Verfügung. Für Textbausteine wird der Befehl *Textbaustein* im Menü *Bearbeiten* verwendet. Der Befehl öffnet das Dialogfeld *Textbaustein* (Bild 2.7). Es ist ein Bestandsverzeichnis aller Textbausteine der aktuellen Textbaustein- bzw. Makro-Datei (die Makros dieser Datei sind im Dialogfeld *Makro bearbeiten* aufgelistet).

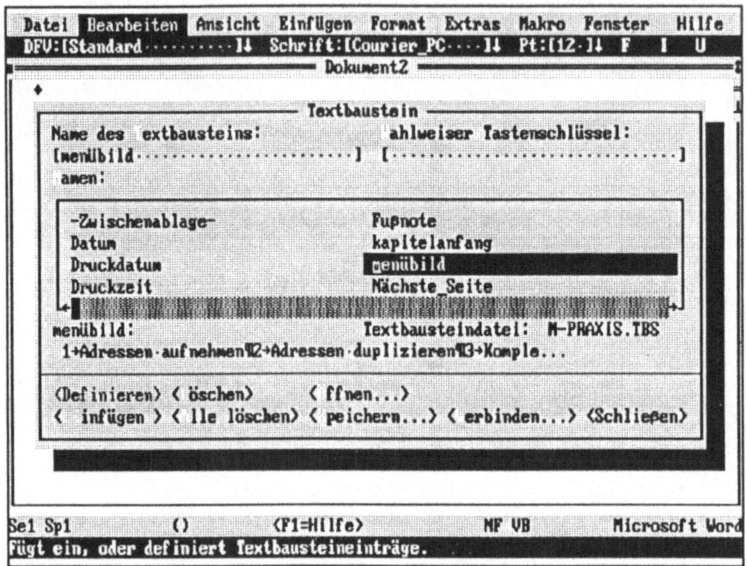

Bild 2.7: *Das Dialogfeld für Einsatz und Bearbeitung von Textbausteinen*

Auch dieses Dialogfeld ist eine Art "Datei-Manager" für Textbaustein-Dateien. Die Optionen <Öffnen>, <Speichern> und <Verbinden> entsprechen in ihrer Funktion denen im Dialogfeld *Makro bearbeiten* (Kapitelabschnitt 2.1.3).

2.3 Makro- und Textbaustein-Dateien öffnen, speichern und verbinden

Beim Start von Word wird automatisch die Makro- bzw. Textbaustein-Datei STANDARD.TBS geladen. Damit stehen Ihnen die in dieser Datei enthaltenen Makros und Textbausteine zur Verfügung. Wenn Sie andere Makro- bzw. Textbaustein-Dateien verwenden wollen, müssen Sie diese zuerst öffnen bzw. verbinden und eventuelle Änderungen speichern.

2.3.1 Wie man eine Datei öffnet

Um statt der aktuellen Datei STANDARD.TBS eine andere einzusetzen, öffnen Sie die gewünschte Datei. Sie können das auf zwei verschiedene Arten machen: Entweder Sie wählen den Befehl *Makro Bearbeiten* und öffnen so die *Makro*-Datei, oder Sie verwenden den Befehl *Bearbeiten Textbaustein* und öffnen dieselbe Datei, aber unter der Bezeichnung *Textbaustein*-Datei.

▌ Die einzelnen Schritte

1. Wählen Sie den Befehl *Makro Bearbeiten* bzw. *Bearbeiten Textbaustein*.

2. Wählen Sie im Dialogfeld *Makro bearbeiten* bzw. *Textbaustein* die Option < *Öffnen* > (Bild 2.5).

3. Markieren Sie im Dialogfeld *Textbausteindatei öffnen* im Listenfeld *Dateien* die gewünschte Datei, und wählen Sie danach die Option < OK > (Bild 2.6).

   Wenn Sie Makros- oder Textbausteine der aktuellen Datei - z. B. die STANDARD.TBS - verändert haben, bekommen Sie in einem Dialogfeld die folgende Meldung:

   ```
   STANDARD.TBS wurde bearbeitet. Sollen die
           Änderungen gespeichert werden?
   ```

   Wählen Sie die gewünschte Option.

4. Drücken Sie die Esc-Taste, um das Dialogfeld *Makro bearbeiten* bzw. *Textbaustein* wieder zu schließen.

Achtung Wenn Sie auf ein anderes als das aktuelle Verzeichnis zugreifen wollen, wählen Sie es im Listenfeld *Verzeichnisse*.

Sie können jetzt die Makros und Textbausteine dieser neuen Datei verwenden. Wie Sie die Makros starten bzw. die Textbausteine einfügen, finden Sie ausführlich in Kapitelabschnitt 4.1

2.3.2   Wie man eine Datei speichert

Wenn Sie eine Makro- bzw. Textbaustein-Datei vor dem Beenden von Word speichern wollen, können Sie - wie beim Öffnen einer solchen Datei - auch mit beiden Befehlen arbeiten.

Die einzelnen Schritte

1.   Wählen Sie den Befehl *Makro Bearbeiten* bzw. *Bearbeiten Textbaustein.*

2.   Wählen Sie im Dialogfeld *Makro bearbeiten* bzw. *Textbaustein* die Option < Speichern > (Bild 2.5).

3.   Wählen Sie die Option < OK >, wenn Sie die Datei unter dem vorgeschlagenen Dateinamen speichern wollen.

      Falls Sie einen anderen Dateinamen verwenden wollen, geben Sie diesen im Textfeld *Dateiname* ein, oder markieren Sie einen im Listenfeld *Dateien*. Wählen Sie danach die Option < OK >.

Achtung Es ist empfehlenswert, zumindest nach größeren Änderungen von Makros oder Textbausteinen, die aktuelle Datei zu speichern. Sicherungsmöglichkeiten für Ihre Makros sind ausführlich in Kapitel 7 beschrieben.

2.3.3   Wie man Makro- bzw. Textbaustein-Dateien miteinander verbindet

Wenn Sie gleichzeitig Makros bzw. Textbausteine verwenden wollen, die in *verschiedenen* Makro- bzw. Textbaustein-Dateien gespeichert sind, müssen Sie die Dateien verbinden. Anschließend steht Ihnen der Inhalt dieser beiden Dateien zur Verfügung. Als Dateiname wird der Name der Datei verwendet, die als erste geöffnet war.

Ihre aktuelle Makro-Datei soll beispielsweise STANDARD.TBS heißen. Wenn Sie diese mit der Datei M-TOOLS.TBS verbinden, ist der Inhalt beider Dateien in der Datei STANDARD.TBS enthalten.

Die einzelnen Schritte

1. Wählen Sie den Befehl *Makro Bearbeiten* bzw. *Bearbeiten Textbaustein*.

2. Wählen Sie im Dialogfeld *Makro bearbeiten* bzw. *Textbaustein* die Option < Verbinden > (Bild 2.5).

3. Markieren Sie im Dialogfeld *Textbausteindatei öffnen* im Listenfeld *Dateien* die gewünschte Datei, und wählen Sie danach die Option < OK >.

4. Drücken Sie die Esc-Taste, um das Dialogfeld *Makro bearbeiten* bzw. *Textbaustein* wieder zu schließen.

5. Wenn Sie eine weitere Datei mit dieser neuen verbinden wollen, beginnen Sie noch einmal bei Punkt 1.

Achtung Wenn Sie auf ein anderes als das aktuelle Verzeichnis zugreifen wollen, wählen Sie es im Listenfeld *Verzeichnisse*.

Sie können jetzt die Makros und Textbausteine dieser verbundenen Dateien verwenden. Wie Sie die Makros starten bzw. die Textbausteine einfügen, finden Sie ausführlich in Kapitelabschnitt 4.1

Wollen Sie den Inhalt der verbundenen Dateien in dieser Form erhalten, speichern Sie diese aktuelle Datei (Kapitelabschnitt 2.3.2). Wenn Sie aber nur den ursprünglichen Inhalt der ersten Datei speichern wollen, öffnen Sie eine andere Datei (Kapitelabschnitt 2.3.1). Wählen Sie im Dialogfeld mit der Frage, ob die Änderungen gespeichert werden sollen, die Option < Nein >.

Siehe auch: *Kapitelabschnitt 29.23*

3   Die Bearbeitung von Makros

3.1   Wie Makros entstehen

Makros können auf zwei unterschiedliche Arten erstellt werden. Einschränkend muß allerdings gleich gesagt werden, daß diese Aussage nur auf unverzweigte Makros zutrifft; verzweigte Makros und Makros mit Schleifen lassen sich nur programmieren.

Das in Kapitel 1 beschriebene Makro zur Formatierung des Seitenrandes ...

```
<menü>ts10,5<tab>21<tab>2<alt u>3<return>
```

... läßt sich dadurch erstellen, daß bestimmte Tasten nacheinander gedrückt werden; dabei läßt man Word diese Tastenfolge aufzeichnen und als Makro definieren. Man kann den Text aber auch, so wie er oben steht, Zeichen für Zeichen eingeben, und ihn dann per Definition zum Makro machen.

An diesem Makro wird auch gleich die Einschränkung deutlich, die oben gemacht wurde: Die Aufzeichnung bestimmter Tastenfolgen läßt beispielsweise nicht zu, die Maßangaben in ein und demselben Makro variabel zu handhaben; es können nur konstante Werte sein.

Unabhängig von der Art, wie ein Makro erstellt wird, darf der Text eines Makros nicht größer als 32 Kbyte sein. Das entspricht ungefähr 32000 Zeichen einschließlich der Leerstellen, Absatzmarken usw. Wenn man von der Word-Standard-Formatierung des Seitenrandes ausgeht und der Makro-Text "ohne Punkt und Komma" geschrieben würde, wären das knapp 500 Zeilen oder rund acht DIN A4-Seiten. Wird diese Größe überschritten, kommt es zum Makro-Abbruch, und die folgende Meldung erscheint:

```
Makro zu groß
```

Wenn Sie feststellen wollen, wie groß der Makro-Text ist, speichern Sie ihn wie eine normale Datei mit dem Befehl *Datei Speichern*. Nach Beendigung des Speichervorgangs steht in der Statuszeile die Zahl der gespeicherten Zei-

chen. Damit haben Sie aber das Makro nicht im makrotechnischen Sinn
gespeichert. Das ist ausführlich in Kapitelabschnitt 3.3 beschrieben. Mehr zu
Fehlermeldungen finden Sie in Kapitel 18.

3.1.1   Makros aufzeichnen

Um ein Makro aufzuzeichnen, muß der Makro-Rekorder zunächst ein- und
später wieder ausgeschaltet werden. Nach dem Einschalten erscheint in der
Statuszeile dann der Tastaturcode MA als Abkürzung für *Makro Aufzeichnen*.
Sie erhalten damit den Hinweis, daß Sie diesen Modus eingeschaltet haben.
Wenn Sie den Makro-Rekorder wieder ausschalten, verschwindet der Code
MA wieder.

Beispiel   Erstellen Sie durch Aufzeichnen ein Makro, mit dem Sie eine
                  Seite im Format DIN A5 formatieren können. Verwenden Sie
                  folgende Maße:

                  Seitengröße Breite: 10,5 cm

                  Seitengröße Höhe: 21 cm

                  Seitenrand oben: 2 cm

                  Seitenrand unten 3 cm

Die einzelnen Schritte

1.   Schalten Sie den Makro-Rekorder ein, indem Sie den Befehl *Makro Aufzeichnen* wählen, oder die Tastenkombination Strg+F3 drücken. Das
     Dialogfeld *Makro aufzeichnen* wird geöffnet (Bild 2.2).

2.   Geben Sie im Textfeld *Makroname* als Namen *DIN-A5* ein.

3.   Markieren Sie das Textfeld *Makro Tastenschlüssel*. Drücken Sie die
     Tastenkombination Strg+A, lassen Sie beide Tasten wieder los, und
     drücken Sie dann die Taste 5. Im Textfeld sollte jetzt die Bezeichnung
     < *strg A* > *5* stehen.

4.   Wählen Sie die Option <OK>. Der Makro-Rekorder ist nun eingeschaltet, und ab sofort werden (fast!) alle Tastenanschläge aufgezeichnet.

5.   Wählen Sie den Befehl *Format Seitenränder*, und geben Sie die oben im
     Beispiel genannten Maße ein. Wählen Sie anschließend die Option
     <OK>.

6. Schalten Sie den Makro-Rekorder wieder aus, indem Sie den Befehl *Makro Aufzeichnen beenden* wählen oder die Tastenkombination Strg+F3 noch einmal drücken.

Wenn Sie jetzt auf den Bildschirm schauen, sollte dort die doppelte Punktelinie (::::::::) als Symbol für einen neuen Abschnitt zu sehen sein. Logisch! Abgesehen von der Aufzeichnung eines Makros, haben Sie ja auch einen Befehl aus dem Befehlsmenü gewählt und ausgeführt. Sie sehen damit: Wenn Sie ein Makro aufzeichnen wollen, führen Sie zunächst nur bestimmte Dinge aus und "ganz nebenbei" wird das, was Sie gerade machen, als Makro aufgezeichnet.

Damit haben Sie den Makro-Text nicht nur "geschrieben" bzw. "schreiben lassen", sondern das Makro auch zugleich in der aktiven Makro-Datei gespeichert.

Wenn Sie die Aufzeichnung eines Makros vor dem geplanten Ende abbrechen wollen, machen Sie das gleiche, wie beim regulären Beenden der Aufzeichnung: Drücken Sie die Tastenkombination Strg+F3.

Achtung Mausbewegungen können nicht aufgezeichnet werden. Wenn Sie also nach dem Einschalten des Makro-Rekorders Befehle mit der Maus wählen, geschieht nichts. (Zum Thema "Maus und Makro" siehe auch Kapitelabschnitt 29.21)

Bei der Makro-Aufzeichnung werden die letzten drei Tastenanschläge (Alt-Taste, Taste M, Eingabetaste) bzw. die Tastenkombination (Strg+F3) nicht aufgezeichnet.

3.1.2   Makros programmieren

Wenn ein Makro nur Tastenanschläge enthält, *können* Sie es auch selbst schreiben, indem Sie den Makro-Text zeichenweise eingeben. Sie *müssen* jedoch ein Makro dann selbst schreiben, also programmieren, wenn es andere Dinge enthält als nur Tastenanschläge. Das Beispiel des extern gesteuerten Schleifen-Makros aus Kapitel 1 soll das verdeutlichen:

```
<menü>bs«Suchbegriff»<return>
«SOLANGE gefunden»
    «ABFRAGE Antwort=?Weitersuchen? J oder nur Eingabetaste»
    «AWENN Antwort="j"»
        <lösch>
        <umschalten f4>
    «SONST»
        «QUITT»
    «EWENN»
«ESOLANGE»
```

Der größte Teil dieses Makro-Textes kann nicht aufgezeichnet werden: Der
Ausdruck «Suchbegriff», das nach der Wahl des Befehls *Bearbeiten Suchen* -
dem entspricht die Makro-Zeichenfolge < menü > bs - ist eine variable Größe,
die stellvertretend für den eigentlichen Suchbegriff steht; Wörter wie
SOLANGE, ABFRAGE, AWENN usw. sind Anweisungen, durch die
bestimmte Bedingungen beim Ablauf des Makros berücksichtigt werden.

Das Beispiel zeigt aber noch mehr: Einige Teile des Makro-Textes stehen
zwischen einfachen Winkelklammern < > und manche zwischen doppelten
« »; andere wiederum sind nicht eingeklammert. Außerdem weist der Text
bestimmte Formatierungsmerkmale auf. Die Bedeutung der Klammern und
anderer Zeichen; die Anweisungen, ihre Funktion und ihre Schreibweise;
konstante und variable Größen; die Formatierung des Makro-Textes; dies
alles ist ausführlich in Teil B beschrieben.

Wenn Sie ein Makro also nicht aufzeichnen, sondern selbst schreiben wollen,
geben Sie den Makro-Text in einem neuen Fenster wie einen normalen Text
ein. Grundsätzlich können Sie diesen Text "ohne Punkt und Komma" schreiben, also als Endloszeile und nur mit dem automatischen Zeilenumbruch von
Word versehen. Funktionieren wird ein solches Makro. Es hat allerdings
einen ziemlichen Nachteil: Der Makro-Text - wenn er einmal eine bestimmte
Göße erreicht - ist unübersichtlich und deshalb nicht leicht lesbar; das bedeutet, daß Sie möglicherweise relativ lange suchen müssen, um den Makro-Text
an einer bestimmten Stelle zu ändern.

Es empfiehlt sich also durchaus, den Makro-Text in inhaltlich-logische
Abschnitte zu gliedern; Absatzmarken oder Zeilenschaltungen haben auf die
Funktion des Makros keinen Einfluß. Wenn Sie diese Abschnitte dann eventuell noch mit kommentierenden Stichworten versehen, die natürlich ebenfalls
keinen Einfluß auf die Makro-Funktion haben, dann sind Makros auch nach
längerer Zeit noch nachvollziehbar. Aber das *müssen* Sie alles nicht machen;
es hat sich allerdings als sinnvoll, weil nützlich erwiesen.

Einen Schritt, der beim Aufzeichnen automatisch von Word ausgeführt wird, müssen Sie beim Programmieren eines Makros selbst machen: das Speichern. Was dabei im einzelnen zu tun und zu beachten ist, ist ausführlich in Kapitelabschnitt 3.3 beschrieben.

3.2 Wie man Makros benennt

Wenn ein Makro aufgezeichnet oder programmiert wird, muß es benannt werden. Unter dieser Benennung läßt es sich dann wieder aufrufen. Die Benennung eines Makros kann aus zwei Teilen bestehen: dem Makro-Namen und dem Makro-Tastenschlüssel. Dabei ist der Name zwingend notwendig, der Tastenschlüssel nicht. Durch Verwendung von Makro-Tastenschlüsseln können Makros aber einfacher aufgerufen werden (Kapitelabschnitt 4.1).

Beispiel   Im Ausdruck *makro-bearbeiten <strg m>b* ist *makro-bearbeiten* der Makro-Name und *<strg m>b* der Makro-Tastenschlüssel.

Die vollständige Benennung eines Makros darf maximal 30 Zeichen lang sein, wenn Sie einen Tastenschlüssel verwenden; ohne Tastenschlüssel kann der Name allein 31 Zeichen umfassen. Wenn die Benennung mehr als die zulässige Zeichenzahl umfaßt, wird bei der Definition des Makros ein Dialogfeld mit folgender Meldung geöffnet:

```
Name und Kodierung dürfen nicht länger als 30
Zeichen sein. Angabe ist zu korrigieren.
```

Mehr zu Fehlermeldungen finden Sie in Kapitel 18.

3.2.1 Makro-Namen

Bei der Auswahl von Makro-Namen ist es sinnvoll, mnemotechnisch vorzugehen, das heißt, daß die Namen einen gedanklichen Bezug zur Funktion des Makros ermöglichen sollten. Damit läßt sich mehr oder weniger gut erkennen, wofür ein Makro verwendet werden soll.

Bei der Vergabe des Namens können alle Buchstaben und alle Ziffern sowie Punkte (.), Unterstriche (_) und Bindestriche (-) verwendet werden. Alle diese Zeichen lassen sich beliebig kombinieren. Leerzeichen sind nicht zulässig.

Bei den Buchstaben können sowohl lateinische (a-z) als auch griechische (α-Ω) verwendet werden; Buchstaben können auch fremdsprachliche Sonderzeichen sein (Å à ç é î Ñ). Buchstaben können groß oder klein geschrieben werden. Das erste und das letzte Zeichen müssen Buchstaben sein. Falls eine dieser Bedingungen nicht zutrifft, erscheint die folgende Meldung:

```
                    Ungültiger Makroname
```

Makros werden in Makro-Dateien gespeichert. Zwischen den Makro-Dateien und den (gleichnamigen) Textbaustein-Dateien besteht ein Zusammenhang. Für die Benennung von Makros hat das Konsequenzen:

Wenn Sie einen Textbaustein unter dem gleichen Namen ablegen wollen, unter dem bereits ein Makro existiert, wird ein Dialogfeld mit der Meldung

```
                    Makro ersetzen?
```

geöffnet. Auch der umgekehrte Fall kann eintreten: Wenn Sie ein Makro unter einem schon vergebenen Textbaustein-Namen speichern wollen, wird die Meldung

```
            Textbausteindateieintrag ersetzen?
```

präsentiert. Sie können in beiden Fällen jeweils einen ganz neuen Namen benutzen. Wollen Sie aber aus irgend einem Grund doch den gleichen Namen für einen Textbaustein *und* ein Makro verwenden, können Sie das genannte Dilemma folgendermaßen umgehen:

Verwenden Sie bei Makro-Namen das Suffix *mak* zu verwenden. Der Übersichtlichkeit halber kann diese Namenserweiterung *mak* durch einen Punkt, einen Unterstrich oder einen Bindestrich vom eigentlichen Namen getrennt werden. Ähnliches ist bei Textbausteinen durch ein Suffix denkbar (*tbs*). Das im Beispiel oben genannte Makro *makro-bearbeiten* könnte also mit dieser Namenserweiterung *makro-bearbeiten.mak < strg m > b* heißen.

Wie Sie Makro-Namen eingeben können, ist weiter unten beschrieben. Mehr zu Fehlermeldungen finden Sie in Kapitel 18.

3.2.2　　　Makro-Tastenschlüssel

Ein Tastenschlüssel besteht aus Bezeichnungen für Tasten. Folgende können dafür verwendet werden: Strg-Taste, Umschalten-Taste, Funktionstasten, Buchstaben, Ziffern. Diese Tasten lassen sich nach bestimmten Regeln kombinieren.

Grundsätzlich können folgende Zeichen nicht für Tastenschlüssel verwendet werden:

! " § $ % & / ( ) 0 ß ' * + - . , #

Zum letzten Zeichen (#) finden Sie weiter unten Hinweise ("Wenn Tastenschlüssel Funktionstasten belegen ..."). Die Regeln zur Bezeichnung von Tasten in Makros sind ausführlich in Kapitel 10 dargestellt. Wie Sie Makro-Tastenschlüssel eingeben können, ist weiter unten beschrieben.

Tastenschlüssel mit der Strg-Taste

Zusammen mit der Strg-Taste können bis zu zwei Buchstaben oder Ziffern oder eine Kombination aus Buchstabe und Ziffer oder eine Funktionstaste benutzt werden. Zulässig sind Klein- und Großbuchstaben und fast alle Kombinationen.

Bei Verwendung einer Funktionstaste als erstes Zeichen kann dieses nicht mit einem zweiten kombiniert werden. Wenn Sie eine Funktionstaste im Tastenschlüssel verwenden, ist die ursprüngliche Belegung der Tastenkombination nicht mehr direkt verfügbar. Mehr dazu weiter unten.

Beispiel　　　< strg F1 >　　< strg F > A　　< strg 1 >

　　　　　　　< strg f1 >　　< strg f > A　　< strg 1 > 1

　　　　　　　< strg F > 1　　< strg F > a　　< strg 1 > A

　　　　　　　< strg f > 1　　< strg f > a　　< strg 1 > a

Als erstes Zeichen sind die Umlaute (Ä, Ö, Ü) nicht zulässig. Das gleiche gilt für die Buchstaben W und E; sie sind bereits für andere Zwecke in Word reserviert.[1] Die Funktionstaste F3 kann ebenfalls nicht mit der Strg-Taste kombiniert werden, weil diese Kombination die Funktion des Ein/Aus-Schalters für den Makro-Rekorder hat (Kapitel 3.1.1).

1　　Zusammen mit der Strg-Taste werden durch die Buchstaben W und E die doppelten Winkelklammern « » generiert. Mehr dazu finden Sie in Teil B.

Tastenschlüssel mit der Umschalten-Taste

Anders als bei Kombinationen mit der Strg-Taste kann die Umschalten-Taste ausschließlich mit einer Funktionstaste kombiniert werden; weitere Zeichen können dabei nicht angehängt werden. Beispiel: Als Tastenschlüssel ist <umschalten f4> zulässig, die Bezeichnung <umschalten f4>1 nicht. Wenn Sie mit der Umschalten-Taste andere Tasten oder eine Funktionstaste und ein zweites Zeichen kombinieren wollen, erscheint die Meldung

```
Ungültige Kontrollkennung!
```

Tastenschlüssel mit der Umschalten + Strg-Tastenkombination

Zusammen mit der Tastenkombination Umschalten+Strg können bis zu zwei Buchstaben oder Ziffern oder eine Kombination aus Buchstabe und Ziffer benutzt werden. Zulässig sind Klein- und Großbuchstaben.

Beispiel

<umschalten strg F>	<umschalten strg f>
<umschalten strg F>1	<umschalten strg f>1
<umschalten strg F>A	<umschalten strg f>A
<umschalten strg F>a	<umschalten strg f>a
<umschalten strg 1>	<umschalten strg 1>1
<umschalten strg 1>A	<umschalten strg 1>a

Die Kombination mit Funktionstasten ist nicht zulässig. Wenn Sie es trotzdem versuchen, erscheint die Meldung

```
Ungültige Kontrollkennung!
```

Bei Druckformatvorlagen dient die Tastenkombination Umschalten+Strg ebenfalls als Tastenschlüssel. Wenn Sie in einer Druckformatvorlage einen Tastenschlüssel verwenden, den Sie auch einem Makro-Namen zugeordnet haben, hat das Makro Vorrang. Sobald Sie also den Tastenschlüssel eingeben, startet das Makro; das Druckformat wird nicht aktiviert. Mehr zu Druckformat-Tastenschlüsseln finden Sie in Ihrem Word-Handbuch.

Tastenschlüssel nur mit Funktionstasten

Ein Tastenschlüssel kann auch nur aus einer einzigen Funktionstaste bestehen. Weitere Zeichen können nicht angehängt werden. Tun Sie's trotzdem, erscheint die Meldung

```
                  Ungültige Kontrollkennung!
```

Wenn Sie eine Funktionstaste als Tastenschlüssel verwenden, ist die ursprüngliche Belegung der Funktionstaste nicht mehr direkt verfügbar. Mehr dazu weiter unten.

Wenn Tastenschlüssel Funktionstasten belegen ...

Die Funktionstasten und die Kombinationen mit der Strg-Taste sind von Haus aus schon mit einer ganzen Reihe von Verwendungszwecken belegt. Wenn Sie nun diese standardmäßige Belegung dadurch ändern, daß Sie den Funktionstasten bzw. Kombinationen mit ihnen die Aufgabe eines Tastenschlüssels zuteilen, können Sie die ursprünglichen Funktionen nicht mehr ohne weiteres benutzen. Um sie wie gewohnt benutzen zu können, drücken Sie zuerst die Tastenkombination Strg-Taste+# und dann den Tastenschlüssel. Das gleiche gilt, wenn Sie Funktionstasten allein als Tastenschlüssel verwenden.

Beispiel   Die Kombination Umschalten+F4 wird ursprünglich verwendet, um einen Suchvorgang zu wiederholen. Wenn Sie jetzt - warum auch immer - diese Kombination als Tastenschlüssel für ein Makro verwendet haben, wird immer dann, wenn Sie die Kombination Umschalten+F4 eingeben, das entsprechende Makro aufgerufen. Damit Sie mit Umschalten+F4 einen Suchvorgang wiederholen können, drücken Sie zuerst die Tastenkombination Strg-Taste+# und anschließend die Kombination Umschalten+F4.

Mehr zu Fehlermeldungen finden Sie in Kapitel 18.

3.2.3 Makro-Namen und Makro-Tastenschlüssel eingeben

Namen und Tastenschlüssel werden in Dialogfeldern eingegeben. Wenn Sie ein Makro aufzeichnen, geschieht das im Dialogfeld *Makro aufzeichnen* (Bild

2.2). Falls Sie ein Makro bearbeitet haben (erstellt bzw. geändert), machen Sie die Angaben im Dialogfeld *Makro bearbeiten* (Bild 2.5).

In beiden Fällen müssen Sie den Namen eines Makros Zeichen für Zeichen schreiben. Tastenschlüssel können Sie grundsätzlich auch zeichenweise eingeben: Zuerst die linke Winkelklammer <, dann die Tastenbezeichnung usw. Es geht aber auch einfacher, indem Sie die Tasten drücken, die Sie für den Tastenschlüssel vorgesehen haben.

Wenn Sie beispielsweise den Tastenschlüssel <strg m>b verwenden wollen, drücken Sie zunächst die Tastenkombination Strg-Taste+M. Lassen Sie dann beide Tasten los, und drücken Sie anschließend die Taste B (als Klein- oder Großbuchstabe). Im Textfeld *Makro Tastenschlüssel* steht jetzt die Bezeichnung <strg M>b. Dabei wird der erste Buchstabe groß und der zweite klein geschrieben.

Tastenschlüssel mit den Kombinationen der Umschalten-Taste und den Funktionstasten F1 bis F11 lassen sich auf diese Weise nicht eingeben (mit F12 geht's!). Sie müssen Sie deshalb zeichenweise schreiben.

Wenn Sie einen bereits vorhandenen Namen eingeben, dem auch schon ein Tastenschlüssel zugeordnet war, erscheint dieser im Textfeld *Makro Tastenschlüssel* automatisch, sobald Sie den Namen vollständig im Textfeld *Makro Name* geschrieben haben.

Ein oder zwei Zeichen im Tastenschlüssel?

Grundsätzlich reicht ein Zeichen im Tastenschlüssel aus. Es ist aber nicht nur sinnvoll, sondern eigentlich schon zwingend notwendig, immer zwei Zeichen zu verwenden (bis auf die Ausnahme bei den Funktionstasten). Das hat folgenden Grund: Ist für einen Tastenschlüssel einmal nur ein einziges Zeichen festgelegt worden, kann für weitere Tastenschlüssel dieses einzelne Zeichen nicht mehr durch weitere Zeichen an der zweiten Stelle ergänzt werden.

Wenn Sie also einem Makro-Namen beispielsweise den Tastenschlüssel <strg 1> zuordnen, und Sie wollen jetzt andere Makro-Namen mit den Tastenschlüsseln <strg 1>a oder <strg 1>b usw. kombinieren, dann erhalten Sie jedesmal die Meldung

```
Makro Tastenschlüssel bereits vergeben. (Anderen
              Schlüssel wählen).
```

Sie erscheint deshalb, weil ja dieser Tastenschlüssel wegen der Ziffer 1 als erstem Zeichen schon existiert. Die gleiche Meldung wird auch bei zwei Zeichen im Tastenschlüssel präsentiert, wenn beide Zeichen schon einmal verwendet worden sind (Kapitelabschnitt 3.3).

Sie haben also - um bei diesem Beispiel zu bleiben - bei Verwendung der Ziffer 1 als einzigem Zeichen nur diese eine Möglichkeit für den Tastenschlüssel; wenn Sie mit vielen Makros arbeiten, kann es bei den Tastenschlüsseln dabei schon mal eng werden. Anders ist die Situation dagegen, wenn Sie die Ziffer 1 gleich beim ersten Mal mit einem zweiten Zeichen kombinieren: Es ergeben sich dann zehn Zahlen- und 26 Buchstaben-Kombinationen und bei Verwendung der Umlaute und des Buchstabens ß (scharfes ß) noch vier weitere.

Mehr zu Fehlermeldungen finden Sie in Kapitel 18.

3.3   Wie man Makros speichert

Ein einzelnes Makro wird nicht wie ein normaler Text als Datei gespeichert, sondern zunächst als Teil in die aktive Makro-Datei abgelegt. Diese Datei kann dann wie jede andere gespeichert werden.

Für die beiden Vorgänge, Ablegen und Speichern, gibt es im Word 5.5-offiziellen Sprachgebrauch unterschiedliche Begriffe:

▶ **Definieren** bezeichnet das Speichern eines *einzelnen* Makro-Textes in eine Makro-Datei.

▶ **Speichern** bezieht sich auf das Speichern einer *ganzen* Makro-Datei mit *allen* Makro-Texten.

Im folgenden werden die Ausdrücke *Definieren eines Makros* und *Speichern eines Makros* dem allgemeinen Sprachgebrauch entsprechend synonym verwendet. Wenn Verwechslungen mit dem *Speichern der Makro-Datei* möglich sind, finden Sie beim Speichern des Makro-Textes den Begriff *Definieren*.

Achtung Wenn Sie feststellen wollen, welches Ihre aktive Makro-Datei ist, wählen Sie den Befehl *Makro Bearbeiten*. Rechts unter dem Listenfeld *Makros* steht der Name der *Makro-(Textbaustein)-Datei* (Bild 2.5).

3.3.1 Speichern eines einzelnen Makro-Textes

Bevor Sie einen Makro-Text speichern, also definieren, müssen Sie den ganzen Text markieren. Beim Speichern gibt es zwei Möglichkeiten, je nachdem, ob Sie ein neues, also bisher unbenanntes Makro speichern oder ob es sich um ein altes handelt. "Alt" bedeutet hier, daß das Makro bereits in der aktiven Makro-Datei gespeichert ist.

▋ Die einzelnen Schritte bei einem neuen Makro

1. Wählen Sie den Befehl *Makro Bearbeiten*. Das Dialogfeld *Makro bearbeiten* wird geöffnet.

2. Geben im Textfeld *Makro Name* den Namen des Makros ein.

3. Wenn Sie dem Makro einen Tastenschlüssel zuordnen wollen, geben Sie diesen im Textfeld *Makro Tastenschlüssel* ein.

4. Wählen Sie die Option <Definieren>. Das Dialogfeld wird geschlossen.

Die Word-Regeln für Namen und Tastenschlüssel finden Sie in Kapitelabschnitt 3.2.

▋ Die einzelnen Schritte bei einem alten Makro

1. Wählen Sie Befehl *Makro Bearbeiten*. Das Dialogfeld *Makro bearbeiten* wird geöffnet.

2. Markieren Sie den Namen des Makros im Listenfeld *Makros*. Der markierte Name erscheint dann zugleich im Textfeld *Makro Name*.

   Falls dem Makro auch ein Tastenschlüssel zugeordnet war, erscheint dieser automatisch im Textfeld *Makro Tastenschlüssel*.

3. Wählen Sie die Option <Definieren>. Jetzt wird ein zweites Dialogfeld mit der Meldung

geöffnet. Wenn Sie mit der neuen Fassung des Makros die unter demselben Namen vorhandene ersetzen wollen, wählen Sie die Option <OK>. Beide Dialogfelder werden geschlossen.

4.   Wenn Sie das Makro doch nicht ersetzen wollen, wählen Sie die Option
     <Abbrechen>. Das Dialogfeld mit der Meldung wird geschlossen.

     Wenn Sie jetzt einen neuen Namen und einen neuen Tastenschlüssel ein-
     geben wollen, machen Sie das wie oben beschrieben ("Schritte bei einem
     neuen Makro", Punkte 2-4).

     Wenn Sie nur einen neuen Namen eingeben wollen und diesem aber den
     alten Tastenschlüssel zuordnen, erscheint folgende Meldung:

```
Makro Tastenschlüssel bereits vergeben. (Anderen
               Schlüssel wählen).
```

Wählen Sie <OK>, und geben Sie einen anderen oder keinen Tastenschlüssel ein.

Sie können das Makro nun einsetzen bzw. zuerst testen. Der Einsatz wird
ausführlich in Kapitel 4, das Testen in Kapitel 5 beschrieben.

Achtung   Wenn sich die Option <Definieren> nicht wählen läßt,
haben Sie vermutlich den Makro-Text nicht markiert. Die
Option ist grau geschrieben, und unter dem Listenfeld *Makros*
steht der Hinweis *Markierung: Nichts markiert* (Bild 2.5).

Schließen Sie das Dialogfeld, markieren Sie den Makro-Text,
und beginnen Sie das Ganze noch mal von vorne.

Um Textbausteine zu speichern, führen Sie - bis auf einen kleinen Unterschied - die gleichen Schritte aus. Dieser Unterschied besteht darin, daß Sie
bei Textbausteinen den Befehl *Bearbeiten Textbaustein* wähle und dann das
Dialogfeld Textbaustein bearbeiten.

Mehr zu Fehlermeldungen finden Sie in Kapitel 18.

3.3.2   Speichern der aktuellen Makro-Datei

Wie Sie die jeweils aktuelle Makro- bzw. Textbaustein-Datei speichern, ist
ausführlich in Kapitelabschnitt 2.3.2 beschrieben.

3.4   Wie man Makros ändert

Wenn ein Makro geändert werden soll, bedeutet das, daß im Makro-Text Befehle, Tastenbezeichnungen oder Anweisungen bearbeitet werden müssen. Es geht also um die übliche Art der Bearbeitung eines Texts in einem Fenster.

3.4.1   Den Makro-Text in ein Fenster einfügen

Sie können einen Makro-Text der aktiven Makro-Datei auf zwei verschiedene Arten in ein Fenster bekommen:

- ▸   mit dem Makro-Namen

- ▸   mit dem Befehl *Makro Bearbeiten*

Öffnen Sie zunächst ein neues Fenster. Wenn Sie mehrere Makros zur gleichen Zeit bearbeiten, empfiehlt es sich, für jedes Makro ein eigenes Fenster zu verwenden.

Wenn Sie einen Makro-Text bearbeiten wollen, der sich in einer anderen als der aktiven Makro-Datei befindet, müssen Sie die gewünschte Datei zuerst öffnen. In Kapitelabschnitt 2.3 ist das ausführlich beschrieben.

Einfügen durch Eingabe des Namens

Bei dieser Art des Einfügens müssen Sie sicher sein, wie das zu bearbeitende Makro heißt. Sie bekommen sonst einen Makro-Text in das Fenster, den Sie gar nicht bearbeiten wollen.

▌ Die einzelnen Schritte

1.   Schreiben Sie den Namen des Makros (ohne seinen Tastenschlüssel) im Fenster, in dem Sie den Text bearbeiten wollen. Sie können dabei Groß- oder Kleinbuchstaben verwenden.

2.   Geben Sie unmittelbar nach dem Namen das Zirkumflexzeichen (^) ein.

3.   Drücken Sie jetzt die Funktionstaste F3. Daraufhin werden der Name und das Zirkumflexzeichen von Word wieder gelöscht und der Makro-Text in das Fenster eingefügt.

Achtung Wenn Sie nach dem Namen das Zirkumflexzeichen (^)
vergessen, wird nicht der Makro-Text eingefügt, sondern das
Makro gestartet (Kapitelabschnitt 4.1.1).

Wenn Sie bei dieser Einfügemethode den Namen falsch schreiben, bedeutet
das in der Regel, daß Sie eigentlich einen Makro-Text einfügen wollen, der
nicht existiert. Entsprechend sieht bei Punkt 3 auch die Meldung aus, die
Word in einem Dialogfeld präsentiert:

```
              Textbaustein existiert nicht.
```

Das Wort *Textbaustein* ist bei dieser Meldung gleichbedeutend mit *Makro*.
Schließen Sie das Dialogfeld, und versuchen die Namenseingabe noch einmal
- oder machen Sie's gleich wie im folgenden Abschnitt beschrieben.

Mehr zu Fehlermeldungen finden Sie in Kapitel 18.

Einfügen mit dem Befehl *Makro Bearbeiten*

Bei dieser Möglichkeit kann es Probleme mit falsch geschriebenen Namen
nicht geben, weil Sie das Makro lediglich in der Bestandsliste markieren müssen.

Die einzelnen Schritte

1. Wählen Sie Befehl *Makro Bearbeiten*. Das Dialogfeld *Makro bearbeiten*
    wird geöffnet.

2. Markieren Sie im Listenfeld *Makros* den Namen des Makros, das Sie
    bearbeiten wollen. Der markierte Name erscheint dann zugleich im Text-
    feld *Makro Name*.

    Sie könnten natürlich den Namen auch von Hand in das Textfeld *Makro
    Name* eingeben. Warum dann aber nicht gleich in einem Fenster wie im
    vorigen Abschnitt beschrieben?

3. Wählen Sie die Option < Bearbeiten >. Das Dialogfeld wird geschlossen
    und der Makro-Text in das Fenster eingefügt.

3.4.2   Bearbeitung des Makro-Textes

Nachdem Sie den Makro-Text nun so oder so auf den Bildschirm gebracht
haben, können Sie ihn bearbeiten wie einen normalen Text. Sie können also
Textteile ergänzen, löschen oder umstellen, Formatierungen vornehmen usw.
Sie müssen dabei allerdings die Regeln der Makro-Sprache beachten. Diese
sind in Teil B ausführlich beschrieben. Wie Sie den geänderten Makro-Text
wieder speichern, finden Sie in Kapitelabschnitt 3.3.

Sollten Sie den Makro-Text, nachdem Sie ihn in einem Fenster haben, doch
nicht ändern oder die Änderung nicht speichern wollen, löschen Sie den Text
aus dem Fenster, oder schließen Sie das Fenster (Befehl *Datei Schließen* bzw.
Fenster Schließen), ohne das Dokument zu speichern.

3.5   Wie man Makros wieder löscht

Sie können Makros und Textbausteine aus der aktiven Makro-Datei wieder
löschen, wenn Sie sie nicht mehr brauchen. Sie können dabei einzelne Makros
löschen oder alle, die in der aktiven Makro-Datei enthalten sind.

Wenn Sie Makros löschen wollen, die sich in einer anderen als der aktiven
Makro-Datei befinden, müssen Sie die gewünschte Datei zuerst öffnen. In
Kapitelabschnitt 2.3.1 ist das ausführlich beschrieben.

3.5.1   Löschen einzelner Makros

Sie können mit dem folgenden Verfahren einzelne Makros löschen. Es ist
jedoch auch möglich, gewollt mehrere und ungewollt alle zu löschen. Für das
ungewollte Löschen finden Sie einen eventuellen Rettungsanker in Kapitelabschnitt 3.5.3.

▌ Die einzelnen Schritte

1.   Wählen Sie den Befehl *Makro Bearbeiten*. Das Dialogfeld *Makro bear-
       beiten* wird geöffnet.

2.   Markieren Sie im Listenfeld *Makros* das Makro, das Sie löschen wollen.

3. Wählen Sie die Option <Löschen>. Der markierte Name ist jetzt ent-
    fernt.

4. Wiederholen Sie die Schritte 2 und 3 für weitere zu löschende Makros.

5. Schließen Sie das Dialogfeld.

Achtung Wenn Sie die Option <Löschen> unter Punkt 3 mit der
Tastenkombination Alt+L wählen, achten Sie darauf, daß Sie
die Tasten nicht zu lange drücken. Es kann sonst passieren,
daß alle Makros auf einmal "durchrauschen" und damit der
ganze Dateiinhalt gelöscht ist.

Wie Sie die bereinigte Makro-Datei speichern können, ist in Kapitelabschnitt
2.3.2 beschrieben.

3.5.2   Löschen aller Makros einer Makro-Datei

Um alle Makros der aktiven Makro-Datei zu löschen, bietet Word eine eigene
Option.

Die einzelnen Schritte

1. Wählen Sie den Befehl *Makro Bearbeiten.* Das Dialogfeld *Makro bear-
    beiten* wird geöffnet.

2. Wählen Sie die Option <Alle löschen>. Dadurch wird ein weiteres
    Dialogfeld mit folgender Meldung geöffnet:

```
                    Makros jetzt löschen?
```

3. Wählen Sie die Option <OK>.

Wie Sie die bereinigte Makro-Datei speichern können, ist in Kapitelabschnitt
2.3.2 beschrieben. Mehr zu Meldungen finden Sie in Kapitel 18.

3.5.3   Wenn Sie zuviel gelöscht haben ...

Wenn Sie im Eifer des Gefechts das falsche Makro oder eins zuviel gelöscht
haben, können Sie die Situation noch retten - allerdings nur dann, wenn Sie
die bereinigte Makro-Datei noch nicht gespeichert haben. Sollten Sie das doch
schon getan haben, hilft Ihnen vielleicht Kapitel 7 weiter.

Beispiel   Die aktive Makro-Datei heißt M-TOOLS.TBS. In dieser Datei
haben Sie fälschlicherweise einige Makros gelöscht.

▌ Die einzelnen Schritte

1. Wählen Sie den Befehl Makro Bearbeiten. Das Dialogfeld *Makro Bear-
    beiten* wird geöffnet.

2. Wählen Sie im Dialogfeld *Makro bearbeiten* die Option < Öffnen > .

3. Markieren Sie im Dialogfeld *Textbausteindatei öffnen* im Listenfeld
    Dateien eine beliebige Datei (z. B. STANDARD.TBS), und wählen Sie
    danach die Option < OK > .

    Weil Sie in der bisher aktiven Makro-Datei M-TOOLS.TBS Änderungen
    vorgenommen haben, bekommen Sie in einem Dialogfeld die folgende
    Meldung:

```
    M-TOOLS.TBS wurde bearbeitet. Sollen die
       Änderungen gespeichert werden?
```

    Wählen Sie jetzt unbedingt die Option < Nein > . Damit haben Sie die
    ursprüngliche Fassung der Datei M-TOOLS.TBS im ursprünglichen
    Zustand gespeichert (ohne die falsch gelöschten Makros).

4. Wählen Sie noch einmal die Option < Öffnen > , und markieren Sie im
    Dialogfeld *Textbausteindatei öffnen* im Listenfeld *Dateien* die Datei M-
    TOOLS.TBS.

5. Beginnen Sie jetzt noch einmal mit der Löschen der (richtigen!) Makros.

Mehr zu Meldungen finden Sie in Kapitel 18.

3.6   Wie man Makro-Texte ausdruckt

Ausdrucke von Makro-Texten können hilfreich sein beim Testen der Makros
oder notwendig zur Dokumentation der Makros für andere Anwender als den
Makro-Autoren.

3.6.1 Einzelne Makro-Texte drucken

Einen einzelnen Makro-Text können Sie drucken, wie jedes andere Dokument auch. Fügen Sie ihn dazu in ein Fenster ein, und wählen Sie dann den Befehl *Datei Drucken*. Wie Sie ihn in ein Fenster einfügen können, ist in Kapitelabschnitt 3.4.1 beschrieben.

Makro-Texte können mitunter mehrere Seiten lang sein. Wenn Sie ein solches Makro bearbeiten und dabei die jeweils geänderte Form ausdrucken, können Sie leicht den Überblick verlieren: Seiten geraten durcheinander; die neueste Fassung ist dann doch ein bißchen älter usw.

Um solche Situationen zu vermeiden, können Sie die Seiten paginieren (Befehl *Einfügen Seitennummern*) und außerdem Druckdatum und Druckzeit eingeben (mit den Word-Textbausteinen). Dann kann nichts mehr schiefgehen. Es kostet Sie nur jedesmal mehr oder weniger Zeit.

Wie Sie das alles mit Hilfe eines Makros machen können und ist in Kapitelabschnitt 20.2.1 beschrieben.

3.6.2 Alle Makro-Texte einer Makro-Datei drucken

Wenn Sie nicht nur einen einzelnen Makro-Text ausdrucken wollen, sondern den ganzen Inhalt der aktiven Makro-Datei, geht das ebenfalls mit dem Druck-Befehl.

▮ Die einzelnen Schritte

1. Wählen Sie den Befehl *Datei Drucken*.

2. Wählen Sie im Listenfeld *Drucken* die Option *Textbausteindatei* und im Listenfeld *Druckbereich* die Option *Alles*.

3. Wählen Sie die Option < OK >.

Sie bekommen dann einen Ausdruck aller Makro-Texte mit jeweils einer kleinen Überschrift, bestehend aus dem Makro-Namen und dem eventuell zugeordneten Makro-Tastenschlüssel.

| **Achtung** | Mit dem Befehl *Datei Drucken* werden nicht nur Makro-Texte ausgedruckt, sondern auch Textbausteine, die die in der (gleichnamigen) Textbaustein-Datei vorhanden sind. |

Wenn Sie ausschließlich die Makro-Texte drucken lassen wollen, lesen Sie in Kapitelabschnitt 20.2.2, wie Sie dazu ein Makro einsetzen können.

4 Der Einsatz von Makros

4.1 Wie man Makros startet

Ein gespeichertes Makro zu starten bedeutet, daß das Makro jetzt nacheinander alle Anweisungen und Befehle ausführen soll, die in ihm festgelegt sind. Sie können ein Makro auf zwei Arten mit seinem Namen und - wenn vorhanden - mit seinem Tastenschlüssel starten. Damit haben Sie drei Startlöcher zur Auswahl:

- ▸ Mit dem Makro-Namen und der Funktionstaste F3
- ▸ Mit dem Makro-Namen und dem Befehl *Makro Ausführen*
- ▸ Mit dem Makro-Tastenschlüssel

Unabhängig davon, wie Sie ein Makro starten, erscheint nach dem Start in der Statuszeile auf der rechten Seite die Meldung

```
                        Makro läuft
```

Wenn das Makro beendet ist, steht anstelle dieser Meldung wieder das gewohnte *Microsoft Word*.

In welcher Situation Sie mit jeder der drei Möglichkeiten Makros starten können ist in Kapitelabschnitt 4.2 beschrieben.

4.1.1 Start mit dem Makro-Namen und der Funktionstaste F3

Bei dieser Startmöglichkeit, der F3-Methode, muß ein Fenster geöffnet sein, denn Sie müssen ja den Namen des Makros schreiben.

▌ Die einzelnen Schritte

1. Schreiben Sie den Makro-Namen (ohne seinen Tastenschlüssel) im Fenster, in dem das Makro starten soll. Sie können dabei Groß- oder Kleinbuchstaben verwenden.

2. Drücken Sie jetzt die Funktionstaste F3. Daraufhin wird der Name von Word wieder gelöscht, und das Makro beginnt mit seiner Arbeit.

Wenn Sie bei dieser Startmethode den Namen falsch schreiben, bedeutet das in der Regel, daß Sie eigentlich ein Makro aufrufen wollen, das nicht existiert. Entsprechend sieht nach dem Drücken der Funktionstaste auch die Meldung aus, die Word in einem Dialogfeld präsentiert:

```
Textbaustein existiert nicht.
```

Das Wort *Textbaustein* ist bei dieser Meldung gleichbedeutend mit *Makro*. Schließen Sie das Dialogfeld, und geben Sie den Namen richtig ein.

Wenn Sie bei dieser Startmethode folgendes beachten, sparen Sie sich möglicherweise Mehrarbeit und/oder Verdruß:

▶ Word muß sich im Einfügemodus befinden. Wenn das nicht so ist, steht in der Statuszeile der Tastaturcode ÜB als Hinweis auf den eingeschalteten Überschreibemodus. In diesem Fall würden Sie durch Eingabe des Makro-Namens vorhandenen Text überschreiben; das Makro - sollte es den Text bearbeiten - würde es auch tun. Schalten Sie gegebenenfalls den Überschreibemodus mit der Einfg-Taste aus.

  In Kapitelabschnitt 26.2 finden Sie eine Möglichkeit, wie Sie Ihre Makros "überschreibsicher" machen können.

▶ Wenn Sie den Makro-Namen nicht in einem leeren Fenster eingeben, setzen Sie den Cursor vor der Namenseingabe an den Zeilenanfang. Die Angabe *Zeilenanfang* ist insofern eine Vereinfachung, als der Cursor auf einer ganzen Reihe von zulässigen Positionen stehen kann - beispielsweise nach einer Leerstelle, einem Semikolon oder Ausrufezeichen und noch einigen weiteren. Wenn der Cursor am Zeilenanfang steht, haben Sie alle Möglichkeiten abgedeckt.

Mehr zu Fehlermeldungen finden Sie in Kapitel 18.

4.1.2 Start mit dem Befehl *Makro Ausführen*

Der Makro-Start durch Eingabe des Namens ist natürlich nur dann möglich, wenn Sie den Namen kennen und/oder wenn es über dessen Schreibweise keine Unklarheiten gibt. Trifft eine der Bedingungen nicht zu oder wollen Sie den Namen einfach nicht von Hand eingeben, arbeiten Sie mit dem Menü *Makro*.

 **Die einzelnen Schritte**

1. Wählen Sie den Befehl *Makro Ausführen*. Das Dialogfeld *Makro ausführen* wird geöffnet.

2. Markieren Sie im Listenfeld den Namen des Makros, das Sie starten wollen. Der markierte Name erscheint dann zugleich im Textfeld *Makroname*.

    Sie könnten natürlich den Namen auch von Hand in das Textfeld *Makroname* eingeben. Warum dann aber nicht gleich in einem Fenster wie im vorigen Abschnitt beschrieben?

3. Wählen Sie die Option < OK >. Das Dialogfeld wird geschlossen, und das Makro beginnt mit seiner Arbeit.

Achtung Wenn Sie das Makro nicht gleich mit seiner normalen Geschwindigkeit laufen lassen wollen, sondern schrittweise, markieren Sie vor der Option < OK > zuerst die Option < Einzelschritt >. Mehr dazu finden in Kapitelabschnitt 5.1.

Bei dieser Art des Aufrufs müssen Sie den Cursor vor der Befehlswahl nicht an eine bestimmte Position eines eventuell vorhandenen Dokuments setzen. Das Makro beginnt mit seiner Arbeit an der Stelle, die Sie durch den Makro-Text bestimmt haben.

4.1.3 Start mit dem Makro-Tastenschlüssel

Ebenso wie beim Makro-Start durch den Befehl *Makro Ausführen* kann der Cursor auch beim Aufruf mit dem Tastenschlüssel an jeder beliebigen Stelle eines Dokuments stehen.

▌ Die einzelnen Schritte

1. Drücken Sie alternativ die Strg-Taste, die Umschalten-Taste oder die Tastenkombination Umschalten+Strg, und halten Sie sie gedrückt.

2. Geben Sie bei gedrückter Taste bzw. Tastenkombination das erste Zeichen des Tastenschlüssels ein (Buchstabe, Zahl, Funktionstaste).

3. Lassen Sie nun die beiden bzw. die drei Tasten wieder los, und geben Sie jetzt - sofern vorhanden - das zweite Zeichen des Tastenschlüssels ein (Buchstabe, Zahl).

4. Nach der Eingabe des zweiten Zeichens des Tastenschlüssels müssen Sie - ich sage bewußt nicht sollen oder können - alle Tasten sofort wieder loslassen. Das Makro beginnt nun mit seiner Arbeit.

Achtung Wenn Sie die Taste des zweiten Tastenschlüssel-Zeichens nicht nur kurz drücken, sondern - unbeabsichtigt - gedrückt halten, können unvorhersehbare Dinge passieren. Warum das so ist? Ganz einfach: Solange Sie den Finger auf einer Taste lassen, geben Sie das Zeichen ein. Das zum ersten Mal generierte Zeichen ruft das Makro auf; die weiteren generierten Zeichen - die Taste ist ja immer noch gedrückt - können entweder schon als Eingabe im laufenden Makro wirksam werden oder als Texteingabe in das Fenster kommen. Als Notlösung hilft in diesem Fall nur noch, durch zweimaliges Drücken der Esc-Taste abzubrechen, was immer an Makro gerade abläuft. Vielleicht ist dann noch nicht allzuviel schiefgegangen.

Beim Aufruf eines Makros mit seinem Tastenschlüssel ist ebenso wie beim Aufruf mit dem Namen Voraussetzung, daß Sie sicher sind, wie der richtige Tastenschlüssel heißt. Wenn Sie einen falschen eingeben, können verschiedene Dinge passieren.

▶ Wenn es den eingegebenen Tastenschlüssel und damit das Makro nicht gibt, passiert nichts. Das ist vermutlich nicht schlimm.

▶ Der Tastenschlüssel existiert tatsächlich. Er startet aber, weil er für den gewünschten Einsatz falsch war, nicht das vorgesehene Makro. Dann passiert mit einem eventuell im aktiven Fenster vorhandenen Dokument etwas, was dann schlimm sein kann. Vergessen Sie deshalb nicht, einen bearbeiteten Text zuerst zu speichern, bevor Sie ihm ein Makro antun.

4.1.4 Startwiederholung mit der Funktionstaste F4

Wenn ein Makro nach Ausführung aller Schritte ordnungsgemäß beendet worden ist, können Sie das vollständige Makro unmittelbar danach noch einmal durch Drücken der Funktionstaste F4 starten. Dabei ist es egal, ob Sie das Makro beim ersten Mal mit der Funktionstaste F3, mit dem Befehl *Makro Ausführen* oder mit seinem Tastenschlüssel aufgerufen haben. Wichtig ist nur, daß zwischen dem Makro-Ende und der F4-Wiederholung keine Tasten zur Textbearbeitung gedrückt worden sind - sonst würden nämlich diese wiederholt werden.

4.2 Wo geht's denn los?

Die Antwort auf diese Frage hat zwei Aspekte:

▶ Makros lassen sich auf verschiedene Arten starten. Dabei bestimmt das aktuelle Aussehen des Bildschirms (Bearbeitungsansicht, Seitenansicht, Dialogfelder), wie Sie ein Makro starten können.

▶ Der erste Schritt, den ein Makro ausführt, kann in einem Dokument oder in einem Befehlsmenü ausgeführt werden. Das Makro muß also entsprechende Befehle enthalten, um die eine oder die andere Ausgangssituation herzustellen.

4.2.1 Wo starten Sie das Makro?

Word bietet drei verschiedene Möglichkeiten, ein Makro zu starten (Kapitelabschnitt 4.1). Diese technischen Möglichkeiten sind aber nicht alle gleichermaßen anwendbar. Welche Art des Aufrufs sich anwenden läßt, hängt davon ab, wie Ihr aktueller Bildschirm aussieht. Tabelle 4.1 zeigt, was wann *möglich* ist. Wann die jeweilige Art *sinnvoll* ist, wird weiter unten gezeigt.

Aktueller Bildschirm vor dem Makro-Start	Makro-Start durch		
	Makro-Name + F3-Taste	Befehl Makro Ausführen	Makro-Tasten-schlüssel
Bildschirm ohne Fenster	nein	ja	ja
Fenster ohne/ mit Dokument	ja	ja	ja
Seitenansicht	nein	ja	ja
Geöffnetes Dialogfeld	nein	nein	ja

Tabelle 4.1: Start-Möglichkeiten bei unterschiedlichen
Bildschirmen

4.2.2   Wo beginnt das Makro mit der Arbeit?

Wenn Sie Dokumente bearbeiten, müssen Sie bestimmte Tasten und Tasten-kombinationen drücken, um zwischen Bearbeitungsansicht, Seitenansicht und Menüs zu wechseln. Das Ergebnis sehen Sie unmittelbar auf dem Bildschirm; notwendige Korrekturen sind sofort und problemfrei möglich.

Beim Einsatz von Makros ist das insofern anders, als beim Ablauf mit Normalgeschwindigkeit nicht unbedingt zu sehen ist, wann wo gearbeitet wird. Damit aber das Makro zur richtigen Zeit am richtigen Ort die richtigen Schritte ausführen kann, muß im Makro-Text von vornherein diejenige Tastenfolge festgelegt sein, durch die mit Sicherheit das Richtige getan wird.

Ein Makro kann mit dem ersten Schritt an drei grundsätzlichen Positionen beginnen:

▶   im aktuellen Menü (Bearbeitungs- oder Seitenansicht)

▶   im Menü der Bearbeitungsansicht

▶   in einem Dokumentenfenster

Um zwischen den verschiedenen Ansichten und ihren Menüs zu wechseln, sind in Makros verschiedene Kombinationen von Umschalten-, Strg- und Esc-Taste zu verwenden. Die Bezeichnungen dieser Tasten müssen in Makro-Texten zwischen einfache Winkelklammern geschrieben werden: <umschalten> <strg> <unt>. Ausführliche Informationen über die

Bezeichnung von Tasten und Tastenkombinationen sowie die Verwendung von Word-Befehlen finden Sie in den Kapiteln 9 und 10.

Folgende Tastenkombinationen sind möglich:

1. < strg unt>

2. < strg unt> < unt>

3. < umschalten strg unt>

4. < umschalten strg unt> < unt>

Mit der ersten Kombination wird beispielsweise immer die aktuelle Menüleiste aktiviert. Mit der vierten Kombination gelangt man, egal wo das Makro aufgerufen wird, mit Sicherheit immer auf den Bearbeitungsbildschirm. Die Funktion der Tastenkombinationen ist hierarchisiert: Die vierte erfüllt auch die Funktion der zweiten und die dritte Kombination auch die der ersten. Bild 4.1 zeigt alle Möglichkeiten.

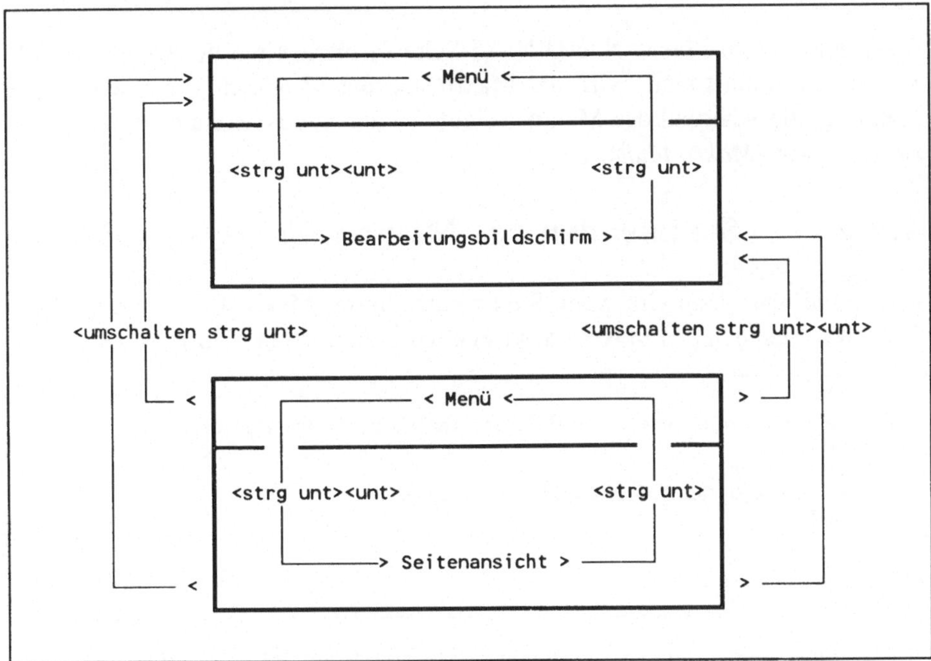

Bild 4.1: Tastenkombinationen bestimmen, wo Makros den ersten Schritt ausführen

4.3   Wie Makros beendet werden

Es gibt grundsätzlich vier Möglichkeiten, ein Makro zu beenden. Zwei führen zum gewünschten Ergebnis, für das Sie das Makro eingesetzt haben. Bei den zwei anderen ist irgendwo "auf halber Strecke" Schluß; Sie bekommen nicht das gewünschte Ergebnis und müssen das Makro noch einmal starten.

4.3.1   Das Makro beendet sich ordnungsgemäß selbst

Das ist dann der Fall, wenn alle Schritte, die der Makro-Text enthält, fehlerfrei abgearbeitet worden sind; das Ende des Makros ist erreicht. Ein Beispiel (aus Kapitel 1):

```
<menü>ts10,5<tab>21<tab>2<alt u>3<return>
```

Wenn mit diesem Makro eine DIN A5-Seite formatiert wurde, wenn also alle Schritte ausgeführt sind, wird das Makro beendet. Zugleich verschwindet die Meldung, die während des Makro-Ablaufs in der Statuszeile am rechten Rand zu sehen war (*Makro läuft*).

4.3.2   Sie beenden das Makro ordnungsgemäß

Dieser Fall tritt dann ein, wenn Sie an einer in der Makro-Logik vorgesehene Stelle das Beenden des Makros ausdrücklich befürworten. Ein Beispiel:

```
...
«ABFRAGE Antwort=?Beenden? J und Eingabetaste, um zu beenden oder nur
Eingabetaste»
«AWENN Antwort="J"»
    <menü>ts10,5<tab>21<tab>2<alt u>3<return>
    «QUITT»
«SONST»
    <pos1>
<menü>dd
```

Auch hier verschwindet zugleich die Meldung *Makro läuft* aus der Statuszeile.

4.3.3   Sie brechen das Makro vorzeitig ab

Diese Möglichkeit haben Sie immer, solange die Meldung *Makro läuft* in der Statuszeile steht. Sie brauchen dazu nur die Esc-Taste zu drücken. Damit wird der Makro-Ablauf unterbrochen und ein Dialogfeld geöffnet (Bild 4.2). Wenn Sie das Makro nun tatsächlich abbrechen wollen, drücken Sie die Esc-Taste noch einmal; sonst wählen Sie die Option < OK >.

Die Meldung *Makro läuft* in der Statuszeile bleibt solange stehen, bis Sie eine der beiden genannten Optionen gewählt haben. Was es mit der Option *Einzelschritt* auf sich hat, steht ausführlich in Kapitel 5.

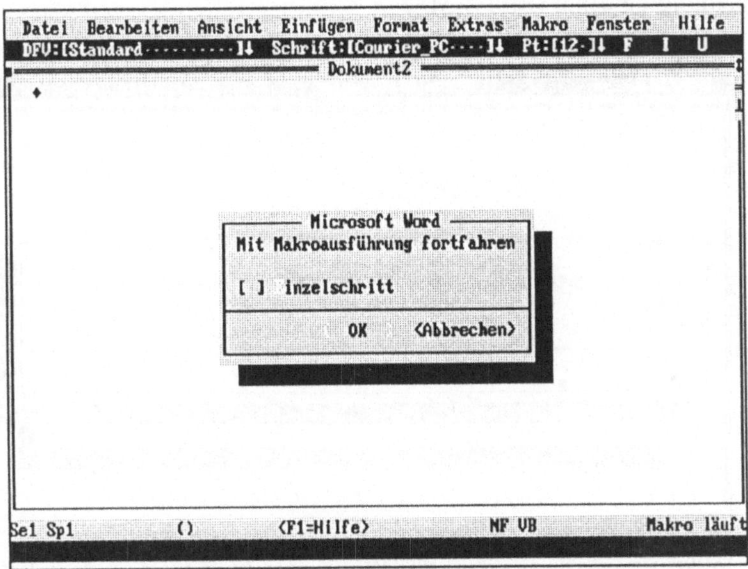

Bild 4.2: Mit diesem Dialogfeld können Sie ein Makro abbrechen

4.3.4   Das Makro wird von Word vorzeitig abgebrochen

Dies wird dann der Fall sein, wenn im Sinne der Syntax der Makro-Sprache (Teil B) ein Fehler vorhanden ist, der die ordnungsgemäße Ausführung aller Schritte des Makros unmöglich macht. Das Beispiel von oben soll das verdeutlichen:

```
...
«ABFRAGE Antwort=?Beenden? J und Eingabetaste, um zu beenden oder nur
Eingabetaste»
«AWENN Antwort="J"»
    <menü>ts10,5<tab>21<tab>2<alt u>3<return>
    «QUITT»
«SONST»
    <pos1>
<menü>dd
```

Angenommen, Sie wollen hier, anders als oben, das Makro nicht durch Eingabe des Buchstabens J beenden. Das Makro soll weiterlaufen; dazu drücken Sie nur die Eingabetaste. Unmittelbar danach wird ein Dialogfeld mit einer Fehlermeldung geöffnet (Bild 4.3).

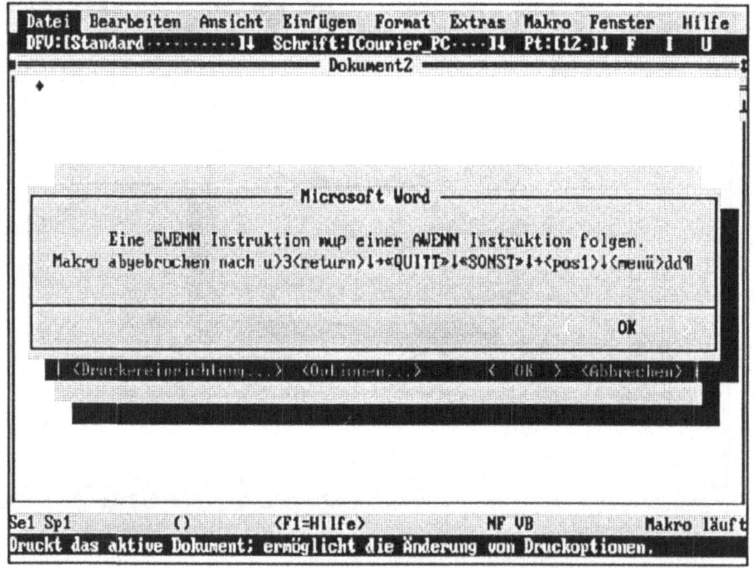

Bild 4.3: In diesem Dialogfeld wird der Makro-Fehler gemeldet

Der Makro-Ablauf ist damit im Moment nur unterbrochen, noch nicht abgebrochen. Sie sehen das an der Meldung *Makro läuft*, die immer noch in der Statuszeile steht. Wenn Sie nun die Option <OK> des Dialogfeldes wählen, wird das Makro endgültig abgebrochen. Zugleich wird das Dialogfeld geschlossen, und die Meldung *Makro läuft* in der Statuszeile verschwindet.

4.4 Modularer Aufbau von Makros: Verschachteln

Ein Makro führt nach seinem Aufruf alle in ihm enthaltenen Befehle und Anweisungen aus. Wenn nun einer dieser Befehle eine Formulierung ist, die dazu dient, ein Makro aufzurufen, dann wird eben dieses gemacht: ein Makro wird im gerade ablaufenden Makro aufgerufen. Während das *aufgerufene* Makro abläuft, ist der Ablauf des *aufrufenden* Makros solange unterbrochen. Er wird dann fortgesetzt, wenn das aufgerufene Makro beendet ist. Bei dieser Anordnung sind Makros verschachtelt. Die Gesamtfunktion des Makros ist die Funktion der einzelnen Module.

Bild 4.4 zeigt, wie aufrufende Makros und aufgerufene Module zusammenwirken.

Wenn im ersten Makro der Schritt A ausgeführt worden ist, wird mit der Funktionstaste F3 das zweite Makro (*makro2*) aufgerufen; zugleich wird der Ablauf des aufrufenden Makros (Nr. 1) unterbrochen. Diese Unterbrechung dauert solange, bis die Schritte A-Z des Makros 2 ausgeführt sind. Wenn der letzte Schritt dieses Moduls ausgeführt worden ist, wird der Ablauf im Hauptmakro mit Schritt B fortgesetzt.

Anschließend wird mit dem Befehl *Makro Ausführen* das dritte Makro (*makro3*) gestartet und der Ablauf des ersten Makros erneut unterbrochen. Im Makro Nr. 3 wird nach Ausführung des Schrittes A ein weiteres Modul gestartet, das Makro Nr. 4. Dazu wird der Tastenschlüssel < strg m > 4 verwendet. Während die Schritte A-Z des Makros Nr. 4 ausgeführt werden, ist der Ablauf des aufrufenden Makros (Nr. 3) unterbrochen.

Nach Beendigung des Makros Nr. 4 wird die Funktion des Makros Nr. 3 mit der Ausführung der Schritte C-Z wieder aufgenommen.

Als Letztes wird die Unterbrechung des ersten Makros beendet; die Schritte D-Z werden ausgeführt

Bei einer solchen Kombination verschachtelter Makros und Makro-Module können in einem Makro maximal 16 weitere direkt ineinander verschachtelte Makros enthalten sein. Sind es mehr, führt der Aufruf des 17. verschachtelten Makros zum Abbruch. Dabei wird folgende Meldung präsentiert:

```
Verbinden von mehr als 16 Makros nicht möglich.
Makro abgebrochen nach [Fehlerstelle]
```

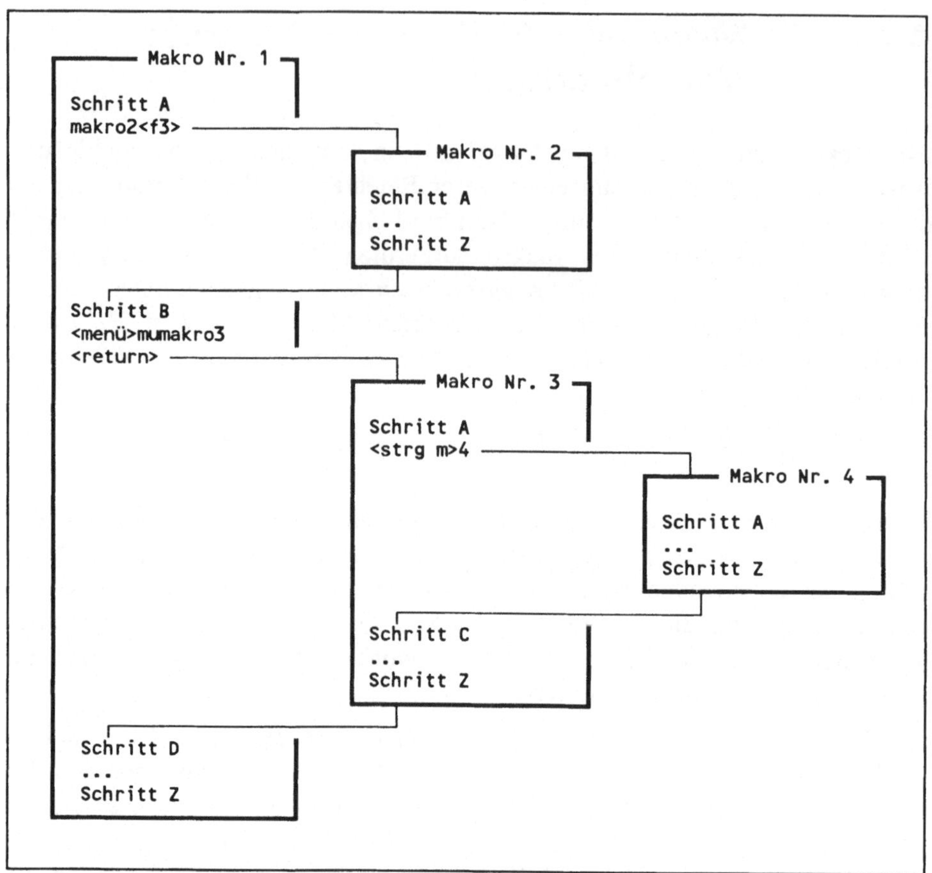

Bild 4.4: Verschachtelte Makros

Der Vorteil verschachtelter Makros liegt darin, daß häufig gebrauchte identische Arbeitsschritte an unterschiedlichen Stellen durch einen kurzen Befehl aktiviert werden können, ohne daß man sie soundso oft immer wieder neu eingeben muß.

Sich selbst kann ein Makro nicht aufrufen. In einem solchen Fall wird das Makro sofort abgebrochen, wenn die Stelle des eigenen Aufrufs erreicht wird. Ein Makro darf also nicht den eigenen Tastenschlüssel bzw. den Namen verschachtelt in einer Aufruf-Funktion enthalten, denn das würde eine Schleife ohne Ende ingang setzen. Die Fehlermeldung nach dem Makro-Abbruch lautet dann auch dementsprechend:

```
Zirkelreferenz ist im Makro nicht erlaubt. Makro
        abgebrochen nach [Fehlerstelle]
```

Beispiele für den modularen Aufbau von Makros finden Sie in vielen Makros der Teile C und D. Mehr zu Fehlermeldungen finden Sie in Kapitel 18.

4.4.1   Wie man verschachtelte Makros startet

Verschachtelte Makros können genauso gestartet werden wie Makros überhaupt, also mit allen drei Startvarianten, die in Kapitelabschnitt 4.1 beschrieben sind. Der Unterschied zwischen dem direkten Start und dem Start durch ein Makro besteht darin, daß nicht Sie durch Tastenbetätigung zu einem bestimmten Zeitpunkt das entsprechende Makro starten, sondern daß Sie diesen Startbefehl in ein anderes Makro schon fest eingebaut haben. Ob dann eine so latent vorhandene Makro-Funktion tatsächlich auch aufgerufen wird, hängt von der Makro-Logik ab, die Sie im jeweils übergeordneten, also aufrufenden Makro festgelegt haben.

Die Startbefehle werden im aufrufenden Makro an die Stelle des Makro-Texts geschrieben, an der innerhalb des Ablaufes der Start des Makro-Moduls erfolgen soll. Dazu sind die jeweiligen Tastenbezeichnung in den Makro-Text des aufrufenden Makros zu schreiben.

1.   Start mit dem Makro-Namen und der Funktionstaste F3

Schreiben Sie den Namen des Makros (*makro2*) und unmittelbar dahinter die Bezeichnung der Funktionstaste F3. Die Tastenbezeichnung muß zwischen den Winkelklammern < > stehen (mehr dazu in Kapitel 10). Im obigen Beispiel sieht das so aus:

```
makro2<f3>
```

2.   Start mit dem Befehl *Makro Ausführen*

Schreiben Sie die Bezeichnung des Befehls *Makro Ausführen*, danach den Namen des Makros (*makro3*) und zum Schluß die Bezeichnung der Eingabetaste, deren Funktion den Befehl auslöst. Alle Tastenbezeichnungen sind zwischen die Winkelklammern < > zu setzen (Kapitel 10):

```
<menü>mumakro3<return>
```

3.   Start mit dem Makro-Tastenschlüssel

Schreiben Sie die Bezeichnungen der einzelnen Tasten, aus denen der
Tastenschlüssel besteht. Im obigen Beispiel wird so das vierte Makro
aufgerufen. Wenn es die Bezeichnung *makro4 < strg m > 4* hat, würde
der Tastenschlüssel in das aufrufende Makro eingefügt:

```
<strg m>4
```

4.4.2   Wie man verschachtelte Makros beendet

Bei verschachtelten Makros gilt das gleiche wie für das Beenden von Makros
überhaupt. Dazu finden Sie in Kapitelabschnitt 4.3 ausführliche Informationen. Für verschachtelte Makros sind zwei Dinge wichtig:

1.   Beenden durch Abbruch

Wenn Sie in einem System verschachtelter Makros ein Makro durch
Drücken der Esc-Taste zuerst *unter*brechen und dann durch nochmaliges
Drücken *abb*rechen, wird alles abgebrochen, also bis zum ersten aufru-
fenden Makro.

2.   Beenden mit der Anweisung QUITT

Wenn in einem *aufgerufenen* Makro-Modul eine QUITT-Anweisung das
Modul beendet, wird die Funktion des *aufrufenden* Makros weiter
ausgeführt. Im obigen Beispiel würde eine QUITT-Anweisung im Makro
Nr. 4 zwar dieses Makro beenden, die Schritte in den Makros Nr. 3 und
Nr. 1 würden aber trotzdem ausgeführt.

Die Makro-Anweisung QUITT ist ausführlich in Kapitelabschnitt 13.10
beschrieben.

Achtung   Um die Tatsache des Beendens aus einem verschachtelten
Makro an das aufrufende zu übergeben, kann im verschachtelten ein Platzhalter, eine sogenannte Variable eingefügt werden, der man die Information über das Beenden gewissermaßen "mitgibt" an das aufrufende Makro. Die Realisierung finden Sie in den Makros der Kapitelabschnitte 25.4 und 25.8.

4.5 Makros mit Startautomatik

4.5.1 Die Autoexec-Makros

Ein Autoexec-Makro ist zunächst ein Makro wie jedes andere auch. Das bedeutet, daß es Tastenfunktionen, Word-Befehle und Anweisungen enthalten kann, die nacheinander abgearbeitet werden, wenn das Makro gestartet wird. Damit kommen wir zu dem, was dieses Makro von anderen unterscheidet.

Autoexec-Makros werden von Word *automatisch* gestartet. Dabei ist die Tatsache wichtig, daß jede Ihrer Makro-Dateien jeweils ein Autoexec-Makro enthalten kann, aber nur ein einziges.

Folgende Startmöglichkeiten gibt es:

▸ Wenn die Makro-Datei STANDARD.TBS ein Autoexec-Makro enthält, wird es beim Auruf von Word automatisch gestartet.

▸ Autoexec-Makros, die in beliebigen Makro-Dateien gespeichert sind, werden in dem Moment gestartet, wenn eine dieser Makro-Dateien geöffnet oder mit der aktuellen zusammengeführt wird (Kapitelabschnitt 2.3).

  Das Kopieren der Makro-Dateien M-PRAXIS.TBS und M-TOOLS.TBS auf Ihre Festplatte ist eine Anwendung dieser Startmöglichkeit (siehe Seite 4-6).

▸ Sie können Autoexec-Makros auch mit einer der drei Möglichkeiten starten, die in Kapitelabschnitt 4.1 beschrieben sind.

Achtung Wenn Sie den Befehl *Datei Alle schließen* wählen, werden alle Dateien einschließlich der geänderten Makro-Dateien gespeichert. Anschließend öffnet Word die Makro-Datei STAN-DARD.TBS. Allerdings wird jetzt ein darin enthaltenes Auto-exec-Makro nicht ausgeführt.

Wenn Sie dieses Makro starten wollen, können Sie das mit einer der drei Möglichkeiten tun, die in Kapitelabschnitt 4.1 beschrieben sind.

Damit Autoexec-Makros tatsächlich auch automatisch aufgerufen werden, *müssen* sie den Namen *autoexec* erhalten. Im übrigen gilt für Autoexec-Makros alles, was in Kapitel 3 für "normale" Makros gesagt wurde.

4.5.2   Word und ein Makro zusammen starten

Wenn Sie Word gestartet haben und dann gleich ein bestimmtes Makro brauchen, können Sie beide Vorgänge miteinander kombinieren. Geben Sie dazu im Wordverzeichnis nach der DOS-Eingabeaufforderung folgendes ein:

```
word/m [Makro-Name]
```

Mit *word* rufen Sie das Programm auf; der Parameter */m* bewirkt, daß nach dem Start von Word sofort das Makro aufgerufen wird, dessen Namen Sie nach dem Parameter */m* eingegeben haben.

Wenn Sie also beispielsweise gleich nach dem Word-Start damit beginnen wollen, mit Hilfe des Makros *makro-neu* einen neuen Makro-Text zu erstellen, geben Sie folgendes ein und drücken anschließend die Eingabetaste:

```
word/m makro-neu
```

Was es mit diesem Makro im einzelnen auf sich hat, finden Sie in Kapitelabschnitt 20.1.1.

Achtung   Das Makro, das nach dem Start von Word aufgerufen werden soll, muß sich in der Makro-Datei STANDARD.TBS befinden. Sollte das nicht der Fall sein, geschieht weiter nichts, aber eben auch nicht der Makro-Start.

4.6   Wenn das Makro nicht so richtig läuft ...

Wenn ein Makro nicht so läuft, wie Sie es eigentlich erwartet haben, sind dabei zwei Möglichkeiten zu unterscheiden:

▶ Das Makro läßt sich nicht starten.

▶ Das Makro kann zwar gestartet werden, aber es wird dann vor dem regulären Ende abgebrochen.

4.6.1   Das Makro läßt sich nicht aufrufen

Die Ursache dafür kann sein, daß es nicht existiert. Überprüfen Sie also zunächst, ob das Makro, das Sie gerade starten wollten, tatsächlich in der aktiven Makro-Datei vorhanden ist. Wählen Sie dazu den Befehl *Makro Ausführen* (es kann auch *Makro Bearbeiten* sein). Suchen Sie jetzt den Namen des Makros im Listenfeld.

Wenn ein Makro mit dem Namen existiert, sich aber trotzdem nicht aufrufen läßt, kann folgender Fehler aufgetreten sein: Sie haben versucht, das Makro durch Eingabe seines Namens und anschließendes Drücken der Funktionstaste F3 zu starten. Bei der Eingabe des Namens stand der Cursor aber nicht auf einer startfähigen Stelle (Kapitelabschnitt 4.1.1). Deshalb kann die Funktionstaste F3 den Start des Makros nicht auslösen. Sie bekommen dabei die Meldung

```
       Textbaustein existiert nicht.
```

Das Wort *Textbaustein* ist bei dieser Meldung gleichbedeutend mit *Makro*. Schließen Sie das Dialogfeld, und löschen Sie den eben eingegebenen Makro-Namen. Setzen Sie dann den Cursor an den Zeilen- oder Dokumentenanfang. Geben Sie jetzt den Namen erneut ein und drücken Sie die Funktionstaste F3.

Falls Sie erfolglos versucht haben, das Makro mit seinem Tastenschlüssel zu starten, prüfen Sie diesen auf die gleiche Weise wie den Makro-Namen.

4.6.2   Das Makro läuft nicht bis zum Ende

In diesem Fall wird das Makro von Word aufgrund eines Makro-Fehlers abgebrochen. Mehr dazu finden Sie in den Kapitelabschnitten 4.3.3 und 4.3.4. Wenn Sie Abbruch-Meldungen mit Hinweisen auf mögliche Ursachen erhalten, schlagen Sie bitte in Kapitelabschnitt 18.4 nach. Dort finden Sie ausführliche Hinweise zu den Meldungen, die bei einem Makro-Abbruch erscheinen. Außerdem erhalten Sie weitere Informationen darüber, wie die Ursachen für den jeweiligen Makro-Abbruch zu finden und zu beseitigen sind.

5   Das Testen von Makros

Ein Makro wird getestet, um zu sehen, ob damit das gewünschte Ergebnis erreicht wird oder nicht. Man kann sich dazu entweder nur das Endergebnis anschauen oder die einzelnen Schritte auf dem Weg dorthin verfolgen. Die zweite Möglichkeit hat einiges für sich.

`Achtung` Testen Sie ein Makro möglichst nie an einem Dokument, dessen Verlust Sie schimpfen, fluchen oder etwas ähnliches in dieser Richtung machen läßt. Makros führen mitunter - vor allem im Erprobungsstadium - ein nicht vorhersehbares Eigenleben. Wenn Sie das Makro dann auch noch mit normaler Geschwindigkeit testen, kann es unter Umständen vielleicht schon mal zu spät geworden sein.

Egal, für welche der beiden folgenden Testmöglichkeiten Sie sich entscheiden - Sie müssen ein Makro auf jeden Fall starten, um es zu testen. Mit welcher der drei in Kapitelabschnitt 4.1 beschriebenen Möglichkeiten Sie das tun, hängt davon ab, wie Sie das Makro im Test laufen lassen wollen:

►   mit normaler Geschwindigkeit

►   von Anfang an in Einzelschritten

►   abwechselnd mit normaler Geschwindigkeit und in Einzelschritten

5.1   Makro-Test mit Volldampf

Wenn Sie sich beim Test eines Makros tatsächlich nur das Endergebnis anschauen wollen, können Sie das Makro mit jeder der drei Möglichkeiten starten, die in Kapitelabschnitt 4.1 beschrieben sind. Nach dem Start erscheint in der Statuszeile rechts der Hinweis *Makro läuft*. Er bleibt stehen, bis das Makro beendet ist.

Sollte sich nach dem Start des Makros auf dem Bildschirm nichts tun, obwohl in der Statuszeile rechts der Hinweis *Makro läuft* steht, haben Sie vermutlich noch den Einzelschrittmodus eingeschaltet. Links von *Makro läuft* steht dann der Tastaturcode ES. Drücken Sie in diesem Fall die Esc-Taste, schalten Sie

dann im Dialogfeld die Option *Einzelschritt* aus, und bestätigen Sie mit
<OK>.

5.2   Schön langsam zum Mitschreiben

"Langsam" bedeutet, daß das Makro nicht mit normaler Geschwindigkeit an
Ihnen vorbeirauscht, sondern daß ein Schritt nach dem anderen ausgeführt
wird: Das Makro läuft im sogenannten *Einzelschrittmodus*. Der jeweils nächste Schritt wird erst dann ausgeführt, wenn Sie es wollen. Sie haben damit
also ausreichend Gelegenheit zu beobachten, was der gerade ausgeführte
Makro-Schritt bewirkt hat und ob es damit seine Richtigkeit hat. Der Ausdruck "Mitschreiben" ist wörtlich gemeint: Wenn das Makro an irgendeiner
Stelle nicht das macht, was Sie eigentlich erwartet haben, dann kann der
kleine Notizzettel schon recht hilfreich sein.

Die einzelnen Schritte

1.   Wählen Sie den Befehl *Makro Ausführen*. Das Dialogfeld *Makro ausfüh-
      ren* wird geöffnet.

2.   Geben Sie den Namen des Makros, das Sie starten wollen, im Textfeld
      Makroname ein. Sie können den Namen auch im Listenfeld markieren;
      der markierte Name erscheint dann zugleich im Textfeld *Makroname*.

3.   Schalten Sie die Option <Einzelschritt> ein.

4.   Bestätigen Sie mit <OK>. Das Dialogfeld wird geschlossen.

      In der Statuszeile erscheint rechts der Hinweis *Makro läuft*. Links davon
      steht der Tastaturcode ES als Kennzeichen dafür, daß der Einzel-
      schrittmodus eingeschaltet ist.

5.   Drücken Sie jetzt eine beliebige Taste, um von einem Makro-Schritt zum
      nächsten weiterzuschalten.

6.   Kontrollieren Sie, was die einzelnen Makro-Schritte bewirken. Nach
      dem letzten Schritt verschwindet in der Statuszeile der Hinweis *Makro
      läuft*, der Tastaturcode ES bleibt stehen.

Wenn Sie schnell sind, können Sie das Makro auch mit den beiden anderen
Möglichkeiten starten (F3-Methode oder Tastenschlüssel). Sie müssen dann
aber sofort anschließend die Esc-Taste drücken, um das Dialogfeld für die

Einschaltung der Option <Einzelschritt> präsentiert zu bekommen (siehe unten).

Achtung Wenn Sie mit der Eingabetaste weiterschalten, kann es passieren, daß unbeabsichtigt eine Eingabeaufforderung übergangen wird (mehr dazu in den Kapitelabschnitten 13.2 und 13.5). Benutzen Sie deshalb eine"ungefährlichere" Taste, z. B. eine der Richtungstasten.

Wenn Sie mit den Tasten des numerischen Blocks weiterschalten, ist es egal, ob die Num-Taste ein- oder ausgeschaltet ist.

Mit den Tasten Druck, Rollen, und Pause lassen sich die Einzelschritte nicht auslösen. Mit der Esc-Taste können Sie das Makro vorzeitig abbrechen (siehe unten).

Wenn der letzte Schritt des Makros ausgeführt ist, bleibt das System immer noch im Einzelschrittmodus. Das bedeutet, daß das nächste Makro, das Sie aufrufen, wieder schrittweise ablaufen wird. Wenn es scheinbar Startprobleme gibt, schauen Sie, ob in der Statuszeile der Tastaturcode ES steht, und schalten Sie ihn dann aus.

Wenn Sie das Makro schon vor seinem letzten (Einzel-)Schritt wieder mit normaler Geschwindigkeit laufen lassen wollen, drücken Sie die Esc-Taste. Schalten Sie dann im Dialogfeld *Mit Makroausführung fortfahren* (Bild 5.1) die markierte Option <Einzelschritt> aus, und bestätigen Sie mit <OK>. Das Dialogfeld wird geschlossen, und das Makro läuft bis zum Ende weiter.

Sollten Sie aber das Makro vorzeitig abbrechen wollen oder müssen, drücken Sie zweimal die Esc-Taste. Beim ersten Drücken wird das erwähnte Dialogfeld geöffnet, mit dem zweiten wählen Sie die Option <Abbrechen>. Das Dialogfeld wird geschlossen, der Hinweis *Makro läuft* und der Tastaturcode ES in der Statuszeile verschwinden.

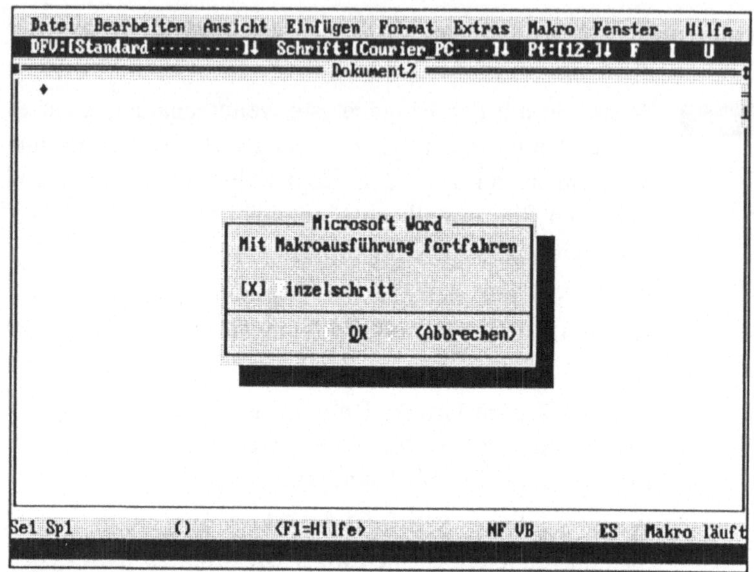

*Bild 5.1: In diesem Dialogfeld können Sie den Einzelschrittmodus
ein- und ausschalten*

5.3   Makros zwischen Stotterbremse und Vollgas

Wenn Sie ein Makro weder vollständig mit normaler Geschwindigkeit noch in
Einzelschritten testen wollen, sondern zwischen den beiden Modi umschalten
wollen, haben Sie zwei Möglichkeiten:

▶   Wenn Sie ein Makro im Einzelschrittmodus gestartet bzw. diesen Modus
    nach einer Unterbrechung eingeschaltet haben, müssen Sie eine Taste
    drücken, um die einzelnen Schritte auszulösen. Wenn Sie nun die Taste
    nicht einmal drücken, sondern gedrückt halten, wird das vom System als
    eine Folge von Tasteneingaben interpretiert. Das hat zur Folge, daß das
    Makro mit normaler Geschwindigkeit abläuft, solange Sie den Finger
    auf der Taste lassen. Sobald Sie die Taste wieder loslassen, geht's wie-
    der schrittweise weiter. Sie können also dadurch "Gas geben" und
    "bremsen", wenn Sie bestimmte Makro-Schritte schneller oder lang-
    samer ablaufen lassen wollen.

▶ Eine zweite Möglichkeit, zwischen Einzelschrittmodus und Normalgeschwindigkeit umzuschalten, haben Sie mit der Esc-Taste, die das Dialogfeld *Mit Makroausführung fortfahren* öffnet (Bild 5.1). Wenn Sie die
Option < Einzelschritt > einschalten und mit < OK > bestätigen, läuft
das Makro solange schrittweise, bis Sie erneut die Esc-Taste drücken
und die Option < Einzelschritt > wieder ausschalten.

6 Word-Hilfen bei der Arbeit mit Makros

Word 5.5 bietet ein umfangreiches System von Hilfen auf dem Bildschirm.

▸ Mit der Funktionstaste F1 können Sie die Online-Hilfe zu aktuellen Befehlen und Dialogfeldern abrufen.

▸ Über das Befehlsmenü *Hilfe* können Sie thematische Hilfen zu bestimmten Stichwörtern bekommen.

Sie bekommen die Word-Hilfen in Form von Hilfe-Fenstern, die über Ihrem aktuellen Bildschirm geöffnet werden. Die folgenden Abschnitte beschreiben nur die für das Thema "Makro-Technik" wichtigen Aspekte des Hilfesystems.

6.1 Hilfe zu Menübefehlen und Dialogfeldern

Die für unseren Zusammenhang relevanten Befehle sind die des Menüs *Makro* und der Menübefehl *Bearbeiten Textbaustein* sowie die Dialogfelder, die dabei geöffnet werden. Mit der Online-Hilfe präsentiert Ihnen Word konzentrierte Hilfetexte, die sich unmittelbar auf Ihren aktuellen Bildschirm beziehen.

Die einzelnen Schritte

1. Markieren Sie in den Befehl, zu dem Sie ein Hilfe-Fenster bekommen möchten (Bild 6.1).

2. Drücken Sie nun die Funktionstaste F1, oder klicken Sie in der Statuszeile auf <F1=Hilfe>. Das zugehörige Hilfe-Fenster wird geöffnet (Bild 6.2)

3. Sie können nun im Hilfe-Fenster blättern bzw. die Optionen wählen, die mit den Winkelklammern < > als Schaltflächen markiert sind. Word öffnet dadurch weitere Hilfe-Fenster.

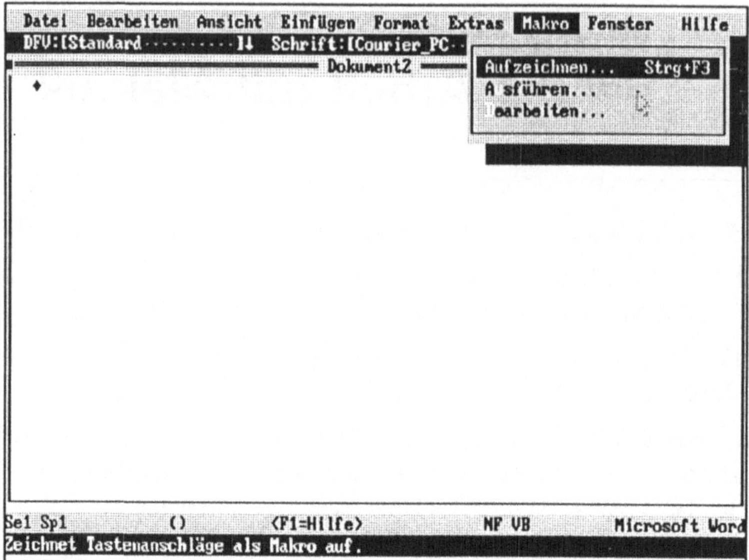

Bild 6.1: Der Befehl "Makro Aufzeichnen" ist markiert, um dazu
die Online-Hilfe zu bekommen

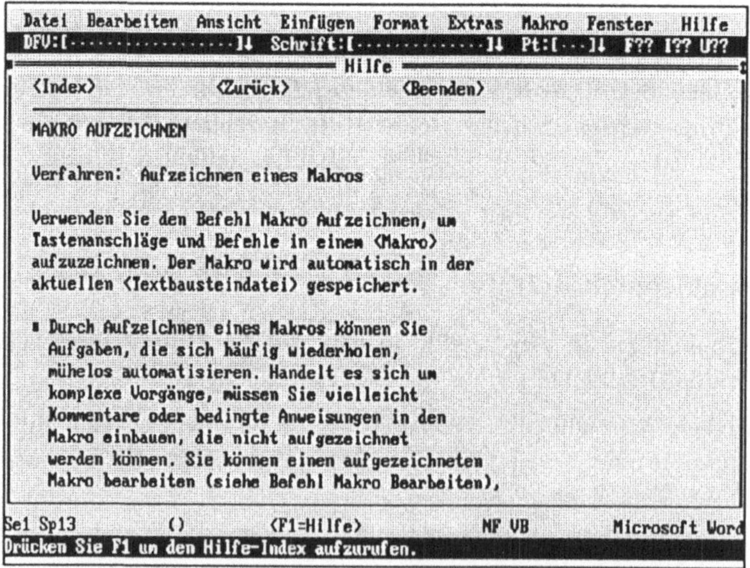

Bild 6.2: Das Hilfe-Fenster zum Befehl "Makro Aufzeichnen"

4. Um das Hilfe-Fenster zu schließen, wählen Sie die Option < Beenden >. Sie kommen dann wieder zu dem Punkt zurück, an dem Sie die Online-Hilfe angefordert haben, also zu dem markierten Befehl oder in das aktuelle Dialogfeld.

6.2 Hilfe zu makrotechnischen Stichwörtern

Aus dem Menü *Hilfe* gelangen Sie nach der Wahl einzelner Befehle in Verzeichnisse, aus denen Sie ähnlich wie in einem Lexikon Stichwörtern nachschlagen können, die im weitesten Sinne mit dem Thema "Makro-Technik" zu tun haben. Für unseren Zusammenhang sind das folgende:

▸ *Hilfe Index < Befehle >*

▸ *Hilfe Index < Definitionen >*

▸ *Hilfe Index < Tastatur >*

▸ *Hilfe Index < Verfahren >*

▸ *Hilfe Tastatur < Makros >*

Die einzelnen Schritte

1. Wählen Sie einen der aufgeführten Befehle.

2. Wählen Sie im dann folgenden Hilfe-Fenster das Stichwort, das durch die Winkelklammern < > als Schaltfläche markiert ist (Bild 6.3).

3. Sie können nun im Hilfe-Fenster (Bild 6.4) blättern bzw. die Optionen wählen, die mit den Winkelklammern < > als Schaltflächen markiert sind.

4. Um das Hilfe-Fenster zu schließen, wählen Sie die Option < Beenden >. Sie kommen dann wieder zu Ihrem Ausgangsbildschirm zurück.

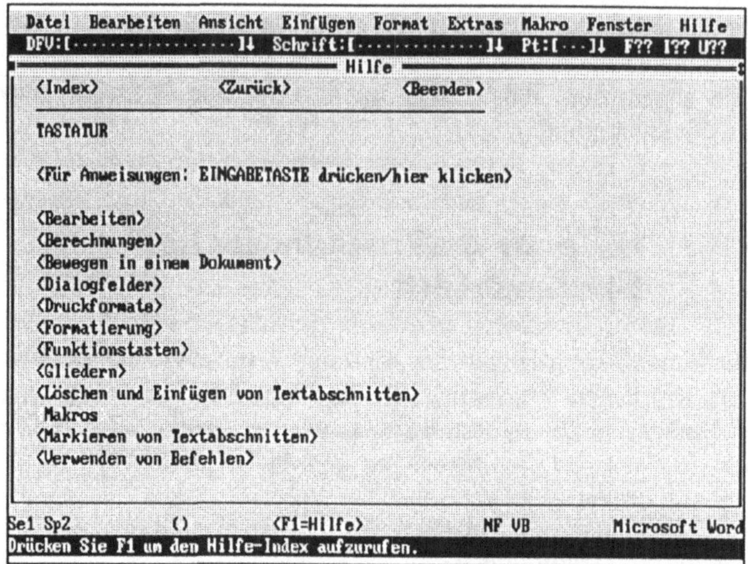

*Bild 6.3: Wenn Sie im Hilfe-Fenster TASTATUR das Stichwort
"Makros" wählen, ...*

*Bild 6.4: ... bekommen Sie diesen Hilfetext über Tasten und
Tastenkombinationen*

6.3 Hilfe zu Fehlermeldungen

Wenn Word bei Makro-Fehlern Meldungen in Dialogfeldern präsentiert (Bild 6.5), können Sie zu diesen Meldungen (in der Regel) die Online-Hilfe abrufen.Drücken Sie dazu die Funktionstaste F1. Word öffnet danach ein Hilfe-Fenster, in dem Sie Hinweise zu der aktuellen Fehlermeldung erhalten (Bild 6.6).

In einigen Fällen erscheint satt eines Hilfe-Fensters mit Hinweisen ein Dialogfeld mit der Meldung, daß keine Hilfe verfügbar ist (Bild 6.7).

Mehr zu Fehlermeldungen finden Sie in Kapitel 18.

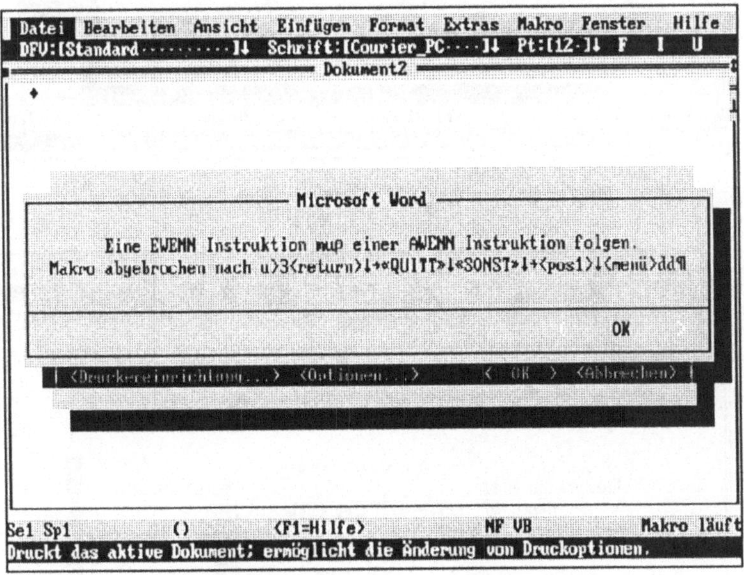

Bild 6.5: Dialogfeld mit einer Fehlermeldung

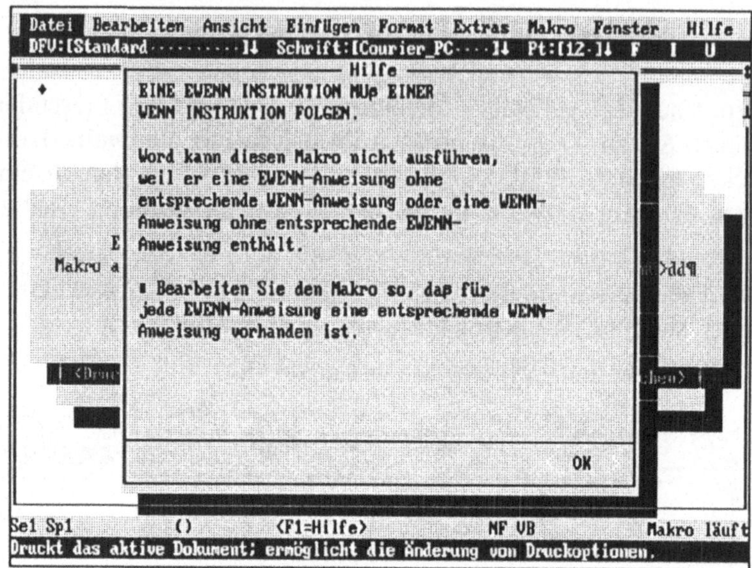

Bild 6.6: Das Hilfe-Fenster zur Fehlermeldung

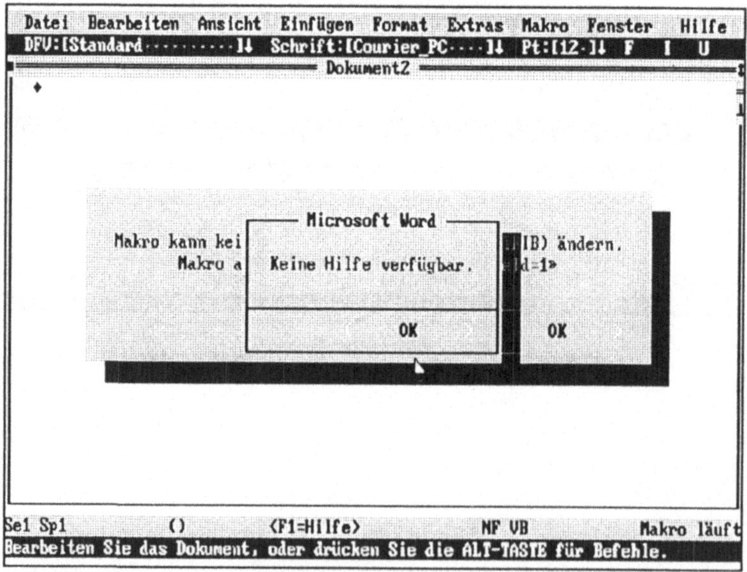

*Bild 6.7: Dieses Dialogfeld sehen Sie, wenn Word keine Hilfe zu
einer Fehlermeldung bietet*

7 Wie Sie Ihre Makro-Bestände sichern können

Makro-Bestände zu sichern, heißt zunächst wie bei allen Dokumenten bzw. Dateien, sie vor Beschädigung oder Verlust zu schützen. Wenn in Zusammenhang mit Makros die Rede von "Sichern" ist, hat das Ganze zwei Aspekte:

- Sicherung einzelner Makro-Texte
- Sicherung aller Makro-Texte einer Makro-Datei

7.1 Automatisch speichern in Word

Das Wort "automatisch" hat hier zwei Bedeutungen: Zum einen bedeutet es, daß Word ohne Ihr Zutun speichert, was Sie produzieren. Zum andern ist gemeint, daß Word Sie daran erinnert zu speichern.

7.1.1 Einzelne Makro-Texte sichern

Wenn Sie einen Makro-Text erstellen oder ändern, heißt das zunächst nichts anderes, als daß Sie ein Dokument bearbeiten. Sie können nun festlegen, in welchen Intervallen gerade bearbeitete Dokumente von Word automatisch gespeichert werden sollen. Das gilt natürlich auch für Ihren Makro-Text, den Sie gerade bearbeiten.

Die einzelnen Schritte

1. Wählen Sie den Befehl *Extras Einstellungen*. Das Dialogfeld *Einstellungen* wird geöffnet.

2. Geben Sie im Textfeld *Automatisch speichern* die Zahl für den Minutenabstand ein, in dem Word speichern soll.

3. Bestätigen Sie mit < OK >.

Wenn Sie nun in einem unbenannten Dokumentenfenster Ihren Makro-Text bearbeiten, erhalten Sie in Meldungszeile in dem von Ihnen festgelegten Intervall

```
Speichern von C:\WORD5-5\NAMENLOS.SVD
```

Falls nun irgendetwas passieren sollte (Absturz, Netzausfall usw.) und Sie den Makro-Text noch nicht gespeichert hatten, können Sie nach dem nächsten Word-Start diese Datei NAMENLOS.SVD wieder weiterbearbeiten. Word öffnet in diesem Fall ein Dialogfeld mit der Meldung

```
Sicherungskopie(n) vorhanden. Datei(en)
             wiederherstellen?
```

Wählen Sie Option <Ja>, und öffnen Sie dann die Datei mit der Sicherungskopie (Befehl *Datei Öffnen*).

7.1.2   Die ganze Makro-Datei speichern

Was für ein unbenanntes Dokument gilt, trifft natürlich auf Makro-Dateien genauso zu. Wenn Sie also die Option *Automatisch speichern* aktiviert hatten (siehe oben), können Sie auf die Sicherungskopie der vor dem Ausfall aktiven Makro-Datei zugreifen. Dabei gilt das gleiche Verfahren wie in Kapitelabschnitt 7.1.1.

Darüber hinaus können Sie Makro-Dateien aber auch ganz normal speichern. Wenn Sie Word beenden und die aktive Makro-Datei - z. B. die STANDARD.TBS - während der Arbeitssitzung verändert haben, bekommen Sie in einem Dialogfeld die folgende Meldung:

```
STANDARD.TBS wurde bearbeitet. Sollen die
    Änderungen gespeichert werden?
```

Wählen Sie nun die die gewünschte Option.

Achtung   Es ist empfehlenswert, zumindest nach größeren Änderungen von Makros oder Textbausteinen die aktuelle Datei zwischendurch zu speichern und nicht erst nach der Aufforderung bei Beenden von Word. Mehr dazu finden Sie in Kapitelabschnitt 2.3.

7.2   Sichern auf der DOS-Ebene

Wenn Sie Makro-Dateien mit dem Befehl *Datei Speichern* gespeichert haben, befinden sich Ihre Makro-Bestände auf der Festplatte. Wollen Sie die Makro-Dateien außerdem auf einer Sicherungsdiskette speichern, können Sie sich von Ihrem PC automatisch daran erinnern lassen.

Richten Sie dazu auf der Ebene des Betriebssystems eine Sicherungsdatei ein. Es handelt sich dabei um eine sogenannte Batch-Datei, die den DOS-Befehl zum Kopieren der Makro-Dateien enthält. Die Batch-Datei sieht folgendermaßen aus:

```
:tbs
Pause Sicherungsdiskette für Makros einlegen, dann Eingabetaste oder Strg+C,
um zu beenden
if not exist a:\tbs.bakgoto tbs
xcopy c:\word5-5\*.tbs a:/m
```

Wenn Sie diese Datei einsetzen, geschieht nach ihrem Aufruf folgendes:

▶ Auf dem Bildschirm erscheint die Aufforderung, die Sicherungsdiskette einzulegen oder die Batch-Datei durch die Tastenkombination Strg+C abzubrechen.

▶ Wenn Sie die Sicherungsdiskette im Laufwerk A: eingelegt haben, wird vom System durch die *if not*-Sequenz geprüft, ob es sich um die richtige Diskette handelt.

▶ Wenn eine andere Diskette im Laufwerk steckt, wird nicht der Kopierbefehl ausgeführt, sondern stattdessen zur Sprungadresse *:tbs* verzweigt und wieder zum Einlegen der Sicherungsdiskette aufgefordert. Ist die richtige Diskette eingelegt, werden alle im Word-Verzeichnis vorhandenen Makro-Dateien kopiert, die seit dem letzten Kopiervorgang verändert worden. Diese Änderungsprüfung wird durch den Parameter */M* bewirkt. Weil dieser Parameter einzusetzen ist, muß auch anstelle des normalen DOS-Befehls COPY der erweiterte Befehl XCOPY verwendet werden.

Wenn Sie die Batch-Datei mit der Tastenkombination Strg+C abbrechen, erhalten Sie die folgende DOS-Meldung, die Sie dann wunschgemäß beantworten:

```
Stapeljob beenden (J/N)?
```

▮ Erstellung der Batch-Datei

1. Öffnen Sie ein Dokumentenfenster, und schreiben Sie den Text der Batch-Datei.

2. Speichern Sie die Datei unter dem Namen TBS.BAT in das Stammverzeichnis C:\. Wählen Sie im Listenfeld *Dateiformat* als Format *Nur Text*.

3. Bestätigen Sie alles mit < OK >.

Die zur Prüfung der richtigen Diskette notwendige Datei TBS.BAK auf der Sicherungsdiskette können Sie dadurch erstellen, daß Sie ein einziges, beliebiges Zeichen unter dem Namen TBS.BAK auf die Diskette speichern.

▮ Einsatz der Batch-Datei

Rufen Sie die Batch-Datei zur Sicherung Ihrer Makros durch Eingabe der Buchstaben TBS auf, und befolgen Sie dann die Anweisungen auf dem Bildschirm (siehe oben).

Erweiterung der Batch-Datei

Sie können die beschriebene Batch-Datei um einige Funktionen erweitern, die dann ebenfalls automatisch vom System ausgeführt werden:

▸ Starten von Word

▸ Löschen der TMP-Dateien im Word-Verzeichnis

▸ Kopieren weiterer Dateien auf eine Sicherungsdiskette (z. B. Wörterbuchdateien, Druckformatvorlagen, Berichte)

Wenn Sie diese drei beispielhaften Funktionen in die oben beschriebene Batch-Datei integrieren wollten, würde die Datei folgendermaßen aussehen:

```
cd\word5-5
word
del *.tmp
:tbs
Pause Sicherungsdiskette für Makros einlegen, dann Eingabetaste oder Strg+C,
um zu beenden
if not exist a:\tbs.bak goto tbs
xcopy c:\word5-5\*.tbs a:/m
:cmp
Pause Sicherungsdiskette für Wörterbücher einlegen, dann Eingabetaste oder
Strg+C, um zu beenden
if not exist a:\cmp.bak goto cmp
xcopy c:\word5-5\*.cmp a:/m
:dfv
Pause Sicherungsdiskette für Druckformatvorlagen einlegen, dann Eingabetaste
oder Strg+C, um zu beenden
if not exist a:\dfv.bak goto dfv
xcopy c:\word5-5\*.dfv a:/m
:ber
Pause Sicherungsdiskette für Berichte einlegen, dann Eingabetaste oder Strg+C,
um zu beenden
if not exist a:\ber.bak goto ber
xcopy c:\word5-5\berichte\*.txt a:/m
cd\
```

7.3   Sichern unter MS-Windows

Wenn Sie Ihr Word als "Andere Anwendung" in Windows installiert haben, bietet es sich an, auch die Sicherung der Makro-Dateien (und anderer) von Windows aus zu starten. Grundsätzlich ist dabei eine Batch-Datei zu erstellen, wie sie in Kapitelabschnitt 7.2 beschrieben ist. Der Unterschied zur Sicherung auf der DOS-Ebene besteht dann in der Art des Aufrufs der Batch-Datei. Sie wird in Form eines Anwendungssymbols aus einem (Windows-)Dokumentfenster geöffnet.

Sie können diese Batch-Datei-Anwendung im Fenster "Andere Anwendungen" bei Word installieren oder einem eigenen Gruppenfenster. Die folgende Beschreibung zeigt die Erstellung eines neuen Gruppenfensters, in dem dann auch die Batch-Datei als Anwendung installiert wird.

▌ Die einzelnen Schritte

1. Wählen Sie im Programm-Manager den Befehl *Datei Neu*.

2. Markieren Sie im Dialogfeld *Neues Programmobjekt* die Option *Programmgruppe*, und bestätigen Sie mit OK. Das Dialogfeld *Programmgruppeneigenschaft* wird geöffnet.

3. Geben Sie *Sichern* im Textfeld *Beschreibung* ein. Diese Beschreibung erscheint dann als Titel in der Titelzeile des Gruppenfensters. Bestätigen Sie mit OK. Das neue Gruppenfenster mit der Titelleiste *Sichern* wird geöffnet.

4. Wählen Sie noch einmal den Befehl *Datei Neu*. Bestätigen Sie im Dialogfeld *Neues Programmobjekt* die markierte Option *Programm*. Das Dialogfeld *Programmeigenschaft* wird geöffnet.

5. Geben Sie *Makros* im Textfeld *Beschreibung* ein. Diese Beschreibung erscheint später als Unterschrift unter dem Anwendungssymbol. Klicken Sie auf *Durchsuchen*. Das Dialogfeld *Durchsuchen* wird geöffnet.

6. Geben **.bat* im Textfeld *Dateiname* ein. Markieren Sie im Listenfeld *Verzeichnisse* das Verzeichnis, in dem Sie die Datei TBS.BAT abgelegt haben, und klicken Sie auf OK.

7. Markieren Sie im Listenfeld *Dateien* die Datei TBS.BAT, und klicken Sie auf OK. Das Fenster *Durchsuchen* wird geschlossen.

8. Klicken Sie im Dialogfeld *Programmeigenschaften* auf OK.

9. In Ihrem Gruppenfenster *Sichern* befindet sich nun ein Symbol mit dem DOS-Piktogramm und der Unterschrift *Makros*.

Auf die gleiche Weise können Sie weitere Symbole, d. h. Programmaufrufe für andere Sicherungsdateien erstellen.

Wenn Sie das Anwendungssymbol ändern wollen, markieren Sie es, und wählen Sie dann den Befehl *Datei Eigenschaften*. Dadurch wird wieder das Dialogfeld *Programmeigenschaften* geöffnet. Sie können nun Ihre Änderungen vornehmen. Bestätigen Sie Ihre Änderungen mit OK.

Um nun Ihre Makro-Dateien zu sichern, öffnen Sie das Fenster *Sichern*, und klicken Sie dann zweimal auf das Anwendungssymbol *Makros*. Befolgen Sie anschließend die Anweisungen auf dem Bildschirm. Es sind übrigens die, die Sie in der Batch-Datei mit dem DOS-Befehl PAUSE festgelegt haben (Kapitelabschnitt 7.2).

8 Wenn Sie Word 5.0-Makros in Word 5.5 verwenden wollen

Makros, die Sie in Word 5.0 aufgezeichnet oder geschrieben haben, können Sie nicht unverändert in Word 5.5. einsetzen; sie würden nicht bzw. nicht fehlerfrei laufen. Der wesentliche Grund ist die in der neuen Wordversion völlig veränderte Benutzeroberfläche. Einige Beispiele:

- Das in Word 5.0 eigenständige Menü *Muster* zur Bearbeitung von Druckformaten ist in Word 5.5 im Menü *Format* integriert.

- In Word 5.0 wurden Spalten mit der Tastenkombination Umschalten+F6 markiert, in Word 5.5 ist es die Kombination Strg+Umschalten+F8.

- In Word 5.5 wird mit der Funktionstaste F1 die Online-Hilfe aufgerufen und hat damit eine ganz andere Funktion als in Word 5.0.

- Das Befehlsmenü wird in Word 5.5 mit der Alt-Taste aktiviert; in wurde das mit der Esc-Taste gemacht.

Wenn Tastenbezeichnungen, auf die solche Änderungen zutreffen, in einem Makro enthalten sind, kann die entsprechende Funktion entweder nicht ausgeführt werden, oder es werden Funktionen ausgelöst, die dann keinen Sinn ergeben. Deshalb müssen die Bezeichnungen von Tasten und Tastenkombinationen umgeschrieben werden. Dabei gibt es zwei verschiedene Möglichkeiten:

1. Konvertierung der Word 5.0-Makros durch ein Programm

Diese automatisierte Änderung der Makros geschieht durch den Einsatz des Konvertierungsprogramms MACROCNV.EXE. Dieses Programm befindet sich in Ihrem Wordverzeichnis. Dort finden Sie auch eine Beschreibung dessen, was Sie im einzelnen tun müssen, wenn Sie das Programm einsetzen wollen. Die Beschreibung ist die Datei MACROCNV.TXT. Wenn Sie das Konvertierungsprogramm verwenden wollen, drucken Sie die Beschreibung aus. Halten Sie sich dann genau an das, was dort beschrieben ist.

Wenn konvertierte Makros nicht einwandfrei laufen, ist in der Regel eine Neuaufzeichnung in Word 5.5 am einfachsten. Wie Sie Makros aufzeichnen lassen können, ist ausführlich in Kapitelabschnitt 3.1.1 beschrieben. Bei Problemen mit Makros, die Sie programmiert haben, ist es empfehlenswert, sie neu zu schreiben. Wie Sie ein Makro schreiben bzw. Teile eines bestehenden Makros ändern können, finden Sie in den Kapitelabschnitten 3.1.2 und 3.4.

2. Änderung der Word 5.0-Makros von Hand

Einen Makro-Text von Hand zu ändern, also neu zu schreiben, ist vor allem dann notwendig, wenn ein Word 5.0-Makro komplexe verschachtelte Programmstrukturen mit AWENN-Anweisungen enthält. Das Konvertierungsprogramm kann verschachtelte AWENN-Anweisungen nicht konvertieren.

Fehler, die nach der Bearbeitung durch das Konvertierungsprogramm auftreten, machen sich - unter der Voraussetzung, daß das Makro in Word 5.0 fehlerfrei gelaufen ist - durch falsche Ergebnisse bemerkbar, wenn es sich um Tastenfunktionen handelt. Bei Fehlern, die aus nicht oder falsch konvertierten Anweisungen resultieren, erhalten Sie von Word entsprechende Fehlermeldungen. In beiden Fällen müssen Sie dann die Fehler berichtigen. Ausführliche Informationen dazu finden Sie in Kapitel 18.

Teil B
Makro-Programmierung:
Die Makro-Sprache

Ein Makro ist ein Programm. Um ein solches Programm zu erstellen, wird eine Programmiersprache gebraucht. Bei der Makro-Sprache in Word verwendet man

- **Word-Befehle**, wie sie auch außerhalb eines Makros bei der normalen Arbeit benutzt werden

- **Tastenbezeichnungen** und Bezeichnungen für Tastenkombinationen

- **Variablen und Konstanten**, um einem Makro bei seinem Ablauf Informationen zu übergeben und sie zu verarbeiten

- **Anweisungen**, um festzulegen, ob und unter welchen Bedingungen ein Schritt des Makros ausgeführt werden soll

- **Funktionen** zur Bearbeitung von Zeichenketten

Wie bei einer natürlichen Sprache, etwa Ihrer Muttersprache oder einer Fremdsprache, die Sie sprechen, brauchen Sie auch bei der Makro-Sprache "Vokabeln" und ein System von Regeln zu ihrer Anwendung, die "Grammatik". Anders aber als beim Lernen von Vokabeln für eine Fremdsprache kommen Sie bei der Makro-Sprache mit einer Handvoll "Vokabeln" aus; die "Grammatik" beschränkt sich ebenfalls auf eine überschaubare Zahl von Regeln. Falls Sie gegen das Regelsystem, die Syntax der Makro-Sprache einmal verstoßen, bekommen Sie das von Word Fehlermeldungen in Dialogfeldern.

Achtung Wie Sie auf Fehlermeldungen reagieren können, finden Sie in Kapitel 18.

Die folgende Übersicht zeigt den Inhalt von Teil B.

Übersicht Teil B

9 Elemente der Word-Benutzerführung

Wenn ein Makro Word-Befehle ausführen soll, muß es alle Angaben darüber enthalten, welche Tastenfunktionen nacheinander auszuführen sind. Es wird also nichts anderes getan, als aufzulisten, welche Tasten gedrückt *würden*, wenn ein Befehl von Hand ausgeführt *würde*. In Kapitelabschnitt 3.1.1 ist diese Art der Makro-Erstellung beschrieben.

Ein Makro führt dann während seines Ablaufes alle die Funktionen aus, die den Tastenbezeichnungen entsprechen (Kapitel 10). Diese Funktionen umfassen mehrere Schritte:

► Aktivierung der Menüleiste

► Wahl eines Menüs

► Wahl eines Befehls

► Auswahl und Festlegung von Optionen in Dialogfeldern

► Texteingabe in Dialogfeldern

► Schließen von Dialogfeldern durch Bestätigung oder Abbruch

► Bestätigung oder Abbruch von Befehlen

9.1 Die Menüs

In einem Makro wird die Menüleiste, ob ein- oder ausgeblendet, mit der Tastenbezeichnung <menü> aktiviert. Die Wahl von Menüs geschieht durch die angefügte Bezeichnung des Buchstabens, der in der Menüleiste hervorgehoben ist. Um beispielsweise das Menü *Format* zu öffnen, steht im Makro-Text

`<menü>t`

Bei der manuellen Wahl eines Menüs kann statt der Tasten*folge Alt-Taste, hervorgehobener Buchstabe* auch die Tasten*kombination Alt-Taste+hervorgehobener Buchstabe* verwendet werden. In einem Makro sieht das für die Wahl des Menüs *Format* so aus:

```
<alt t>
```

Beide Möglichkeiten haben die gleiche Wirkung: Das Menü *Format* wird geöffnet.

Je nachdem, wie der aktuelle Bildschirm aussieht (Dokumentenfenster, Seitenansicht, Dialogfelder), müssen unterschiedliche Tastenkombinationen verwendet werden, um die Menüleiste zu aktivieren. Die verschiedenen Möglichkeiten zur Aktivierung der Menüleiste bzw. der Menüs aus unterschiedlichen Bildschirmen sind ausführlich in Kapitelabschnitt 4.2 dargestellt.

9.2   Die Word-Befehle

Bei der Wahl von Befehlen in Makros sind zwei Aspekte zu unterscheiden:

1.   Ausführung des Befehls

In vielen Fällen wird dabei ein Dialogfeld geöffnet. Mit der folgenden Sequenz wird der Befehl *Format Seitenränder* gewählt und damit das Dialogfeld *Abschnitts-Seitenränder* geöffnet:

```
<menü>ts
```

Wenn das Menü nicht mit der Tasten*folge*, sondern mit der Tasten*kombination* geöffnet werden soll, sieht es so aus:

```
<alt t>s
```

2.   Markierung des Befehlsnames

Das kann notwendig sein, wenn bei den schaltbaren Befehlen (z. B. im Menü *Ansicht*) ihr Status (ein- oder ausgeschaltet) bestimmt und eventuell verändert werden muß. Um festzustellen, ob der Layoutmodus des Bildschirms eingeschaltet ist, muß zuerst der Name des Befehls *Ansicht Layout* markiert werden:

```
<menü>a<unten>
```

Mit der Tastenkombination geht es so:

```
<alt a><unten>
```

Grundsätzlich läßt sich alles an Befehlen in ein Makro einbauen, was die Menüleiste bietet - mit zwei Ausnahmen:

Befehl *Makro Bearbeiten*

Dieser Befehl kann zwar in einem Makro gewählt werden. Es ist aber nicht möglich, in dem dann geöffneten Dialogfeld die Optionen < Alle löschen> und < Öffnen> zu wählen. Mit der ersten Option würde ja auch das Makro gelöscht, das eben diesen Löschbefehl enthält. Bei der zweiten Option würde die aktive Makro-Datei geschlossen, bevor eine andere geöffnet werden könnte.

Befehl *Datei Alle schließen*

Mit diesem Befehl werden alle Dateien, also auch die aktive Makro-Datei geschlossen, also die Datei, die das alles schließende Makro enthält. Das Makro würde sich ebenfalls selbst den "Makro-Ast" absägen. Sollte dieser Befehl in einem Makro enthalten sein, wird er nicht ausgeführt. Wenn er am Schluß eines Makro-Textes steht, bleibt das Menü *Datei* geöffnet, und in der Meldungszeile erscheint folgender Hinweis:

```
In Makro-Aufzeichnung/Ausführung: Schließen
           aller Dateien nicht möglich!
```

Mehr zu Fehlermeldungen finden Sie in Kapitel 18. Weitere Informationen zum Thema "Befehlswahl in Makros" finden Sie in Kapitelabschnitt 20.10.

Achtung Wenn mit einem Makro der Status schaltbarer Menübefehle geprüft und gegebenenfalls geändert werden soll, sind dazu mehrere Schritte notwendig. In Kapitelabschnitt 21.2 sind Makros beschrieben, die diese Funktion erfüllen. Sie finden sie in Form direkt einsetzbarer Module auf der beiliegenden Diskette.

9.3   Die Dialogfelder

Dialogfelder enthalten unterschiedliche Optionsfelder, Text- und Listenfelder sowie Schaltflächen, die in Makros unterschiedlich markiert werden.

Runde Optionsfelder, Textfelder und Schaltflächen werden durch die Tastenkombination *Alt-Taste + hervorgehobener Buchstabe* markiert bzw. gewählt. Beispiel: Im Dialogfeld *Absatz* sehen die Markierung der Option

Ausrichtung Blocksatz und des Textfeldes *Von links* sowie die Wahl der Schaltfläche < Tabstops > so:

`<alt b>`

`<alt k>`

`<alt t>`

Listenfelder werden wie Textfelder markiert. Aus den vorgegebenen Möglichkeiten der Liste wird der gewünschte Eintrag durch Eingabe seines Anfangsbuchstabens gewählt. Beispiel: Im Dialogfeld *Abschnitt* soll im Listenfeld *Abschnittsbeginn* der Eintrag *Neue Seite* gewählt werden:

`<alt b>n`

Eckige Optionsfelder stellen schaltbare Optionen dar, die ein- und ausgeschaltet werden können. Sie sind deshalb zuerst mit der Tab-Taste zu aktivieren und dann, je nach Status, mit der Tastenkombination *Alt-Taste + hervorgehobener Buchstabe* ein- oder auszuschalten. Beispiel: Im Dialogfeld *Absatz* wird mit der folgenden Sequenz die Option *Absatz Zusammenhalten* aktiviert und dann eingeschaltet (unter der Annahme, daß sie bisher ausgeschaltet war):

`<tab 7><alt s>`

Die aktivierte Option kann aber auch mit der Leertaste eingeschaltet werden:

`<tab 7><leertaste>`

Achtung   Wenn mit einem Makro geprüft werden soll, ob eine schaltbare Option in einem Dialogfeld markiert ist, sind dazu mehrere Schritte notwendig. In Kapitelabschnitt 21.3 sind Makros beschrieben, die diese Funktion erfüllen. Sie finden sie in Form direkt einsetzbarer Module auf der beiliegenden Diskette.

Wenn ein Dialogfeld durch Bestätigung mit der Schaltfläche < OK > geschlossen werden soll, wird im Makro die Bezeichnung der Eingabetaste verwendet:

`<return>`

Damit wird der anfangs gewählte Befehl nun ausgeführt. Soll ein Befehl abgebrochen, also ein Dialogfeld ohne Bestätigung geschlossen werden, steht im Makro die Bezeichnung der Esc-Taste:

`<unt>`

Weitere Informationen zum Thema "Dialogfelder in Makros" finden Sie in den Kapitelabschnitten 29.9 und 20.10.

Schreibweise von Tastenbezeichnungen

Für Tastenbezeichnungen in Makros sind Groß- und/oder Kleinbuchstaben zulässig - solange die Buchstabenfolge stimmt. Dabei ist zwischen dem *Namen der Taste* und ihrer *Bezeichnung im Makro* zu unterscheiden.

Tastenbezeichnungen müssen zwischen einfache Winkelklammern < > geschrieben werden. Ist das nicht der Fall, interpretiert das Makro die Bezeichnung als Text, der auf den Bildschirm zu schreiben ist.

Beispiel   Wenn die Bezeichnung der Eingabetaste im Makro ohne die linke Winkelklammer - return > - geschrieben wird, erscheint möglicherweise auf dem Bildschirm der Text *return >*, oder in einem Menü bzw. Dialogfeld geschieht nicht das, was Sie eigentlich vorgesehen hatten.

Wiederholung von Tastenfunktionen

Tastenfunktionen lassen sich - nicht für alle Tasten! - dadurch wiederholen, daß nach der Bezeichnung die Zahl der gewünschten *Ausführungen* der Funktion geschrieben wird, *nicht* die Zahl der *Wiederholungen*. Wenn der Begriff "Wiederholung" im landläufigen Sinn verstanden wird, gilt also für die Tastenfunktionen folgende Beziehung:

```
Zahl der Ausführungen = Zahl der Wiederholungen + 1
```

Dadurch wird festgelegt, daß die Tastenfunktion soundsoviel mal ausgeführt (nicht wiederholt!) werden soll.

Wenn eine Zahl zur Wiederholung der Funktion eingegeben wird, muß zwischen der Bezeichnung der Taste und der Zahl die Leertaste gedrückt werden, sonst funktioniert die Wiederholung nicht. Statt dessen würde nur der ganze Ausdruck auf den Bildschirm geschrieben.

Beispiel   Die Tastenbezeichnung < return2 > ergibt nicht 2 Absatzschaltungen, sondern führt zum Makro-Abbruch mit einer entsprechenden Fehlermeldung.

Hinweis zu den folgenden Tabellen

Die Tabellen zeigen den Zusammenhang zwischen Namen von Tasten und Tastenkombinationen, ihrer Bezeichnung in Makros sowie derder Schreibweise für Wiederholungen der Tastenfunktionen. Mögliche Wiederholungen durch eine Zahlenangabe sind jeweils in der 3. Spalte der folgenden Tabellen durch Angabe der Zahl 2 dargestellt. Wenn also zwei Absatzschaltungen ausgeführt werden sollen, lautet die Tastenbezeichnung <return 2>. Keine Angabe in dieser Spalte bedeutet, daß eine Wiederholung der Funktion durch eine Zahlenangabe nicht möglich ist. Die Angabe *ein/aus* bedeutet, daß die Funktion der Taste bzw. Tastenkombination die Charakteristik eines Ein/Aus-Schalters hat. Die unmittelbare Wiederholung einer solchen Funktion würde also nur das Ergebnis der ersten Ausführung rückgängig machen; schlußendlich wäre nichts passiert.

10.1 Funktion und Bezeichnung von Tasten und Tastenkombinationen

10.1.1 Buchstaben, Zahlen und andere Zeichen

Buchstaben sind so zu schreiben, wie sie gebraucht werden - klein oder groß, lateinisch oder griechisch oder als fremdsprachige Sonderzeichen. Die beiden letzteren lassen sich mit Hilfe der Alt-Taste und des ASCII-Codes im numerischen Tastenblock eingeben. Tabelle 10.1 zeigt Beispiele.

Zahlen werden als ganze Zahlen oder Brüche, positive oder negative Zahlen oder als Exponenten entsprechend den mathematischen Regeln geschrieben. Interpunktionszeichen, mathematische und andere Zeichen werden ebenso behandelt. Einzelheiten zur Verwendung von Zahlen und Zeichen in mathematischen Ausdrücken finden Sie in den Kapitelabschnitten 12.6 und 12.7.

Funktion/Benennung der Taste oder der Tastenkombination (auf der Taste)	Bezeichnung der Taste oder der Tastenkombination im Makro-Text	Wiederholung der Funktion durch Angabe der Zahl der Ausführungen
Kleinbuchstaben abc	abc	
Großbuchstaben ABC	ABC	
positive Zahlen 123	123	
negative Zahlen -4,5	-4,5	
Brüche ¼ ½	¼ ½	
Zeichen .,?+%(§#	.,?+%(§#	

Tabelle 10.1: Buchstaben, Zahlen und Sonderzeichen

10.1.2   Funktionstasten

Funktion/Benennung		Bezeichnung	Wiederholung
Online-Hilfe-Fenster öffnen	F1	<f1>	
Berechnen	F2	<f2>	
Textbaustein einfügen	F3	<f3>	
Befehl wiederholen	F4	<f4>	
Dialogfeld "Gehe zu" öffnen	F5	<f5>	
Nächster Ausschnitt	F6	<f6>	
Rechtschreibung	F7	<f7>	
Markierung erweitern	F8	<f8>	<f8 2>
Verbindung aktualisieren	F9	<f9>	
Menüleiste aktivieren	F10	<f10>	ein/aus
Nächstes Feld aktivieren	F11	<f11>	<f11 2>
Speichern unter	F12	<f12>	

Tabelle 10.2: Funktionstasten

10.1.3   Sondertasten

Die Tasten sind mit den Benennungen aufgeführt, wie sie beispielsweise im
Word-Handbuch verwendet werden. In zusätzlicher Literatur zu Word oder
auf Ihrer Tastatur werden sich eventuell andere Namen finden. Tabelle 10.3
zeigt eine beispielhafte Auswahl.

Funktion/Benennung	Bezeichnung	Wiederholung
Unterbrechen, Esc	<unt>	ein/aus
Leertaste	<leertaste>	<leertaste 2>
Umschalten, Shift	<umschalten>	
Tabulator	<tab>	<tab 2>
Eingabetaste, Return	<return>	<return 2>
Rücktaste, Back	<rücktaste>	<rücktaste 2>
Strg, Ctrl	<strg>	
Alt	<alt>	
Alt Gr	<alt gr>	
Nach oben	<oben>	<oben 2>
Nach unten	<unten>	<unten 2>
Nach links	<links>	<links 2>
Nach rechts	<rechts>	<rechts 2>
Einfg, Ins	<einf>	<einf 2>
Entf, Del	<lösch>	<lösch 2>
Pos1, Home	<pos1>	
Ende, End	<ende>	
Bild ↑, Pgup	<sno>	<sno 2>
Bild ↓, Pgdn	<snu>	<snu 2>

Tabelle 10.3: Sondertasten

Achtung   Wenn die Alt-Taste in ihrer Funktion zur Aktivierung der
Menüleiste verwendet wird, lautet ihre Bezeichnung
<menü>.

10.1.4   Arretierbare Tasten

Die Funktion der beiden Arretierungstasten *Rollen* und *Num* läßt sich als
Ein/Aus-Schalter benutzen. Die erste Bezeichnung der Tasten im Makro
bewirkt die Einschaltung der Funktion und die zweite ihre Ausschaltung.

Funktion/Benennung	Bezeichnung	Wiederholung
Arretierung der Umschalten-Taste	<umschaltarr>	ein/aus
Arretierung der Num-Taste	<numarr>	ein/aus
Arretierung der Rollen-Taste	<bildarr>	ein/aus

Tabelle 10.4: Arretierbare Tasten

Anders ist es mit der arretierbaren Umschalten-Taste. Sie wird im normalen
Gebrauch, also außerhalb eines Makros, nicht durch nochmaliges Drücken
gelöst; vielmehr muß dazu die nicht arretierbare Umschalten-Taste benutzt
werden. In einem Makro wird mit der ersten Bezeichnung der arretierbaren
Umschalten-Taste ihre Funktion eingeschaltet. Anders als außerhalb eines
Makros kann jetzt aber die Arretierung durch die Funktion der normalen
Taste Umschalten-Taste nicht ausgeschaltet werden; dazu muß die Funktion
der Taste <umschaltarr> noch einmal benutzt werden. Im Makro hat die
Taste *Umschalten-Arretierung* also eine Ein/Aus-Schalter-Funktion.

10.1.5   Tastenkombinationen

Darunter sind Kombinationen der Strg-, Umschalten- und Alt-Taste mit anderen Tasten zu verstehen, wie sie im normalen Gebrauch von Word auch eingesetzt werden. Aus den bisherigen Zusammenstellungen der Schreibweise
der verschiedenen Tasten läßt sich ableiten, wie Kombinationen von Tasten zu
schreiben sind. Sie werden ebenfalls zwischen einfache Winkelklammern
gesetzt; als erste Bezeichnung kommt die der ersten Taste der Kombination,
dann eine Leerstelle und anschließend die Bezeichnung der zweiten Taste der
Kombination.

Die Tabelle 10.5 zeigt ausgewählte Beispiele von Tastenkombinationen ohne
und mit Wiederholungsmöglichkeiten sowie mit Ein/Aus-Schalter-Funktion.

Funktion/Benennung	Bezeichnung	Wiederholung
Cursor an Textanfang Strg+Pos1	<strg pos1>	
Makro aufzeichnen Strg+F3	<strg f3>	ein/aus
Ganzen Text markieren Strg+5 im numerischen Block	<strg num5>	
Nächsten Satz markieren Strg+F8	<alt f8>	<alt f8 2>
Spalten markieren Umschalten+Strg+F8	<umschalten strg f8>	ein/aus
Suchvorgang wiederholen Umschalten+F4	<umschalten f4>	
Papierkorbinhalt einfügen Umschalten+Einfg	<umschalten einfg>	<umschalten einfg 2>

Tabelle 10.5: Tastenkombinationen

Sollte die Funktion einer Tastenkombination mehr als einmal benötigt werden, ist ebenso wie bei den Bezeichnungen einfacher Tasten nach einer Leerstelle die Zahl der gewünschten Ausführungen der Funktion anzugeben.

Beispiel   Wenn der übernächste Satz von der aktuellen Position des Cursors aus markiert werden soll, ist die Tastenkombination Alt+F8+F8 zu verwenden. In Makros sieht die Bezeichnung so aus: <alt f8 2>.

10.2   Steuer- und Sonderzeichen in Makros

10.2.1   Makro-Steuerzeichen: Winkelklammern und Zirkumflexzeichen

Die einfachen und doppelten Winkelklammern (< > «») sowie das Zirkumflexzeichen (^) haben in einem Makro-Text Steuerfunktionen. Dadurch werden die Zeichen nach diesen Steuerzeichen nicht als zu schreibender Text interpretiert, sondern als Zeichen mit bestimmten Funktionen. Wenn sie aber in einem Makro diese Funktion nicht haben sollen, sondern vielmehr durch das Makro zu schreiben bzw. einzufügen sind, muß ihnen ein Zirkumflexzeichen vorangestellt werden, bei den Klammern aber nur den linken, öffnenden.

Funktion/Benennung	Bezeichnung	Wiederholung
linke Klammer <	^<	^<^<
rechte Klammer >	>	>>
linke Klammer «	^«	^«^«
rechte Klammer »	»	»»
Zirkumflexzeichen ^	^^	^^^^

Tabelle 10.6: Makro-Steuerzeichen

Beispiel Der Ausdruck < return > in einem Makro löst die Eingabetaste aus, aber der Ausdruck ^< return > wird an der aktuellen Position der Markierung als Textfolge *< return >* geschrieben.

10.2.2 Die Word-Sonderzeichen in den Befehlen *Bearbeiten Suchen* und *Bearbeiten Ersetzen*

Diese Sonderzeichen sind zum einen die *nicht druckbaren Zeichen* wie Absatzmarken, Zeilenendemarken, Tabulatormarken usw. Sie sind nicht eigentlicher Textbestandteil und können mit dem Befehl *Ansicht Bildschirm* auf dem Bildschirm sichtbar gemacht werden. Sie werden durch bestimmte Tasten bzw. Tastenkombinationen erzeugt. Jedem dieser Zeichen ist ein Kennbuchstabe zugeordnet. Die Kennbuchstaben können klein oder groß geschrieben werden.

Die andere Gruppe von Sonderzeichen in unserem Zusammenhang sind die Zeichen mit den ASCII-Codes kleiner als 32, beispielsweise die Absatzmarke (¶) mit dem ASCII-Code 20.

Mit den Befehlen *Bearbeiten Suchen* und *Bearbeiten Ersetzen* lassen sich diese Sonderzeichen suchen und ersetzen - sowohl durch manuelle Eingabe als auch durch Makros. Bei manueller Eingabe ist den Kennbuchstaben ein Zirkumflexzeichen voranzustellen, bei Eingabe durch ein Makro sind es zwei (Tabelle 10.7).

Beachten Sie, daß sowohl für die Abschnittsmarke als auch für die Marke des
definierten Seitenumbruchs der gleiche Kennbuchstabe verwendet wird. Das
Fragezeichen mit vorangestelltem Zirkumflexzeichen (^?) dient als Suchbegriff für das Fragezeichen selbst (?), weil das Fragezeichen allein als Suchbegriff die Funktion eines Stellvertreterzeichens ("Joker") für ein beliebiges
Zeichen hat.

Word-Sonderzeichen	Taste bzw. Tastenkombination	Bezeichnung im Makro-Text
Leerraum	Leertaste	^^L
geschützter Wortzwischenraum	Strg+Leertaste	^^G
Tabulatorzeichen	Tab-Taste	^^T
weicher Trennstrich	Strg+Bindestrich	^^-
Zeilenendemarke	Umschalten+Eingabetaste	^^N
Absatzmarke	Eingabetaste	^^A
Seitenwechselmarke (definierter Umbruch)	Strg+Eingabetaste	^^B
Spaltenwechselmarke (definierter Umbruch)	Umschalten+Strg+Eingabetaste	^^S
Abschnittsmarke		^^B
das Fragezeichen (?)	?-Taste	^^?
ASCII-Codes<32	Alt-Taste+Zahlentaste im numerischen Block	^^xxx

Tabelle 10.7: Word-Sonderzeichen

Beispiel 1   Um durch ein Makro eine Absatzmarke gegen eine Seiten-
wechselmarke austauschen zu lassen, muß der Makro-Text für
den Befehl *Bearbeiten Ersetzen* folgendermaßen aussehen:

```
<menü>be^^a<tab>^^n<return>
```

Das erste Zirkumflexzeichen hat dabei die Funktion des Steuerzeichens, damit das zweite als Schriftzeichen in das Textfeld des Dialogfeldes geschrieben werden kann. Wird nur ein Zirkumflexzeichen verwendet, ist der zu ersetzende bzw. der Ersatzbegriff nur der Buchstabe "a" bzw. "n"

Beispiel 2 Wenn Sie mit einem Makro das Dreieck ▸ (ASCII-Code 16) wollen, das in diesem Buch zur Hervorhebung von Absätzen verwendet wird, muß der Makro-Text für den Befehl Bearbeiten Suchen so aussehen:

```
<menü>bs^^16<return>
```

Das erste Zirkumflexzeichen hat wieder Steuerfunktion für das zweite. Mit nur einem Zirkumflexzeichen wäre der Suchbegriff nur die Zahl 16.

11 Wenn Makros Texte schreiben ...

Um Text während des Ablaufes eines Makros auf den Bildschirm schreiben zu lassen, hat man zwei verschiedene Möglichkeiten:

▶ Der Text wird als Bestandteil in den Makro-Text eingefügt.

▶ Der Text wird in Form eines Textbausteins abgelegt und an der gewünschten Stelle vom Makro aufgerufen.

Zur Verdeutlichung beider Möglichkeiten dient der in Kapitel 1 beschriebene Briefvordruck (Bild 1.1).

11.1 Text als Bestandteil des Makro-Textes

Um den Absender wie dargestellt auf den Briefbogen zu bekommen, müssen zwei Informationen in den Makro-Text eingefügt werden: der Inhalt des Absenders (Name, Beruf, Adresse) und die Formatierungsmerkmale dieses Textelements.

I. K. Rus
Testpilot
In den Wolken 1

2345 Ganzweitoben

Die Sequenz im Makro-Text sieht dann dafür folgendermaßen aus:

```
...
<menü>ta<alt k>10<return>
I. K. Rus<return>
Testpilot<return>
In den Wolken 1<return 2>
2345 Ganzweitoben<unten>
<return 5>
...
```

In diesem Makro-Text wechseln sich die einzufügenden Textteile des Absenders mit den Tastenbezeichnungen ab, die den Absendertext formatieren (linker Einzug 10 cm, Leerzeile nach der Straße).

In Makro-Texten können also an einzufügenden Texten keinerlei Auszeichnungen vorgenommen werden; alle Formatierungsmerkmale sind als Tastenbezeichnungen für die entsprechenden Befehle zu schreiben.

Umgekehrt hat das natürlich auch die positive Konsequenz, daß Sie unbeschadet der Makro-*Funktion* den Makro-*Text* auszeichnen können, wie Sie es für notwendig halten. Sie können also Kommentare im Makro-Text einrahmen, Variablen-Namen kursiv schreiben oder Anweisungen unterstreichen: das Makro wird funktionieren, ohne daß Sie die Wirkung dieser Auszeichnungen beim Ablauf sehen.

Mehr zur Auszeichnung von Makro-Texten als Erleichterung für den Umgang mit Makros finden Sie in Kapitel 19.

11.2   Text als Textbaustein

Den gleichen Absender an der gleichen Stelle des Briefbogens bekommt man, wenn der Inhalt des Absenders (Name, Beruf, Adresse) einschließlich seiner Formatierungsmerkmale dieses Textelements als Textbaustein in die aktive Makro-(Textbaustein)-Datei abgelegt werden. Der fertige Textbaustein braucht dann im Makro-Text nur an der gewünschten Stelle eingefügt zu werden. Das kann mit dem Befehl *Bearbeiten Textbaustein* und der Option <Einfügen> geschehen oder mit der Funktionstaste F3.

Die Makro-Sequenz für diese Art der Texterstellung ist dann wesentlich kürzer:

```
...
abs<f3>
<return 5>
...
```

Der Vorteil dieser Art von Texterstellung ist, daß der Absender-Textbaustein - um im Beispiel zu bleiben - in beliebigen Makros, sprich Dokumenten verwendet werden kann.

12 Variablen, Konstanten und mathematische Ausdrücke

In einem Makro können die festgelegten Arbeitsschritte (Word-Befehle, Tastenfunktionen, mathematische Operationen) nicht nur bedingungsfrei verarbeitet werden; für die Verarbeitung der Befehle können auch Bedingungen gesetzt werden (Kapitel 1). Diese können entweder schon bei der Erstellung des Makros im Makro-Text festgelegt werden; sie lassen sich aber auch erst während des Ablaufs des Makros durch den Benutzer oder das Makro selbst bestimmen. Das Makro muß also Informationen verarbeiten.

Solche von einem Makro zu verarbeitenden Informationen können variable oder konstante Größen sein. Variablen sind Platzhalter für Informationen, die bei jedem Ablauf des Makros wechseln können. Konstanten sind gleichbleibende Informationen, die wiederum an solche Platzhalter zur weiteren Verarbeitung übergeben werden. Variablen und Konstanten lassen sich auch in mathematischen Ausdrücken weiter verarbeiten.

In ein Makro eingegebene Informationen werden durch dieses Makro mit Hilfe von sogenannten Anweisungen verarbeitet. Die Verarbeitung geschieht auf drei Arten:

▸ **Wertezuordnung**

   Einer Variablen werden Werte zugeordnet. Der zuzuordnende Wert wird dabei entweder vom Benutzer über die Tastatur eingegeben, oder er wird durch das Makro selbst aus dem System bestimmt.

▸ **Wertevergleich**

   Variablen bzw. ihnen zugeordnete Werte werden durch das Makro mit Konstanten, mit anderen Variablen oder Ergebnissen eines mathematischen Ausdrucks verglichen. Das geschieht durch Verwendung von Vergleichsoperatoren. Damit ist es möglich, die Erfüllung von Bedingungen zu prüfen. Das Ergebnis der Prüfung bzw. des Vergleichs bestimmt dann den weiteren Ablauf des Makros.

▶ **Werteausgabe**

Variablen zugeordnete Werte werden durch das Makro ausgegeben. Solche Werte können in einen Text auf dem Bildschirm geschrieben werden; sie lassen sich aber auch in Dialogfelder einfügen.

Ein notwendiger Vorgriff: Anweisungen in Kürze

Anweisungen sind von Word vorgegebene Ausdrücke, mit denen Variablen und Konstanten definiert und deren Beziehungen untereinander ausgewertet werden können.

▶ Wenn der einer Variablen zuzuordnende Wert vom Benutzer erfragt werden soll, wird der Ausdruck ABFRAGE verwendet. Soll der Wert durch das Makro selbst bestimmt werden, verwendet man den Ausdruck BESTIMMEN.

▶ Um dem Makro-Benutzer während des Makro-Ablaufs Informationen zu geben, ohne daß er Eingaben zu machen hat, werden die Ausdrücke PAUSE oder MELDUNG verwendet.

▶ Um Werte miteinander vergleichen zu können, also zu prüfen, ob eine Bedingung erfüllt ist, wird der Ausdruck AWENN verwendet, wenn nur einmal zu prüfen ist, und der Ausdruck SOLANGE bei mehrmaliger Prüfung.

▶ Um Werte von Variablen auszugeben, ist der Name der Variablen zwischen doppelte Winkelklammern zu schreiben.

In Kapitel 13 werden die Anweisungen ausführlich dargestellt.

Achtung   Hinweise auf Anwendungen von Variablen, Konstanten und mathematischen Ausdrücken finden Sie im Stichwortverzeichnis unter dem jeweiligen Begriff.

12.1   Variablen und verschachtelte Makros

In einem Makro dürfen höchstens 64 Variablen verwendet werden - unabhängig von Typ oder Art der Variablen. In dieser Zahl sind auch diejenigen Variablen enthalten, die in verschachtelten Makros verwendet werden. Ein Makro, das mehr Variablen enthält, startet zunächst wie jedes andere Makro auch. Wenn bei der Ausführung der einzelnen Arbeitsschritte dann aber die

Stelle erreicht wird, an der die 65. Variable auftaucht, führt das zum Abbruch des Makros, und es erscheint die Meldung

```
Zu viele Makro-Variablen. Makro abgebrochen nach
                   [Fehlerstelle]
```

Beim Verschachteln von Makros ist die Tatsache zu beachten, daß Word Variablen als *globale Variablen* behandelt. In verschachtelten Makros haben also alle Variablen mit dem gleichen Namen auch den gleichen Wert.

Beispiel In zwei verschachtelten Makros wird jeweils die Variable *Zahl* verwendet. Im aufrufenden Makro wird ihr zunächst der Wert 1 zugewiesen; anschließend wird ein verschachteltes Makro-Modul aufgerufen. In diesem aufgerufenen Makro wird der hier ebenfalls verwendeten Variablen *Zahl* der Wert 100 zugewiesen. Nach Rückkehr zum aufrufenden Makro hat die Variable dort nun auch den Wert 100. Der vor dem Aufruf des verschachtelten Makros vorhandene Wert 1 wurde also aus dem aufgerufenen Makro überschrieben.

Was in diesem Beispiel beschrieben wurde, hat Vorteile, kann aber auch Nachteile haben.

Vorteil Werte, die einer Variablen in einem aufgerufenen Makro zugewiesen wurden, müssen nicht durch einen besonderen Schritt an das aufrufende Makro übergeben werden.

Nachteil Alle Variablen gleichen Namens bekommen gnadenlos denselben Wert zugewiesen. Wenn Sie also in einem mehr oder weniger tief verschachtelten Makro einen schon vergebenen Variablennamen noch einmal verwenden, ohne es zu bemerken, kann unter Umständen etwas geschehen, was Sie so nicht geplant hatten.

12.2 Variablentypen

Durch Variablen können Zahlen, Kalenderdaten und Texte verarbeitet werden. Dabei ist der Datentyp der Information entscheidend, nicht etwa der Name der Variablen. Eine Zahlenvariable kann also *Name* heißen und eine Textvariable *Ziffer* oder *Datum*. Sinnvoll ist natürlich ist eine Namenszuordnung, aus der der Datentyp der Information mnemotechnisch zu erkennen ist: eine Textvariable hieße damit am besten *Name*, während *Ziffer* der passende Name für eine Zahlenvariable wäre, und eine Datumsvariable wäre an ihrem Namen *Datum* leicht zu erkennen.

Alle Variablen der verschiedenen Typen sind ausführlich in Kapitelabschnitt 12.4 beschrieben.

Achtung   Bevor eine Variable verarbeitet wird, sollten Sie sie initialisieren, ihr also einen Ausgangswert zuweisen (mit der BESTIMMEN-Anweisung, Kapitelabschnitt 13.6).

Sie können das entweder am Makro-Anfang für alle verwendeten Variablen tun oder für jede einzelne Variable an der Stelle, wo sie zum ersten Mal verarbeitet wird (Kapitelabschnitt 12.5.4).

12.2.1   Zahlenvariablen

Zahlenvariablen verarbeiten Zahlen. Eine Zahl ist dabei jede Folge von Ziffern. Es können jedoch nur ganze Zahlen oder Dezimalbrüche verarbeitet werden. Die echten Brüche ½ und ¼, die durch die Alt-Taste und die ASCII-Codes 171 und 172 geschrieben werden, können einer Zahlenvariablen weder zugeordnet noch als solche verarbeitet werden. Ohne Vorzeichen wird eine Zahl als positive Zahl behandelt; negative Zahlen erhalten als Minuszeichen den Bindestrich (-) vorangestellt.

Beispiel   Im folgenden Makro werden den Variablen *Links* und *Breite* die Werte vom Benutzer durch Eingabe zugeordnet. Die Werte der Variablen *Rest* und *Rechts* werden durch das Makro bestimmt. Anschließend werden diese Werte durch das Makro in Befehlsfelder des Befehls *Format Absatz* eingetragen.

```
«ABFRAGE Links=?Linken Einzug des Rahmens eingeben.
Eingabetaste»
«ABFRAGE Breite=?Breite des Rahmens eingeben. Eingabetaste»
«BESTIMMEN Rest=17-Links»
«BESTIMMEN Rechts=Rest-Breite»
<menü>ta<alt k>«Links»<alt v>«Rechts»<return>
```

**Makro-
Fehler**　　Wenn bei der Abfrage in diesem Beispiel etwas anderes als Zahlen eingegeben wird, geschieht zunächst noch nichts. Die Bestimmung der Differenz *Rest* kann jedoch nicht durchgeführt werden, wenn einer der beiden oder beiden Variablen *Links* oder *Breite* ein Text oder ein Datum zugeordnet wird: Texte oder Datumsangaben können nicht durch mathematische Operationen - hier eine Subtraktion- verarbeitet werden. Das Makro wird deshalb mit der folgenden Meldung abgebrochen:

```
Text- oder Datumsfeld ist im mathematischen
Ausdruck nicht zulässig. Makro abgebrochen
nach [Fehlerstelle]
```

Die Benennung der Zahlenvariablen ist Ihnen freigestellt. Wesentlich ist nur, welcher Typ von Variablen eingegeben und dann verarbeitet wird: Die Variablen im obigen Beispiel könnten statt *Links* und *Rechts* ebenso *Vorname* und *Zuname* lauten; natürlich würden damit nicht Vornamen und Zunamen subtrahiert, sondern - Eingabe des richtigen Datentyps natürlich vorausgesetzt - zwei Zahlen.

12.2.2　Datumsvariablen

Wenn im folgenden von einem Datum bzw. von Daten gesprochen wird, geht es um ein *Kalender*datum bzw. *Kalender*daten.

Datumsvariablen verarbeiten also (Kalender-)Daten. Ein Datum ist eine Folge von arabischen Ziffern, die in einem der folgenden Formate geschrieben werden müssen, wenn sie einer Datumsvariablen zuzuordnen sind:

TT.MM.JJ oder TT.MM.JJJJ

Zur Trennung von Tages-, Monats- und Jahreszahlen lassen sich Punkte (.), Schrägstriche (/) oder Bindestriche (-) verwenden. Leerstellen dürfen nicht eingegeben werden. Die Jahreszahl kann mit oder Jahrhundertvorsatz geschrieben werden, die Tage und Monate mit oder ohne Füllnullen.

Beispiel　　Zunächst bestimmt das Makro den Wert der Variablen *Datum1* durch Zuordnung eines in einem Text markierten Datums. Dann wird der Variablen *Datum2* vom Benutzer ein Datum zugeordnet. Der anschließende Vergleich der beiden Kalenderdaten entscheidet über den weiteren Makro-Ablauf.

```
«BESTIMMEN Datum1=Markierung»
«ABFRAGE Datum2=?Datum eingeben. Eingabetaste»
«AWENN Datum1=Datum2»
...
```

Makro-
Fehler

Falls der eingegebene Datentyp nicht dem erwarteten entspricht, wenn also bei der Abfrage von *Datum2* kein Datum eingegeben wird, fällt das nicht auf. Es wird keine Fehlermeldung präsentiert; das Makro führt lediglich die Alternativreaktion aus.

12.2.3 Textvariablen

Alle Zeichen, die nicht den Bedingungen einer Zahlen- oder Datumsvariablen entsprechen, gelten als Text. Einer Textvariablen wird alles zugeordnet, was Sie eingeben: lateinische und griechische Buchstaben, fremdsprachige Sonderzeichen, Ziffern und Interpunktionszeichen, die Sonderzeichen mit den ASCII-Codes, also alles, was die Tastatur bietet.

Beispiel

Im folgenden Makro wird die Eingabe eines Dateinamens verlangt. Der Wert dieser Textvariablen, also der eingegebene Dateiname, wird dann in das Textfeld *Dateiname* des Befehls *Datei Öffnen* geschrieben; die entsprechende Datei wird anschließend geladen.

```
«ABFRAGE Dateiname=?Dateinamen eingeben. Eingabetaste»
<menü>df«Dateiname»<return>
```

Makro-
Fehler

Falls der eingegebene Variablentyp nicht dem erwarteten entspricht, geschieht bei der Eingabe zunächst noch nichts. Probleme treten erst dann auf, wenn der Wert der Textvariablen nicht weiter verarbeitet werden kann.

Wenn also im obigen Beispiel der Textvariablen ein Datum mit dem Format TT.MM.JJJJ - z. B. 03.11.1984 - zugeordnet wird, kann dieser Wert nicht verarbeitet werden: Logisch, denn ein Kalenderdatum ist kein Dateiname! werden Sie sagen. Richtig! Und zwar aus folgenden Gründen:

Zunächst wird im vorliegenden Fall der Punkt nach der Monatszahl und die anschließende Jahresangabe als fehlerhaft markiert, denn nach den Regeln von MS-DOS kann ein

Dateiname nur einen Punkt enthalten; gleichzeitig wird die folgende Meldung gezeigt:

```
Dateiname oder Pfadangabe ungültig
```

Als Textvariable lassen sich jetzt auch die beiden als Zahlenvariablen abgelehnten echten Brüche ½ und ¼ verwenden, ebenso der unechte Bruch 98/65, das Spielergebnis 3:0 und die Zahl π. Nur eines dürfen Sie jetzt nicht: Rechnen Sie nicht damit, daß Sie damit rechnen können!

Wenn Sie also bei einer Abfrage den mathematischen Ausdruck 100*π eingeben, kann damit nicht der Umfang eines Kreises errechnet werden. Der Ausdruck ist nichts anderes als eine Zeichenkette, also ein Text, genauso wie *denkste* oder *hatnichtsollensein*.

12.2.4 Boolesche Variablen

Boolesche Variablen werden verwendet, um festzustellen, ob eine Bedingung zutrifft oder nicht, ob also eine Aussage *wahr* oder *falsch* ist. Die Makro-Sprache in Word enthält mehrere solcher Variablen.

Beispielsweise kann mit den Variablen *gefunden* bzw. *nichtgefunden* das Ergebnis eines Suchlaufes geprüft werden; die Variable *Endmarke* prüft, ob der Cursor am Dokumentenende steht.

Beispiel Mit dem Befehl *Bearbeiten Suchen* wird ein Suchbegriff gesucht. Wenn der Begriff gefunden und damit also die Bedingung wahr ist, erfolgt als Makro-Reaktion die Fragestellung.

```
<menü>bsLesäkä<return>
«AWENN gefunden»
    Was ist das?
«EWENN»
```

Makro- Weil Boolesche Variablen nur wahr oder falsch sein können,
Fehler lassen sich ihnen auch keine Werte zuweisen.

Wenn der Booleschen Variablen *gefunden* aus dem obigen Beispiel der Wert *Ja* zugewiesen werden sollte (*«BESTIMMEN gefunden="Ja"»*), wird das Makro abgebrochen und folgende Meldung präsentiert:

```
┌─────────────────────────────────────────────┐
│      Makro kann keine Schreibschutzvariable   │
│      ändern (ATTRIB) ändern. Makro abgebrochen│
│              nach [Fehlerstelle]              │
└─────────────────────────────────────────────┘
```

12.3   Definierte Variablen

Variablen dieser Art werden - der Name sagt es schon - von Ihnen selbst
definiert, das heißt, daß Sie die Namen festlegen. Dabei können Sie alle
Namen kreieren, die Ihnen einfallen und/oder sinnvoll erscheinen, wenn Sie
folgendes berücksichtigen:

▶ Der Name darf höchstens 64 Zeichen lang sein.

▶ Ein Name darf nur aus Buchstaben (groß oder klein) oder aus einer
   Kombination von Buchstaben und Ziffern bestehen; Punkte (.), Unterstriche (_) oder Bindestriche (-) dürfen nicht verwendet werden.

▶ Der Name muß mit einem Buchstaben beginnen.

Wenn eine dieser Bedingungen nicht erfüllt ist, wird das Makro abgebrochen,
und folgende Meldung erscheint:

```
┌─────────────────────────────────────────────┐
│       Unbekannter oder falscher Befehl. Makro │
│          abgebrochen nach [Fehlerstelle]      │
└─────────────────────────────────────────────┘
```

12.4   Reservierte Variablen

Zur Übergabe und Verarbeitung von Informationen stehen neben den definierten Variablen in der Makro-Sprache von Word auch 21 reservierte Variablen zur Verfügung. Der Begriff *reserviert* bezieht sich auf die Besonderheit
der Funktion, aber auch auf die Namen dieser Variablen.

Die Variablen der ersten Gruppe dienen der Zuordnung von Werten. Sie
repräsentieren Werte beispielsweise von Menü- oder Dialogfeldern oder markierten Textteilen. Die aktuellen Werte dieser reservierten Variablen können
definierten Variablen zugeordnet werden. Der Inhalt der reservierten Variablen kann an den Benutzer oder das System ausgegeben oder in Bedingungs-

prüfungen mit definierten Variablen oder mit beliebigen Konstanten verglichen (AWENN, SOLANGE) werden.

Markierung	*Echo*	*gefunden*
Papierkorb	*Eingabemodus*	*nichtgefunden*
Seite	*Fenster*	*speichern*
Feld	*EinfgÜberschr*	*aktiviert*
Dialogfeld	*Word5Tasten*	*Endmarke*
StartVz	*Wordversion*	*Hilfe*
ProgrammVz		*Vollbild*
AktuellesVz		

Den Variablen der nächsten Gruppe können ebenfalls Werte zugeordnet werden (BESTIMMEN), jetzt aber Konstanten. In Bedingungsprüfungen lassen sie sich die Variablen auch mit diesen Konstanten vergleichen (AWENN, SOLANGE). Im Unterschied zur ersten Gruppe können hier die Werte der Konstanten nicht vom Benutzer festgelegt werden; sie sind durch die Makro-Sprache vorgegeben.

Die Variablen der dritten Gruppe sind eigentlich *reservierte Konstanten*, weil sich ihr Wert nicht ändern kann. Sie sind vielmehr der Wert selbst. Deshalb dienen sie nicht wie die Variablen der ersten und zweiten Gruppe zur Übernahme oder zur Übergabe von Variablen oder Konstanten. Man verwendet sie zur Prüfung von Bedingungen (AWENN, SOLANGE).

Bei der Bestimmung ist der Daten*typ* zunächst einmal immer richtig; erst die weitere Verarbeitung des bestimmten Variablenwerts deckt dann eventuelle Fehler in der Typenlogik auf (Kapitelabschnitt 12.2).

Die Namen der reservierten Variablen können in Klein- oder Großbuchstaben oder in Kombinationen aus beiden geschrieben werden. Bei der Höchstzahl der Variablen von 64 in einem Makro sind die reservierten Variablen zu berücksichtigen.

Achtung In Kapitelabschnitt 21.5 finden Sie Textbausteine, mit denen häufig verwendete reservierte Variablen einfach und schnell in Makro-Texte einzufügen sind.

12.4.1   Die Variable *Markierung*

Markierung übernimmt Informationen aus markierten Textteilen. Der aktuelle Wert der Variablen ist der Inhalt des markierten Textes.

Datentyp   Zahl, Datum, Text

Wert   *Markierung* kann folgende Werte haben:

Markierter Text enthält ausschließlich Ziffern: Wert der Zahl

Markierter Text im Datumsformat (TT.MM.JJJJ oder TT.MM.JJ): Kalenderdatum

In allen anderen Fällen: Textfolge

Beispiel   Der Wert eines markierten Textteils (25) ist der Variablen *Zahl* zuzuordnen. Anschließend wird zu diesem Wert die Konstante 100 addiert.

```
«BESTIMMEN Zahl=Markierung»
«BESTIMMEN Summe=Zahl+100»
```

Die Ausführung der Addition ist nur dann möglich, wenn *Markierung* tatsächlich eine Zahl übernommen hat. Wenn also der markierte Textteil die Zahl 25 war, läßt sich mit der Variablen *Zahl* und der Konstanten 100 der Wert der Variablen *Summe* mit 125 bestimmen.

Makro-   Wenn im Fall des letzten Makro-Ausschnitts der markierte
Fehler   Textteil nicht die Zahl 25 ist, sondern ein mathematischer Ausdruck, beispielsweise das Produkt 4*5, dann kann der Wert der Variablen *Summe* nicht bestimmt werden: 4*5 ist bei der Übernahme durch die Variable *Markierung* eben keine Zahl, sondern ein Text, der aus zwei Ziffern und einem Sonderzeichen besteht; hier gilt dann auch wieder wie in Kapitelabschnitt 12.2.1, daß ein Text nicht durch eine mathematische Operation verarbeitet werden kann. Deshalb auch die folgende Meldung:

```
Text- oder Datumsfeld ist im mathematischen
Ausdruck nicht zulässig. Makro abgebrochen
             nach [Fehlerstelle]
```

Die Lösung könnte so aussehen, wie es das Beispiel im folgenden Abschnitt über die Papierkorb-Variable zeigt.

12.4.2   Die Variable *Papierkorb*

Papierkorb übernimmt den Inhalt des Word-Papierkorbes. Der aktuelle Wert der Variablen ist also das, was in der Statuszeile durch die beiden runden Klammern ( ) repräsentiert wird. *Papierkorb* kann auch Werte aus anderen reservierten Variablen übernehmen (2. Beispiel).

Datentyp   Zahl, Datum, Text

Wert   *Papierkorb* kann folgende Werte haben:

Ist der Papierkorb leer, ist auch die Variable leer. Es gilt dann: *Papierkorb = ""*.

Als Textvariable enthält sie nur den Text, aber nicht seine Formatierungsmerkmale.

Ist das aktive Fenster ein Druckformatvorlagenfenster, wird der Inhalt des Papierkorbes nicht übernommen.

Achtung   Der Umfang des Wertes ist auf 255 Zeichen begrenzt; das 256. und alle weiteren Zeichen werden nicht übernommen.

Beispiel 1   Wenn ein markierter Textteil ein mathematischer Ausdruck ist wie *4*5*, der aber nicht als Text behandelt, sondern wiederum in einem mathematischen Ausdruck verarbeitet werden soll, ist zunächst durch die Funktionstaste F2 der markierte Textteil zu berechnen; das Ergebnis wird automatisch im Papierkorb abgelegt. Dieses Ergebnis wird dann durch die Variable *Papierkorb* der Variablen *Zahl* zugeordnet.

```
...
<f2>
«BESTIMMEN Zahl=Papierkorb»
«BESTIMMEN Summe=Zahl+100»
```

Beispiel 2   Der aktuelle Wert von *Papierkorb* wird durch Zuordnung des Wertes von *Feld* bestimmt; der Wert von *Feld* ist *Linksbündig*.

```
<menü>ta
«BESTIMMEN Papierkorb=Feld»
```

Beispiel 3   Der aktuelle Inhalt des Papierkorbs wird gelöscht.

```
«BESTIMMEN Papierkorb="""»
```

12.4.3   Die Variable *Seite*

Seite übernimmt die Nummer der Seite des Dokuments, auf der sich Cursor befindet.

Datentyp   Zahl

Beispiel 1   Aus der Nummer der letzten Seite und der Zeit in Sekunden, die ein Schnelleser für eine Seite braucht (ungefähr genau 27 Sekunden), wird die Gesamtzeit für die Lektüre ermittelt.

```
<strg ende>
«BESTIMMEN Gesamtzeit=Seite*27»
```

Beispiel 2   Bei einem 27-seitigen Dokument wird die fortlaufende und die Gesamtseitenzahl in Form einer Kopfzeile ausgedruckt (*Seite 1/27*).

```
<strg ende>
«BESTIMMEN LetzteSeite=Seite»
<strg pos1><return><oben>
<strg unt>tk
...
Seite<leertaste>Seite<f3>/«LetzteSeite»
...
```

Das Beispiel ist ein Ausschnitt aus einem Makro, mit dem Sie die Paginierung Ihrer Dokumente wahlweise als Kopf- oder Fußzeile einfügen können. Sie finden es in Kapitelabschnitt 26.6.

Achtung   Wenn Sie die Variable *Seite* verwenden, muß entweder die Option *Seitenumbruch im Hintergrund* des Befehls *Extras Einstellungen* eingeschaltet sein, oder Sie müssen vorher selbst einen Seitenumbruch mit dem Befehl *Extras Seitenumbruch* durchgeführt haben.

12.4.4   Die Variable *Feld*

Feld übernimmt Informationen aus Menüs und Dialogfeldern. Der aktuelle Wert der Variablen ist der Inhalt der markierten Option in einem Menü oder in einem Dialogfeld.

Datentyp   Zahl, Datum, Text

Wert   *Feld* kann folgende Werte haben:

Menüs und Befehle: Name des markierten Befehls oder Name des Menüs, wenn nur die Menüleiste aktiviert ist

Schaltflächen in Dialogfeldern: Name der markierten Schaltfläche

Eckige Optionsfelder eingeschaltet [X]: Ja

Eckige Optionsfelder ausgeschaltet [ ]: Nein

Eckige Optionsfelder unbestimmt [-]: Nicht bestimmt

Runde Optionsfelder (·): Name der markierten Option

Eingabefelder mit Eintrag: eingetragene Zeichen

Eingabefelder ohne Eintrag: leer

Listenfelder: markierter Listeneintrag

Den Wert *Nicht bestimmt* hat *Feld*, wenn in einem markierten Textteil gleichzeitig z. B. verschiedene Schriftattribute (ein Wort fett, das andere kursiv) oder unterschiedliche Absatzanordnungen (zwei Absätze untereinander, zwei nebeneinander) vorkommen.

Den Wert *leer* hat *Feld*, wenn in einem Eingabefeld keine Eintragungen stehen.

Beispiel

```
<menü><rechts 4>
«BESTIMMEN Menü=Feld»
<unten>
«BESTIMMEN Befehl=Feld»
<return>
«BESTIMMEN Ausrichtung=Feld»
<alt k>
«BESTIMMEN Einzug=Feld»
<alt s>
«BESTIMMEN Zusammenhalten=Feld»
<tab 2>
«BESTIMMEN Nebeneinander=Feld»
<tab>
«BESTIMMEN Schaltfläche=Feld»
<return>
«BESTIMMEN Tabstopposition=Feld»
```

Feld hat hier nacheinander folgende Werte (in Klammern steht jeweils der Datentyp):

Format (Text), *Absatz* (Text), *Linksbündig* (Text), *0* (Zahl), *Ja* (Text), *Nein* (Text), *Tabstops...* (Text). Im letzten Fall ist die Variable *Tabstopposition* leer, also *Wert = " "*, weil das Eingabefeld leer ist.

12.4.5   Die Variable *Dialogfeld*

Dialogfeld übernimmt den Namen eines Dialogfeldes aus seiner Titellinie. Mit der Variablen läßt sich prüfen, ob überhaupt Dialogfelder geöffnet sind.

Datentyp   Text

Wert   Ist kein Dialogfeld geöffnet, ist die Variable leer. Es gilt dann: *Dialogfeld = " "*.

Beispiel 1   Wenn das Dialogfeld *Absatz* des Befehls *Format Absatz* geöffnet ist, wird es geschlossen.

```
«AWENN Dialogfeld="Absatz"»
    <unt>
«EWENN»
```

Beispiel 2   Mit der folgenden Sequenz wird ein *einzelnes*, beliebiges Dialogfeld geschlossen.

```
«AWENN Dialogfeld<>""»
    <unt>
«EWENN»
```

Beispiel 3 Wenn Sie die folgende Sequenz an den Anfang Ihres Makro-Textes setzen, werden *alle* geöffneten Dialogfelder geschlossen, also auch solche Dialogfelder, die ihrerseits aus anderen Dialogfeldern heraus geöffnet worden sind.

```
«SOLANGE Dialogfeld<>""»
    <unt>
«ESOLANGE»
```

Diese Sequenz finden Sie als Makro-Modul auf der beiliegenden Diskette (Kapitelabschnitt 21.6.1).

12.4.6   Die Variable *StartVz*

StartVz übernimmt den Namen des Verzeichnisses, aus dem heraus Sie Word gestartet haben.

Datentyp   Text

Wert   Name des Verzeichnisses, in dem Word gestartet wurde, einschließlich Verzeichnispfad (z. B. C:\BERICHTE\ABC)

Beispiel   Der Name des Startverzeichnisses wird beim Befehl *Datei Öffnen* als Standard-Verzeichnis definiert. Damit werden alle TXT-Dateien dieses Verzeichnisses aufgelistet.

```
<menü>df<alt o>«StartVz»<return>
```

12.4.7   Die Variable *ProgrammVz*

ProgrammVz übernimmt den Namen des Verzeichnisses, in dem Sie Word installiert haben.

Datentyp   Text

Wert   Name des Word-Verzeichnisses einschließlich Verzeichnispfad (z. B. C:\WORD5-5)

Beispiel   Ein Makro-Text, der ausgedruckt werden soll, ist mit einem Kopfzeilentext zu kennzeichnen. Er enthält die Namen des Word-Verzeichnisses und der Makro-Datei, in der der Makro-Text gespeichert ist.

```
<menü>tk<alt k><alt e><return>
...
Makro-Datei:<leertaste>«ProgrammVz»\«MakroDatei»
<menü>dd1<alt b>a<return>
```

Das Beispiel ist ein Ausschnitt aus einem Makro, mit dem Sie einzelne oder alle Makro-Texte der aktiven Makro-Datei einschließlich der genannten Kennzeichnung ausdrucken können. Sie finden es in Kapitelabschnitt 20.2.

12.4.8   Die Variable *AktuellesVz*

AktuellesVz übernimmt den Namen des Verzeichnisses, in dem Sie sich gerade befinden.

Datentyp   Text

Wert   Name des Word-Verzeichnisses, wenn die Option *Immer als Voreinstellung benutzen* ausgeschaltet ist (Befehl *Datei Öffnen* Option < *Optionen* >)

Name des Verzeichnisses der zuletzt geöffneten Datei

Der Wert umfaßt immer den vollständigen Verzeichnispfad vom Stammverzeichnis bis zum aktuellen Verzeichnis (z. B. C:\WORD5-5\...\...\AKTUELL).

Beispiel   Ein Dokument ist vor dem Drucken durch einen Kopfzeilentext zu kennzeichnen. Er besteht aus dem Namen des aktuellen Verzeichnisses, in dem das Dokument gespeichert ist, und seinem Dateinamen.

```
<menü>tk<alt k><alt e><return>
...
«AktuellesVz»\«Dateiname»
<menü>dd1<alt b>a<return>
```

Das Beispiel ist ein Ausschnitt aus einem Makro, mit dem Sie Dokumente einschließlich ihres vollständigen Dateinamens als

Kennzeichnung ausdrucken können. Sie finden es in Kapitelabschnitt 28.1.

12.4.9 Die Variable *Echo*

Mit der Variablen kann die Aktualisierung des Bildschirms ein- bzw. ausgeschaltet werden. Ist die Aktualisierung eingeschaltet, sind während des Makro-Ablaufs sämtliche Menüs, Dialogfelder sowie Bewegungen in und von Fenstern zu sehen.

Bei ausgeschalteter Aktualisierung sehen Sie den aktualisierten Bildschirm erst nach Beendigung des Makros. Damit läuft das Makro nicht nur schneller ab; das Ganze ist auch schonender für Ihre Augen.

Datentyp   Text

Wert   *Echo* kann als Ein/Aus-Schalter die Werte *"an"* und *"aus"* haben. Beide Werte sind in Anführungszeichen zu schreiben.

Echo = *"an"* schaltet die Aktualisierung ein; *Echo* = *"aus"* schaltet sie aus.

Beispiel 1   Die Aktualisierung wird vor Ausführung des Befehls *Datei Datei-Manager* ausgeschaltet. Dadurch sind die Dialogfelder *Datei-Manager* und *Optionen* nicht zu sehen. Erst das Dialogfeld *Suchen* wird sichtbar, weil der Makro-Ablauf mit der PAUSE-Anweisung unterbrochen wird. Die PAUSE-Anweisung ist ausführlich in Kapitelabschnitt 13.2 beschrieben.

```
«BESTIMMEN Echo="aus"»
<menü>dm<alt t><return><alt u>
«PAUSE Suchtext eingeben. Eingabetaste»
<return>
```

Beispiel 2   Damit die Meldung präsentiert werden kann, wird die am Makro-Anfang ausgeschaltete Aktualisierung wieder ein- und dann sofort wieder ausgeschaltet. Dadurch wird der Meldungstext in der Meldungszeile sichtbar, der übrige Bildschirm bleibt aber "ruhig".

```
«BESTIMMEN Echo="aus"»
...
«BESTIMMEN Echo="an"»
«MELDUNG Der Text "«Name»" wird gedruckt. Bitte warten ...»
«BESTIMMEN Echo="aus"»
<strg unt>dd1<alt b>a<return>
```

Das Beispiel ist ein Ausschnitt aus einem Makro, mit dem Sie beliebige Makro-Texte ausdrucken können. Sie finden es in Kapitelabschnitt 20.2.

Die Variable *Echo* läßt sich in einer Bedingungsprüfung verwenden, um über den weiteren Makro-Ablauf zu entscheiden (*«AWENN Echo= "aus"»*).

Achtung   Wenn in einem Makro die Variable *Echo* überhaupt nicht verwendet wird, hat das denselben Effekt, wie wenn ihr für den gesamten Makro-Ablauf der Wert *an* zugeordnet würde.

12.4.10   Die Variable *Eingabemodus*

Die Variable wird verwendet, um festzulegen, wie das Makro auf Eingabeaufforderungen von Word - nicht des Makros! - reagieren soll. Eine solche Aufforderung wird etwa beim Schließen eines Fensters mit einem noch nicht gespeicherten Dokument präsentiert. Auf solche Aufforderungen können Sie oder das Makro reagieren; sie können aber ganz übergangen werden.

Datentyp   Text

Wert   *Eingabemodus* kann drei Werte haben:

Wenn der Makro-Benutzer reagieren soll: *"Benutzer"*

Wenn die Art der Reaktion im Makro eingebaut ist: *"Makro"*

Wenn Word-Eingabeaufforderungen übergangen werden sollen: *"abschalten"*

Alle drei Werte sind in Anführungszeichen zu schreiben.

Beispiel 1   Beim Wertevergleich wird entschieden, ob eine Mitteilung an den Makro-Anwender gemacht wird.

```
«AWENN Eingabemodus="Benutzer"»
   «PAUSE Holzauge, sei wachsam!»
«EWENN»
```

Beispiel 2　　　Mit dem folgenden Ausdruck am Makro-Anfang ist sicherge-stellt, daß der Makro-Benutzer Gelegenheit hat, auf Einga-beaufforderungen von Word zu reagieren.

```
«BESTIMMEN Eingabemodus="Benutzer"»
```

Beispiel 3　　　Wenn das Makro anstelle des Benutzers reagieren soll, ist diese Zeile im Makro-Text zu verwenden:

```
«BESTIMMEN Eingabemodus="Makro"»
```

Jetzt übernimmt das Makro die Reaktion des Benutzers - allerdings nur, wenn im Makro-Text die entsprechende Reak-tion in Form von Tastenbezeichnungen berücksichtigt ist (siehe Tabelle weiter unten).

Beispiel 4　　　Für den Fall, daß überhaupt jede Reaktion unterbleiben soll, müßte das Ganze so aussehen:

```
«BESTIMMEN Eingabemodus="abschalten"»
```

In diesem Fall wird die Word-Eingabeaufforderung - etwa zum Speichern - vom Makro ignoriert.

Optimale Verwendung der Variablen *Eingabemodus*

Für den folgenden Vergleich der drei Möglichkeiten (Tabelle 12.1) soll der oben genannte Fall gelten, daß während des Makro-Ablaufs ein Fenster mit einem Dokument geschlossen werden soll, dessen Änderungen noch nicht gespeichert sind. Um zu speichern, ist die Frage im *Speichern*-Dialogfeld (*Sollen die Änderungen gespeichert werden?*) durch die Eingabe von J zu beantworten. Das bedeutet, daß dieses J im Makro-Text an entsprechender Stelle enthalten sein muß bzw. müßte.

Wert der Variablen "Eingabemodus"	Buchstabe "J" ist als Reaktion im Makro-Text enthalten	Buchstabe "J" ist als Reaktion im Makro-Text nicht enthalten
"Benutzer"	Unterbrechung des Makros; Aufforderung an den Benutzer; der Buchstabe "J" aus dem Makro-Text wird an der Cursorposition in einem anderen Dokument - falls vorhanden - geschrieben	Unterbrechung des Makros; Aufforderung an den Benutzer
"Makro"	keine Unterbrechung des Makros; Speichern durch das Makro	Unterbrechung des Makros; Aufforderung an den Benutzer
"abgeschaltet"	keine Unterbrechung des Makros; Dokument wird nicht gespeichert; der Buchstabe "J" aus dem Makro-Text wird an der Cursorposition in einem anderen Dokument - falls vorhanden - geschrieben	keine Unterbrechung des Makros; Dokument wird nicht gespeichert
Variable wird im Makro nicht verwendet	keine Unterbrechung des Makros; Speichern durch das Makro	Unterbrechung des Makro; Aufforderung an den Benutzer

Tabelle 12.1: Auswirkung der verschiedenen Werte der Variablen "Eingabemodus"

Der Vergleich zeigt, daß bei Verwendung der Variablen *Eingabemodus* der sicherste Fall die Zuordnung des Wertes *Makro* ist. Ebenso deutlich wird aber, daß man sich auch auf der sicheren Seite befindet, wenn man die Variable überhaupt nicht verwendet. Das Makro tut dann so, als ob sie mit dem Wert *Makro* vorhanden sei.

12.4.11   Die Variable *Fenster*

Die Variable wird dazu verwendet, um direkt und damit schneller in ein bestimmtes Fenster zu gelangen. Dadurch läßt sich Wiederholung der Tastenkombinationen Strg+F6 und Umschalten+Strg+F6 vermeiden. Durch Angabe der laufenden Nummer aus dem Menü *Fenster* schaltet das Makro schaltet in das gewünschte Fenster um.

Datentyp   Zahl

Wert   Zahlen von 1 - 9

Beispiel 1   Mit dem folgenden Ausdruck wechselt das Makro in das Fenster Nr. 4.

```
«BESTIMMEN Fenster=4»
```

Wenn als Wert eine Zahl verwendet wird, die größer ist als die Zahl der momentan vorhandenen Fenster, wechselt das Makro in das Fenster mit der höchsten der vorhandenen Nummern.

Beispiel 2   Die Variable *Fenster* wird in einer Bedingungsprüfung verwendet, um über den weiteren Makro-Ablauf zu entscheiden.

```
«AWENN Fenster=9»
     «PAUSE Es sind bereits 9 Fenster geöffnet. Ein Fenster
     schließen und Makro noch einmal starten. Eingabetaste»
     ...
```

Der vollständige Makro-Text dieses Beispiels steht als Textbaustein auf der Diskette zur Verfügung (Kapitelabschnitt 21.6.4. Er wird unter anderem in den Makro-Tools zur Bearbeitung von Makros verwendet (Kapitelabschnitt 20.1).

12.4.12   Die Variable *EinfgÜberschr*

Mit der Einfg-Taste kann entweder der Überschreibemodus ein- und ausgeschaltet oder der Inhalt des Papierkorbs eingefügt werden. Die Variable *EinfgÜberschr* schaltet zwischen diesen beiden möglichen Funktionen um.

Datentyp   Text

Wert   *EinfgÜberschr* kann die Werte *"an"* und *"aus"* haben. Beide Werte sind in Anführungszeichen zu schreiben.

Beispiel 1   Durch den folgenden Ausdruck *am Anfang* des Makro-Textes wird die Einfg-Taste während des *ganzen* Makro-Ablaufs benutzt, um den Überschreibemodus ein- und auszuschalten (=Wechsel zwischen Überschreibe- und Einfügemodus).

```
«BESTIMMEN EinfgÜberschr="an"»
```

Beispiel 2   Die Einfg-Taste soll während des Makro-Ablaufs benutzt werden, um den Inhalt des Papierkorbs einzufügen.

```
«BESTIMMEN EinfgÜberschr="aus"»
```

Wenn beide Funktionen gebraucht werden ...

Die Tabelle 12.2 zeigt den Zusammenhang zwischen der Verwendung der Variablen EinfgÜberschr und der Funktion der Einfg-Taste sowie der Tastenkombination Umschalten+Einfg.

Wert der Variablen "EinfgÜberschr"	Funktion der Einfg-Taste	Funktion der Tastenkombination Umschalten+Einfg
"an"	Überschreibemodus ein-/ausschalten	Papierkorbinhalt einfügen
"aus"	Papierkorbinhalt einfügen	Papierkorbinhalt einfügen
Variable wird im Makro nicht verwendet	Überschreibemodus ein-/ausschalten	Papierkorbinhalt einfügen

Tabelle 12.2: Auswirkung der verschiedenen Werte der Variablen
"EinfgÜberschr"

Wenn in einem Makro gleichzeitig die beiden Funktionen *Überschreibemodus umschalten* und *Papierkorbinhalt einfügen* zur Verfügung stehen sollen, muß die Variable den Wert *"an"* haben. Die gleichen Möglichkeiten haben Sie, wenn Sie die Variable gar nicht erst verwenden.

12.4.13   Die Variable *Word5Tasten*

Mit der Variablen kann festgelegt werden, ob in einem Makro die Funktionstasten mit der Belegung aus Word 5.5 oder aus Word 5.0 verwendet werden können. Dabei bleibt während des Makro-Ablaufs unberücksichtigt, ob Sie die Option *Word 5.0-Funktionstasten benutzen* des Befehls *Extras Einstellungen* ein-oder ausgeschaltet haben. Nach Beendigung des Makros stehen Ihnen die Funktionstasten wieder so zur Verfügung, wie Sie es in der genannten Option festgelegt haben.

Datentyp Text

Wert *Word5Tasten* kann die Werte *"an"* und *"aus"* haben. Beide Werte sind in Anführungszeichen zu schreiben.

Beispiel 1 Sollen grundsätzlich im gesamten Makro die Funktionstasten mit der Belegung aus Word 5.0 zur Verfügung stehen, setzen Sie den folgenden Ausdruck an den Anfang des Makro-Textes.

```
«BESTIMMEN Word5Tasten="an"»
```

Für die Word 5.5-Belegung gilt dann:

```
«BESTIMMEN Word5Tasten="aus"»
```

Beispiel 2 Wenn Sie die Word 5.0-Belegung nur an bestimmten Stellen des Makro-Ablaufs verwenden wollen, schreiben Sie den Ausdruck unmittelbar vor die entsprechende Stelle im Makro-Text. Anschließend ist die Word 5.5-Belegung festzulegen.

```
...
«BESTIMMEN Word5Tasten="an"»
...
«BESTIMMEN Word5Tasten="aus"»
...
```

Achtung Die Variable *Word5Tasten* verändert nicht die Einstellung der Option *Word 5.0-Funktionstasten benutzen* im Dialogfeld des Befehls *Extras Einstellungen*.

12.4.14 Die Variable *Wordversion*

Wordversion übernimmt die Versionsnummer Ihres Programms. In Bedingungsprüfungen läßt sich die Variable verwenden, um über den weiteren Ablauf des Makros zu entscheiden.

Datentyp Zahl

Wert   *Wordversion* kann als Werte ganze oder Dezimalzahlen haben. Als Dezimaltrennzeichen muß das gleiche Zeichen benutzt werden, das im Dialogfeld des Befehls *Extras Einstellungen* festgelegt ist. Mit dem Komma als Dezimaltrennzeichen gelten als Werte:

5,5 für die Version Word 5.5

5 oder *5,0* für die Version Word 5.0

Beispiel 1   Makros, die Sie für Word 5.5 geschrieben haben, laufen wegen der veränderten Benutzeroberfläche nicht mit Vorgängerversionen. Wird ein solches Makro doch mit einer Vorgängerversion eingesetzt, ist es abzubrechen.

```
«AWENN Wordversion<5,5»
    «PAUSE Das Makro läuft nur mit Word 5.5. Sie arbeiten mit
einer älteren Wordversion.»
    «QUITT»
«EWENN»
...
```

Beispiel 2   Wenn die aktuelle Version nicht Word 5.5 ist, sondern eine neuere, soll der Makro-Anwender den Hinweis erhalten, daß das Makro möglicherweise zuerst konvertiert werden muß. Bei zutreffender Bedingung wird das Makro abgebrochen; andernfalls führt es den nächsten Arbeitsschritt aus.

```
«AWENN Wordversion>5,5»
    «PAUSE Prüfen, ob das Makro konvertiert werden muß!»
    «QUITT»
«EWENN»
...
```

**Makro-
Fehler**   Wird mit der Einstellung "Komma als Dezimaltrennzeichen" für die Wertangabe der Variablen ein Punkt verwendet, so wird das Makro abgebrochen und folgende Meldung präsentiert:

```
Unbekannter oder falscher Befehl. Makro
    abgebrochen nach [Fehlerstelle]
```

12.4.15   Die Variablen *gefunden/nichtgefunden*

Diese beiden Variablen werden in Zusammenhang mit dem Befehl *Bearbeiten Suchen* verwendet. Nach Ausführung des Befehls kann mit den Variablen geprüft werden, ob die Suche erfolgreich war oder nicht. Es kann also die Aussage gemacht werden, daß der Suchbegriff gefunden wurde bzw. nicht gefunden.

Datentyp	Boolescher Operator
Wert	Beide Variablen können den Wert *wahr* oder *falsch* haben.
Beispiel	In einem Dokument wird das Wort *Heureka* gesucht. Ob es gefunden worden ist, wird durch die Variable *gefunden* überprüft. Wenn die Suche erfolgreich war, ist die Aussage *gefunden* wahr, und der Freudenruf wird vervollständigt. Wegen des Auftriebs.

```
«KOMMENTAR Die Suche nach Heureka, Tragödie 1. Teil»
<menü>bsHeureka<return>
«AWENN gefunden»
     <rechts>,<leertaste>ich hab's gefunden!
...
```

Die Suche nach *Heureka* kann aber auch im gegenteiligen Sinn geprüft werden. Dazu dient dann die Variable *nichtgefunden*. Wenn also der Suchbegriff nicht gefunden werden konnte, ist die Aussage *nichtgefunden* ebenfalls wahr. Das wird dann am Textanfang dokumentiert.

```
«KOMMENTAR Die Suche nach Heureka, Tragödie 2. Teil»
<menü>bsHeureka<return>
«AWENN nichtgefunden»
     <strg pos1>Schade, Archimedes! Vielleicht beim nächsten
     Mal.
...
```

12.4.16   Die Variable *speichern*

Wenn die Kapazität des Arbeitsspeicher allmählich erschöpft ist, erscheint in der Statuszeile die Aufforderung *Speichern*, eventuell sogar hektisch blinkend. Wenn Sie die Aufforderung ignorieren, geraten Sie sehr schnell in Rolle eines Croupiers ("Nichts geht mehr!"). In diesem Fall ist Word blokkiert, und Sie müssen bei gleichzeitigem Verlust all dessen, was bis zu diesem Zeitpunkt nicht gespeichert ist, den PC neu starten.

Damit es während des Ablaufes eines Makros nicht so weit kommen kann, ist die Variable *speichern* zu verwenden. Mit ihr wird überprüft, ob Word zum Speichern auffordert. Die Aussage, daß *speichern* gemeldet wird, kann wahr oder falsch sein. Wenn sie wahr ist, muß das Makro alles speichern.

Datentyp   Boolescher Operator

Wert   *Speichern* kann den Wert *wahr* oder *falsch* haben.

Beispiel   Wenn die Meldung *Speichern* in der Statuszeile erscheint, wird der Befehl *Datei Alles speichern* ausgeführt.

```
...
«AWENN speichern»
   <menü>da
«EWENN»
...
```

Ist also die Kapazität des Arbeitsspeichers erschöpft, werden vom Makro alle bearbeiteten Dokumente, Druckformatvorlagen und Makro-Dateien gespeichert. Sollte diese Situation nicht eintreten, wird der Speicherbefehl übergangen.

Achtung   Die Plazierung der obigen Sequenz ist in einem Makro unmittelbar nach allen Schritten und Befehlen sinnvoll, die sich auf den Arbeitsspeicher sehr belegungsintensiv auswirken:

- ▶ Befehl*Extras Sortieren*
- ▶ Befehl*Einfügen Index*
- ▶ Befehl*Einfügen Inhaltsverzeichnis*
- ▶ Befehl*Bearbeiten Ersetzen*
- ▶ umfangreiche Bearbeitungen
- ▶ umfangreiche Rechenoperationen

Ebenso bietet es sich an, in umfangreichen Makros die Variable *speichern* einzusetzen, auch wenn keiner der genannten Schritte enthalten ist.

12.4.17 Die Variable *aktiviert*

Die Variable wird verwendet, um den Status der schaltbaren Befehle des Menüs *Ansicht* festzustellen. Es wird geprüft, ob ein Befehl ein- oder ausgeschaltet ist.

Datentyp	Boolescher Operator
Wert	*Aktiviert* kann den Wert *wahr* oder *falsch* haben.
Beispiel	Der Status des Befehls *Ansicht Layout* soll geprüft werden. Falls der Layoutmodus eingeschaltet ist, soll er ausgeschaltet werden.

```
<menü>a<unten>
«AWENN aktiviert»
    <return>
«SONST»
    <unt>
«EWENN»
```

Der Befehlsname wird markiert. Wenn der Befehl aktiviert, die Aussage also wahr ist, wird der Befehl ausgeführt. Damit ist der Layoutmodus ausgeschaltet. Ist die Aussage falsch, wird der Befehl abgebrochen und das Menü geschlossen.

Achtung In Kapitelabschnitt 21.2 finden Sie Makro-Module, die Sie zur Statusprüfung der schaltbaren Befehle einsetzen können.

12.4.18 Die Variable *Endmarke*

Die Variable wird verwendet, um festzustellen, ob der Cursor auf der Endmarke (◆) steht.

Datentyp	Boolescher Operator
Wert	*Endmarke* kann den Wert *wahr* oder *falsch* haben.
Beispiel 1	Wenn ein Dokumentenfenster leer ist, also die Endmarke am Textanfang steht (Aussage wahr), wird das Fenster geschlossen. Wenn die Aussage falsch ist und damit das Fenster nicht leer, ist das Dokument zu speichern.

```
<strg pos1>
«AWENN Endmarke»
    <menü>ds
«SONST»
    <strg unt>du
«EWENN»
...
```

Das Beispiel ist ein Ausschnitt aus einem Makro-Modul, mit dem Sie sicherstellen können, daß vor dem Start eines Makros Dokumente gesichert werden. Sie finden es in Kapitelabschnitt 29.2.

Beispiel 2   Solange das Ende des Dokuments *nicht* erreicht ist, werden Zeichen in den Text eingefügt.

Die Negation des Wertes von *Endmarke* geschieht mit dem logischen Operator NICHT. Mehr dazu finden Sie in Kapitelabschnitt 12.7.

```
...
«SOLANGE NICHT Endmarke»
    «Format».<tab><strg unten>
«ESOLANGE»
...
```

Dieses Beispiel ist ein Ausschnitt aus einem Makro, mit dem Sie Absätze beliebig numerieren können. Sie finden es in Kapitelabschnitt 26.10.

12.4.19   Die Variable *Hilfe*

Die Variable wird verwendet, um festzustellen, ob das aktive Fenster ein Hilfe-Fenster ist. Dabei ist es gleichgültig, ob ein Hilfe-Fenster mit der Funktionstaste F1 oder aus dem Menü Hilfe geöffnet wurde.

Datentyp   Boolescher Operator

Wert   *Hilfe* kann den Wert *wahr* oder *falsch* haben.

Beispiel 1   Wenn *ein* Hilfe-Fenster geöffnet ist, wird es geschlossen.

```
«AWENN Hilfe»
    <unt>
«EWENN»
```

Beispiel 2   Aus einem Hilfe-Fenster heraus können weitere geöffnet werden. Mit dem obigen Beispiel wird nur eines von mehreren geschlossen. Um alle zu schließen, ist statt der einmaligen Prüfung (*«AWENN Hilfe»*) solange zu prüfen, bis alle Hilfe-Fenster geschlossen sind.

```
«SOLANGE»
    <unt>
«ESOLANGE»
```

12.4.20   Die Variable *Vollbild*

Die Variable wird verwendet, um festzustellen, ob das Fenster des aktiven Dokuments in voller Größe, also als Vollbild dargestellt ist.

Datentyp   Boolescher Operator

Wert   *Vollbild* kann den Wert *wahr* oder *falsch* haben.

Beispiel   Wenn ein Fenster die maximale Größe hat, bekommt der Anwender einen entsprechenden Hinweis.

```
«AWENN Vollbild»
    «PAUSE Größer geht's wirklich nicht!»
«EWENN»
```

12.5   Konstantentypen

Wie die Variablen können auch Konstanten vom Typ *Text*, *Zahl* oder *Datum* sein. Es kommt aber noch eine besondere Art von Konstante dazu: die Word-Sonderzeichen für Absatzmarken, Zeilenendemarken, Abschnittsmarken usw.

Konstanten können nur definierten Variablen zugeordnet, aber als Referenzgrößen mit definierten und reservierten Variablen verglichen werden. In Zuordnungs- und Vergleichsbeziehungen stehen Konstanten auf der rechten Seite und die Variablen auf der linken.

12.5.1　Zahlenkonstanten

Zahlenkonstanten sind nicht veränderliche Folgen von Ziffern. Dabei gelten dieselben Regeln wie bei den Zahlenvariablen. Konstanten können mit Variablen verglichen werden, und sie lassen sich in mathematischen Ausdrücken weiterverarbeiten.

Beispiel 1　　Eine vom Benutzer eingegebene Zahlenvariable wird um die Zahlenkonstante 1 vermindert. Anschließend wird der aktuelle Wert der reservierten Variablen *Markierung* mit der Konstante 0 verglichen. Solange dieser Vergleich ergibt, daß die markierte Zahl gleich oder größer als 0 ist, werden bestimmte Arbeitsschritte ausgeführt, um danach den neuen Wert der definierten Variablen *Fußnote* durch Addition der Konstanten 1 zu bestimmen.

```
«ABFRAGE Fußnote=?Neue Anfangsfußnote eingeben»
«BESTIMMEN Fußnote=Fußnote-1»
«SOLANGE Markierung>=0»
    ...
    «BESTIMMEN Fußnote=Fußnote+1»
    ...
«ESOLANGE»
```

Makro-　　Das Makro kann nicht ausgeführt werden, wenn der Variablen
Fehler　　*Fußnote* ein Text oder ein Datum zugeordnet wird: Texte oder Kalenderdaten können nicht durch mathematische Operationen verarbeitet werden. Die Meldung wäre in diesem Fall

```
Text- oder Datumfeld ist im mathematischen
Ausdruck nicht zulässig. Makro abgebrochen
               nach [Fehlerstelle]
```

Wenn andere als ganze Zahlen als Konstanten verwendet werden sollen, sind auch hier wie bei der Verarbeitung von Zahlen in Variablen nur Dezimalbrüche zulässig. Andere Schreibweisen führen dazu, daß ein Makro abgebrochen wird.

Beispiel 3　　Zu einer vom Benutzer eingegebenen Zahl soll die Konstante 100,5 addiert werden.

```
«ABFRAGE Zahl=?Eine Zahl eingeben»
«BESTIMMEN Ergebnis=Zahl+100,5»
```

Makro-
Fehler　　Dabei gibt es verschiedene Fehlermöglichkeiten: Wird der Dezimalwert der Konstanten nicht mit einem Komma (...,5), sondern mit dem echten Bruch ½ (ALT+171) als 100½ geschrieben, wird das Makro mit folgender Fehlermeldung abgebrochen:

```
Unbekannter oder falscher Befehl. Makro
    abgebrochen nach [Fehlerstelle]
```

Wird im Makro nicht das Dezimaltrennzeichen verwendet, das im Dialogfeld des Befehls *Extras Einstellungen* festgelegt ist, führt das zum gleichen Ergebnis.

12.5.2　Datumskonstanten

Datumskonstanten sind Ziffernfolgen mit einem der beiden folgenden Formate:

TT.MM.JJJJ oder TT.MM.JJ

Als Trennungszeichen dienen wieder Punkte (.), Schrägstriche (/) oder Bindestriche (-). Eine Datumskonstante kann mit oder ohne Jahrhundertzusatz und mit oder ohne Füllnullen bei Tagen und Monaten geschrieben werden.

Datumskonstanten sind in Makro-Texten in diese "..." Anführungszeichen zu setzen; andere Anführungszeichen («...» oder '...') dürfen nicht verwendet werden.

Beispiel　　Im Datei-Manager wird das Erstellungsdatum einer Datei mit der Datumskonstanten *6.12.1987* verglichen. Wenn die Bedingung zutrifft, wird die Datei geöffnet.

```
«AWENN Feld>="6.12.1987"»
    <return 2>
«EWENN»
...
```

12.5.3　Textkonstanten

Textkonstanten sind zunächst alle Zeichen, die Sie über die Tastatur eingeben. Erst die sich an die Eingabe anschließende weitere Verarbeitung des eingegebenen Wertes entscheidet darüber, ob es sich tatsächlich um Daten des von Ihnen vorgesehenen Typs *Text* gehandelt hat.

Textkonstanten sind in Makro-Texten in diese "..." Anführungszeichen zu setzen; andere Anführungszeichen (»...« oder '...') dürfen nicht verwendet werden.

Beispiel   Die Frage nach dem Beenden soll bejaht oder verneint werden. Der Variablen *Antwort* wird ein Text in Form der Buchstaben J oder N zugeordnet. Anschließend wird geprüft, ob die Eingabe der vorgegebenen Textkonstante "J" entspricht oder nicht.

```
«ABFRAGE Antwort=?Wollen Sie beenden? J oder N»
«AWENN Antwort="J"»
    «QUITT»
«EWENN»
```

Als Antwort und bei der Erstellung des Makro-Textes können Groß- oder Kleinbuchstaben verwendet werden.

Makro-   Wenn Textkonstanten nicht in Anführungszeichen gesetzt
Fehler   sind, werden sie während des Makro-Ablaufs als unbekannte Variable interpretiert. Das Makro wird dann abgebrochen, und die folgende Meldung erscheint:

```
Unbekannter Feldname. Makro abgebrochen nach
                  [Fehlerstelle]
```

12.5.4   Die Word-Sonderzeichen

Die Sonderzeichen, die in Word verwendet werden, um Texte zu gestalten (Absatzmarken usw.), können als Referenzgrößen in Form von Konstanten verwendet werden. Diesen Sonderzeichen sind bestimmte   zugeordnet; dadurch lassen sich die Sonderzeichen in Makros handhaben (Kapitelabschnitt 10.2.2).

Wenn ein Sonderzeichen als Referenzgröße in einer Vergleichsbeziehung verwendet werden soll, ist sein Kennbuchstabe zusammen mit einem vorangestellten Zirkumflexzeichen (^) als Konstante zu schreiben.

In Tabelle 12.3 finden in der letzten Spalte die Form der Bezeichnung als Konstante einschließlich der beiden Anführungszeichen "...".

Beachten Sie auch hier wieder, daß sowohl für die Abschnittsmarke als auch für die Marke des definierten Seitenumbruchs der gleiche Kennbuchstabe verwendet wird.

Word-Sonderzeichen	Taste bzw. Tastenkombination	Bezeichnung als Konstante
Leerraum	Leertaste	"^L"
geschützter Wortzwischenraum	Strg+Leertaste	"^G"
Tabulatorzeichen	Tab-Taste	"^T"
weicher Trennstrich	Strg+Bindestrich	"^-"
Zeilenendemarke	Umschalten+Eingabetaste	"^N"
Absatzmarke	Eingabetaste	"^A"
Seitenwechselmarke (definierter Umbruch)	Strg+Eingabetaste	"^B"
Spaltenwechselmarke (definierter Umbruch)	Umschalten+Strg+Eingabetaste	"^S"
Abschnittsmarke		"^B"
Textendmarke (♦)	Umschalten+2	""

Tabelle 12.3: Konstanten-Bezeichnungen der Word-Sonderzeichen

Beispiel 1 Der jeweils aktuelle Wert der reservierten Variablen *Markierung* wird mit der Konstanten *Absatzmarke* verglichen. Solange der Cursor in einem Text also auf einer Absatzmarke steht, wird diese gelöscht und der Cursor anschließend eine Zeile nach oben bewegt.

```
...
«SOLANGE Markierung="^a"»
    <lösch><oben>
«ESOLANGE»
```

Makro- Wenn Sie in einem Konstantenausdruck zur Beschreibung
Fehler eines Sonderzeichens das Zirkumflexzeichen (^) vergessen,
geschieht aller Voraussicht nach nichts Spektakuläres, was Sie
umgehend auf diesen Fehler hinweist. Es handelt sich nicht
um einen Fehler im Sinne der Regeln der Makro-Sprache,
sondern um einen logischen Fehler: was im obigen Beispiel
geschieht, kann durchaus auch ablaufen, wenn die Konstante
(fälschlicherweise) der Buchstabe A ist. Nur mit dem
Ergebnis werden Sie vermutlich nicht zufrieden sein.

Im Vergleich zur Sonderzeichen-Tabelle 10.7 (Kapitelabschnitt 10.2.2) finden
Sie hier (Tabelle 12.3) als weiteres Sonderzeichen die beiden
Anführungszeichen (""). Sie können wie die anderen als Konstante verwendet
werden. Die Schreibweise charakterisiert den Inhalt dieser Konstanten: nichts.
Dieses *Nichts* ist dann auch zwischen die beiden Anführungszeichen zu set-
zen: Sie sind ohne Leertaste direkt hintereinander zu schreiben.

Beispiel 2 Wenn im Dialogfeld des Befehls *Datei Speichern unter* kein
Dateiname steht, das Feld also leer ist und damit auch die
Variable *Feld*, wird der Befehl abgebrochen.

```
<menü>du
«AWENN Feld=""»
    <unt>
    . . .
```

Beispiel 3 Die Variable *Antwort* soll an einer bestimmten Stelle des
Makro-Textes initialisiert werden. Dadurch ist gewährleistet,
daß nicht ein falscher Wert aus dem vorangegangen Makro-
Abschnitt verarbeitet wird.

```
. . .
«BESTIMMEN Antwort=""»
«SOLANGE Antwort<>"J"»
    . . .
«ESOLANGE»
```

Sie können dieses Sonderzeichen ("") auch anstelle der reservierten Variablen
Endmarke verwenden (Kapitelabschnitt 12.4.18).

12.6   Mathematische Ausdrücke

Mathematische Ausdrücke bestehen aus Variablen oder Konstanten und einem Operationszeichen zu ihrer Verknüpfung. Als Operationszeichen können die mathematischen Zeichen der vier Grundrechenarten sowie mit einer gewissen Sonderstellung das Prozentzeichen (%) verwendet werden.

Wie die Konstanten, so können auch die Ergebnisse mathematischer Ausdrücke nur definierten Variablen zugeordnet, aber mit definierten und reservierten Variablen verglichen werden. Mathematische Ausdrücke stehen in Zuordnungs- und Vergleichsausdrücken ebenfalls auf der rechten Seite.

Makro-
Fehler

Mathematische Ausdrücke sind immer *Zahlen*variablen oder *Zahlen*konstanten. Wenn andere Datentypen verwendet werden, wird das Makro abgebrochen und folgende Meldung präsentiert:

```
        Text- oder Datumsfelder ist im
     mathematischen Ausdruck nicht zulässig.
     Makro abgebrochen nach [Fehlerstelle]
```

12.6.1   Addition

Als Operationszeichen ist das Pluszeichen (+) entweder aus dem Alpha-Tastenblock oder dem numerischen Tastenblock zu verwenden.

Beispiel

Die Werte der Variablen *Nettopreis* und *MwSt* werden addiert. Der Wert dieses mathematischen Ausdrucks wird der Variablen *Bruttopreis* zugeordnet.

```
«BESTIMMEN Bruttopreis=Nettopreis+MWST»
```

12.6.2   Subtraktion

Als Subtraktionszeichen läßt sich sowohl der Bindestrich (-) aus dem Alpha-Block als auch das Minuszeichen (÷) aus dem numerischen Block verwenden.

Beispiel   Zunächst wird der Wert der Variablen *Skonto* von dem der
Variablen *Bruttopreis* subtrahiert. Der Wert dieses mathematischen Ausdrucks, die Differenz, wird dann der Variablen *Ver-*
kaufspreis zugeordnet.

```
«BESTIMMEN Verkaufspreis=Bruttopreis-Skonto»
```

Makro-   Das ebenfalls anzutreffende Zeichen ./. für Subtraktionen ist
Fehler   nicht zulässig; es führt in einem mathematischen Ausdruck
zum Makro-Abbruch mit folgender Meldung:

```
        Unbekannter oder falscher Befehl. Makro
          abgebrochen nach [Fehlerstelle]
```

12.6.3   Multiplikation

Das Operationszeichen für die Multiplikation ist der Stern. Dazu kann entweder das Zeichen aus dem Alpha-Block (*) oder das Multiplikationszeichen (x)
des numerischen Blocks verwendet werden. Der Stern (*) hat nur in mathematischen Anweisungen die Funktion des Multiplikationszeichens; sonst wird
er als ein Zeichen wie jedes andere (Zahl, Buchstabe, Interpunktionszeichen)
interpretiert.

Beispiel   Die Werte der beiden Variablen *Einheiten* und *Einheitspreis*
werden miteinander multipliziert. Das Produkt wird danach
der Variablen *Nettopreis* zugeordnet.

```
«BESTIMMEN Nettopreis=Einheiten*Einheitspreis»
```

Makro-   Die Verwendung des Buchstabens X des Alphabets als Multi-
Fehler   plikationszeichen führt in einer mathematischen Anweisung
zum Abbruch des Makros mit folgender Meldung:

```
    Unbekannter Feldname. Makro abgebrochen nach
                  [Fehlerstelle]
```

12.6.4 Division

Als Operationszeichen müssen der Schrägstrich (/) aus dem Alpha-Block oder das Divisionszeichen (÷) des numerischen Blocks verwendet werden.

Beispiel   Der mathematische Ausdruck besteht aus den beiden Variablen *Anfang* und *Ende* sowie der Konstanten 2. Zunächst werden, da in Klammern geschrieben, die Werte der beiden Variablen addiert und anschließend die Summe durch die Konstante dividiert.

```
«BESTIMMEN Durchschnitt=(Anfang+Ende)/2»
```

Makro-Fehler   Nicht zulässige Divisionszeichen sind der Doppelpunkt (:) aus dem Alpha-Block oder das Zeichen ÷ mit dem ASCII-Code 246, das Sie durch Drücken der ALT-Taste zusammen mit den Ziffern 2, 4 und 6 des numerischen Blocks erhalten. Falls ein mathematischer Ausdruck eines dieser beiden nicht zulässigen Zeichen enthält, wird das Makro abgebrochen, und es erscheint folgende Meldung:

```
Unbekannter oder falscher Befehl. Makro
   abgebrochen nach [Fehlerstelle]
```

12.6.5 Prozentrechnung

Obwohl bzw. weil das Prozentzeichen (%) im Sinne der vier bisher behandelten Grundrechenarten eigentlich kein bzw. doch ein Operationszeichen ist, soll es hier behandelt werden. Es erfüllt wie sonst auch die Funktion des Divisors 100 und stellt damit innerhalb eines mathematischen Ausdrucks sowohl die Konstante 100 als auch das Operationszeichen der Division, also den Schrägstrich (/) dar.

Beispiel   Der Wert der Variablen *Nettopreis* wird mit der Konstanten 14% multipliziert und danach der Wert dieses mathematischen Ausdrucks der Variablen *MwSt* zugeordnet.

```
«BESTIMMEN MwSt=Nettopreis*14%»
```

Das gleiche Ergebnis würde man erhalten, wenn statt der einen Konstanten 14% die beiden Konstanten 14 und 100 verwendet würden. Allerdings müssten dann die beiden zusätzlich durch eine Division verarbeitet werden. Der mathematische Ausdruck könnte also auch so aussehen:

```
«BESTIMMEN MwSt=Nettopreis*14/100»
```

12.7   Operationszeichen

Um in Anweisungen Ausdrücke wie Variablen und Konstanten oder Ergebnisse mathematischer Ausdrücke einander zuordnen bzw. miteinander vergleichen zu können, müssen bestimmte Operationszeichen verwendet werden. Tabelle 12.4 zeigt die mathematischen und logischen Operatoren bzw. Operationszeichen.

Die drei logischen Operatoren können mit Klein- oder Großbuchstaben oder einer Mischung aus beiden geschrieben werden. In diesem Buch werden sie mit Großbuchstaben geschrieben (Kapitel 19).

Beispiel 1   Bei Zahleneingaben soll überprüft werden, ob es sich um gültige Eingaben handelt oder nicht. Als gültig sind die Zahlen 2 bis 4 definiert.

Die erste Möglichkeit wird durch Verwendung des logischen UND realisiert:

```
«ABFRAGE Zahl=?Zahl eingeben und RETURN»
«AWENN Zahl>1 UND Zahl<5»
    «PAUSE Das war eine gültige Eingabe.»
«SONST»
    «PAUSE Das war eine ungültige Eingabe.»
    «QUITT»
«EWENN»
```

Operations-zeichen	Bedeutung	Funktion	Beispiel
<	kleiner	Vergleich	Datum<03.11.84
<=	kleiner oder gleich	Vergleich	Summe<=1234
=	gleich	Vergleich Zuordnung	Name=Markierung Antwort="Nein"
>=	größer oder gleich	Vergleich	Ergebnis>=Zahl+100
>	größer	Vergleich	Feld>Einzug*3
<>	ungleich	Vergleich	Dateiname<>"m-tools.tbs"
UND	logisches "und"		siehe unten
ODER	logisches "oder"		siehe unten
NICHT	logisches "nicht"		siehe unten
(	öffnende Klammer		siehe unten
)	schließende Klammer		siehe unten

Tabelle 12.4: Mathematische und logische Operatoren

Beispiel 2   Bei der zweiten Möglichkeit wird derselbe Gültigkeitsbereich wie in Beispiel 1 mit dem logischen ODER überprüft:

```
«ABFRAGE Zahl=?Zahl eingeben und RETURN»
«AWENN Zahl<2 ODER Zahl>4»
    «PAUSE Das war eine ungültige Eingabe.»
    «QUITT»
«SONST»
    «PAUSE Das war eine gültige Eingabe.»
«EWENN»
```

Beispiel 3   Wenn der genannte Gültigkeitsbereich durch Verwendung des logischen NICHT überprüft werden soll, müssen die gültigen Zahlen jeweils durch ein logisches ODER verknüpft und diese Verknüpfung dann in Klammern gesetzt werden:

```
«ABFRAGE Zahl=?Zahl eingeben und RETURN»
«AWENN NICHT(Zahl=2 ODER Zahl=3 ODER Zahl=4)»
    «PAUSE Das war eine ungültige Eingabe.»
    «QUITT»
«SONST»
    «PAUSE Das war eine gültige Eingabe.»
«EWENN»
```

13   Die Makro-Anweisungen

Die Makro-Sprache in Word stellt eine Reihe von Anweisungen zur Verfügung, mit denen die Funktion von Makros über die Ausführung von Tastenfunktionen hinaus erweitert werden kann. Dadurch wird es möglich, nach dem Start eines Makros in seinen Ablauf einzugreifen.

Die Anweisungen lassen sich aufgrund ihrer Funktion in fünf Gruppen - mit allerdings fließenden Grenzen - zusammenfassen. Es sind Anweisungen zur

- Ausgabe von Informationen an den Makro-Anwender und an das System,

- Eingabe und Verarbeitung von Informationen,

- Auswertung von Informationen, die eingegeben bzw. verarbeitet worden sind,

- Wiederholung einzelner von Bedingungen abhängiger oder unabhängiger Arbeitsschritte im Makro-Ablauf,

- Beendigung eines Makros aufgrund ausgewerteter Informationen.

Alle Makro-Anweisungen müssen zwischen die beiden doppelten Winkelklammern « » gesetzt werden. Drücken Sie die Tastenkombination Strg+W für die linke Klammer (») und die Kombination Strg+E für die rechte (»). Die Anweisungsbegriffe können in Groß- oder Kleinbuchstaben geschrieben werden. In diesem Buch werden Großbuchstaben verwendet (Kapitel 19).

Achtung Sie können alle Makro-Anweisungen mit den Makro-Tools (Kapitel 22) schnell und einfach programmieren. Syntaxfehler werden dadurch vermieden.

Hinweise auf Anwendungen der Makro-Anweisungen finden Sie im Stichwortverzeichnis unter dem jeweiligen Anweisungsbegriff.

13.1   Die Anweisung
KOMMENTAR - EKOMMENTAR

Funktion   Diese Anweisung wird verwendet, wenn in den Makro-Text Anmerkungen, Hinweise oder sonstige Kommentare eingefügt werden sollen, die lediglich informatorischen Charakter haben, den Ablauf des Makros jedoch nicht beeinflussen.

Daraus läßt sich eine weitere Funktion der Anweisung ableiten: Sie können damit Funktionsteile eines Makros "außer Betrieb" setzen. Mehr dazu finden Sie in den Kapitelabschnitten 18.3 und 29.17.

Syntax   Die Anweisung kann in zwei unterschiedlichen Formen verwendet werden. So sieht die Kurzform aus ...

```
«KOMMENTAR Kommentierender Text zum Makro»
```

... und so ist die Langform zu schreiben:

```
«KOMMENTAR»
Kommentierender Text zum Makro
«EKOMMENTAR»
```

Extra-Tip   Welche der beiden Möglichkeit die bessere ist, darüber kann man sicherlich diskutieren. Mir scheint zumindest bei längeren Passagen, die zeitweise außer Funktion gesetzt werden sollen, oder bei umfangreicheren Kommentaren die zweite Möglichkeit die bessere zu sein: Wenn der die Anweisung einleitende Begriff KOMMENTAR nach oben aus dem Bildschirm verschwunden ist, läßt sich nicht mehr feststellen, welche der vielen rechten Winkelklammern (») denn nun die KOMMENTAR-Anweisung abschließt.

Beispiel 1   Im folgenden Ausschnitt finden sich zwischen KOMMENTAR und EKOMMENTAR - im eigentlichen Sinn des Wortes "Kommentar" - eine Kurzbeschreibung der Funktion des Makros, sein Name und der Tastenschlüssel.

```
«KOMMENTAR»
Makro-Funktion: Drucken Druckbereich: Alles
Makro-Name: druck-alles
Makro-Tastenschlüssel: <strg d>l
«EKOMMENTAR»
«SOLANGE Dialogfeld<>""»
    <unt>
«ESOLANGE»
...
```

Beispiel 2   Die Kurzform der KOMMENTAR-Anweisung finden Sie an mehreren Stellen des Makros in Kapitelabschnitt 26.4

Beispiel 3   Im folgenden Ausschnitt ist mit der Kurzform der KOMMENTAR-Anweisung der Befehl zur Teilung des Fensters außer Funktion gesetzt. Der Begriff KOMMENTAR mit der linken Winkelklammer («) leitet dabei die Anweisung ein, die rechte Winkelklammer (») schließt sie ab.

```
«KOMMENTAR <menü>ft<unten 10><return>»
«ABFRAGE Dateiname=?Dateinamen zum Laden eingeben»
...
```

Beispiel 4   Wenn im gleichen Makro-Ausschnitt mit der Kurzform nun die Anweisung ABFRAGE in der zweiten Zeile außer Funktion gesetzt werden soll, ist nur der Begriff KOMMENTAR, also nicht auch die linke Winkelklammer, unmittelbar nach der schon vorhandenen linken Winkelklammer einzufügen. Die rechte Winkelklammer der Anweisung ABFRAGE erfüllt jetzt die Abschlußfunktion der KOMMENTAR-Anweisung. Die gesamte Anweisung ABFRAGE ist gewissermaßen Kommentartext.

```
<menü>ft<unten 10><return>
«KOMMENTAR ABFRAGE Dateiname=?Dateinamen zum Laden eingeben»
...
```

Wenn Sie am Ende der KOMMENTAR-Passage eine weitere Winkelklammer zufügen, wird diese beim Ablauf des Makros als Zeichen auf den Bildschirm geschrieben; die Anweisung ABFRAGE bleibt jedoch weiterhin außer Funktion gesetzt.

Achtung   Das Makro zur Programmierung der ABFRAGE-Anweisung finden Sie in Kapitelabschnitt 22.1.

13.2   Die Anweisung PAUSE

Funktion   Mit der Anweisung PAUSE wird der Makro-Ablauf unterbrochen, um dem Makro-Anwender etwas mitzuteilen oder ihn zu bestimmten Handlungen aufzufordern. Der Mitteilungstext erscheint in der Meldungszeile - wenn Sie eingeschaltet ist (Dialogfeld des Befehls *Ansicht Bildschirmeinstellungen*).

Die Unterbrechung des Makros, also die Pause, wird durch Betätigen der Eingabetaste wieder beendet. Dann wird der nächste nach der Anweisung PAUSE folgende Arbeitsschritt ausgeführt. Während der Pause können Sie auf dem Bildschirm (fast!) alles machen, was Sie bei der normalen Arbeit mit Word auch tun: Text eingeben; Dialogfelder bearbeiten; den Cursor und den Text auf dem Bildschirm bewegen; nur die Eingabetaste dürfen Sie nicht zu früh drücken, denn dadurch wird ja die Pause beendet.

Syntax   Die Anweisung kann in drei verschiedenen Formen verwendet werden. Die Kurzform ohne Mitteilungstext sieht so aus ...

```
«PAUSE»
```

... und die ausführliche Form mit Text so:

```
«PAUSE Hinweis an den Makro-Anwender»
```

Der Mitteilungstext ist nach dem Anweisungsbegriff zu schreiben. Er kann bis zu 80 Zeichen einschließlich aller Leerstellen umfassen. Eine Zeichenformatierung, etwa zur Hervorhebung, ist bei diesem Text nicht möglich.

Mit der dritten Möglichkeit können Sie als Mitteilungstext auch den Inhalt einer oder mehrerer Variablen ausgeben lassen. Die Anweisung sieht dann so aus:

```
«PAUSE «Variable»»
```

Dabei ist nicht nur der Anweisungsbegriff, sondern auch der Variablenname zwischen doppelte Winkelklammern zu schreiben. Auch die Kombination von Mitteilungstext und Variablen ist möglich. Die Verwendung dieser Winkelklammern zur Ausgabe von Variablenwerten an den Anwender oder das System ist in Kapitelabschnitt 13.4 beschrieben.

Beispiel Im folgenden Makro-Ausschnitt wird zweimal die ausführliche Form der Anweisung PAUSE verwendet. Beim ersten Mal wird der vom Anwender einzugebende Text in das Dialogfeld des Befehls *Bearbeiten Suchen* eingefügt. Durch die anschließende Betätigung der Eingabetaste wird die Pause im Makro-Ablauf beendet und dann der nächste Makro-Schritt, die Funktion der Eingabetaste, eingeleitet. Dadurch erst wird der Suchbefehl ausgeführt.

```
...
<menü>bs
«PAUSE Suchbegriff eingeben. Eingabetaste»
<return>
«SOLANGE gefunden»
    «PAUSE Leerstelle markieren und Eingabetaste, um zu
beenden oder nur Eingabetaste»
...
```

Bei der zweiten Verwendung der Anweisung PAUSE ist kein Text einzugeben, sondern der Cursor an die gewünschte Stelle des Bildschirms zu bewegen. Die Eingabetaste beendet wieder die Unterbrechung des Makros.

Achtung Das Makro zur Programmierung der PAUSE-Anweisung finden Sie in Kapitelabschnitt 22.2.

Einen Vergleich der Vor- und Nachteile der Anweisungen PAUSE und ABFRAGE finden Sie in Kapitelabschnitt 29.8.

Siehe auch: *Kapitelabschnitt 29.15*

13.3   Die Anweisung MELDUNG

Funktion   Mit der Anweisung lassen sich *während* des Ablaufs eines Makros Informationen an den Makro-Anwender ausgeben. Der Meldungstext erscheint in der Meldungszeile - wenn Sie eingeschaltet ist (Dialogfeld des Befehls *Ansicht Bildschirmeinstellungen*). Dabei darf die reservierte Variable *Echo* (Kapitelabschnitt 12.4.9) entweder nicht verwendet werden, oder sie muß den Wert *an* haben. Wenn sie den Wert *aus* hat, werden grundsätzlich keine Meldungstexte gezeigt.

Ein Meldungstext ist solange zu sehen, bis entweder durch die nächste MELDUNG-Anweisung ein neuer Text gezeigt wird oder durch andere Anweisungen (PAUSE, ABFRAGE) eine Aufforderung an den Anwender erscheint. Enthält das Makro Befehle, bei deren Ausführung dazugehörige Systemmeldungen erscheinen, werden Texte der MELDUNG-Anweisung durch diese gelöscht. Textausgabe auf dem Bildschirm und die Ausführung von Anweisungen, soweit sie nicht Systemmeldungen hervorrufen (BESTIMMEN, AWENN, SOLANGE, WIEDERHOLE), löschen Meldungstexte jedoch nicht.

Syntax   Die Anweisung kann in Formen verwendet werden. Die Langform kann nach dem Begriff MELDUNG einen bis zu 80 Zeichen langen Text enthalten (einschließlich Leerstellen); mehr wird nicht angezeigt. Wenn der vorgesehene Meldungstext länger ist, werden die ersten 80 Zeichen angezeigt; der Rest wird abgeschnitten. Eine Zeichenformatierung, etwa zur Hervorhebung, ist bei diesem Text nicht möglich. Der Meldungstext kann im Makro-Text so eingegeben werden, wie er später in der Meldungszeile erscheinen soll.

```
«MELDUNG Text, der in der Meldungszeile erscheint»
```

Statt des Meldungstextes können auch Variablen verwendet werden, deren Inhalt dann bei der Ausführung der Anweisung ausgegeben wird. Dabei sind Anweisungsbegriff und Variablenname zwischen doppelte Winkelklammern zu schreiben. Auch die Kombination von Mitteilungstext und Variablen ist möglich. Die Verwendung dieser Winkelklammern zur Ausgabe von Variablenwerten an den Anwender oder das System ist in Kapitelabschnitt 13.4 beschrieben.

```
«MELDUNG «Variable1» «Variable2» «Variable3»»
```

Die dritte mögliche Form enthält keinen Meldungstext; es ist eine sogenannte leere Anweisung.

```
«MELDUNG»
```

Sie hat die Funktion eines Aus-Schalters. Das bedeutet, daß durch eine so geschriebene Anweisung ein zuvor eingeblendeter Meldungstext gelöscht wird. Sie kann deshalb sinnvollerweise nur als jeweils zweite Anweisung verwendet werden. Würde sie als erste Anweisung in einem Makro-Text eingesetzt, wäre in der Meldungszeile nichts zu sehen.

Beispiel   Nach dem Makro-Start wird in der Meldungszeile "Berechnung der Zahl" gemeldet. Kurz danach erscheint die Meldung über den aktuellen Wert der Zahl, der durch die Verwendung der Variablen *Zahl* als Teil des Meldungstexts laufend aktualisiert ausgegeben wird. Diese Meldung wird nach Erreichen des höchstzulässigen Zahlenwertes durch die Standard-Systemmeldung *Bearbeiten Sie das Dokument ...* und diese dann durch die Speichern-Meldung *Speichern von [Dateiname]* ersetzt.

```
...
«MELDUNG Berechnung der Zahl»
«SOLANGE Zahl<100»
    «BESTIMMEN Zahl=Zahl+1»
    «MELDUNG Der Wert beträgt jetzt «Zahl»»
«ESOLANGE»
«ABFRAGE Dateiname=?Dateinamen eingeben»
<menü>du«Dateiname»<return>
...
```

Achtung   Das Makro zur Programmierung der MELDUNG-Anweisung finden Sie in Kapitelabschnitt 22.3.

13.4   Die Anweisung «...»

Funktion   Genau genommen ist es eigentlich keine Anweisung, von der
               hier die Rede ist, sondern nur ein Teil einer Anweisung: Es
               sind die beiden doppelten Winkelklammern (« »), zwischen die
               die Begriffe von Anweisungen gesetzt werden müssen. Diese
               Anweisung bzw. "Anweisung" wird dann verwendet, wenn
               der Wert einer Variablen (Kapitelabschnitt 12.2) während des
               Makro-Ablaufs an den Makro-Anwender oder an das System
               ausgegeben werden soll. Die Ausgabe kann dann an verschie-
               denen Stellen erfolgen: auf dem Bildschirm wie ein normaler
               Text, in einem Dialogfeld oder in den Anweisungen PAUSE,
               MELDUNG, ABFRAGE und BESTIMMEN.

Syntax   Zwischen die beiden Winkelklammern wird der Name der
               Variablen geschrieben, deren Wert ausgegeben werden soll.
               Es sind sowohl definierte als auch reservierte Variablen zuläs-
               sig (Kapitelabschnitte 12.3 und 12.4)

```
«Variable»
```

Beispiel 1   Im Textfeld eines Dialogfeldes wird der Dateiname der defi-
               nierten Variablen *Datei* zugeordnet. Anschließend wird er
               zusammen mit dem Inhalt der reservierten Variablen *Pro-*
               grammVz, dem Namen des Word-Verzeichnisses nach dem
               Stichwort *Makro-Datei:* auf dem Bildschirm ausgegeben.

```
<menü>mb<alt s>
«BESTIMMEN Datei=Feld»<unt 2>
Makro-Datei:<leertaste>«ProgrammVz»\«Datei»<pos1>
```

Achtung   Wenn der aktuelle Wert einer Variablen als Text auf dem
               Bildschirm oder in einer Anweisung ausgegeben wird, ist es
               egal, ob der eingegebene Datentyp dem in der Variablen
               zulässigen entspricht; es wird alles ausgegeben, auch wenn es
               keinen Sinn ergibt. Anders sieht es dagegen aus, wenn Vari-
               ablenwerte in Dialogfeldern ausgegeben werden sollen: In die-
               sem Fall ist darauf zu achten, daß die Variable dem für das
               jeweilige Eingabefeld zulässigen Datentyp entspricht
               (Kapitelabschnitt 12.2).

Beispiel 2

Der Variablen *Einzug* wird vom Anwender eine Zahl zugeordnet. Diese wird anschließend im Dialogfeld des Befehls *Format Absatz* in das Eingabefeld *Von Links* eingefügt.

```
«ABFRAGE Einzug=?Einzug der gesamten Anweisung in cm eingeben.
Eingabetaste»
<strg unt>ta<alt k>«Einzug»<return>
```

Wenn der eingegebene Wert der Variablen jedoch keine Zahl ist, wird er zwar noch in das aktivierte Eingabefeld *Von links* geschrieben; der Befehl kann dann aber durch die Funktion der Eingabetaste nicht ausgeführt werden; das Dialogfeld bleibt - mit der Fehlermeldung *Ungültige Zahl* versehen - geöffnet.

Achtung

Das Makro zur Programmierung der « »-Anweisung finden Sie in Kapitelabschnitt 22.4.

13.5 Die Anweisung ABFRAGE

Funktion

Durch diese Anweisung wird der Ablauf des Makros unterbrochen, damit der Makro-Anwender nach entsprechender Aufforderung Informationen in das Makro eingeben kann. Dadurch werden Variablen Werte zugewiesen. Die Eingabe über die Tastatur muß mit der Eingabetaste bestätigt werden. Damit wird zugleich die Unterbrechung des Makros wieder aufgehoben.

Syntax

Die Anweisung kann in zwei verschiedenen Formen verwendet werden. In beiden Varianten sind nach dem Anweisungsbegriff der Variablenname, das Gleichheitszeichen (=) und das Fragezeichen (?) zu schreiben; das Fragezeichen steht gewissermaßen als Stellvertreterzeichen für den einzugebenden Wert. Die Kurzform der Anweisung ist damit abgeschlossen:

```
«ABFRAGE Variable=?»
```

In der Langform der Anweisung können Sie nach dem Fragezeichen eine individuelle Eingabeaufforderung an

Makro-Anwender einsetzten. Der Aufforderungstext kann auch Variablen enthalten. Die vollständige Anweisung sieht dann so aus:

```
«ABFRAGE Variable=?Eingabeaufforderung an den Makro-Anwender»
```

Mit einer Variablen als Eingabeaufforderung bzw. als Teil davon sieht die Anweisung folgendermaßen aus:

```
«ABFRAGE Variable1=?Eingabeaufforderung «Variable2»
```

Die erste Variable ist dabei diejenige, der das zugeordnet wird, was der Makro-Anwender eingibt; die zweite repräsentiert einen Wert, der ihr in einem vorangegangenen Makro-Schritt zugewiesen worden ist und der jetzt "einfach nur" die Funktion des Aufforderungstextes erfüllt.

Die Eingabeaufforderung an den Anwender kann maximal 135 Zeichen umfassen; der Rest wird abgeschnitten und ist damit nicht lesbar. Für die Eingabe der Antwort stehen 255 Zeichen zur Verfügung.

Makro-
Fehler
Als Variablen, denen vom Anwender Werte zugeordnet werden - oben als *Variable1* bezeichnet -, sind alle Typen *definierter* Variablen zulässig (Kapitelabschnitt 12.3). Reservierte Variablen können diese Eingabe nicht annehmen, weil sie aufgrund ihrer Funktion nicht externe Eingaben von einem Anwender, sondern nur interne vom System bzw. vom Makro annehmen können. Die Benutzung von reservierten Variablen führt zum Abbruch des Makros; dazu erscheint folgende Meldung:

```
Makro kann keine Schreibschutzvariable
(ATTRIB) ändern. Makro abgebrochen nach
            [Fehlerstelle]
```

Dialogfeld   Die ABFRAGE-Anweisung wird in Form eines Dialogfeldes präsentiert. Je nachdem, ob Sie die kurze oder lange Version der Anweisung verwenden, sieht dieses Dialogfeld unterschiedlich aus.

▶ Wenn Sie keinen Text als Eingabeaufforderung festlegen (*«ABFRAGE Variable = ?»*), erscheint ein von Word vorgegebener Standardtext als Eingabeaufforderung (Bild 13.1).

▶ Wenn Sie in der Anweisung als Eingabeaufforderung einen speziellen Text formuliert haben (*«ABFRAGE Antwort = ?Q, um zu beenden oder nur Eingabetaste»*), erscheint dieser Text anstelle der Standardaufforderung von Word im Dialogfeld (Bild 13.2).

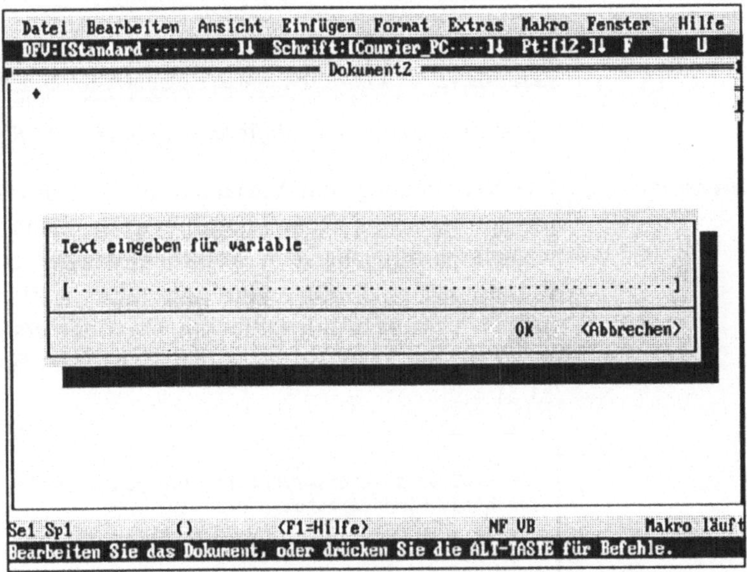

Bild 13.1: Standardaufforderung von Word in der ABFRAGE-Anweisung

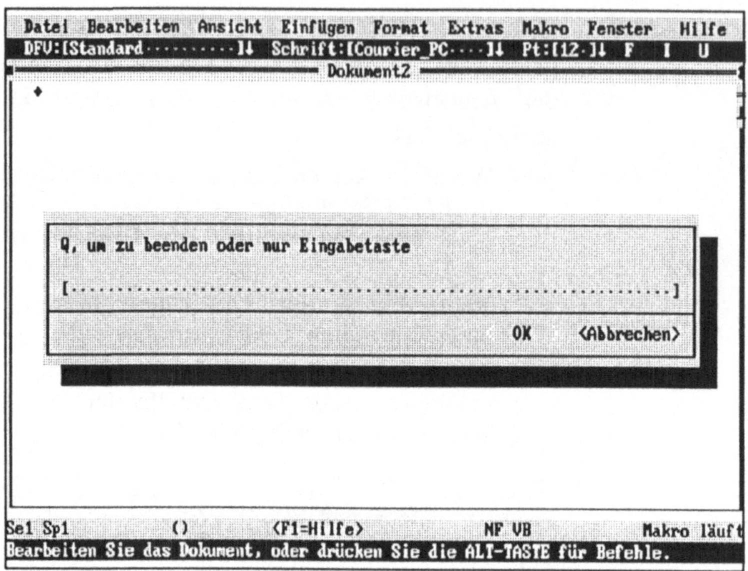

Bild 13.2: Individuelle Aufforderung in der ABFRAGE-Anweisung

Beispiel

Die Verwendung von Variablen als Teil des Textes der Eingabeaufforderung kann beispielsweise dann sinnvoll sein, wenn eine Eingabe dem Makro-Anwender noch einmal zur Bestätigung bzw. Korrektur präsentiert werden soll. Bei der dritten Abfrage werden die Eingaben der ersten und zweiten als Teil des Aufforderungstextes wieder ausgegeben (Bild 13.3)

```
...
«ABFRAGE Verzeichnis=?Verzeichnisnamen eingeben (max. 8
Zeichen). Eingabetaste»
...
«ABFRAGE UnterVz=?Wie heißt das Unterverzeichnis nach dem
Word-Verzeichnis? Namen eingeben. Eingabetaste»
...
«ABFRAGE Bestätigung=?Ist
"«ProgrammVz»\«UnterVz»\«Verzeichnis»" richtig? J oder nur
Eingabetaste»
...
```

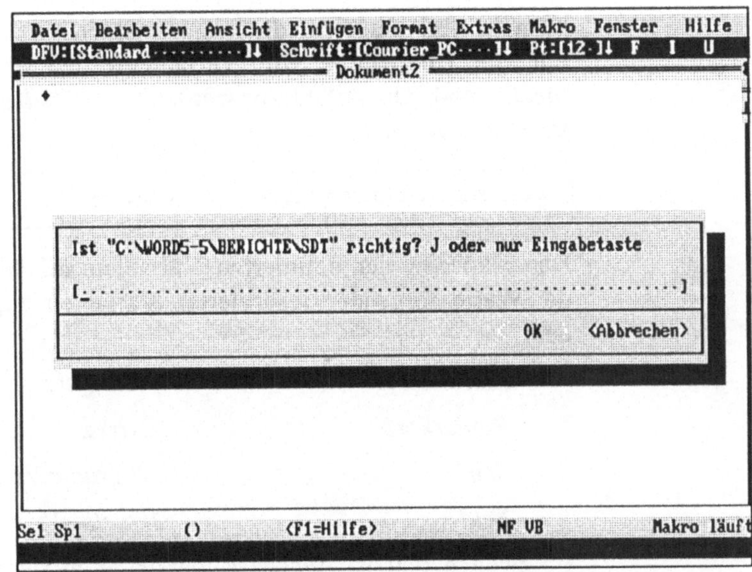

Bild 13.3: Eingegebene Variablenwerte werden im ABFRAGE-Dialogfeld wieder ausgegeben

Achtung Das Makro zur Programmierung der ABFRAGE-Anweisung finden Sie in Kapitelabschnitt 22.5.

Einen Vergleich der Vor- und Nachteile der Anweisungen ABFRAGE und PAUSE finden Sie in Kapitelabschnitt 29.8.

13.6 Die Anweisung BESTIMMEN

Funktion Diese Anweisung kann für verschiedene Aufgaben eingesetzt werden. Immer werden dabei einer Variablen Werte zugewiesen. Diese Werte lassen sich durch andere Variablen aus Word bzw. dem Bildschirm entnehmen. Sie können aber auch durch Verarbeitung von Variablen, Konstanten und mathematischen Ausdrücken bestimmt werden.

Syntax Die allgemeine Form der Anweisung

```
«BESTIMMEN Variable=Ausdruck»
```

kann in drei unterschiedlichen Varianten verwendet werden. Für die Übernahme von Variablenwerten aus Bildschirm, Menüs und Dialogfeldern werden als *Ausdruck* reservierte Variablen verwendet.

```
«BESTIMMEN Variable=reservierte Variable»
```

Dabei können der definierten Variablen auf der linken Seite die Werte folgender reservierter Variablen zugeordnet werden:

Markierung	*Dialogfeld*
Papierkorb	*StartVz*
Seite	*ProgrammVz*
Feld	*AktuellesVz*

Im zweiten Fall ist *Ausdruck*, dessen Wert der Variablen auf der linken Seite zuzuordnen ist, eine Konstante. Es kann sich dabei um sowohl um eine Zahlenkonstante als auch um eine Datums- oder Textkonstante handeln (Kapitelabschnitt 12.5).

```
«BESTIMMEN Variable=Konstante»
```

Einigen reservierten Variablen können die von Word vorgegebenen variableneigenen Konstanten zugeordnet werden (Beispiele in Kapitelabschnitt 12.4). Die Anweisung sind dann so aus:

```
«BESTIMMEN reservierte Variable=variableneigene Konstante»
```

Folgende reservierte Variablen können so verwendet werden:

Echo	*EinfgÜberschr*
Eingabemodus	*Word5Tasten*
Fenster	

Im dritten Fall ist der definierten Variablen auf der linken Seite das Ergebnis eines der fünf möglichen mathematischen Ausdrücke zuzuordnen (Kapitelabschnitt 12.6).

```
«BESTIMMEN Variable=mathematischer Ausdruck»
```

Beispiel 1 Hier werden Variablen durch Zuordnung von Konstanten vor ihrer weiteren Verarbeitung initialisiert.

```
«BESTIMMEN Anfang=0»
«BESTIMMEN Antwort="">
...
```

Beispiel 2 Zunächst wird der definierten Variablen *Einheiten* der Wert der reservierten Variablen *Markierung* und anschließend der definierten Variablen *Einheitspreis* die Konstante *25,50* zugeordnet.

```
...
«BESTIMMEN Einheiten=Markierung»
«BESTIMMEN Einheitspreis=25,50»
«BESTIMMEN Nettopreis=Einheiten*Einheitspreis»
«BESTIMMEN MwSt=Nettopreis*14%»
«BESTIMMEN Bruttopreis=Nettopreis+MwST»
«BESTIMMEN Skonto=Bruttopreis*2,5%»
«BESTIMMEN Verkaufspreis=Bruttopreis-Skonto»
Wir berechnen für «Einheiten» Einheiten<tab 2>«Nettopreis»
DM<return><tab 4>...
```

Der Wert der definierten Variablen *Nettopreis* wird durch die Multiplikation der Werte von *Einheiten* und *Einheitspreis* bestimmt. Aus dem Wert von *Nettopreis* wird durch Multiplikation mit der Konstanten *14%* der Wert der definierten Variablen *MwSt* bestimmt.

Durch Addition von *Nettopreis* und *MwSt* wird der Wert der definierten Variablen *Bruttopreis* bestimmt. Mit der Konstanten *2,5%* wird dann der Wert für *Skonto* bestimmt und anschließend durch Subtraktion von *Bruttopreis* der Wert der Variablen *Verkaufspreis* berechnet. Danach werden die Werte aller definierten Variablen in einen auf den Bildschirm zu schreibenden Text eingefügt.

Achtung Das Makro zur Programmierung der BESTIMMEN-Anweisung finden Sie in Kapitelabschnitt 22.6.

13.7 Die Anweisung AWENN - SONST - EWENN

Funktion

Mit Hilfe der Anweisung AWENN - SONST - EWENN bzw. AWENN- EWENN läßt sich eine Bedingung daraufhin überprüfen, ob sie zutreffend ist oder nicht. Wenn sie zutrifft, kann das Makro (im Sinne des Wortes) alles Mögliche machen: Ausführung von Befehlen; Textausgabe auf dem Bildschirm; Ausführung weiterer Anweisungen; Aufruf eines anderen Makros. Alle diese Makro-Schritte werden einmal ausgeführt.

Syntax

Die Anweisung kann in zwei Formen verwendet werden, je nachdem, ob das Makro nur auf die *zutreffende* (*wahr*) oder auch auf die *nicht zutreffende* (*falsch*) Bedingung reagieren soll. In beiden Fällen wird die Anweisung durch den Begriff AWENN eingeleitet. Anschließend werden die Arbeitsschritte des Makros festgelegt, die bei zutreffender Bedingung auszuführen sind. Durch den Begriff EWENN wird die Anweisung in beiden Fällen abgeschlossen. Falls in der Anweisung auch die alternative Reaktion für die nicht zutreffende Bedingung aufgenommen werden soll, wird diese zweite Reaktion durch den Begriff SONST von der ersten getrennt.

Für nur eine Reaktion sieht also die Anweisung so aus:

```
«AWENN Bedingung»
    Reaktion: Schritte bei zutreffender Bedingung
«EWENN»
```

So ist die Anweisung für beide Reaktionen zu schreiben:

```
«AWENN Bedingung»
    Reaktion 1: Schritte bei zutreffender Bedingung
«SONST»
    Reaktion 2: Schritte bei nicht zutreffender Bedingung
«EWENN»
```

Bedingungen können Vergleichsausdrücke sein, die Variablen, Konstanten und mathematische Ausdrücke enthalten oder nur die Booleschen Variablen (Kapitel 12).

```
«AWENN Markierung="Beispiel"»
...
«AWENN Fenster=9»
...
«AWENN Dialogfeld<>""»
...
«AWENN Brutto=Netto*14%»
...
«AWENN Antwort<>"J»
...
«AWENN nichtgefunden»
...
«AWENN aktiviert»
...
```

Beispiel 1   Der Text eines Makros kann ausgedruckt werden oder nicht, soll aber auf jeden Fall aus dem Fenster gelöscht werden.

```
...
«ABFRAGE Antwort=?Makro-Text ausdrucken? J, um auszudrucken
oder nur Eingabetaste»
«AWENN Antwort="J"»
    <menü>dd<return>
«EWENN»
<umschalten f10><lösch>
...
```

Bei Bejahung der Frage wird der Druckbefehl ausgeführt und der Text anschließend aus dem Fenster gelöscht. Wird die Frage aber durch Drücken einer anderen Taste als J verneint, wird der Text gelöscht, ohne ihn auszudrucken.

Beispiel 2   Der Text eines Makros kann ausgedruckt werden; nach dem Drucken bleibt der Text im Fenster. Wird er nicht gedruckt, dann wird er aus dem Fenster gelöscht.

```
...
«ABFRAGE Antwort=?Makro-Text ausdrucken? J, um auszudrucken
oder nur Eingabetaste, um sofort zu löschen»
«AWENN Antwort="J"»
    <menü>dd<return>
«SONST»
    <umschalten f10><lösch>
«EWENN»
...
```

Neben der Bejahung wird hier zwar auch die Verneinung als eigenständige Antwortmöglichkeit ausgewertet, aber es sind alle Tasten außer J zur Verneinung einsetzbar.

Beispiel 3   Der Text eines Makros kann ausgedruckt werden; nach dem Drucken bleibt der Text im Fenster. Wird er nicht gedruckt, dann wird er aus dem Fenster gelöscht.

```
...
«ABFRAGE Antwort=?Makro-Text ausdrucken? J, um auszudrucken
oder N, um nicht auszudrucken»
«AWENN Antwort="J"»
    <menü>dd<return>
«EWENN»
«AWENN Antwort="N"»
    <umschalten f10><lösch>
«EWENN»
...
```

Auch hier ist die Verneinung als eigenständige Antwortmöglichkeit abgefangen. Allerdings muß jetzt ausdrücklich die Taste N verwendet werden. Fehleingaben, also andere Tasten als J und N führen dazu, daß der Text weder gedruckt noch gelöscht wird.

Beispiel 4   Wenn nicht nur zwei Bedingungen, sondern gleich mehrere nacheinander geprüft werden sollen, können Sie das ganze durch zwei verschiedene Varianten bewerkstelligen:

Die erste Variante (Bild 13.4)

Verwenden Sie für jede einzelne zu prüfende Bedingung eine Anweisung AWENN - EWENN (ohne SONST); sie sind in der folgenden Darstellung zur Verdeutlichung eingerahmt. Erst wenn die letzte Möglichkeit geprüft, d. h. in eine Anweisung eingebaut worden ist, decken Sie den Rest aller möglichen Eingaben dadurch ab, daß Sie die Reaktion darauf nach dem EWENN der letzten Anweisung setzen. Damit sind außerhalb der Anweisung auch alle Fehleingaben abgefangen.

Im folgenden Ausschnitt werden drei Möglichkeiten einer Antwort ausgewertet: die Buchstaben L, M und B im Sinne möglicher *sinnvoller* Antworten.

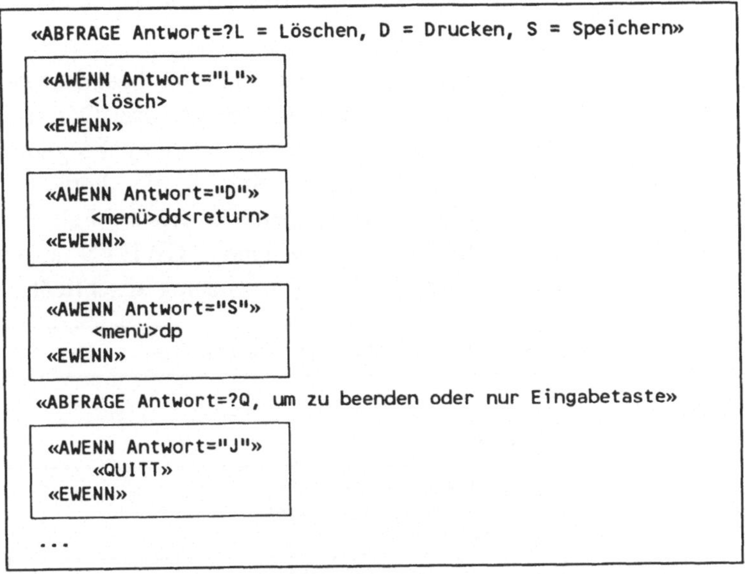

Bild 13.4: Mehrere AWENN-Anweisungen sind hintereinander angeordnet

Die Eingabe von L, D oder S ruft entsprechende Reaktionen hervor. Unabhängig davon, ob L, D oder S gewählt oder eine Fehleingabe gemacht worden ist, erfolgt anschließend *immer* die ABFRAGE, ob das die Bearbeitung beendet werden soll. Diese ABFRAGE erfolgt also auch dann, wenn keine der drei vorgesehenen Eingaben gemacht worden ist. Die ABFRAGE ist entweder mit J zu bejahen oder durch jede andere Taste zu verneinen. Bei Bejahung wird durch die Anweisung QUITT beendet (Kapitelabschnitt 13.10).

Die zweite Variante (Bild 13.5)

Hier ist die jeweils nächste Bedingungsprüfung die alternative Reaktion in der vorangegangenen; sie wird zwischen die Anweisungsbegriffe SONST und EWENN eingefügt - zur Verdeutlichung ebenfalls eingerahmt. Dadurch entsteht ein verschachteltes System von Anweisungen. Das gilt nicht nur für die Prüfung der angebotenen Optionen L, D oder S, sondern auch für die Bedingungsprüfung von Fehleingaben.

Dabei zeigt sich der wesentliche Unterschied zwischen den beiden Varianten:

Hier erfolgt die ABFRAGE, ob beendet werden soll, ausschließlich dann, wenn keine der drei Optionen (L, D, S) die Antwort war, sondern eine Fehleingabe gemacht worden ist. Wenn entweder L, D oder S die Antwort war, wird die ABFRAGE übersprungen; in diesem Fall wird als nächstes der erste Schritt nach jenem EWENN ausgeführt, das die gesamte verschachtelte Anweisung abschließt.

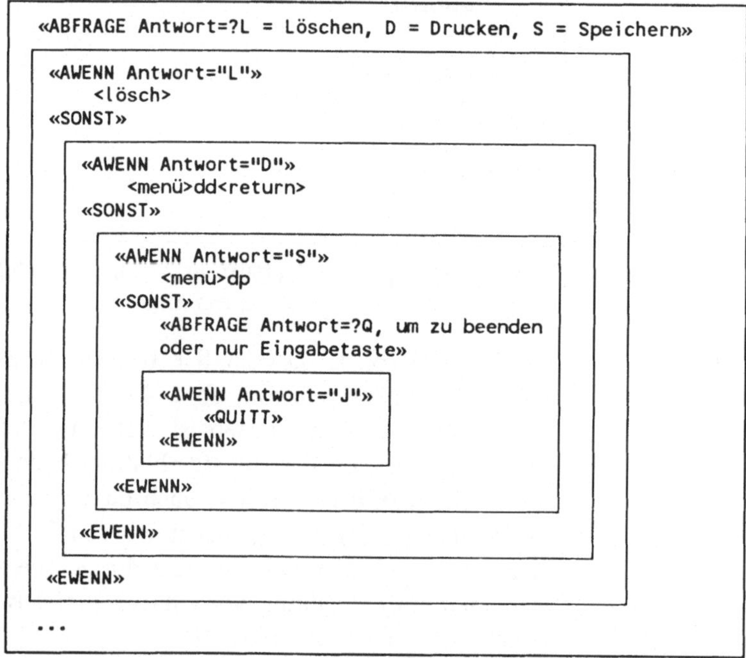

Bild 13.5: Mehrere AWENN-Anweisungen sind verschachtelt

Achtung Das Makro zur Programmierung der Anweisung AWENN-EWENN finden Sie in Kapitelabschnitt 22.7; die Variante AWENN-SONST-EWENN ist in Kapitelabschnitt 22.8 beschrieben.

13.8 Die Anweisung SOLANGE - ESOLANGE

Funktion

Mit dieser Anweisung läßt sich das Zutreffen von Bedingungen *mehrfach* überprüfen; das heißt aber zugleich, daß damit die bedingten Arbeitsschritte wiederholt werden. Sie werden solange wiederholt, bis die Bedingung nicht mehr zutrifft. Die Funktion ist also teilweise mit der Anweisung AWENN - SONST - EWENN vergleichbar; es gibt jedoch einen wesentlichen Unterschied: Während dort alternative Reaktionen *in der Anweisung* (nach SONST) angegeben werden können, sind sie hier für den Fall, daß eine Bedingung nicht mehr zutrifft ist, *nach der Anweisung* festzulegen.

Syntax

Diese Anweisung besteht, anders als die Anweisung AWENN - SONST - EWENN, nur aus zwei Begriffen. Eingeleitet wird sie durch den Begriff SOLANGE. Die anschließend festzulegenden Arbeitsschritte werden wiederholt, solange die Bedingung zutrifft, also wahr ist. Nach der Beschreibung dieser Reaktion wird die Anweisung durch den Begriff ESOLANGE beendet.

```
«SOLANGE Bedingung»
    Reaktion: Zu wiederholende Schritte, solange die
    Bedingung erfüllt ist.
«ESOLANGE»
```

Zu den Stichworten *Bedingung* und *Reaktion* gilt dasselbe wie bei der Anweisung AWENN - SONST - EWENN (Kapitelabschnitt 13.7).

Beispiel 1

Mit der folgenden Sequenz wird geprüft, ob am Ende eines Dokuments eine Absatzmarke vorhanden ist. Das geschieht dadurch, daß die reservierte Variable *Markierung* mit der Konstanten für das Word-Sonderzeichen *Absatzmarke* (¶) gleichgesetzt wird. Wenn die so formulierte Bedingung zutrifft, wird die Absatzmarke gelöscht. Anschließend wird diese Bedingungsprüfung solange wiederholt, bis die letzte Absatzmarke gelöscht worden ist und die Bedingung damit jetzt nicht mehr zutrifft.

```
...
<strg ende><oben>
«SOLANGE Markierung="^A"»
    <lösch><oben>
«ESOLANGE»
<unten>
...
```

Beispiel 2   Mit dem folgenden Makro wird das Wort *Makro* in einem Text gesucht. Nachdem das Wort gefunden worden ist, wird es *kursiv* ausgezeichnet; anschließend wird der Suchvorgang wiederholt. Wenn der Suchbegriff *Makro* nach einer Wiederholung nicht mehr gefunden werden kann, weil das Textende erreicht ist, wird der ganze Text gespeichert.

```
<menü>bsMakro<return>
«SOLANGE gefunden»
    <strg i><rechts>
    <umschalten f4>
«ESOLANGE»
<menü>dp
```

Wird die Anweisung in Zusammenhang mit dem Befehl *Bearbeiten Suchen* verwendet, muß der Suchbefehl innerhalb der Anweisung wiederholt werden; das geschieht durch die Tastenkombination *Umschalten+F4*.

Achtung   Ein Makro darf beliebig viele SOLANGE-Anweisungen enthalten, wenn sie hintereinander angeordnet, also nicht verschachtelt sind. Wenn Sie die Anweisungen aber verschachteln müssen, dürfen es höchstens drei sein.

Beispiel 3   Bild 13.6 zeigt die zulässige Anordnung von fünf SOLANGE-Anweisungen. Dabei sind zwei dieser Anweisungen verschachtelt.

Wenn mehr als drei SOLANGE-Anweisungen verschachtelt sind, wird das Makro bei Erreichen der vierten Anweisung abgebrochen, und es erscheint die Meldung:

```
Verbinden von mehr als 3 SOLANGE-Anweisungen
    nicht möglich. Makro abgebrochen nach
              [Fehlerstelle]
```

```
...

«SOLANGE gefunden»
    ...
    <umschalten f4>
«ESOLANGE»

...

«SOLANGE Markierung<>"^A"»

    ...
«ESOLANGE»

...

«SOLANGE Markierung<>"^N"»

    ...
«ESOLANGE»

...

«SOLANGE Markierung<>"^A"»
    «AWENN Markierung<>"^A"

        ...

        «SOLANGE Markierung<>"^B"»
            «AWENN Markierung<>"^B"»
                ...
            «EWENN»
        «ESOLANGE»

        ...
    «EWENN»
«ESOLANGE»

...
```

Bild 13.6: Zwei von fünf SOLANGE-Anweisungen sind
verschachtelt

Achtung Das Makro zur Programmierung der SOLANGE-ESOLANGE-Anweisung finden Sie in Kapitelabschnitt 22.9.

Siehe auch: *Kapitelabschnitt 29.3*

13.9   Die Anweisung
WIEDERHOLE - EWIEDERHOLE

Funktion   Auch mit dieser Anweisung lassen sich Arbeitsschritte eines Makros wiederholen. Es besteht jedoch ein Unterschied zu der Anweisung SOLANGE - ESOLANGE: Während dort bestimmte Arbeitsschritte in Abhängigkeit von einer im Makro gestellten Bedingung wiederholt werden, ist hier die Wiederholung solcher Schritte durch eine Zahl festgelegt. Wenn diese Zahl erreicht worden ist, wird der nächste Arbeitsschritt im Makro-Text ausgeführt.

Syntax   Die Anweisung wird durch den Begriff WIEDERHOLE eröffnet. Danach ist die Zahl der *Ausführungen* anzugeben, **nicht** die Zahl der *Wiederholungen*! Wenn der Begriff "Wiederholung" im landläufigen Sinn verstanden wird, gilt für die Makro-Anweisung WIEDERHOLE also folgende Beziehung:

```
Anzahl = Zahl der Wiederholungen + 1
```

Anschließend wird festgelegt, was durch das Makro soundsoviel mal ausgeführt (nicht wiederholt!) werden soll. Abgeschlossen wird die Anweisung durch den Begriff EWIEDER-HOLE.

```
«WIEDERHOLE Anzahl»
    Was das Makro wiederholt machen soll.
«EWIEDERHOLE»
```

Anzahl kann entweder eine Konstante oder eine Variable sein. Der Wert der Variablen kann sowohl durch die Anweisung ABFRAGE als auch durch die Anweisung BESTIMMEN festgelegt werden.

Als zu wiederholende Schritte kommen auch hier wieder in Frage: Word-Befehle, (mit Einschränkung) Tastenfunktionen, Textausgabe, weitere Anweisungen oder Aufrufe anderer Makros.

Beispiel 1   Die Anzahl der Ausführungen ist eine Konstante mit dem Wert *12*. Durch die Anweisung wird also der Textbaustein mit dem Namen *Karte* zwölfmal nacheinander auf den Bildschirm gebracht.

```
«WIEDERHOLE 12»
    Karte<f3>
«EWIEDERHOLE»
...
```

Wenn das, was das Makro machen soll, nur aus dem Ausführen einer einzigen Tastenfunktion bestünde, sollte überlegt werden, ob es nicht möglich und/oder sinnvoll wäre, lediglich die Tastenbezeichnung mit dem Zusatz *12* einzugeben (Kapitel 10). Wenn also nur die Funktion der Eingabetaste zwölfmal auszuführen wäre, könnte man statt der obigen Anweisung ebenso die folgende Tastenfunktion in den Makro-Text aufnehmen:

```
<return 12>
```

Sie brauchten dazu nicht die Anweisung WIEDERHOLE - EWIEDERHOLE, aber das Ergebnis wäre dasselbe.

Beispiel 2   Die Zahl der Ausführungen ist die Variable *Anzahl* festgelegt. Dabei wird ihr in der Anweisung ABFRAGE durch den Anwender ein Wert zugewiesen. Anschließend wird dementsprechend oft eine Absatzmarke (¶) gesucht und gegen eine Zeilenendemarke (↓) ausgetauscht.

```
«ABFRAGE Anzahl=?Wie viele Absatzmarken gegen Zeilenendemarken
tauschen?»
«WIEDERHOLE Anzahl»
    <menü>bsˆˆa<return>
    <lösch><umschalten return>
«EWIEDERHOLE»
...
```

Beispiel 3   Die Zahl der Ausführungen wird durch einen mathematischen Ausdruck festgelegt: Das Produkt *27*Einheiten* verarbeitet die Konstante *27* und den aus einer Markierung bestimmten Wert der Variablen *Einheiten*. Danach werden folgende Schritte entsprechend oft ausgeführt: Ein Satz wird in ein Fenster geschrieben und anschließend eine Markierung für einen Seitenumbruch eingefügt.

```
...
«BESTIMMEN Einheiten=Markierung»
«WIEDERHOLE 27*Einheiten»
    Sie haben folgende Positionen erhalten:<leertaste>«Anlage»
    <strg return>
«EWIEDERHOLE»
...
```

Achtung   Wenn WIEDERHOLE-Anweisungen nicht verschachtelt sind, kann ein Makro beliebig viele solcher Anweisungen enthalten. In verschachtelter Form dürfen es aber höchstens drei sein.

Beispiel 4   Bild 13.7 zeigt die Anordnung von sieben WIEDERHOLE-Anweisungen. Dabei sind einmal zwei Anweisungen verschachtelt (2. und 3.), was zulässig ist. Im zweiten Fall ist mit vier verschachtelten Anweisungen (4. - 7.) die zulässige Höchstzahl überschritten.

Da in diesem Beispiel mehr als drei Anweisungen verschachtelt sind, wird das Makro abgebrochen und die folgende Meldung gezeigt:

```
    Verbinden von mehr als 3 WIEDERHOLE-
Anweisungen nicht möglich. Makro abgebrochen
              nach [Fehlerstelle]
```

Der Abbruch des Makros erfolgt, nachdem die Schritte der sechsten Anweisung ausgeführt worden sind. Die nächste Anweisung kann dann schon nicht mehr ausgeführt werden, weil diese siebte Anweisung die vierte verschachtelte ist.

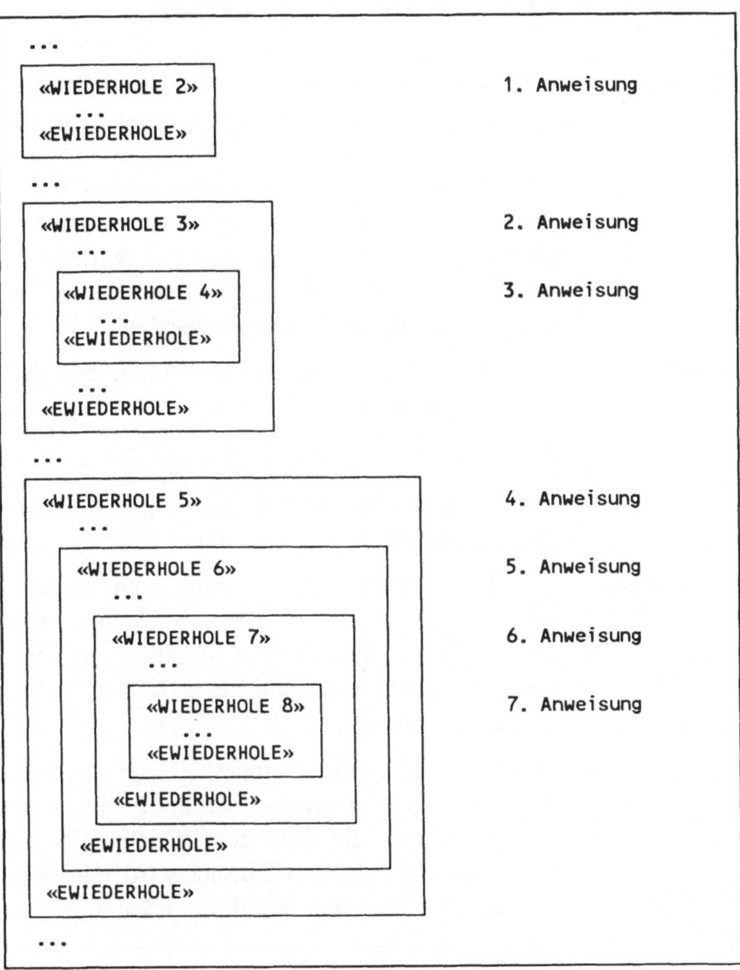

Bild 13.7: Mehrere WIEDERHOLE-Anweisungen sind verschachtelt

Achtung Das Makro zur Programmierung der WIEDERHOLE-EWIEDERHOLE-Anweisung finden Sie in Kapitelabschnitt 22.10

13.10   Die Anweisung QUITT

Funktion
Ein Makro kann auf zwei unterschiedliche Arten (regulär) beendet (nicht abgebrochen!) werden: Entweder sind alle im Makro-Text festgelegten Arbeitsschritte ausgeführt worden, oder das Makro wird unter bestimmten Bedingungen mit der Anweisung QUITT vor Ausführung aller Schritte beendet (Kapitelabschnitt 4.3). Damit ist auch der Einsatz der Anweisung klar: Sie wird sinnvoll eigentlich nur in Zusammenhang mit Bedingungsprüfungen verwendet.

Syntax
Die Anweisung besteht nur aus einem Begriff:

```
«QUITT»
```

In der Regel wird sie dort eingefügt, wo als Reaktion auf eine zutreffende Bedingung ein Makro beendet werden soll.

Extra-Tip
Am Ende eines Makros muß nicht extra die Anweisung QUITT stehen; es schadet zwar nichts, aber es nützt auch nichts. Es gibt jedoch eine Situation, in der es hilfreich sein kann, trotzdem am Ende eines Makro-Texts die Anweisung QUITT zu schreiben:

Wenn Sie in einem Makro-Text sehr viele AWENN-Anweisungen verwendet haben, kann es sehr schnell passieren, daß Sie den Begriff EWENN zumindest einmal vergessen; beim ersten Einsatz wird das Makro abgebrochen und die entsprechende Meldung präsentiert:

```
Eine EWENN Instruktion muß einer EWENN
Instruktion folgen. Makro abgebrochen nach
[Fehlerstelle]
```

Sie können das Problem dadurch lösen, daß Sie die Stelle suchen, an der das EWENN fehlt; das ist die ganz richtige Lösung. Sie können aber auch, gewissermaßen als Notlösung, am Ende des Makro-Texts die Anweisung QUITT schreiben; das Makro läuft dann auch problemlos - mit einer nicht unrichtigen Lösung.

Beispiel 1 Wenn die Frage nach dem Beenden des Makros durch Eingabe des Buchstabens Q bejaht worden ist, wird das Makro durch die Anweisung QUITT beendet.

```
«ABFRAGE Antwort=?Q, um Numerierung zu beenden oder nur
Eingabetaste»
«AWENN Antwort="Q"»
    «QUITT»
«SONST»
    ...
«EWENN»
...
```

Achtung Beim Verschachteln wird eine in einem aufgerufenen Makro eingebaute Anweisung QUITT nicht an das aufrufende Makro übergeben. Es wird zwar das verschachtelte Makro damit beendet, aber es geht dann anschließend im aufrufenden wie gewohnt weiter.

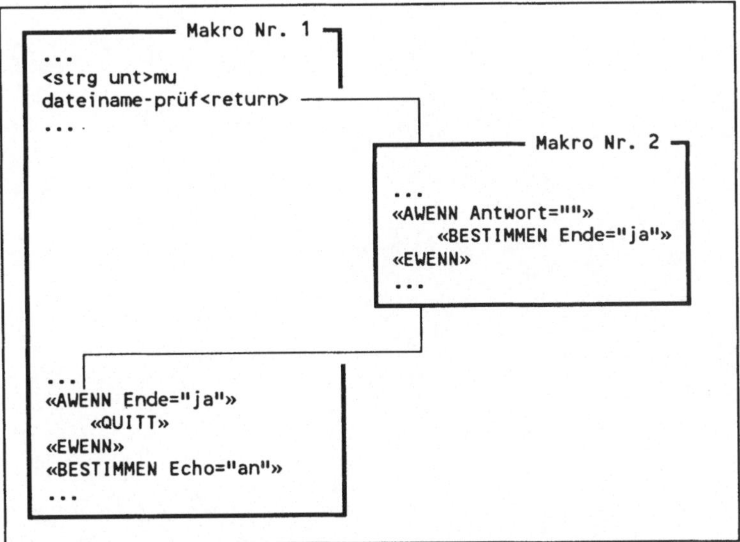

Bild 13.8: Informationsübergabe aus einem verschachtelten an das aufrufende Makro

Beispiel 2 Die Information "Makro beenden" aus dem verschachtelten Makro Nr. 2 wird durch die Variable *Ende* mit dem Wert *Ja* an das aufrufende Makro Nr. 1 übergeben (Bild 13.8). Dort ist damit die Bedingung *Ende="ja"* wahr. Die Bedingung für die Ausführung der Anweisung QUITT ist erfüllt. Beide Makros werden beendet.

Die Realisierung finden Sie in den Makros der Kapitelabschnitte 25.4 und 25.8.

Achtung Das Makro zur Programmierung der Anweisung finden Sie in Kapitelabschnitt 22.11.

14 Die Makro-Funktionen

Damit kein Mißverständnis entsteht: Bei der bisherigen Verwendung des Begriffs Makro-Funktion war damit immer gemeint, was ein Makro ausführt bzw. bewirkt. Ein Synonym kann und soll nicht benutzt werden, weil dieser Begriff dafür der treffsicherste ist.

Wenn jetzt derselbe Begriff noch einmal benutzt wird, dann deshalb, weil er Word-offizielle Terminologie ist. Hier bedeutet Funktion das, was sich hinter den Ausdrücken INT, LÄNGE und TEIL verbirgt. Wenn der Begriff also in diesem Sinn verwendet wird, kommt es deshalb nicht zu Mißverständnissen, weil dann immer einer der drei Ausdrücke dabei steht. Es handelt sich dann also um

- Funktion INT
- Funktion LÄNGE
- Funktion TEIL

Mit diesen Funktionen lassen sich Werte bestimmen, die anschließend an Variablen übergeben oder mit anderen ebenfalls so bestimmten Werten verglichen werden können. Die Werte lassen sich nach Zuordnung an Variablen auch auf dem Bildschirm oder in Dialogfeldern ausgeben.

Die Begriffe der Funktionen können mit Groß- oder Kleinbuchstaben oder einer Kombination aus beiden geschrieben werden. In diesem Buch werden die Makro-Funktionen mit Großbuchstaben geschrieben (Kapitel 19).

Achtung Hinweise auf Anwendungen der Makro-Funktionen finden Sie im Stichwortverzeichnis unter dem jeweiligen Funktionsbegriff.

14.1 Die Funktion LÄNGE

Diese Funktion wird verwendet, um die Zahl zusammenhängender Zeichen einer Zeichenfolge zu bestimmen; dabei gelten auch Leerstellen als zählbare Zeichen.

Syntax

Die Bezeichnung der Zeichenfolge ist nach der Funktion in runde Klammern ( ) zu schreiben. Die maximale Länge kann 255 Zeichen betragen.

```
LÄNGE(Zeichenfolge)
```

Mit LÄNGE ermittelte Werte können Variablen zugeordnet werden:

```
«BESTIMMEN Variable=LÄNGE(Zeichenfolge)»
```

Werte lassen sich auch in Bedingungsprüfungen vergleichen:

```
«AWENN LÄNGE(Zeichenfolge1)=LÄNGE(Zeichenfolge2)»
...
«AWENN LÄNGE(Zeichenfolge<>Konstante»
...
«SOLANGE LÄNGE(Zeichenfolge)<Variable»
...
«SOLANGE Variable=LÄNGE(Zeichenfolge)»
```

Eine Zeichenfolge kann verschiedene Inhalte haben:

▶ markierter Text

▶ Menü- und Befehlsnamen

▶ Optionen in Dialogfeldern

▶ Werte von Variablen

▶ Werte von Konstanten

Beispiel 1

In der folgenden Sequenz (aus dem Makro in Kapitelabschnitt 26.4) wird mit der Funktion LÄNGE die Zeichenzahl eines markierten Textteils bestimmt. Dabei wird die reservierte Variable *Markierung* verwendet. Anschließend wird der markierte Teil gelöscht und durch eine Leerstelle ersetzt. Ihre Länge ergibt sich aus der Summe der durch die Funktion LÄNGE ermittelten Zeichen und der Zahlenkonstanten 3.

```
...
«BESTIMMEN Zahl=LÄNGE(Markierung)»
<lösch>
«BESTIMMEN Zahl=Zahl+3»
«WIEDERHOLE Zahl»

«EWIEDERHOLE»
...
```

Wenn die Markierung beispielsweise ein mit der Funktionstaste F8 markiertes Wort ist (<f8 2>, erhält man als Wert
von LÄNGE eine um 1 größere Zahl als das Wort Buchstaben
hat. Bei einem Absatz ist der Wert von LÄNGE um 2 höher.
Je nach Anforderung sind diese beiden konstanten Werte wieder zu subtrahieren. Die Verwendung der Funktion LÄNGE
damit zum mathematischen Ausdruck wird.

```
<f8>
«BESTIMMEN Zahl1=LÄNGE(Markierung)»
«BESTIMMEN Zahl2=LÄNGE(Markierung)-1»
```

Für das mit <f8 2> markierte erste Wort in diesem Satz ist
Zahl1=4 und *Zahl2=3*.

Beispiel 2 Nach der Wahl des Befehls *Datei Speichern unter* aus einem
benannten Dokument wird die Länge des Dateinamens
bestimmt und anschließend auf dem Bildschirm in einem Satz
ausgegeben.

```
<menü>du
«BESTIMMEN Zahl=LÄNGE(Feld)»
<unt>
Der Dateiname hat «Zahl» Buchstaben.
```

Der Inhalt der Zeichenfolge ist hier der Wert der reservierten
Variablen *Feld*.

Beispiel 3 Die Zahl der Zeichen zweier Absätze wird in einer Bedingungsprüfung miteinander verglichen. Wenn der zweite
Absatz kleiner ist als der erste, wird der zweite vor den ersten
gesetzt.

```
<alt f10>
«BESTIMMEN Absatz=Markierung»
<alt f10>
«AWENN LÄNGE(Markierung)<LÄNGE(Absatz)»
    <umschalten lösch><strg oben><umschalten einf>
«EWENN»
```

Zunächst wird der Inhalt des ersten Absatzes der Variablen
Absatz zugeordnet. Dann wird der zweite Absatz markiert.
Die Zeichenzahl dieser aktuellen Markierung wird jetzt mit
der Zeichenzahl des Variableninhalts *Absatz* verglichen.

14.2   Die Funktion TEIL

Mit dieser Funktion läßt sich der Inhalt eines definierten Teils einer Zeichenfolge bestimmen. Der Inhalt kann dann einer Variablen zugeordnet oder mit
dem Wert einer Variablen oder Konstanten in einer Bedingungsprüfung verglichen werden.

Syntax   Für die Definition des Teils einer Zeichenfolge sind nach dem
Funktionsbegriff TEIL folgende Parameter in runde Klam-
mern ( ) zu schreiben und durch ein Semikolon (;) oder ein
Komma (,) voneinander zu trennen.

```
TEIL(Zeichenfolge;Nummer des ersten Zeichens;Zahl der Zeichen)
```

Die Bezeichnung der Zeichenfolge

Sie kann eine Konstante oder eine definierte bzw. reservierte
Variable sein, hinter der sich dann der Inhalt der Zeichenfolge
verbirgt.

Die laufende Nummer des ersten Zeichens des Teils

Dabei hat das erste Zeichen der gesamten Folge die Nummer
1. Ist die Nummer größer als die des letzten Zeichens der
Folge, beginnt der definierte Teil außerhalb der Zeichenfolge
und kann damit nicht bestimmt werden.

Die Nummer des ersten Zeichen läßt sich auch mit der Funktion LÄNGE ermitteln.

Die Anzahl der Zeichen des zu definierenden Teils

Die maximale Länge des Teils kann 255 Zeichen betragen. Ist die Zahl so groß, daß ausgehend vom ersten Teil-Zeichen das Ende der Zeichenfolge überschritten wird, werden - ohne Fehlermeldung - die Zeichen bis zum Ende bestimmt.

Achtung Ob die drei Parameter durch jeweils ein Semikolon oder durch ein Komma voneinander zu trennen sind, hängt davon ab, was Sie im Befehl *Extras Einstellungen* als Dezimaltrennzeichen festgelegt haben. Wenn es das Komma ist, muß bei der Makro-Funktion TEIL das Semikolon verwendet werden. Ist das Dezimaltrennzeichen aber der Punkt, so gilt für die Funktion TEIL das Komma.

Makro-Fehler Wenn die Parameter von TEIL durch das falsche Zeichen voneinander getrennt werden, wird ein Makro, in dem die Funktion TEIL eingesetzt worden ist, abgebrochen. Je nachdem, um welchen Datentyp es sich beim Parameter Zeichenkette handelt, werden dabei verschiedene Meldungen präsentiert:

```
Text- oder Datumfelder ist im mathematischen
Ausdruck nicht zulässig. Makro abgebrochen
nach [Fehlerstelle]
```

```
Ungültige Anzahl von Zeichen. Makro
abgebrochen nach [Fehlerstelle]
```

Beispiel 1 Mit der folgenden Ausschnitt wird im Dialogfeld Datei-Info des Datei-Managers überprüft, ob die markierte Datei im Juli gespeichert, also bearbeitet wurde. Ist diese Bedingung erfüllt, wird die Datei geöffnet.

```
<menü>dm
...
<alt i><alt d>
«AWENN TEIL(Feld;4;2)=07»
    <unt><return>
«EWENN»
```

Die Bezeichnung der Zeichenfolge ist hier die reservierte Variable *Feld*. Es gilt die Annahme, daß als Dezimaltrennzeichen das Komma festgelegt ist. Deshalb werden die Parameter *FELD;4;2* jeweils durch ein Semikolon voneinander getrennt.

Beispiel 2   In der folgenden Bedingungsprüfung wird die Erweiterung eines Dateinamens kontrolliert. Es wird geprüft, ob es sich um die Erweiterung *SIK* handelt.

```
...
«AWENN TEIL(Feld;LÄNGE(Feld)-3;3)="sik"»
...
```

Für die Definition der Zeichenfolge werden folgende Angaben verwendet:

Die Bezeichnung der Zeichenfolge ist die reservierte Variable *Feld*. Die laufende Nummer des ersten Zeichens der Zeichenfolge ist das drittletzte Zeichen. Dieses wird dadurch definiert, daß mit der Funktion LÄNGE als mathematischer Ausdruck die Gesamtzahl der Zeichen des Feldes bestimmt und davon dann 3 Zeichen subtrahiert werden (*LÄNGE(Feld)-3*). Von diesem drittletzten Zeichen an gerechnet werden die nächsten drei Zeichen verwertet.

Beispiel 3   Bei den folgenden Anwendungen der Funktion werden Textteile aus Zahlen-, Datums- und Textkonstanten bestimmt und jeweils einer definierten Variablen zugeordnet.

```
«BESTIMMEN Zahl=TEIL(1234567890;7;4)»
```

Der definierte Teil ist die Zahlenfolge *7890*.

```
«BESTIMMEN Datum=TEIL("29.02.1991";7;4)»
```

Der definierte Teil ist die Jahreszahl *1991*.

```
«BESTIMMEN Text=TEIL("abcdefghij";7;4)»
```

Der definierte Teil ist die Buchstabenfolge *ghij*.

14.3   Die Funktion INT

Durch die Funktion INT werden Dezimalzahlen auf die nächst kleinere Ganzzahl *abgerundet*. Die so ermittelten Ganzzahlen lassen in Vergleichsausdrücken verarbeiten.

Syntax   Nach dem Funktion ist ein Ausdruck in runden Klammern ( ) anzugeben, der den Wert der Dezimalzahl repräsentiert.

```
INT(Ausdruck)
```

Wenn mit der Funktion INT nicht nur abgerundet, sondern *auf- und abgerundet* werden soll, dann ist zu dem Wert des Ausdrucks die Konstante 0,5 zu addieren. Dadurch kann dann die am nächsten liegende Ganzzahl ermittelt werden - es wird also auf- oder abgerundet.

```
INT(Ausdruck+0,5)
```

Als Ausdruck lassen sich verwenden:

▶   positive oder negative Zahlenkonstanten

▶   Zahlenvariablen

▶   mathematische Operationen

▶   die Funktionen LÄNGE (unbedingt)

▶   die Funktion TEIL (bedingt)

```
INT(Zahl)
```

```
INT(Zahl1+Zahl2-27)
```

```
INT(LÄNGE(Zeichenfolge))
```

```
INT(TEIL(Zeichenfolge;erstes Zeichen;Anzahl der Zeichen))
```

Makro-Fehler

Ist TEIL der Ausdruck, muß der TEIL-Parameter *Zeichenfolge* eine Zahl sein! Andernfalls würde das Makro mit folgender Meldung abgebrochen:

```
Ungültige Parameter. Makro abgebrochen nach
                [Fehlerstelle]
```

Beispiel 1

Für die Zahl 1,3 wird als Ganzzahl 1 ermittelt, und für die negative Zahl -1,3 ist die Ganzzahl -2.

```
«BESTIMMEN Zahl1=INT(1,3)»
«BESTIMMEN Zahl2=INT(-1,3)»
```

Beispiel 2

Zunächst wird der genaue Skonto-Betrag bestimmt (*Skonto1*). Anschließend wird dieser auf einen vollen DM-Betrag abgerundet (*Skonto2*).

```
...
«BESTIMMEN Skonto1=Bruttopreis*2,5%»
«BESTIMMEN Skonto2=INT(Skonto1)»
«Skonto1»<tab>«Skonto2»
...
```

Damit können beide Skonto-Beträge in einem Dokument ausgegeben werden. Wenn aber der exakte Dezimalwert der Variablen *Skonto1* nicht ausgegeben werden müßte, sondern nur der abgerundete, dann könnte die Ganzzahl auch unmittelbar aus dem Produkt *Bruttopreis*2,5%*, also aus einem mathematischen Ausdruck bestimmt werden. Das ginge dann so:

```
...
«BESTIMMEN Skonto=INT(Bruttopreis*2,5%)»
«Skonto»
...
```

Beispiel 3

Wenn in den Fällen des Beispiels 2 sowohl *auf*gerundet als auch *ab*gerundet werden soll, sieht die Variante für Dezimalwert (*Skonto1*) und gerundeten Wert (*Skonto2*) so aus:

```
...
«BESTIMMEN Skonto1=Bruttopreis*2,5%»
«BESTIMMEN Skonto2=INT(Skonto1+0,5)»
«Skonto1»<tab>«Skonto2»
...
```

... und so, wenn wieder nur der gerundete Skonto-Betrag ausgegeben werden müßte:

```
...
«BESTIMMEN Skonto=INT(Bruttopreis*2,5%+0,5)»
«Skonto»
...
```

14.4 Die Verkettung einzelner Zeichenfolgen

Durch Verkettung können voneinander getrennte Zeichenfolgen gemeinsam verarbeitet werden. Die Inhalte der verketteten Zeichenfolgen können dann so zusammenhängend einer Variablen zugeordnet oder in Bedingungsprüfungen verarbeitet werden.

Syntax Die Verkettung geschieht dadurch, daß die Bezeichnungen der einzelnen Zeichenfolgen hintereinander geschrieben werden. Sie sind durch Leerstellen voneinander zu trennen.

Achtung Die Zahl der verkettbaren Zeichen auf 255 begrenzt.

```
«BESTIMMEN Kette=Zeichenfolge1 Zeichenfolge2 Zeichenfolge3»
```

Eine Zeichenfolge kann verschiedene Inhalte haben:

▶ markierter Text

▶ Menü- und Befehlsnamen

▶ Optionen in Dialogfeldern

▶ Werte von Variablen

▶ Werte von Konstanten

Beispiel   In der folgenden Sequenz (aus dem Makro in Kapitelabschnitt 25.5) wird der Name eines Verzeichnisses abgefragt - und zwar nur der Name, damit nicht Probleme dadurch entstehen, ob er mit oder ohne Backslash (\) einzugeben ist. Damit aber bei der anschließenden Verarbeitung die Regeln der DOS-Syntax eingehalten sind, wird der Backslash durch Verkettung angefügt. Er ist als Textkonstante in Anführungszeichen zu setzen.

```
...
«ABFRAGE UnterVz=?Wie heißt das Unterverzeichnis nach dem
Word-Verzeichnis? Namen eingeben. Eingabetaste»
«BESTIMMEN UnterVz=UnterVz "\"»
...
```

15 Die Verarbeitung von Datenfeldern

Bei Datenfeldern - so der Word-offizielle Begriff - werden Variablen verwendet, um Datensätze in Form von Tabellen bzw. Listen zu erstellen. Dabei enthalten Datensätze immer Daten vom gleichen Typ, und auch die Art der Verarbeitung ist immer die gleiche. Wenn beispielsweise bei der Erstellung von Lieferscheinen, Lagerlisten oder Rechnungen bestimmte Artikelnummern mit ihren Stückzahlen und den dazugehörenden Preisen verarbeitet werden sollen, geht es also darum, in drei verschiedenen Variablen die gleichen Typen von Zahlen einzugeben und gleichartig aufzulisten und zu verrechnen. Das könnte so aussehen:

```
«ABFRAGE Artikelnummer=?Artikelnummer eingeben»
«ABFRAGE Stückzahl=?Stückzahl eingeben»
«BESTIMMEN Preis=Markierung»
...
```

Wenn so etwas aber nicht nur für einen Artikel, sondern für eine ganze Reihe, nämlich für eine Aufstellung vieler Artikel gemacht werden soll, wäre das dadurch zu berücksichtigen, daß die einzelnen Variablen numeriert werden. Also:

```
«ABFRAGE Artikelnummer1=?Artikelnummer 1 eingeben»
«ABFRAGE Stückzahl1=?Stückzahl für Artikel 1 eingeben»
«BESTIMMEN Preis1=Markierung»

«ABFRAGE Artikelnummer2=?Artikelnummer 2 eingeben»
«ABFRAGE Stückzahl2=?Stückzahl für Artikel 2 eingeben»
«BESTIMMEN Preis2=Markierung»

«ABFRAGE Artikelnummer3=?Artikelnummer 3 eingeben»
«ABFRAGE Stückzahl3=?Stückzahl für Artikel 3 eingeben»
«BESTIMMEN Preis3=Markierung»
...
```

Ein Makro, so erstellt, wird recht schnell sehr umfangreich; Änderungen bei zusätzlich erforderlichen Abfragen oder Bestimmungen werden dadurch nicht einfacher. Eine Möglichkeit, die manuelle Numerierung der Variablen zu umgehen, ist ihre Indizierung. Dabei werden Zahlen-, Datums- oder Textvariablen durch eine Zahlenvariable indiziert, das heißt, daß der ersten Variablen eine Nummer, ein Index, zugeordnet wird. Das besondere dabei ist, daß dieser Index vom Makro selbst entsprechend der Makro-Logik laufend erhöht wird.

Mit einer indizierten Variablen kann alles gemacht werden, was mit "normalen" Variablen auch möglich ist: Zuordnung von Werten, Verwendung in Bedingungsprüfungen usw. Das Ganze geschieht mit einem geringen Aufwand an Programmierung und Speicherplatz. Die Indizierung erfolgt durch das Makro, mit dem die weitere Verarbeitung der Variablen durchgeführt wird.

Syntax   Datenfelder haben in der allgemeinen Form folgenden Aufbau:

```
«BESTIMMEN Index=Zahl»
«SOLANGE Index<Maximalwert»
    «BESTIMMEN Variable«Index»=Wert»
    «BESTIMMEN Index=Index+Intervall»
«ESOLANGE»
```

Index ist eine Zahlenvariable, die zur Indizierung (=Numerierung) von *Variable* dient. Der Anfangswert der Variablen *Index* muß eine Ganzzahl sein, die gleich oder größer als Null ist.

Maximalwert kann eine Zahlenkonstante oder eine Textkonstante sein. Sie begrenzt die Zahl der Wiederholungen in der SOLANGE-Schleife. Wenn *Maximalwert* vom Datentyp *Zahl* ist, muß ihr Wert größer sein als der Wert von *Index*, weil sonst die Bedingung zur Beendigung der SOLANGE-Schleife gegeben ist.

Variable, versehen mit der laufenden Nummer aus der Indizierung durch *Index*, bekommt die Werte der einzelnen Datensätze zugewiesen. Werte können durch die Anweisungen BESTIMMEN und ABFRAGE zugewiesen werden. Nach dem Variablennamen für *Variable* ist ohne Leerzeichen der Variablenname *Index* zwischen doppelte Winkelklammern zu schreiben (*«Index»*).

In einer Schleife können mehr als eine Anweisung zur Verarbeitung von *Variable* und *Wert* enthalten sein.

Wert ist die Information, die den Inhalt eines Datensatzes ausmacht.

Intervall ist eine Zahlenkonstante, um die der letzte Wert von *Index*, also die laufende Nummer von *Variable* bei jedem Schleifendurchgang erhöht wird. Der Wert der Variablen *Intervall* muß eine Ganzzahl sein, die gleich oder größer als Null ist.

Achtung Bei der Indizierung von Variablen darf die Gesamtzahl von 64 Variablen in einem Makro nicht überschritten werden. Dabei ist zu beachten, daß in dieser Zahl alle "normalen", also nicht indizierte Variablen und auch solche in verschachtelten Makros enthalten sind.

Makro-Fehler Enthält ein Makro mehr als 64 Variablen, wird es mit folgender Meldung abgebrochen:

```
Zu viele Makro-Variablen. Makro abgebrochen
          nach [Fehlerstelle]
```

Beispiel 1 Für die Fakturierung werden Artikelnummern mit den entsprechenden Stückzahlen eingegeben und danach verarbeitet. Die Weiterverarbeitung erfolgt erst dann, wenn *alle* Datensätze (Artikelnummer mit Stückzahl) eingegeben worden sind. Die Datenerfassung ist dadurch zu beenden, daß anstelle einer Artikelnummer der Buchstabe Q eingegeben wird.

```
«BESTIMMEN i=0»
«BESTIMMEN ArtikelNr0=""»
«SOLANGE ArtikelNr«i»<>"Q"»
    «BESTIMMEN i=i+1»
    «ABFRAGE ArtikelNr«i»=?Artikelnummer eingeben oder
    Q, um Eingabe zu beenden»
    «AWENN ArtikelNr«i»<>"Q"»
        «ABFRAGE Stückzahl«i»=?Stückzahl eingeben»
    «EWENN»
«ESOLANGE»
«AWENN i-1>0»

    ...
```

Den beiden Variablen *ArtikelNr* und *Stückzahl* wird durch das Makro eine laufende Nummer, der Index *i* zugeordnet. Beim Start des Makros wird der Index durch Zuordnung des Wertes 0 (null) initialisiert. Solange der Wert der Variablen *ArtikelNr* nicht die Textkonstante "Q" ist, wird zunächst der Index um 1 erhöht. Mit diesem Wert werden die beiden Variablen indiziert. Das bedeutet, daß beim ersten Durchlauf der SOLANGE-Wiederholung die Variablen *ArtikelNr1* und *Stückzahl1* heißen. Diesen werden dann durch ABFRAGE die ersten Werte zugeordnet. Anschließend wird der Index wieder um 1 erhöht, und den jetzt aktuellen Variablen *ArtikelNr2* und *Stückzahl2* können wieder Werte zugeordnet werden. Dadurch werden nacheinander alle Datensätze eingegeben.

Die Erhöhung des Index um 1 bedeutet, daß der Tabellen-Zeiger, beginnend beim Indexwert 1, um jeweils einen Schritt weiter bewegt wird, um dadurch weitere Zuordnungen von Werten zu ermöglichen (Bild 15.1).

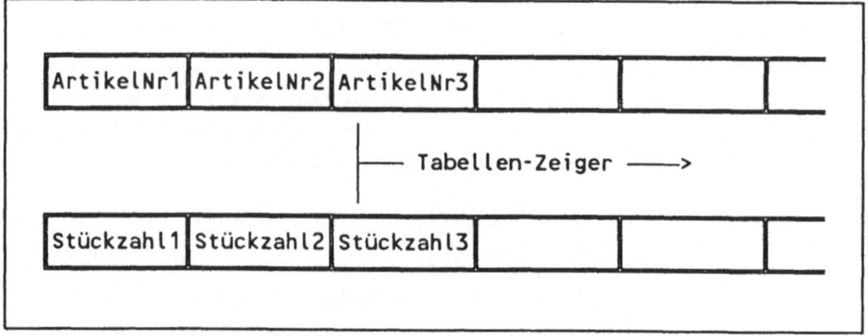

Bild 15.1: Der Tabellen-Zeiger ordnet die Datensätze fortlaufend in das Datenfeld ein

Wenn zu Beginn eines Schleifendurchgangs statt einer Artikelnummer der Buchstabe Q eingegeben wird, ist die Bedingung der AWENN-Prüfung nicht erfüllt, und die Datenerfassung ist damit beendet. Die bis dahin eingegebenen Kombinationen von Artikelnummern und Stückzahlen können verarbeitet werden.

Ob überhaupt Datensätze eingegeben worden sind, wird durch die zweite AWENN-Anweisung geprüft. Wenn der um 1 reduzierte aktuelle Indexwert nicht größer als Null ist, wurde keine Eingabe gemacht.

Beispiel 2 Die Bedingung für die fortlaufende Indizierung der Datensatz-Variablen war im vorigen Beispiel die Eingabe einer Artikelnummer. Als Bedingung in der SOLANGE-Anweisung kann jedoch auch ein Maximalwert für den Index festgelegt werden. Solange dieser durch die schrittweise Erhöhung nicht erreicht ist, können den indizierten Variablen Werte zugewiesen werden.

Für eine Aufstellung von Dateinamen sollen folgende Bedingungen gelten:

▶ Index = 1

▶ Maximalwert = 9

▶ Intervall = 1

```
«BESTIMMEN Index=1»
«SOLANGE Index<=9
    Arbeitsschritte des Makros
    «BESTIMMEN Name«Index»=Feld»
    «BESTIMMEN Index=Index+1»
    Arbeitsschritte des Makros
«ESOLANGE»
```

Sämtliche Arbeitsschritte des Makros werden neunmal ausgeführt. Mit der ersten BESTIMMEN-Anweisung wird der indizierten Variablen *Name* der Wert eines Feldes zugewiesen. Anschließend wird der Indexwert um 2 erhöht. Danach werden weitere Schritte des Makros ausgeführt. In der SOLANGE-Anweisung erfolgt die Prüfung, ob der gerade erhöhte Index kleiner oder gleich 9 ist.

16 Die Ausführung von DOS-Befehlen

Mit dem Befehl *Datei Betriebssystem* können DOS-Befehle ausgeführt werden, ohne Word mit dem Befehl *Datei Beenden* verlassen zu müssen. Wenn das alles manuell geschieht, wird nach Beendigung des DOS-Befehls folgende Meldung präsentiert:

```
        Drücken Sie irgendeine eine Taste zur
              Wiederaufnahme von Word
```

Wenn DOS-Befehle jedoch durch ein Makro ausgeführt werden, geschieht dieser Ausflug auf die Ebene des Betriebssystems einschließlich der Rückkehr in Word ohne weiteren Eingriff in das Makro; es muß also auch keine Taste zur Wiederaufnahme von Word gedrückt werden. Sichtbar wird das Ganze nur dadurch, daß der gewohnte Word-Bildschirm verschwindet und auf dem Monitor eine Zeitlang überhaupt nichts zu sehen ist. In dieser Zeit des zwangsläufigen "Blackouts" (oder "Whiteouts") werden die DOS-Befehle ausgeführt. Danach wird der Word-Bildschirm wieder aufgebaut, ohne daß zuvor die besagte Word-Meldung erscheint.

Beispiel   Ein Makro, mit dem alle Makro-Dateien aus dem Laufwerk A: in das Word-Verzeichnis im Laufwerk C: kopiert werden, sieht folgendermaßen aus:

```
<menü>dycopy a:*.tbs «ProgrammVz»
```

Die reservierte Variable *ProgrammVz* enthält auch die Bezeichnung des Laufwerks C:. Wenn das Word-Verzeichnis WORD5-5 heißt, hat *ProgrammVz* den Wert *C:\WORD5-5*.

DOS-Fehler   Wenn ein DOS-Befehl nicht den Regeln des Betriebssystems entspricht, wird bei manueller Wahl des Befehl *Datei Betriebssystem* eine der folgenden DOS-Meldungen gezeigt.

Diese Meldung bekommen Sie unter DOS 3.3 ...

```
              Falscher Befehl oder Dateiname
       Drücken Sie eine Taste zur Wiederaufnahme
                       von Word
```

... und diese unter DOS 4.0 oder höher:

```
        Befehl oder Dateiname nicht gefunden
       Drücken Sie eine Taste zur Wiederaufnahme
                       von Word
```

Wird ein falscher DOS-Befehl aber durch ein Makro in den Word-Befehl eingegeben, führt das System automatisch die Wiederaufnahme von Word aus. Dadurch läßt sich nicht unbedingt feststellen, ob ein DOS-Befehl ausgeführt worden ist oder nicht. Sie können jedoch vor dem endgültigen Einsatz des Makros an Hand eines Testlaufs das Resultat überprüfen, indem Sie das Makro schrittweise ablaufen lassen (Kapitelabschnitt 5.1).

In Kapitelabschnitt 25.5 finden Sie ein Makro, das auf die Ebene des Betriebssystems zugreift, um dort bestimmte Befehle auszuführen.

17 Word-Meldungen im Zusammenhang mit Makros

Wenn Sie mit Makros arbeiten, bekommen Sie von Word Meldungen. Diese Meldungen weisen entweder auf Fehler hin, die im gerade laufenden Makro enthalten sind, oder sie haben einfach informatorischen Charakter.

17.1 Allgemeine Hinweise und Aufforderungen

Meldungen, die rein informatorischen Charakter haben, können auch im Rahmen der "normalen" Arbeit mit Word auftreten. Wenn Sie beispielsweise die aktive Makro-Datei STANDARD.TBS speichern, erscheint in der Meldungszeile folgender Hinweis:

```
Speichern von C:\WORD5-5\STANDARD.TBS
```

17.2 Fehlermeldungen

Fehler in einem Makro werden nur dann durch eine Fehlermeldung angezeigt, wenn es sich um Fehler im Sinne der Makro-Sprache handelt. Ein Beispiel:

```
Eine EWENN Instruktion muß einer AWENN
Instruktion folgen. Makro abgebrochen nach
[Fehlerstelle]
```

Logische Fehler in der Struktur eines Makros führen nicht zu Fehlermeldungen. Dabei gibt es zwei Möglichkeiten: *Makro-Fehler bei der Erstellung* des Makro-Textes und *Eingabe-Fehler*, die erst während des Makro-Ablaufs entstehen.

Mehr zu Fehlermeldungen finden Sie in Kapitel 18.

Siehe auch: *Kapitelabschnitt 6.2*

18 Makro-Fehler: Ursachen und ihre Beseitigung

18.1 Wie Word Makro-Fehler meldet

Fehler im Sinne der Makro-Sprache werden von Word in einem eigenen Dialogfeld gemeldet (Bild 18.1). Außerdem ertönt ein Piepston, allerdings nur dann, wenn Sie im Dialogfeld des Befehls *Extras Einstellungen* den Warnton nicht ausgeschaltet haben.

Es gibt ausführliche Fehlermeldungen (Bild 18.1) und solche, die nur den allgemeinen Hinweis enthalten, daß es einen Fehler gibt (Bild 18.2). In ausführlichen Fehlermeldungen wird zunächst die Fehlerursache genannt und anschließend auf die Stelle im Makro-Text verwiesen, an der sich der Fehler befindet.

Sie können diese Dialogfelder mit der Eingabe- oder der Esc-Taste schließen.

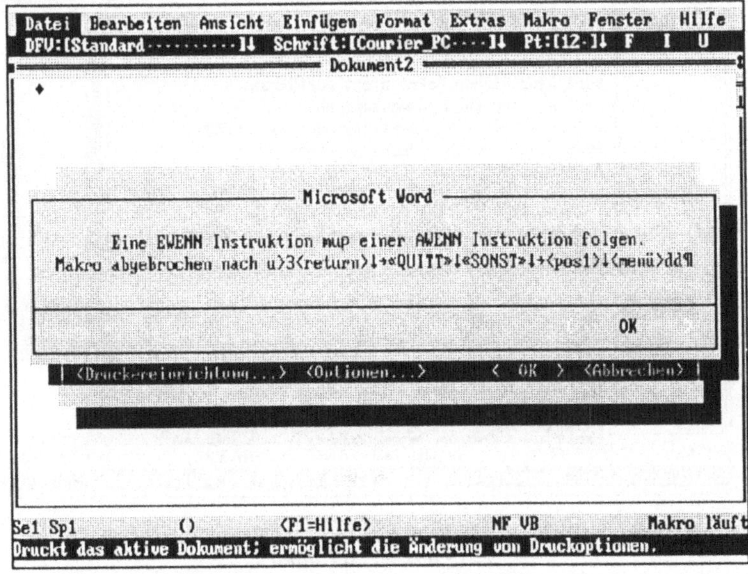

Bild 18.1: Dialogfeld mit einer ausführlichen Fehlermeldung

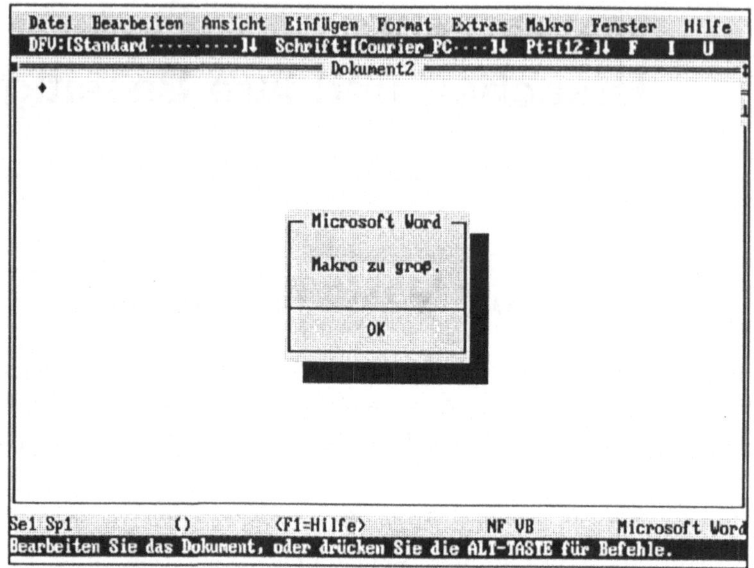

Bild 18.2: Dialogfeld mit einer eher spartanischen
Fehlermeldung

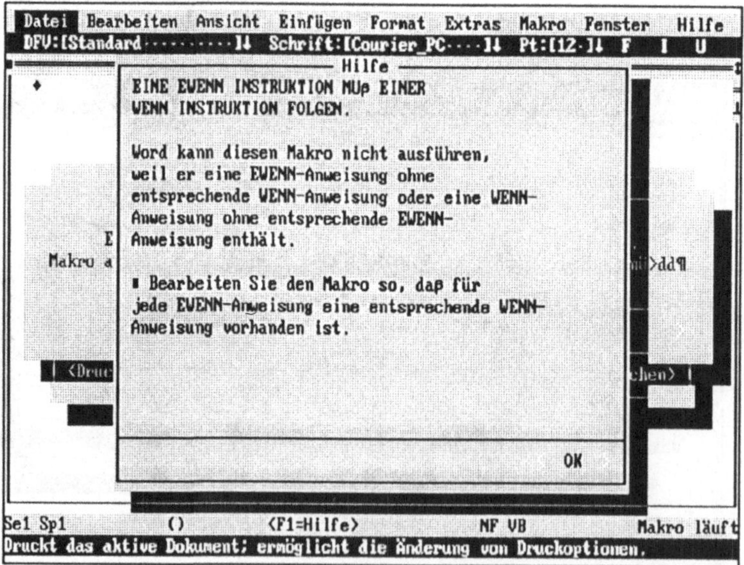

Bild 18.3: Wenn die Online-Hilfe zur Verfügung steht, wird ein
Hilfefenster mit mehr ...

18.2 Wie Sie bei Fehlern Hilfe bekommen

Wenn Sie zu einer Fehlermeldung (Bilder 18.1 und 18.2) eine Erklärung brauchen, drücken Sie die Funktionstaste F1, solange das Dialogfeld noch geöffnet ist. Sie erhalten dann über diesem ein Hilfefenster mit Hinweisen zu dieser Meldung (Bilder 18.3 und 18.4).

Bei mehrseitigen Hinweisen blättern Sie mit den Tasten Bild ↓ und Bild ↑; schließen Sie das Hilfefenster mit der Eingabe- oder der Esc-Taste. Nochmaliges Drücken von Eingabe- bzw. Esc-Taste schließt auch das Dialogfeld mit der Fehlermeldung.

Wenn Sie versehentlich eine Taste gedrückt haben, die Ihnen das Meldungsfenster wieder geschlossen hat, bevor Sie mit der F1-Taste die Online-Hilfe anfordern konnten, lassen Sie das unveränderte Makro einfach noch einmal ablaufen (Funktionstaste F4). Da es immer noch denselben Fehler enthält, wird auch die Meldung wieder kommen.

Allerdings steht nicht für jede Fehlermeldung auch ein Hilfefenster zur Verfügung. In solchen Fällen wird über dem Dialogfeld mit der Fehlermeldung ein weiteres geöffnet, in dem Word Ihnen das mitteilt (Bild 18.5).

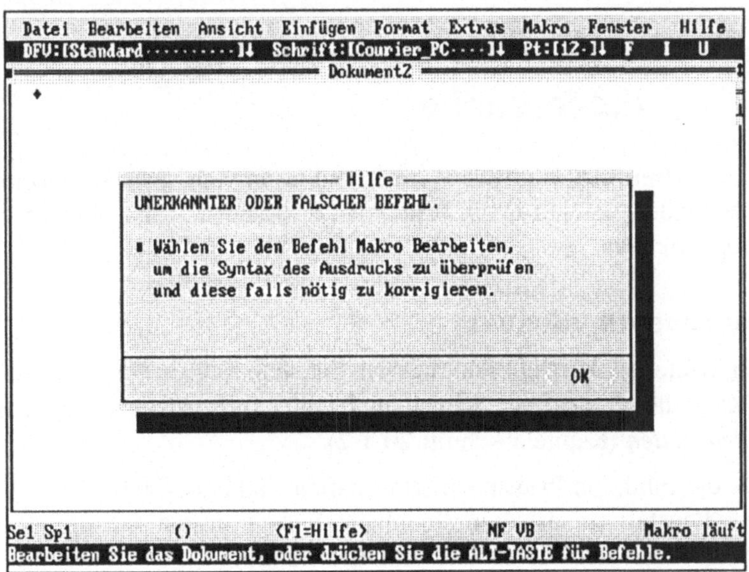

Bild 18.4: ... oder weniger ausführlichen Hinweisen geöffnet.

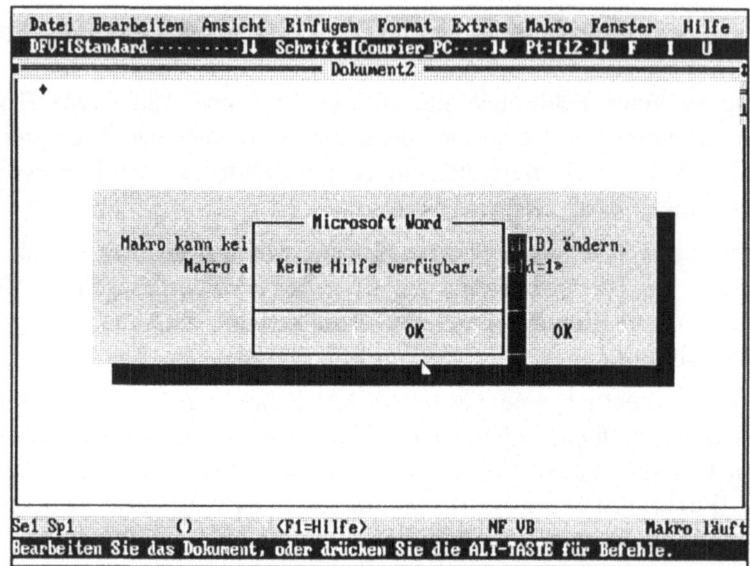

*Bild 18.5: Diese Mitteilung bekommen Sie, wenn keine Online-
Hilfe zur Verfügung steht*

18.3   Schnellere Resultate bei der Fehlersuche

Wenn Sie wissen, daß ein Makro einen Fehler enthält, geht es darum, diesen
Fehler zu finden, um ihn dann beseitigen zu können. Dazu gibt es verschiedene Möglichkeiten.

In zwei Fenstern arbeiten

Um den Fehler zu korrigieren, müssen Sie den Makro-Text in ein Fenster
laden (Kapitelabschnitt 3.4). Schnell und fehlerfrei geht das mit dem Makro
makro-bearbeiten (Kapitelabschnitt 20.1.2).

Wenn es die Funktion Ihres noch fehlerhaften Makros erlaubt, ist es hilfreich,
mit zwei Fenstern zu arbeiten: In einem Fenster testen Sie das Makro, im
zweiten haben Sie den Makro-Text zur Bearbeitung.

Nach der Korrektur des Makro-Textes müssen Sie das Makro zunächst wieder speichern, damit die Änderungen wirksam werden. Auch das geht schnell und sicher mit dem Makro *maktbs-speichern* (Kapitelabschnitt 20.1.3).

Fehlerstelle selbst suchen

In einem kurzen Makro mit nur wenigen Zeilen läßt sich die Fehlerstelle, auf die im Dialogfeld möglicherweise benannt wurde (Bild 18.1), durch direktes Suchen ("zu Fuß") schnell finden. Bei umfangreicheren Makros kann das zeitraubend werden. Deshalb können Sie die

Fehlerstelle suchen lassen

Um in einem größeren, vielleicht sogar mehrseitigen Makro schneller ans Ziel zu gelangen, können Sie den Befehl *Bearbeiten Suchen* verwenden. Geben Sie im Dialogfeld *Suchen* als *Zu suchender Text* die Passage ein, die in der Fehlermeldung genannt worden ist. Sie kommen so unmittelbar zu dem Fehler. Die gefundene Stelle im Makro-Text wird dann invers dargestellt. In diesem markierten Textteil können Sie dann den Fehler suchen und (versuchen zu) beheben.

Fehlerstelle einkreisen

Wenn eine Fehlermeldung sehr allgemein gehalten ist, also keinen Hinweis auf die Fehler*stelle* enthält (Bild 18.2), dann müssen Sie den Fehler selbst suchen. In größeren Makros kann dabei die KOMMENTAR-Anweisung helfen. Sie können damit fehlerfreie Abschnitte eines Makros zeitweilig außer Funktion setzen - soweit der restliche Teil des Makros dann noch sinnvoll getestet werden kann.

Sie haben so die Möglichkeit, den Fehler allmählich einzukreisen und die eigentliche Fehlerquelle (vielleicht schneller) zu finden. Das ist sicher kein Allheilmittel, aber es kann möglicherweise weiterhelfen, weil man erfahrungsgemäß über ein und denselben Fehler ohne weiteres einige Male oder dauernd hinwegliest.

19 Zur Schreibweise der Makro-Sprache in diesem Buch

Menü- und Befehlsnamen

werden in Beschreibungstexten verwendet, wie sie in der Menüleiste zu sehen sind. Zur Hervorhebung werden sie aber *kursiv* geschrieben. Beispiel: *Datei Speichern unter.*

In den Makro-Texten werden die hervorgehobenen Buchstaben der Menü- und Befehlsnamen immer als Kleinbuchstaben verwendet. Beispiel: <menü>du

Dialogfelder, Optionsfelder und Optionen

werden in Beschreibungstexten zur Hervorhebung *kursiv* bezeichnet. Beispiel: Die Option *Zentriert* des Optionsfeldes *Ausrichtung* im Dialogfeld *Absatz.*

In den Makro-Texten werden die hervorgehobenen Buchstaben der Optionsbezeichnungen zusammen mit der Bezeichnung der Alt-Taste als Kleinbuchstaben verwendet. Beispiel: <alt z>.

Bezeichnungen von Funktions- und Sondertasten

werden in Beschreibungstexten so bezeichnet, wie Sie sie auch in Ihrem Word-Handbuch finden. Beispiel: Eingabetaste, Esc-Taste, Funktionstaste F3.

In Makro-Texten werden Tastenbezeichnungen grundsätzlich mit Kleinbuchstaben geschrieben. Beispiel: <return> <unt> <f3>.

Variablen und Konstanten

werden in Makro-Texten entsprechend den orthographischen Regeln der deutschen Sprache geschrieben. Beispiel: Antwort, gefunden, Markierung.

In Beschreibungstexten werden diese Bezeichnungen - anders als in den Makro-Texten - zur Hervorhebung *kursiv* geschrieben. Beispiel: *Antwort, gefunden, Markierung.*

Makro-Anweisungen, Makro-Funktionen, logische Operatoren

werden mit Großbuchstaben geschrieben. Beispiel: BESTIMMEN, PAUSE, LÄNGE, TEIL, UND, ODER.

Gliederung der Makro-Anweisungen

Bei den Anweisungen AWENN, SOLANGE und WIEDERHOLE werden die Reaktionen, also die Beschreibung dessen, was ein Makro machen soll, gegenüber den Anweisungsbegriffen eingerückt. Dadurch werden die Beziehungen der einzelnen Begriffe klarer, die gesamte Anweisung übersichtlicher.

Wenn Sie die Makro-Anweisungen mit Hilfe der Makros in Kapitel 22 schreiben, erhalten Sie die Makro-Texte automatisch so, wie gerade beschrieben und wie im folgenden Beispiel gezeigt.

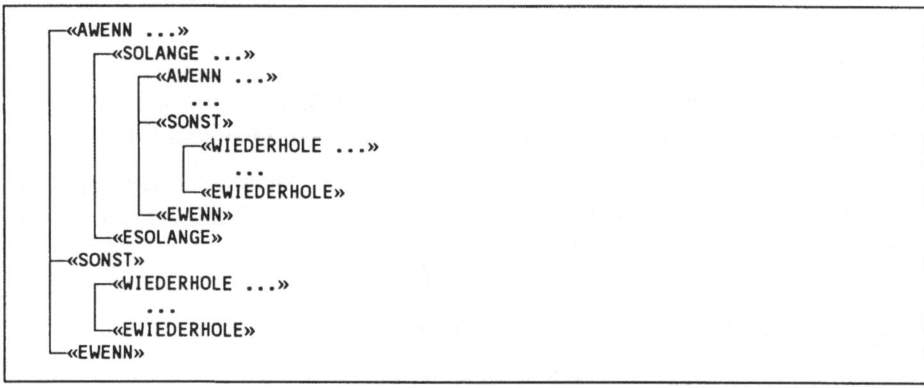

Die Linien, die die Begriffe der fünf Anweisungen verbinden, zeigen die Beziehung zusammengehöriger Anweisungsbegriffe.

Numerierung von Makro-Schritten

Bei den abgedruckten Makro-Texten finden Sie am Anfang der Zeilen Zahlen. Diese Numerierung ist nicht Bestandteil der lauffähigen Makros; sie dient lediglich der Klarheit bei der Besprechung der Makros. Nebenbei: Natürlich wurde das für dieses Buch mit einem Makro gemacht. Sie finden es - in leicht veränderter Form - in Kapitelabschnitt 26.10.

Die Eingabeaufforderungen

in der Meldungszeile und in Dialogfeldern enthalten Hinweise, was zu tun ist. Dabei sind alle Eingaben durch die Eingabetaste zu bestätigen. Bei der folgenden Aufforderung ist nach der Markierung durch eine der Richtungstasten die Eingabetaste zu drücken.

```
«PAUSE Zu löschende Textmarke markieren (unten/oben). Eingabetaste»
```

Bei der folgenden Frage nach der Rahmenposition ist nach der Eingabe eines der beiden Buchstaben (Z oder L) die Eingabetaste zu drücken.

```
«ABFRAGE Position=?Position des Rahmens? Z = zentriert, L = linker Einzug.
Eingabetaste»
```

Bei der folgenden Druckabfrage wird nur gedruckt, wenn nach Eingabe des Buchstabens J die Eingabetaste gedrückt wird. Soll nicht gedruckt werden, ist nur die Eingabetaste allein zu drücken (... *nur Eingabetaste*)

```
«ABFRAGE drucken=?Dokument drucken? J oder nur Eingabetaste»
```

Falls nötig, finden Sie bei den einzelnen Makro-Beschreibungen (*Einsatz des Makros*) ausführliche Erklärungen.

Teil C
Die Makro-Tools
zur Programmierung

Sie finden in diesem Teil eine umfangreiche Sammlung von Makro-Tools, mit denen Sie Arbeiten an und mit Makros einfacher, schneller und sicherer durchführen können. Sowohl für die Bearbeitung Ihrer Makros als auch für den Einsatz stehen Ihnen Makros, Makro-Module und Makro-Textbausteine zur Verfügung. Alle diese Tools befinden sich auf der beiliegenden Diskette in der Makro-/Textbaustein-Datei M-TOOLS.TBS.

Die Makro-Texte und Textbausteine in den folgenden Kapiteln sind identisch mit den gleichnamigen Makros in der Datei M-TOOLS.TBS. Bei den Beschreibungen der Makros finden Sie jedoch am Anfang jeder Zeile eine laufende Nummer. Diese Nummern haben nichts mit der Funktion der Makros zu tun. Sie dienen lediglich der Zuordnung von Makro-Text und Makro-Beschreibung.

Die Beschreibung besteht aus zwei Teilen. Der erste Teil zeigt ausführlich, wie die Makro-Tools einzusetzen sind und was dann während des Ablaufs zu tun ist. Im zweiten Teil der Beschreibung finden Sie makrotechnische Erklärungen und Hinweise zur Funktion. Diese werden Ihnen helfen, wenn Sie ein Makro bzw. einen Textbaustein verändern und so an Ihre individuelle Situation anpassen wollen.

Wie Sie Datei M-TOOLS.TBS in Ihr Word-Verzeichnis kopieren können, ist auf den Seiten 4 - 6 ausführlich beschrieben.

Die folgende Übersicht zeigt den Inhalt von Teil C.

Übersicht Teil C

20 Makros zur Bearbeitung und Verwaltung von Makros

Bei der Bearbeitung von Makros ist neben der schöpferischen Tätigkeit "Programmierung" auch eine ganze Reihe recht trivialer Arbeitsschritte notwendig: Fenster öffnen; Makro-Texte laden, ausdrucken und speichern; Namen und Tastenschlüssel in Dialogfelder eintragen ...

Alle diese Schritte und noch einige mehr können Sie mit Hilfe von Makros durch Word erledigen lassen. Sie können sich dann ganz auf die inhaltliche Arbeit an Ihren Makros konzentrieren.

20.1 Wenn Sie Makros bearbeiten ...

Bei der Bearbeitung von Makros geht es um drei grundsätzliche Tätigkeiten

▶ **Die Erstellung neuer Makros**

Wenn Sie dabei gleich von Anfang an bestimmte Informationen in den Makro-Text einfügen, erleichtern Sie sich das spätere Speichern und Wiederauffinden des Makros.

▶ **Die Änderung vorhandener Makros**

Sie gelangen direkt in das Verzeichnis der vorhandenen Makro und brauchen dann nur das gewünschte zu markieren. Falls dieses Makro noch keine Kennung enthält, können Sie sie automatisch einfügen lassen.

▶ **Das Speichern der Makros**

Wenn Ihre Makros die erwähnte Kennung enthalten, brauchen Sie nur noch zu sagen, ob Sie den vorhandenen Makro-Text überschreiben wollen.

Die Bedeutung der KOMMENTAR-Sequenz

Die Makros auf der beiliegenden Diskette enthalten am Anfang des Makro-Textes die folgende KOMMENTAR-Sequenz, die Sie als Textbaustein unter dem Namen *anfang* in der Datei M-TOOLS.TBS finden (Kapitelabschnitt 21.6.10):

```
«KOMMENTAR»
Makro-Funktion:
Makro-Name:
Makro-Tastenschlüssel: <strg >
«EKOMMENTAR»
```

Die Sequenz enthält alle Informationen, die zur schnellen und sicheren Identifikation eines Makro notwendig sind. Das sind neben stichwortartigen Hinweisen zur Makro-Funktion die beiden wesentlichen Informationen über ein Makro: der Name und - sofern vorhanden - der Tastenschlüssel. Diese beiden Informationen werden im gesamten System der Makro-Tools verwendet, um die oben erwähnten Tätigkeiten weitgehend automatisiert ausführen. Zusätzlich enthält sie Sequenz noch Stichworte zur Funktion des Makros.

Weil Name und Tastenschlüssel von grundlegender Bedeutung für den Einsatz aller Makro-Tools sind, wird die KOMMENTAR-Sequenz als erstes in einen Makro-Text eingefügt.

20.1.1   Neue Makros erstellen

Das Makro *makro-neu*: Ihr Nutzen

Wenn Sie Ihre Makros mit dem Makro *makro-neu* erstellen, haben Sie den Grundstein dafür gelegt, daß Sie sie später effizienter und sicherer einsetzen können. Darüber hinaus lassen sich alle formalen Schritte zur Bearbeitung und zum Speichern der Makro-Texte automatisieren. Sie können dazu dann die Makros *makro-bearbeiten* und *maktbs-speichern* einsetzen (Kapitelabschnitte 20.1.2 und 20.1.3.

Einsatz des Makros *makro-neu*

1.   Starten Sie das Makro mit dem Tastenschlüssel < strg m > n.

2.   Befolgen Sie die Anweisungen in den Dialogfeldern und in der Meldungszeile. Bestätigen Sie Ihre Eingaben mit der Eingabetaste.

3.   Speichern Sie den Makro-Text später mit dem Makro *maktbs-speichern* (Kapitelabschnitt 20.1.3).

4.   Wenn das Erfolg-Dialogfeld erscheint, drücken Sie die Eingabetaste, und beginnen Sie mit der Erstellung des Makro-Textes. Verwenden Sie

bei der Programmierung weitgehend die Makros und Textbausteine der Kapitel 21 und 22.

▌ Wie das Makro *makro-neu* funktioniert

Zunächst werden die Benutzung der Word 5.0-Funktionstasten und die Bildschirmaktualisierung ausgeschaltet (6-7). Danach werden alle geöffneten Dialogfelder geschlossen (8-10) und die Meldungszeile eingeschaltet, sofern das nicht bereits der Fall war (11-18). Dabei wird der Anfangsstatus der Meldungszeile-Option festgehalten, um ihn später wiederherstellen zu können (76-78). Nachdem ein neues Fenster geöffnet worden ist (20-25), wird nach dem Einschalten des Einfügemodus (26) die KOMMENTAR-Sequenz eingefügt (27) und die Bildschirmanzeige aktualisiert (28-30).

Der Makro-Name in einer Schleife abgefragt (32-35). Durch die Schleife wird verhindert, daß das Makro versehentlich weiterläuft, ohne daß ein Name eingegeben wurde. In gleicher Weise ist die Abfrage nach der Zuweisung eines Tastenschlüssels realisiert (36-39).

Bei Entscheidung für einen Tastenschlüssel (40) werden die beiden möglichen Zeichen mit der Makro-Funktion TEIL getrennt bestimmt (42-43). Das hat den Vorteil, daß der Makro-Anwender nicht noch zusätzlich die Bezeichnung für die Strg-Taste eingeben muß. Wenn kein Tastenschlüssel zugeordnet werden soll (45), wird aus der KOMMENTAR-Sequenz die Bezeichnung der Strg-Taste gelöscht (46).

In einer weiteren Schleife wird die Eingabe von Stichworten zur Funktion des Makros abgefragt (49-52). Auch diese Schleife wird erst verlassen, wenn eine der beiden möglichen Eingaben gemacht wurde. Bei Entscheidung für die Eingabe (53) wird diese abgefragt und in die KOMMENTAR-Sequenz eingefügt (54-55).

Mit der nächsten Schleife (57-60) wird die Möglichkeit angeboten, die bisher vervollständigte KOMMENTAR-Sequenz als Grundlage des neuen Makros zu speichern. Die Schleife wird ebenfalls nur nach einer möglichen richtigen Eingabe beendet. Bei Entscheidung für das Speichern (61) werden die aktuellen Variablenwerte für den Namen und den Tastenschlüssel im Dialogfeld *Makro bearbeiten* eingetragen (66-67) und das Makro definiert (70). Für die Dauer dieses Vorgangs wird eine erklärende Meldung präsentiert (62-64).

Nachdem in einem Dialogfeld (71 bzw. 74) das Ende des Makros mitgeteilt worden ist, wird der Anfangsstatus der Meldungszeile-Option wiederhergestellt (76-78).

```
1    «KOMMENTAR»
2    Makro-Funktion: Neue Makros erstellen
3    Makro-Name: makro-neu
4    Makro-Tastenschlüssel: <strg m>n
5    «EKOMMENTAR»
6    «BESTIMMEN Word5Tasten="aus"»
7    «BESTIMMEN Echo="aus"»
8    «SOLANGE Dialogfeld<>""»
9        <unt>
10   «ESOLANGE»
11   <strg unt>ab<tab 10>
12   «AWENN Feld="ja"»
13       «BESTIMMEN MZeile="ja"»
14       <unt>
15   «SONST»
16       «BESTIMMEN MZeile="nein"»
17       <alt e><return>
18   «EWENN»
19   «BESTIMMEN Fenster=9»
20   «AWENN Fenster=9»
21       «ABFRAGE Antwort=?Es sind bereits 9 Fenster geöffnet. Ein Fenster
         schließen und Makro noch einmal starten. Eingabetaste»
22       «QUITT»
23   «SONST»
24       <strg unt>d<return 2>
25   «EWENN»
26   <strg unt>xl<unt>
27   anfang<f3>
28   «BESTIMMEN Echo="an"»
29   <ende><pos1>
30   «BESTIMMEN Echo="aus"»
31   «BESTIMMEN Name=""»
32   «SOLANGE Name=""»
33       «ABFRAGE Name=? Makro-Namen eingeben (max. 30 Zeichen). Eingabetaste»
34       <strg oben 2><links>«Name»
35   «ESOLANGE»
36   «BESTIMMEN Tastenschlüssel="@"»
37   «SOLANGE Tastenschlüssel<>"" UND Tastenschlüssel<>"J"»
38       «ABFRAGE Tastenschlüssel=?Makro-Tastenschlüssel zuweisen? J oder nur
         Eingabetaste»
39   «ESOLANGE»
40   «AWENN Tastenschlüssel="J"»
41       «ABFRAGE Tastenschlüssel=?Nur ein oder zwei Zeichen für den
         Tastenschlüssel eingeben (Buchstaben oder Zahlen), ohne <strg >.
         Eingabetaste»
42       «BESTIMMEN T1=TEIL(Tastenschlüssel;1;1)»
43       «BESTIMMEN T2=TEIL(Tastenschlüssel;2;1)»
44       <strg unten 2><links 2>«T1»<rechts>«T2»
45   «SONST»
46       <strg pos1><strg unt>bs^<strg<leertaste>><return><lösch>
47       «BESTIMMEN Tastenschlüssel=""»
48   «EWENN»
```

```
49   «BESTIMMEN Antwort="ə"»
50   «SOLANGE Antwort<>"" UND Antwort<>"J"»
51       «ABFRAGE Antwort=?Stichworte zur Makro-Funktion eingeben? J oder nur
         Eingabetaste»
52   «ESOLANGE»
53   «AWENN Antwort="J"»
54       «ABFRAGE Funktion=?Stichworte zur Makro-Funktion eingeben.
         Eingabetaste»
55       <strg oben 2><links>«Funktion»
56   «EWENN»
57   «BESTIMMEN Antwort="ə"»
58   «SOLANGE Antwort<>"" UND Antwort<>"J"»
59       «ABFRAGE Antwort=?Den Anfang jetzt schon speichern? J oder nur
         Eingabetaste»
60   «ESOLANGE»
61   «AWENN Antwort="J"»
62       «BESTIMMEN Echo="an"»
63       «MELDUNG Makro wird gespeichert. Bitte warten ...»
64       «BESTIMMEN Echo="aus"»
65       <umschalten f10>
66       <strg unt>mb«Name»
67       «AWENN Tastenschlüssel<>""»
68           <tab>ˆ<strg<leertaste>«T1»>«T2»
69       «EWENN»
70       <alt d>
71       <strg ende>
72       «ABFRAGE Hinweis=?Viel Erfolg beim Programmieren! Eingabetaste»
73   «SONST»
74       «ABFRAGE Hinweis=?Speichern Sie später mit <strg m>p. Viel Erfolg beim
         Programmieren! Eingabetaste»
75   «EWENN»
76   «AWENN MZeile="nein"»
77       <menü>ab<alt e><return>
78   «EWENN»
```

Siehe auch: *Kapitelabschnitte 21.3, 21.6, 29.3*

20.1.2   Vorhandene Makro-Texte ändern

Bevor Sie einen Makro-Text ändern können, müssen Sie ihn aus der Makro-Datei in ein Fenster laden. Nach der Änderung ist es wichtig, daß Sie diesen geänderten Text unter demselben Makro-Namen wieder ablegen, unter dem er bisher in der Makro-Datei war.

▌ Das Makro *maktbs-bearbeiten*: Ihr Nutzen

Durch das Makro werden alle notwendigen formalen Schritte schnell und fehlerfrei ausgeführt - einschließlich der vorbeugenden Fehlerverhütung für das späteren Speichern. Sie haben mit dem Makro die Möglichkeit, die oben

erwähnte KOMMENTAR-Sequenz in Ihren Makro-Text einzufügen. Dadurch
läßt sich der bearbeitete Makro-Text automatisiert speichern (Kapitelabschnitt
20.1.3). Sie können das Makro auch zur Bearbeitung von Textbausteinen einsetzen.

▌ Einsatz des Makros *maktbs-bearbeiten*

1. Starten Sie das Makro mit dem Tastenschlüssel < strg m > b.

2. Befolgen Sie die Anweisungen in den Dialogfeldern und in der Mel-
    dungszeile. Bestätigen Sie Ihre Eingaben mit der Eingabetaste.

3. Wenn Ihr Makro-Text den Makro-Namen nicht enthält, können Sie im
    weiteren Verlauf entscheiden, ob der Name und ein eventuell vorhande-
    ner Tastenschlüssel am Anfang Ihres Makro-Textes eingefügt werden
    sollen. Wenn Sie das tun, können Sie später den geänderten Makro-Text
    immer speichern, ohne jemals wieder Namen und Tastenschlüssel von
    Hand eingeben zu müssen.

4. Wenn das Erfolg-Dialogfeld erscheint, drücken Sie die Eingabetaste,
    und beginnen Sie mit der Bearbeitung des Makro-Textes. Verwenden Sie
    dabei weitgehend die Makros und Textbausteine der Kapitel 21 und 22.

▌ Wie das Makro *maktbs-bearbeiten* funktioniert

Zunächst werden die Benutzung der Word 5.0-Funktionstasten sowie die
Bildschirmaktualisierung ausgeschaltet (6-7) und alle geöffneten Dialogfelder
geschlossen (8-10). Nachdem ein neues Fenster geöffnet worden ist (11-17),
wird nach dem Einschalten des Einfügemodus (18) die Meldungszeile eingeschaltet, sofern das nicht bereits der Fall war (19-26); dabei wird der
Anfangsstatus der Meldungszeile-Option festgehalten, um ihn später wieder
herstellen zu können (73-75).

In einer Schleife wird dann abgefragt, ob ein Makro oder ein Textbaustein
bearbeitet werden soll (27-30). Damit wird entschieden, ob (formal) auf die
Makro-Datei oder auf die (gleichnamige) Textbaustein-Datei zugegriffen werden soll.

Wenn ein Makro bearbeitet werden soll (31), wird das Dialogfeld *Makro
bearbeiten* geöffnet (32). Für das markierte Makro (33) werden sein Name
und der eventuell vorhandene Tastenschlüssel bestimmt (35-36). Der Makro-

Text wird anschließend in das Fenster geladen (37). Dort wird nach der KOMMENTAR-Sequenz gesucht. Wenn sie vorhanden ist, also bei der Erstellung des Makros oder bei einer vorangegangenen Bearbeitung eingefügt wurde, wird das Makro nach Herstellung des Anfangsstatus der Meldungszeile-Option beendet (73-76).

Wenn die Sequenz nicht gefunden wurde, also der Makro-Name im Text noch nicht enthalten ist (43), wird in einer Schleife abgefragt, ob die KOMMENTAR-Sequenz eingefügt werden soll (46-48). Bei Bejahung werden der bei der Makro-Auswahl (33) bestimmte Name und Tastenschlüssel (35-36) in die Sequenz eingefügt. Damit kann der Makro-Text später mit dem Makro *maktbs-speichern* automatisiert gespeichert werden.

In einer weiteren Schleife wird die Eingabe von Stichworten zur Funktion des Makros abgefragt (56-59). Auch diese Schleife wird erst verlassen, wenn eine der beiden möglichen Eingaben gemacht wurde. Bei Entscheidung für die Eingabe (60) wird diese abgefragt und auch in die KOMMENTAR-Sequenz eingefügt (61-62). Damit wird das Makro ebenfalls beendet.

Wenn ein Textbaustein zur Bearbeitung ausgewählt werden soll (67), wird das Dialogfeld *Textbaustein* geöffnet (68), der gewählte Textbaustein in das Fenster eingefügt (69-70) und das Makro beendet (76).

```
 1     «KOMMENTAR»
 2     Makro-Funktion: Vorhandene Makros oder Textbausteine bearbeiten
 3     Makro-Name: maktbs-bearbeiten
 4     Makro-Tastenschlüssel: <strg m>b
 5     «EKOMMENTAR»
 6     «BESTIMMEN Word5Tasten="aus"»
 7     «BESTIMMEN Echo="aus"»
 8     «SOLANGE Dialogfeld<>""»
 9         <unt>
10     «ESOLANGE»
11     «BESTIMMEN Fenster=9»
12     «AWENN Fenster=9»
13         «ABFRAGE Antwort=?Es sind bereits 9 Fenster geöffnet. Ein Fenster
               schließen und Makro noch einmal starten. Eingabetaste»
14         «QUITT»
15     «SONST»
16         <strg unt>d<return 2>
17     «EWENN»
18     <strg unt>xl<unt>
19     <strg unt>ab<tab 10>
20     «AWENN Feld="ja"»
21         «BESTIMMEN MZeile="ja"»
22         <unt>
23     «SONST»
24         «BESTIMMEN MZeile="nein"»
25         <alt e><return>
26     «EWENN»
```

```
27    «BESTIMMEN was=""»
28    «SOLANGE was<>"M" UND was <>"T"»
29         «ABFRAGE was=?M = Makro bearbeiten, T = Textbaustein bearbeiten.
           Eingabetaste»
30    «ESOLANGE»
31    «AWENN was="M"»
32         <strg unt>mb<unten 2>
33         «PAUSE Zu bearbeitendes Makro markieren. Eingabetaste»
34         <alt n>
35         «BESTIMMEN Name=Feld»<tab>
36         «BESTIMMEN Tastenschlüssel=Feld»
37         <alt b>
38         <strg pos1>
39         «BESTIMMEN Echo="an"»
40         <ende><pos1>
41         «BESTIMMEN Echo="aus"»
42         <strg unt>bsMakro-Name:<leertaste><alt b><return>
43         «AWENN nichtgefunden»
44              <return>
45              «BESTIMMEN Eintrag="∂"»
46              «SOLANGE Eintrag<>"" UND Eintrag<>"J"»
47                   «ABFRAGE Eintrag=?Makro-Name ist im Makro-Text noch nicht
                     eingetragen. J, um in den Makro-Text einzutragen oder nur
                     Eingabetaste»
48              «ESOLANGE»
49              «AWENN Eintrag="J"»
50                   anfang<f3>
51                   <strg pos1><strg unt>bs^<strg<leertaste>><return><lösch>
52                   «AWENN Tastenschlüssel<>""»
53                        «Tastenschlüssel»
54                   «EWENN»
55                   <strg oben><links>«Name»
56                   «BESTIMMEN Antwort="∂"»
57                   «SOLANGE Antwort<>"" UND Antwort<>"J"»
58                        «ABFRAGE Antwort=?Stichworte zur Makro-Funktion
                        eingeben? J oder nur Eingabetaste»
59                   «ESOLANGE»
60                   «AWENN Antwort="J"»
61                        «ABFRAGE Funktion=?Stichworte zur Makro-Funktion
                        eingeben. Eingabetaste»
62                        <strg oben><links>«Funktion»
63                   «EWENN»
64              «EWENN»
65         «EWENN»
66    «EWENN»
67    «AWENN was="T"»
68         <strg unt>bt<unten 2>
69         «PAUSE Zu bearbeitenden Textbaustein markieren. Eingabetaste»
70         <alt e>
71    «EWENN»
72    <strg pos1>
73    «AWENN MZeile="nein"»
74         <menü>ab<alt e><return>
75    «EWENN»
76    «ABFRAGE Hinweis=?Viel Erfolg bei der Arbeit! Eingabetaste»
```

Siehe auch: *Kapitelabschnitte 21.3, 21.6, 29.3*

20.1.3　Makro-Texte speichern

Wenn Sie einen Makro-Text nach der Bearbeitung speichern wollen, ist einzig und allein wichtig, daß der Name stimmt. Falls Sie den geänderten Text irrtümlicherweise unter einem anderen Namen speichern, haben Sie zwei Makros bzw. Textbausteine mit derselben Funktion. Wenn Sie Pech haben, ist der überschriebene Text nicht mehr rekonstruierbar.

Das Makro *maktbs-speichern*: Ihr Nutzen

Durch den Einsatz des Makros wird ein Makro-Text automatisch unter seinem richtigen Namen gespeichert, so daß Ihr Makro gegen Verlust durch Überschreiben gesichert ist. Das Makro *maktbs-speichern* greift dabei auf die oben erwähnte KOMMENTAR-Sequenz zu oder fügt diese in Ihren Makro-Text ein, wenn das noch nicht geschehen ist (Kapitelabschnitt 20.1). Das Makro ist ebenfalls für Textbausteine einsetzbar.

Einsatz des Makros *maktbs-speichern*

1. Starten Sie das Makro mit dem Tastenschlüssel < strg m > p.

2. Befolgen Sie die Anweisungen in den Dialogfeldern und in der Meldungszeile. Bestätigen Sie Ihre Eingaben mit der Eingabetaste.

3. Wenn Ihr Makro-Text den Makro-Namen nicht enthält, können Sie im weiteren Verlauf entscheiden, ob der Name und ein eventuell vorhandener Tastenschlüssel am Anfang Ihres Makro-Textes eingefügt werden sollen. Wenn Sie das tun, können Sie später den geänderten Makro-Text immer speichern, ohne jemals wieder Namen und Tastenschlüssel von Hand eingeben zu müssen.

Achtung　Word gestattet nicht, ein Makro durch sich selbst definieren zu lassen. Wenn Sie also einmal den Text des Makros *makrospeichern* durch das Makro *makro-speichern* definieren wollen, wird dieses Makro nach Aktivierung der Option < Definieren > beendet. Sie müssen dann diese Option durch die Eingabetaste bestätigen und ebenso die Frage nach dem Ersetzen des Makros.

▌ Wie das Makro *maktbs-speichern* funktioniert

Zunächst werden die Benutzung der Word 5.0-Funktionstasten sowie die Bildschirmaktualisierung ausgeschaltet (6-7) und alle Dialogfelder geschlossen (8-10). Danach wird die Meldungszeile eingeschaltet, sofern das nicht bereits der Fall war (11-18); dabei wird der Anfangsstatus der Meldungszeile-Option festgehalten, um ihn später wiederherstellen zu können (112-114). Anschließend wird der Einfügemodus eingeschaltet (19).

In einer Schleife wird abgefragt, ob (formal) in die Makro-Datei oder in die (gleichnamige) Textbausteindatei gespeichert werden soll (20-23). Durch die Schleife wird verhindert, daß der Text nicht versehentlich falsch definiert wird.

Wenn es sich um einen Makro-Text handelt (26), wird nach der KOMMEN-TAR-Sequenz gesucht (27). Bei erfolgreicher Suche (28) werden der darin enthaltene Name und der eventuell zugeordnete Tastenschlüssel bestimmt (33, 39-40). Beide werden dann im Dialogfeld *Makro bearbeiten* eingefügt (92-99).

Wenn die KOMMENTAR-Sequenz nicht gefunden wurde, also der Makro-Name im Text noch nicht enthalten ist (42), wird in einer Schleife abgefragt, ob die Sequenz und damit der Makro-Name eingefügt werden soll (44-47). Bei Entscheidung für die KOMMENTAR-Sequenz wird in einer weiteren Schleife der Makro-Name abgefragt und zusammen mit der KOMMENTAR-Sequenz am Anfang des Makro-Textes eingefügt (48-53).

Mit der nächsten Schleife wird die Zuweisung eines Tastenschlüssels abgefragt (54-57). Bei Entscheidung für einen Tastenschlüssel (58) werden die beiden möglichen Zeichen mit der Makro-Funktion TEIL getrennt bestimmt (60-61). Das hat den Vorteil, daß der Makro-Anwender nicht noch zusätzlich die Bezeichnung für die Strg-Taste eingeben muß. Wenn kein Tastenschlüssel zugeordnet werden soll (63), wird aus der KOMMENTAR-Sequenz die Bezeichnung der Strg-Taste gelöscht (64).

In einer weiteren Schleife wird die Eingabe von Stichworten zur Funktion des Makros abgefragt (66-69). Auch diese Schleife wird erst verlassen, wenn eine der beiden möglichen Eingaben gemacht wurde. Bei Entscheidung für die Eingabe (70) wird diese abgefragt und in die KOMMENTAR-Sequenz eingefügt (71-72).

Wenn bei der Abfrage nach Einfügen des Makro-Namens in den Makro-Text (45-47) gegen das Einfügen entschieden worden ist (100), muß der Name zusammen mit einem eventuellen Tastenschlüssel im Dialogfeld *Makro bearbeiten* von Hand eingegeben werden (101).

Wenn es sich bei dem zu speichernden Text um einen Textbaustein handelt (77), wird in einer Schleife der Textbaustein-Name abgefragt (78-80). Mit der nächsten Schleife wird die Zuweisung eines Tastenschlüssels abgefragt (81-84). Bei Entscheidung für einen Tastenschlüssel (85) werden die beiden möglichen Zeichen mit der Makro-Funktion TEIL getrennt bestimmt (87-88). Der Name und der Tastenschlüssel werden - anders als bei einem Makro-Text - jetzt aber nicht als KOMMENTAR-Sequenz in den Text des Textbausteins eingefügt. Deshalb können Sie mit dem vorliegenden Makro auch "normale" Textbausteine speichern, die nicht Makro-Texte sind. Wenn die KOMMEN-TAR-Sequenz Bestandteil des Textbausteins wäre, würde sie jedesmal mit eingefügt würden und dann in einem normalen Text stören. Beide Informationen, Name und Tastenschlüssel des Textbausteins, werden im Dialogfeld *Bearbeiten Textbaustein* eingefügt (104-110).

Nachdem der Text des Makros bzw. Textbausteins gespeichert (=definiert) worden ist (111), wird der Anfangsstatus der Meldungszeile-Option wiederhergestellt (112-114).

```
 1   «KOMMENTAR»
 2   Makro-Funktion: Makros oder Textbausteine speichern
 3   Makro-Name: maktbs-speichern
 4   Makro-Tastenschlüssel: <strg m>p
 5   «EKOMMENTAR»
 6   «BESTIMMEN Echo="aus"»
 7   «BESTIMMEN Word5Tasten="aus"»
 8   «SOLANGE Dialogfeld<>""»
 9       <unt>
10   «ESOLANGE»
11   <strg unt>ab<tab 10>
12   «AWENN Feld="ja"»
13       «BESTIMMEN MZeile="ja"»
14       <unt>
15   «SONST»
16       «BESTIMMEN MZeile="nein"»
17       <alt e><return>
18   «EWENN»
19   <strg unt>xl<unt>
20   «BESTIMMEN was=""»
21   «SOLANGE was<>"M" UND was <>"T"»
22       «ABFRAGE was=?Was speichern? M = Makro speichern, T = Textbaustein
            speichern. Eingabetaste»
23   «ESOLANGE»
24   «BESTIMMEN Name=""»
25   «BESTIMMEN Tastenschlüssel=""»
```

```
26    «AWENN was="M"»
27        <strg pos1><strg unt>bsMakro-Name:<leertaste><alt b><return>
28        «AWENN gefunden»
29            «BESTIMMEN Echo="an"»
30            «MELDUNG Makro wird gespeichert. Bitte warten ...»
31            «BESTIMMEN Echo="aus"»
32            <alt f6><f8><alt f8><unt>
33            «BESTIMMEN Name=Markierung»
34            <strg pos1><strg unt>bsMakro-
               Tastenschlüssel:<leertaste>ˆ<strg<leertaste><return>
35            «AWENN nichtgefunden»
36                <return>
37            «SONST»
38                «BESTIMMEN Tastenschlüssel="ja"»<alt f6>
39                «BESTIMMEN T1=Markierung»<alt f6><alt f6>
40                «BESTIMMEN T2=Markierung»
41            «EWENN»
42        «SONST»
43            <return>
44            «BESTIMMEN Eintrag="@"»
45            «SOLANGE Eintrag<>"" UND Eintrag<>"J"»
46                «ABFRAGE Eintrag=?Makro-Name ist im Makro-Text noch nicht
                   eingetragen. J, um in den Makro-Text einzutragen oder nur
                   Eingabetaste»
47            «ESOLANGE»
48            «AWENN Eintrag="J"»
49                «SOLANGE Name=""»
50                    «ABFRAGE Name=? Makro-Namen eingeben (max. 30
                       Zeichen). Eingabetaste»
51                    <strg pos1>anfang<f3>
52                    <strg oben 2><links>«Name»
53                «ESOLANGE»
54                «BESTIMMEN Antwort="@"»
55                «SOLANGE Antwort<>"" UND Antwort<>"J"»
56                    «ABFRAGE Antwort=?Makro-Tastenschlüssel zuweisen? J
                       oder nur Eingabetaste»
57                «ESOLANGE»
58                «AWENN Antwort="J"»
59                    «ABFRAGE Tastenschlüssel=?Nur ein oder zwei Zeichen
                       für den Tastenschlüssel eingeben (Buchstaben oder
                       Zahlen), ohne <strg >. Eingabetaste»
60                    «BESTIMMEN T1=TEIL(Tastenschlüssel;1;1)»
61                    «BESTIMMEN T2=TEIL(Tastenschlüssel;2;1)»
62                    <strg unten 2><links 2>«T1»<rechts>«T2»
63                «SONST»
64                    <strg pos1><strg
                       unt>bsˆ<strg<leertaste>><return><lösch>
65                «EWENN»
66                «BESTIMMEN Antwort="@"»
67                «SOLANGE Antwort<>"" UND Antwort<>"J"»
68                    «ABFRAGE Antwort=?Stichworte zur Makro-Funktion
                       eingeben? J oder nur Eingabetaste»
69                «ESOLANGE»
70                «AWENN Antwort="J"»
71                    «ABFRAGE Funktion=?Stichworte zur Makro-Funktion
                       eingeben. Eingabetaste»
72                    <strg oben 2><links>«Funktion»
73                «EWENN»
```

```
74                «EWENN»
75            «EWENN»
76      «EWENN»
77      «AWENN was="T"»
78          «SOLANGE Name=""»
79              «ABFRAGE Name=? Textbaustein-Namen eingeben (max. 30 Zeichen).
                 Eingabetaste»
80          «ESOLANGE»
81          «BESTIMMEN Antwort="@"»
82          «SOLANGE Antwort<>"" UND Antwort<>"J"»
83              «ABFRAGE Antwort=?Tastenschlüssel zuweisen? J oder nur
                 Eingabetaste»
84          «ESOLANGE»
85          «AWENN Antwort="J"»
86              «ABFRAGE Tastenschlüssel=?Nur ein oder zwei Zeichen für den
                 Tastenschlüssel eingeben (Buchstaben oder Zahlen), ohne <strg >.
                 Eingabetaste»
87              «BESTIMMEN T1=TEIL(Tastenschlüssel;1;1)»
88              «BESTIMMEN T2=TEIL(Tastenschlüssel;2;1)»
89          «EWENN»
90      «EWENN»
91      <umschalten f10>
92      <strg unt>
93      «AWENN was="M"»
94          mb
95          «AWENN Name<>""»
96              «Name»
97              «AWENN Tastenschlüssel<>""»
98                  <tab>ˆ<strg<leertaste>«T1»>«T2»
99              «EWENN»
100         «SONST»
101             «PAUSE Makro-Namen und eventuell Makro-Tastenschlüssel eingeben.
                 Eingabetaste»
102         «EWENN»
103     «EWENN»
104     «AWENN was="T"»
105     bt
106         «Name»
107         «AWENN Tastenschlüssel<>""»
108             <tab>ˆ<strg<leertaste>«T1»>«T2»
109         «EWENN»
110     «EWENN»
111     <alt d>
112     «AWENN MZeile="nein"»
113         <menü>ab<alt e><return>
114     «EWENN»
```

Siehe auch: *Kapitelabschnitte 21.3, 29.3*

20.2   Wie Sie Makros und Textbausteine dokumentieren können

Makros und Textbausteine müssen irgendwann einmal ausgedruckt werden, sei es beim Testen, im Zusammenhang mit Einsatzbeschreibungen oder aus anderen Gründen, die für Sie wichtig sind. Damit Sie dabei nicht den Überblick verlieren, können Sie die folgenden Makros einsetzen. Sie können damit folgendes drucken:

▶ einzelne Makros und Textbausteine,

▶ alle Makros und Textbausteine einer Datei,

▶ alle Namen und Tastenschlüssel von Makros und Textbausteinen einer Datei, sortiert nach Ihren Wünschen.

In jedem Fall enthalten Ihre Ausdrucke auf jeder Seite einen Kopfzeilenblock mit allen wichtigen Informationen, um den Text auch noch nach längerer Zeit fehlerfrei identifizieren zu können. Im einzelnen sind das

▶ der Name und - soweit vorhanden - der Tastenschlüssel,

▶ der Name der Makro/Textbaustein-Datei einschließlich Verzeichnispfad,

▶ das Datum und die Uhrzeit des Ausdrucks,

▶ die Seitennumerierung.

Bild 20.1 zeigt das Beispiel des ausgedruckten Makro-Textes zur Programmierung der AWENN-Anweisung.

```
Makro-Name: a                                                    Seite 1
Tastenschlüssel: <->
Makro-Datei: C:\WORD5-5\M-TOOLS.TBS
12. September 1991, 12:30
_______________________________________________________________________

«KOMMENTAR»
Makro-Funktion: ABFRAGE-Makro
Makro-Name: a
Makro-Tastenschlüssel:
«EKOMMENTAR»
¯«ABFRAGE »<links>
«PAUSE Variable eingeben (evtl. Name + F3). Eingabetaste»
=?
«PAUSE Eingabeaufforderung eingeben. Eingabetaste»
<rechts><return>
```

Bild 20.1: So sieht ein mit dem Makro "maktbs-druck"
ausgedruckter Makro-Text aus (oben der eingefügte
Kopfzeilenblock)

20.2.1 Einzelne Makro-Texte und Textbausteine einer Datei drucken

▌ Das Makro *maktbs-druck* : Ihr Nutzen

Mit dem Makro *maktbs-druck* können Sie einzelne Makros und Textbausteine ausdrucken. Dabei übernimmt das Makro alle formalen Arbeiten (Fenster öffnen, Makro-Text laden, Kennzeichnung der Seiten usw.). Sie selbst brauchen nur noch das Ablagefach Ihres Druckers im Auge zu behalten.

▌ Einsatz des Makros *maktbs-druck*

1. Starten Sie das Makro mit dem Tastenschlüssel < strg m > d.

2. Befolgen Sie die Anweisungen in den Dialogfeldern und in der Meldungszeile. Bestätigen Sie Ihre Eingaben mit der Eingabetaste.

▌ Wie das Makro *maktbs-druck* funktioniert

Zunächst werden die Benutzung der Word 5.0-Funktionstasten sowie die Bildschirmaktualisierung ausgeschaltet (6-7) und dann alle geöffneten Dialogfelder geschlossen (8-10). Danach wird die Meldungszeile eingeschaltet, sofern das nicht bereits der Fall war (11-18); dabei wird der Anfangsstatus der Meldungszeile-Option festgehalten, um ihn später wiederherstellen zu können (112-114).

Nachdem ein neues Fenster geöffnet worden ist (20-25), wird in einer Schleife abgefragt, ob ein Makro oder ein Textbaustein gedruckt werden soll (26-29). Danach wird der Layoutmodus ausgeschaltet, sofern das nicht bereits der Fall war (33-40); dabei wird der Anfangsstatus festgehalten, um ihn später wieder herstellen zu können (99-101). Anschließend wird der Einfügemodus eingeschaltet (41).

Nun werden vier Kopfzeilen formatiert (42-53), in die Word-Textbausteine *Druckdatum* und *Druckzeit* sowie der Datei-Name mit dem Verzeichnispfad eingesetzt werden (54-60).

Für das markierte Makro (63-64) bzw. den markierten Textbaustein (66-67) werden der Name und der eventuell zugehörige Tastenschlüssel bestimmt (77-78). Beide werden dann zusammen mit dem Word-Textbaustein *Seite* ebenfalls in die Kopfzeilen eingesetzt (79-92). Danach wird der Makro-Text bzw. der Textbaustein in das Fenster geladen (93-93).

Nach der Ausführung des Druckbefehls (95) wird der Anfangsstatus der Meldungszeile-Option und des Layoutmodus wiederhergestellt (96-101). Mit dem Schließen des Fensters wird das Makro beendet (102).

```
 1    «KOMMENTAR»
 2    Makro-Funktion: Einzelne Makros oder Textbausteine einer Datei drucken
 3    Makro-Name: maktbs-druck
 4    Makro-Tastenschlüssel: <strg m>d
 5    «EKOMMENTAR»
 6    «BESTIMMEN Word5Tasten="aus"»
 7    «BESTIMMEN Echo="aus"»
 8    «SOLANGE Dialogfeld<>""»
 9        <unt>
10    «ESOLANGE»
11    <strg unt>ab<tab 10>
12    «AWENN Feld="ja"»
13        «BESTIMMEN MZeile="ja"»
14        <unt>
15    «SONST»
16        «BESTIMMEN MZeile="nein"»
17        <alt e><return>
18    «EWENN»
19    «BESTIMMEN Fenster=9»
20    «AWENN Fenster=9»
21        «ABFRAGE Antwort=?Es sind bereits 9 Fenster geöffnet. Ein Fenster
           schließen und Makro noch einmal starten. Eingabetaste»
22        «QUITT»
23    «SONST»
24        <strg unt>d<return 2>
25    «EWENN»
26    «BESTIMMEN was=""»
27    «SOLANGE was<>"M" UND was<>"T"»
28        «ABFRAGE was=?M = Makro drucken, T = Textbaustein drucken.
           Eingabetaste»
29    «ESOLANGE»
30    «BESTIMMEN Echo="an"»
31    «MELDUNG Bildschirmeinstellungen werden vorgenommen. Bitte warten ...»
32    «BESTIMMEN Echo="aus"»
33    <strg unt>a<unten>
34    «AWENN aktiviert»
35        «BESTIMMEN Layout="ein"»
36        <return>
37    «SONST»
38        «BESTIMMEN Layout="aus"»
39        <unt>
40    «EWENN»
41    <strg unt>xl<unt>
42    <strg unt>ts<alt o>4<return>
43    <strg unt>bt<alt s>
44    «BESTIMMEN Datei=Feld»<unt 2>
45    <return><oben>
46    <strg unt>tk<alt k><alt e>
47    «AWENN Feld="ja"»
```

```
48        l
49   «SONST»
50        el
51   «EWENN»
52   <return 2>
53   <strg unt>tu<alt r><tab 2><leertaste><return>
54   druckdatum<f3>,<leertaste>druckzeit<f3><oben>
55   «AWENN was="M"»
56        Makro
57   «SONST»
58        Textbaustein
59   «EWENN»
60   -Datei:<leertaste>«ProgrammVz»\«Datei»<pos1>
61   <strg unt>
62   «AWENN was="M"»
63        mb<unten 2>
64        «PAUSE Zu druckendes Makro markieren. Eingabetaste»
65   «SONST»
66        bt<unten 2>
67        «PAUSE Zu druckenden Textbaustein markieren. Eingabetaste»
68   «EWENN»
69   «BESTIMMEN Echo="an"»
70   «MELDUNG Bitte warten ...»
71   «BESTIMMEN Echo="aus"»
72   «AWENN was="M"»
73        <alt n>
74   «SONST»
75        <alt t>
76   «EWENN»
77   «BESTIMMEN Name=Feld»<tab>
78   «BESTIMMEN Tastenschlüssel=Feld»<unt>
79   <return><oben>
80   Tastenschlüssel:<leertaste>
81   «AWENN Tastenschlüssel=""»
82        ^<->
83   «SONST»
84        «Tastenschlüssel»
85   «EWENN»
86   <pos1><return><oben><strg r>
87   «AWENN was="M"»
88        Makro
89   «SONST»
90        Textbaustein
91   «EWENN»
92   -Name:<leertaste>«Name»<tab>Seite<leertaste>seite<f3>
93   <strg ende><oben>
94   «Name»^^<f3>
95   <strg unt>dd1<alt b>a<return>
96   «AWENN MZeile="nein"»
97        <menü>ab<alt e><return>
98   «EWENN»
99   «AWENN Layout="ein"»
100       <strg unt>ay
101  «EWENN»
102  <strg unt>dsn
```

Siehe auch: *Kapitelabschnitte 21.2, 21.3, 21.6, 29.3*

20.2.2 Auflistung aller Makro-Texte und Textbausteine einer Datei

Wenn Sie alle Makros bzw. Textbausteine der *aktuellen* Makro/Textbaustein-Datei drucken wollen, können Sie zwar den Befehl *Datei Drucken* verwenden. Der Einsatz des folgenden Makros bietet Ihnen aber mehr.

Das Makro *maktbs-druck-alles*: Ihr Nutzen

Wenn Sie Ihre Makro-Texte und Textbausteine mit dem Makro *maktbs-druck-alles* ausdrucken, haben Sie den Vorteil, daß wie beim Einzelausdruck in einem Kopfzeilenblock alle wichtigen Informationen zusammengefaßt werden. Das Makro übernimmt wieder alle Arbeitsschritte, so daß Sie nur noch den mehr oder weniger großen Papierstapel aus dem Ablagefach des Druckers zu nehmen brauchen.

Einsatz des Makros *maktbs-druck-alles*

1.   Starten Sie das Makro mit dem Tastenschlüssel < strg m > l.

2.   Befolgen Sie die Anweisungen in den Dialogfeldern und in der Meldungszeile. Bestätigen Sie Ihre Eingaben mit der Eingabetaste.

3.   Solange Ihr Drucker läuft, können Sie in der Meldungszeile ablesen, welcher Makro-Text bzw. Textbaustein gerade gedruckt wird.

Wie das Makro *maktbs-druck-alles* funktioniert

Zunächst werden die Benutzung der Word 5.0-Funktionstasten sowie die Bildschirmaktualisierung ausgeschaltet (6-7) und dann alle geöffneten Dialogfelder geschlossen (8-10). Danach wird die Meldungszeile eingeschaltet, sofern das nicht bereits der Fall war (11-18); dabei wird der Anfangsstatus der Meldungszeile-Option festgehalten, um ihn später wiederherstellen zu können (128-130).

Nachdem ein neues Fenster geöffnet worden ist (20-25), wird in einer Schleife abgefragt, ob Makros oder Textbausteine gedruckt werden sollen (26-29). Danach werden die Druckwarteschlange (33-40) und der Layoutmodus ausgeschaltet (41-48), sofern das nicht bereits der Fall war; dabei wird der jeweilige Anfangsstatus festgehalten, um ihn später wieder herstellen zu können (131-133 bzw. 134-136). Anschließend wird der Einfügemodus eingeschaltet (49).

Nun werden vier Kopfzeilen formatiert, in die Word-Textbausteine *Druckdatum* und *Druckzeit* sowie der Datei-Name mit dem Verzeichnispfad eingesetzt werden (50-74).

Im Listenfeld des Dialogfeldes *Makro bearbeiten* (79) bzw. *Textbaustein* (81) werden nun in einer Schleife (84-126) nacheinander alle Namen und Tastenschlüssel bestimmt (92-93) und ebenfalls in die Kopfzeilen eingesetzt (94-107). Anschließend wird der Makro-Text bzw. Textbaustein in das Fenster geladen (108-109).

Nach der Ausführung des Druckbefehls (113) werden Name und Tastenschlüssel gelöscht (114-15) und durch Wiederholung der Schleife die neuen Werte bestimmt. Die Schleife wird solange durchlaufen, bis alle Texte gedruckt sind.

Danach wird der Anfangsstatus der Meldungszeile-Option, der Druckwarteschlange und des Layoutmodus wiederhergestellt (128-136). Mit dem Schließen des Fensters wird das Makro beendet (137).

```
 1   «KOMMENTAR»
 2   Makro-Funktion: Alle Makros oder Textbausteine einer Datei drucken
 3   Makro-Name: maktbs-druck-alles
 4   Makro-Tastenschlüssel: <strg m>l
 5   «EKOMMENTAR»
 6   «BESTIMMEN Word5Tasten="aus"»
 7   «BESTIMMEN Echo="aus"»
 8   «SOLANGE Dialogfeld<>""»
 9        <unt>
10   «ESOLANGE»
11   <strg unt>ab<tab 10>
12   «AWENN Feld="ja"»
13        «BESTIMMEN MZeile="ja"»
14        <unt>
15   «SONST»
16        «BESTIMMEN MZeile="nein"»
17        <alt e><return>
18   «EWENN»
19   «BESTIMMEN Fenster=9»
20   «AWENN Fenster=9»
21        «ABFRAGE Antwort=?Es sind bereits 9 Fenster geöffnet. Ein Fenster
             schließen und Makro noch einmal starten. Eingabetaste»
22        «QUITT»
23   «SONST»
24        <strg unt>d<return 2>
25   «EWENN»
26   «BESTIMMEN was=""»
27   «SOLANGE was<>"M" UND was<>"T"»
```

```
28      «ABFRAGE was=?M = Makros drucken, T = Textbausteine drucken.
        Eingabetaste»
29  «ESOLANGE»
30  «BESTIMMEN Echo="an"»
31  «MELDUNG Bildschirmeinstellungen werden vorgenommen. Bitte warten ...»
32  «BESTIMMEN Echo="aus"»
33  <strg unt>de<alt w>
34  «AWENN Feld="nein"»
35      «BESTIMMEN Schlange="ein"»
36      <return>
37  «SONST»
38      «BESTIMMEN Schlange="aus"»
39      <unt>
40  «EWENN»
41  <strg unt>a<unten>
42  «AWENN aktiviert»
43      «BESTIMMEN Layout="ein"»
44      <return>
45  «SONST»
46      «BESTIMMEN Layout="aus"»
47      <unt>
48  «EWENN»
49  <strg unt>xl<unt>
50  <strg unt>ts<alt o>4<return>
51  <strg unt>
52  «AWENN was="M"»
53      mb
54  «SONST»
55      bt
56  «EWENN»
57  <alt s>
58  «BESTIMMEN Datei=Feld»<unt 2>
59  <return><oben>
60  <strg unt>tk<alt k><alt e>
61  «AWENN Feld="ja"»
62      l
63  «SONST»
64      el
65  «EWENN»
66  <return 2>
67  <strg unt>tu<alt r><tab 2><leertaste><return>
68  druckdatum<f3>,<leertaste>druckzeit<f3><oben>
69  «AWENN was="M"»
70      Makro
71  «SONST»
72      Textbaustein
73  «EWENN»
74  -Datei:<leertaste>«ProgrammVz»\«Datei»<pos1>
75  «BESTIMMEN Nummer=0»
76  «BESTIMMEN ganzerName=""»
77  <strg unt>
78  «AWENN was="M"»
79      mb
80  «SONST»
81      bt<unten>
82  «EWENN»
83  <unten 2>
84  «SOLANGE ganzerName<>Feld»
```

```
85          «BESTIMMEN ganzerName=Feld»
86          «BESTIMMEN Nummer=Nummer+1»
87          «AWENN was="M"»
88               <alt n>
89          «SONST»
90               <alt t>
91          «EWENN»
92          «BESTIMMEN Name=Feld»<tab>
93          «BESTIMMEN Tastenschlüssel=Feld»<unt>
94          <return><oben>
95          Tastenschlüssel:<leertaste>
96          «AWENN Tastenschlüssel=""»
97               ^<->
98          «SONST»
99               «Tastenschlüssel»
100       . «EWENN»
101         <pos1><return><oben><strg r>
102         «AWENN was="M"»
103              Makro
104         «SONST»
105              Textbaustein
106         «EWENN»
107         -Name:<leertaste>«Name»<tab>Seite<leertaste>seite<f3>
108         <strg ende><oben>
109         «Name»^^<f3>
110         «BESTIMMEN Echo="an"»
111         «MELDUNG Der Text "«Name»" wird gedruckt. Bitte warten ...»
112         «BESTIMMEN Echo="aus"»
113         <strg unt>dd1<alt b>a<return>
114         <alt rücktaste><lösch>
115         <strg pos1><alt f10><f8><alt f10><lösch>
116         <strg unt>
117         «AWENN was="M"»
118              mb
119         «SONST»
120              bt<unten>
121         «EWENN»
122         <unten 2>
123         «WIEDERHOLE Nummer»
124              <unten>
125         «EWIEDERHOLE»
126   «ESOLANGE»
127   <unt>
128   «AWENN MZeile="nein"»
129        <strg unt>ab<alt e><return>
130   «EWENN»
131   «AWENN Schlange="ein"»
132        <strg unt>de<alt w><return>
133   «EWENN»
134   «AWENN Layout="ein"»
135        <strg unt>ay
136   «EWENN»
137   <strg unt>dsn
```

20.2.3   Verzeichnisse aller Makro- und Textbaustein-Namen einer Datei erstellen

Wenn Sie Makros und Textbausteine erstellen, müssen Sie irgendwann einen Namen und möglicherweise einen Tastenschlüssel festlegen, unter dem Ihr Produkt gespeichert wird. Dabei kann es vorkommen, daß Sie sich für einen Namen oder einen Tastenschlüssel - oder auch für beides - entscheiden, den Sie schon einmal vergeben haben.

Das Makro *maktbs-name-tastensch*: Ihr Nutzen

Durch den Einsatz des Makros können Sie unterschiedlich sortierte Listen von Namen und Tastenschlüsseln von Makros und Textbausteinen erstellen lassen und so noch freie Namen und Tastenschlüssel sehr schnell ermitteln. Sie brauchen dadurch nicht jedesmal erneut im Listenfeld der vorhandenen Makros oder Textbausteine zu blättern, um dort dann einen nicht vorhandenen Namen zu ermitteln.

Einsatz des Makros *maktbs-name-tastensch*

1.   Starten Sie das Makro mit dem Tastenschlüssel < strg m > t.

2.   Befolgen Sie die Anweisungen in den Dialogfeldern und in der Meldungszeile. Bestätigen Sie Ihre Eingaben mit der Eingabetaste.

Wie das Makro *maktbs-name-tastensch* funktioniert

Zunächst werden die Benutzung der Word 5.0-Funktionstasten sowie die Bildschirmaktualisierung ausgeschaltet (6-7) und dann alle geöffneten Dialogfelder geschlossen (8-10). Danach wird die Meldungszeile eingeschaltet, sofern das nicht bereits der Fall war (11-18); dabei wird der Anfangsstatus der Meldungszeile-Option festgehalten, um ihn später wiederherstellen zu können (128-130).

Nachdem ein neues Fenster geöffnet worden ist (20-25), wird in einer Schleife abgefragt, ob Namen und Tastenschlüssel von Makros oder von Textbausteinen gedruckt werden sollen (26-29). Danach werden die Druckwarteschlange (33-40) und der Layoutmodus ausgeschaltet (41-48), sofern das nicht bereits der Fall war; dabei wird der jeweilige Anfangsstatus festgehalten, um ihn später wieder herstellen zu können (156-158 bzw. 159-161). Anschließend wird der Einfügemodus eingeschaltet (49).

Nun werden drei Kopfzeilen formatiert, in die Word-Textbausteine *Druckdatum* und *Druckzeit* sowie der Datei-Name mit dem Verzeichnispfad eingesetzt werden (50-75).

Mit einer Schleife wird die Sortierfolge der Liste abgefragt (76-79). Je nach Entscheidung für die eine oder andere Sortierfolge wird diese in den Kopfzeilenblock eingetragen (80-90).

Im Listenfeld des Dialogfeldes *Makro bearbeiten* (99) bzw. *Textbaustein* (101) werden nun in einer Schleife (104-140) nacheinander alle Namen und Tastenschlüssel bestimmt (112-113) und je nach gewählter Sortierfolge im Fenster aufgelistet (114-120 bzw. 121-128).

Wenn als Sortierfolge die Namen gewählt wurden (78), ist die Liste bereits korrekt sortiert, da Word Makros und Textbausteine in den Listenfeldern nach Namen sortiert. Wenn als Sortierfolge aber die Tastenschlüssel gewählt worden sind (78), wird die gesamte Liste entsprechend sortiert (142-145).

Da Sortieren ein Vorgang ist, der viel Arbeitsspeicher benötigt, wird nach dem Sortiervorgang mit der reservierten Variablen *speichern*bei einer möglichen Systemmeldung die Ausführung des Befehls *Datei Alles speichern* eingeleitet (146-148).

Nachdem die Liste gedruckt worden ist (152), wird der Anfangsstatus der Meldungszeile-Option, der Druckwarteschlange und des Layoutmodus wiederhergestellt (153-161). Mit dem Schließen des Fensters wird das Makro beendet (162).

```
 1   «KOMMENTAR»
 2   Makro-Funktion: Namen und Tastenschlüssel von Makros oder Textbausteinen
       einer Datei drucken
 3   Makro-Name: maktbs-name-tastensch
 4   Makro-Tastenschlüssel: <strg m>t
 5   «EKOMMENTAR»
 6   «BESTIMMEN Word5Tasten="aus"»
 7   «BESTIMMEN Echo="aus"»
 8   «SOLANGE Dialogfeld<>""»
 9       <unt>
10   «ESOLANGE»
11   <strg unt>ab<tab 10>
12   «AWENN Feld="ja"»
13       «BESTIMMEN MZeile="ja"»
14       <unt>
15   «SONST»
16       «BESTIMMEN MZeile="nein"»
17       <alt e><return>
```

```
18   «EWENN»
19   «BESTIMMEN Fenster=9»
20   «AWENN Fenster=9»
21       «ABFRAGE Antwort=?Es sind bereits 9 Fenster geöffnet. Ein Fenster
         schließen und Makro noch einmal starten. Eingabetaste»
22       «QUITT»
23   «SONST»
24       <strg unt>d<return 2>
25   «EWENN»
26   «BESTIMMEN was=""»
27   «SOLANGE was<>"M" UND was<>"T"»
28       «ABFRAGE was=?M = Makro-Namen und Tastenschlüssel drucken, T =
         Textbaustein-Namen und Tastenschlüssel drucken. Eingabetaste»
29   «ESOLANGE»
30   «BESTIMMEN Echo="an"»
31   «MELDUNG Bildschirmeinstellungen werden vorgenommen. Bitte warten ...»
32   «BESTIMMEN Echo="aus"»
33   <strg unt>de<alt w>
34   «AWENN Feld="nein"»
35       «BESTIMMEN Schlange="ein"»
36       <return>
37   «SONST»
38       «BESTIMMEN Schlange="aus"»
39       <unt>
40   «EWENN»
41   <strg unt>a<unten>
42   «AWENN aktiviert»
43       «BESTIMMEN Layout="ein"»
44       <return>
45   «SONST»
46       «BESTIMMEN Layout="aus"»
47       <unt>
48   «EWENN»
49   <strg unt>xl<unt>
50   <strg unt>ts<alt o>4<return>
51   <strg unt>
52   «AWENN was="M"»
53       mb
54   «SONST»
55       bt
56   «EWENN»
57   <alt s>
58   «BESTIMMEN Datei=Feld»<unt 2>
59   <return><oben>
60   <strg unt>tk<alt k><alt e>
61   «AWENN Feld="ja"»
62       l
63   «SONST»
64       el
65   «EWENN»
66   <return 2>
67   <strg unt>tu<alt r><tab 2><leertaste><return>
68   druckdatum<f3>,<leertaste>druckzeit<f3><oben>
69   «AWENN was="M"»
70       Makro
71   «SONST»
72       Textbaustein
73   «EWENN»
```

```
74    -Datei:<leertaste>«ProgrammVz»\«Datei»<pos1>
75    <return><oben><strg r>
76    «BESTIMMEN Folge=""»
77    «SOLANGE Folge<>"N" UND Folge<>"T"»
78         «ABFRAGE Folge=?Liste sortiert nach: N = Namen, T = Tastenschlüssel.
          Eingabetaste»
79    «ESOLANGE»
80    «AWENN Folge="N"»
81         «BESTIMMEN Eintrag="Namen"»
82    «SONST»
83         «BESTIMMEN Eintrag="Tastenschlüssel"»
84    «EWENN»
85    «AWENN was="M"»
86         Makro
87    «SONST»
88         Textbaustein
89    «EWENN»
90    -Verzeichnis<leertaste>sortiert<leertaste>nach<leertaste>«Eintrag»<tab>Seite
      <leertaste>seite<f3>
91    <strg ende><oben>
92    «BESTIMMEN Nummer=0»
93    «BESTIMMEN ganzerName=""»
94    «BESTIMMEN Echo="an"»
95    «MELDUNG Namen und Tastenschlüssel werden aufgelistet. Bitte warten ...»
96    «BESTIMMEN Echo="aus"»
97    <strg unt>
98    «AWENN was="M"»
99         mb
100   «SONST»
101        bt<unten>
102   «EWENN»
103   <unten 2>
104   «SOLANGE ganzerName<>Feld»
105        «BESTIMMEN ganzerName=Feld»
106        «BESTIMMEN Nummer=Nummer+1»
107        «AWENN was="M"»
108             <alt n>
109        «SONST»
110             <alt t>
111        «EWENN»
112        «BESTIMMEN Name=Feld»<tab>
113        «BESTIMMEN Tastenschlüssel=Feld»<unt>
114        «AWENN Folge="N"»
115             «Name»,<leertaste>
116             «AWENN Tastenschlüssel=""»
117                  ˆ<->
118             «SONST»
119                  «Tastenschlüssel»
120             «EWENN»
121        «SONST»
122             «AWENN Tastenschlüssel=""»
123                  ˆ<->
124             «SONST»
125                  «Tastenschlüssel»
126             «EWENN»
127             ,<leertaste>«Name»
128        «EWENN»
129        <return>
```

```
130        <strg unt>
131        «AWENN was="M"»
132               mb
133        «SONST»
134               bt<unten>
135        «EWENN»
136        <unten 2>
137        «WIEDERHOLE Nummer»
138               <unten>
139        «EWIEDERHOLE»
140   «ESOLANGE»
141   <unt>
142   «AWENN Folge="T"»
143        <strg pos1><strg unten 3><f8><strg ende>
144        <strg unt>xo<return>
145   «EWENN»
146   «AWENN speichern»
147        <strg unt>da
148   «EWENN»
149   «BESTIMMEN Echo="an"»
150   «MELDUNG Die Liste wird gedruckt. Bitte warten ...»
151   «BESTIMMEN Echo="aus"»
152   <strg unt>dd1<alt b>a<return>
153   «AWENN MZeile="nein"»
154        <strg unt>ab<alt e><return>
155   «EWENN»
156   «AWENN Schlange="ein"»
157        <strg unt>de<alt w><return>
158   «EWENN»
159   «AWENN Layout="ein"»
160        <strg unt>ay
161   «EWENN»
162   <strg unt>dsn
```

Anwendung: *Verzeichnisse der Makros und Textbausteine im Anhang*

Siehe auch: *Kapitelabschnitte 21.2, 21.3, 21.6, 29.3*

21 Makro-Module und Makro-Textbausteine

21.1 Die Verwendung der Makro-Module

Einige Befehle und viele Optionen in mehreren Dialogfeldern können den Status "ein" oder "aus" haben: Befehle sind dann entweder aktiviert oder nicht und Optionen markiert oder nicht.

Wenn der Status solcher Befehle oder Optionen in einem Makro berücksichtigt werden muß, ist er an der entsprechenden Stelle im Makro-Ablauf zu prüfen und eventuell zu verändern. Dabei ist der Anfangsstatus zu berücksichtigen und am Ende des Makros gegebenenfalls wieder herzustellen.

Um nicht jedesmal die ganze Prozedur von neuem eingeben zu müssen, können Sie diese Statusprüfung und -änderung in Form von Makro-Modulen aus Ihren Makros heraus aufrufen. Dabei stehen Ihnen jeweils zwei Module zur Verfügung:

1. Ein Modul mit der Bezeichnung ...-*anfang* prüft den Anfangsstatus des Befehls bzw. der Option und verändert ihn nötigenfalls.

2. Ein zweites, korrespondierendes Modul mit der Bezeichnung ...-*ende* stellt den ursprünglichen Status wieder her, falls er zuvor verändert worden ist.

Alle Makro-Module befinden sich in der Makro-/Textbaustein-Datei M-TOOLS.TBS. Ein Inhaltsverzeichnis dieser Datei finden Sie im Anhang.

Einsatz der Module

Sie können diese Module dadurch einsetzen, daß Sie zwei Aufrufsequenzen in Ihr Makro einzufügen: mit der ersten wird das *anfang*-Modul aufgerufen, mit der zweiten das korrespondierende *ende*-Modul. Um die Aufrufsequenzen einzufügen, machen Sie folgendes:

1.   Laden Sie den Makro-Text, in den Sie die Aufrufsequenzen für die Module einfügen wollen, in ein Fenster.

2.   Schreiben Sie an den Anfang des Makro-Textes eine Aufrufsequenz für das gewünschte *anfang*-Modul (Befehl *Makro Ausführen* oder F3-Methode; Kapitelabschnitt 4.1).

3.   Schreiben Sie direkt vor diese Aufrufsequenz die Makro-Anweisung «BESTIMMEN Echo="aus"», um den Ablauf des Moduls zu beschleunigen. (Die Anweisung gibt's übrigens als Textbaustein; Kapitelabschnitt 21.4.)

4.   Schreiben Sie an das Ende des Makro-Textes eine Aufrufsequenz für das zugehörige *ende*-Modul (Befehl *Makro Ausführen* oder F3-Methode).

5.   Beachten Sie, daß sich die beiden Module in derselben Makro-Datei befinden, wie das Makro, in das Sie die Aufrufsequenzen eingefügt haben.

Einfügen der Modultexte

Die Makro-Module lassen sich zwar aus anderen Makros heraus aufrufen. Falls Sie sie aber nicht aufrufen wollen, sondern als Makro-Textbaustein *direkt* in einem Makro-Text einfügen möchten, machen Sie folgendes:

1.   Schreiben Sie den Namen des Moduls an die Stelle in Ihrem Makro-Text, wo die Modulfunktion benötigt wird.

2.   Setzen unmittelbar hinter den Namen das Zirkumflexzeichen (^).

3.   Drücken Sie die Funktionstaste F3.

21.2   Module für schaltbare Menübefehle

Das Menü *Ansicht* enthält sechs Befehle, die bei ihrer Ausführung einen Status ein- oder ausschalten. Die Funktion dieser Befehle finden Sie in Ihrem Word-Handbuch beschrieben.

▌ Wie die *Anfang*-Module funktionieren

Nach Markieren des Befehlsnamens im Menü Ansicht (6) wird mit der Booleschen Variablen *aktiviert* geprüft, ob der Befehl aktiviert, also der Status eingeschaltet ist (7). Wenn das der Fall ist, wird der Variablen in der BESTIMMEN-Anweisung der Wert *"ein"* zugewiesen (8) und dann der Befehl ausgeführt (9). Dadurch wird der Status ausgeschaltet.

Wenn die Prüfung ergibt, daß er nicht eingeschaltet ist (10), erhält die Variable den Wert aus (11), und der Befehl wird abgebrochen (12).

▌ Wie die *Ende*-Module funktionieren

Wenn die Variable im Anfang-Modul den Wert *"ein"* hat (6), bedeutet das, daß der Status vor Beginn des Makro-Ablaufs eingeschaltet war; mit dem ersten Modul ist er deshalb ausgeschaltet worden. Um diesen Zustand wieder herzustellen, wird jetzt der entsprechende Befehl ausgeführt (7), also der Status wieder eingeschaltet. Falls er vor Beginn des Makro-Ablaufs ausgeschaltet war, wird die Makro-Reaktion (7) nicht ausgeführt, weil die Bedingung in Zeile 6 nicht erfüllt ist.

21.2.1   Der Befehl *Ansicht Gliederung*

Das Modul *gliederung-anfang*

```
 1    «KOMMENTAR»
 2    Makro-Funktion: Gliederungsansicht prüfen und ggf. ausschalten
 3    Makro-Name: gliederung-anfang
 4    Makro-Tastenschlüssel:
 5    «EKOMMENTAR»
 6    <strg unt>a
 7    «AWENN aktiviert»
 8        «BESTIMMEN Gliederung="ein"»
 9        <return>
10    «SONST»
11        «BESTIMMEN Gliederung="aus"»
12    <unt>
13    «EWENN»
```

Das Modul *gliederung-ende*

```
1    «KOMMENTAR»
2    Makro-Funktion: Gliederungsansicht auf Anfangsstatus setzen
3    Makro-Name: gliederung-ende
4    Makro-Tastenschlüssel:
5    «EKOMMENTAR»
6    «AWENN Gliederung="ein"»
7         <strg unt>ag
8    «EWENN»
```

21.2.2   Der Befehl *Ansicht Layout*

Das Modul *layout-anfang*

```
1    «KOMMENTAR»
2    Makro-Funktion: Layoutmodus prüfen und ggf. ausschalten
3    Makro-Name: layout-anfang
4    Makro-Tastenschlüssel:
5    «EKOMMENTAR»
6    <strg unt>a<unten>
7    «AWENN aktiviert»
8         «BESTIMMEN Layout="ein"»
9         <return>
10   «SONST»
11        «BESTIMMEN Layout="aus"»
12   <unt>
13   «EWENN»
```

Das Modul *layout-ende*

```
1    «KOMMENTAR»
2    Makro-Funktion: Layoutmodus auf Anfangsstatus setzen
3    Makro-Name: layout-ende
4    Makro-Tastenschlüssel:
5    «EKOMMENTAR»
6    «AWENN Layout="ein"»
7         <strg unt>ay
8    «EWENN»
```

Anwendung: Kapitelabschnitte 20.2, 28.1

21.2.3 Befehl *Ansicht Zeichenleiste*

Das Modul *leiste-anfang*

```
 1    «KOMMENTAR»
 2    Makro-Funktion: Einblendung der Zeichenleiste prüfen und ggf. ausschalten
 3    Makro-Name: leiste-anfang
 4    Makro-Tastenschlüssel:
 5    «EKOMMENTAR»
 6    <strg unt>a<unten 2>
 7    «AWENN aktiviert»
 8        «BESTIMMEN Leiste="ein"»
 9        <return>
10    «SONST»
11        «BESTIMMEN Leiste="aus"»
12    <unt>
13    «EWENN»
```

Das Modul *leiste-ende*

```
 1    «KOMMENTAR»
 2    Makro-Funktion: Einblendung der Zeichenleiste auf Anfangsstatus setzen
 3    Makro-Name: leiste-ende
 4    Makro-Tastenschlüssel:
 5    «EKOMMENTAR»
 6    «AWENN Leiste="ein"»
 7        <strg unt>az
 8    «EWENN»
```

21.2.4 Befehl *Ansicht Lineal*

Das Modul *lineal-anfang*

```
 1    «KOMMENTAR»
 2    Makro-Funktion: Einblendung des Lineals prüfen und ggf. ausschalten
 3    Makro-Name: lineal-anfang
 4    Makro-Tastenschlüssel:
 5    «EKOMMENTAR»
 6    <strg unt>a<unten 3>
 7    «AWENN aktiviert»
 8        «BESTIMMEN Lineal="ein"»
 9        <return>
```

```
10    «SONST»
11        «BESTIMMEN Lineal="aus"»
12    <unt>
13    «EWENN»
```

Das Modul *lineal-ende*

```
1    «KOMMENTAR»
2    Makro-Funktion: Einblendung des Lineals auf Anfangsstatus setzen
3    Makro-Name: lineal-ende
4    Makro-Tastenschlüssel:
5    «EKOMMENTAR»
6    «AWENN Lineal="ein"»
7        <strg unt>al
8    «EWENN»
```

21.2.5   Befehl *Ansicht Statuszeile*

Das Modul *zeile-anfang*

```
1    «KOMMENTAR»
2    Makro-Funktion: Einblendung der Statuszeile prüfen und ggf. ausschalten
3    Makro-Name: zeile-anfang
4    Makro-Tastenschlüssel:
5    «EKOMMENTAR»
6    <strg unt>a<unten 4>
7    «AWENN aktiviert»
8        «BESTIMMEN Zeile="ein"»
9        <return>
10    «SONST»
11        «BESTIMMEN Zeile="aus"»
12    <unt>
13    «EWENN»
```

Das Modul *zeile-ende*

```
1    «KOMMENTAR»
2    Makro-Funktion: Einblendung der Statuszeile auf Anfangsstatus setzen
3    Makro-Name: zeile-ende
4    Makro-Tastenschlüssel:
5    «EKOMMENTAR»
6    «AWENN Zeile="ein"»
7        <strg unt>ai
8    «EWENN»
```

21.2.6   Befehl *Ansicht Fußnoten/Anmerkung*

Die beiden Module zur Prüfung der Fußnoten- bzw. Anmerkungsfenster
funktionieren grundsätzlich wie die oben beschriebenen auch. Im Unterschied
zu diesen wird aber hier der aktivierte Befehl *nicht* ausgeschaltet, weil ja das
Fußnotenfenster geöffnet sein soll. Sollte der Befehl aber nicht eingeschaltet,
also kein Fenster geöffnet sein, wird er eingeschaltet und damit ein Fenster
geöffnet.

Das Modul *fußfenster-anfang*

```
 1    «KOMMENTAR»
 2    Makro-Funktion: Prüfen, ob Fußnotenfenster geschlossen und ggf. öffnen
 3    Makro-Name: fußfenster-anfang
 4    Makro-Tastenschlüssel:
 5    «EKOMMENTAR»
 6    <strg unt>a<unten 5>
 7    «AWENN aktiviert»
 8        «BESTIMMEN Fußfenster="ein"»
 9        <unt>
10    «SONST»
11        «BESTIMMEN Fußfenster="aus"»
12    <return>
13    «EWENN»
```

Das Modul *fußfenster-ende*

```
 1    «KOMMENTAR»
 2    Makro-Funktion: Status des Fußnotenfensters auf Anfangsstatus setzen
 3    Makro-Name: fußfenster-ende
 4    Makro-Tastenschlüssel:
 5    «EKOMMENTAR»
 6    «AWENN fußfenster="aus"»
 7        <strg unt>af
 8    «EWENN»
```

21.3   Module zur Statusprüfung von Dialogfeld-Optionen

In den Dialogfeldern der Befehle *Ansicht Bildschirmeinstellungen* und *Extras
Einstellungen* befinden sich mehrere Optionen, die für das einwandfreie bzw.

optimale Funktionieren von Makros ein- bzw. ausgeschaltet sein müssen. Worum es dabei im einzelnen geht, ist bei den Modulen beschrieben.

▌ Wie die *Anfang*-Module funktionieren

Zunächst wird mit dem Befehl das Dialogfeld geöffnet und die Option gewählt (6). Wenn Sie eingeschaltet ist (7), wird der Variablen in der BESTIMMEN-Anweisung der Wert *"ja"* zugewiesen (8) und der Befehl abgebrochen (9). Ist die Option ausgeschaltet (10), erhält die Variable den Wert *"nein"* (11). Danach wird die Option eingeschaltet und der Befehl ausgeführt (12).

Dieser Ablauf zeigt die eine Möglichkeit der Statusprüfung: Das Optionsfeld wird der Tab-Taste angewählt, dann wird der Status geprüft. Diese erste Variante finden Sie in den Modulen der Abschnitte 21.3.1 - 21.3.3. Eine andere Möglichkeit - um auch diese zu zeigen - sehen Sie weiter unten beim *warteschlange*-Modul.

▌ Wie die *Ende*-Module funktionieren

Wenn die Variable den Wert *"nein"* hat (6), war die Option vor Beginn des Makro-Ablaufs ausgeschaltet; mit dem *anfang*-Modul ist sie deshalb eingeschaltet worden. Um diesen Zustand wieder herzustellen, wird im Dialogfeld die Option ausgeschaltet (7). Falls sie vor Beginn des Makros bereits eingeschaltet war, wird diese Makro-Reaktion (7) nicht ausgeführt, weil die Bedingung in Zeile 6 nicht erfüllt ist.

21.3.1   Dialogfeld-Option *Meldungszeile*

Meldungen, die Sie während des Makro-Ablaufs durch die Makro-Anweisung MELDUNG präsentieren wollen, erscheinen am unteren Bildschirmrand in der Meldungszeile. Mitteilungen an den Makro-Benutzer mit Hilfe der PAUSE-Anweisung sind ebenfalls dort zu sehen. Allerdings nur dann, wenn die Meldungszeile überhaupt eingeblendet ist. Das geschieht durch die Option *Meldungszeile* im Dialogfeld *Einblenden* des Befehls *Ansicht Bildschirmeinstellungen*.

Damit gewährleistet ist, daß Ihre Makro-Botschaft überhaupt ankommt, muß die *Meldungszeile*-Option eingeschaltet sein. Das Makro muß also den Status dieser Option prüfen und gegebenenfalls einschalten. Nach Beendigung des Makros sollte der ursprüngliche Zustand wieder hergestellt werden.

Das Modul *mzeile-anfang*

```
 1    «KOMMENTAR»
 2    Makro-Funktion: Option Meldungszeile prüfen und ggf. einschalten
 3    Makro-Name: mzeile-anfang
 4    Makro-Tastenschlüssel:
 5    «EKOMMENTAR»
 6    <strg unt>ab<tab 10>
 7    «AWENN Feld="ja"»
 8        «BESTIMMEN MZeile="ja"»
 9        <unt>
10    «SONST»
11        «BESTIMMEN MZeile="nein"»
12        <alt e><return>
13    «EWENN»
```

Das Modul *mzeile-ende*

```
 1    «KOMMENTAR»
 2    Makro-Funktion: Option Meldungszeile auf Anfangsstatus setzen
 3    Makro-Name: mzeile-ende
 4    Makro-Tastenschlüssel:
 5    «EKOMMENTAR»
 6    «AWENN MZeile="nein"»
 7        <menü>ab<alt e><return>
 8    «EWENN»
```

21.3.2 Dialogfeld-Option *Seitenumbruch im Hintergrund*

Wenn ein Dokument mehr als eine Seite lang ist, muß festgelegt werden, an welcher Stelle des Dokuments eine neue Seite beginnt, also wo ein Seitenumbruch erfolgt. Dazu bietet Word zwei Möglichkeiten: Sie selbst können den Umbruch mit dem Befehl *Extras Seitenumbruch* vornehmen, oder Sie lassen Word das tun.

Für den zweiten Fall muß die Option *Seitenumbruch im Hintergrund* im Dialogfeld *Einstellungen* des Befehls *Extras Einstellungen* eingeschaltet sein. Das ist dann wichtig, wenn Sie mit dem Befehl Bearbeiten *Gehe zu* bzw. der Funktionstaste F5 schnell zu bestimmten Seiten in Ihrem Dokument springen wollen. Wenn der Cursor mit einem Makro bewegt werden soll, muß gewährleistet sein, daß die *Seitenumbruch*-Option vor der entsprechenden Makro-sequenz eingeschaltet ist.

Das Modul *umbruch-anfang*

```
1    «KOMMENTAR»
2    Makro-Funktion: Option Seitenumbruch prüfen und ggf. einschalten
3    Makro-Name: umbruch-anfang
4    Makro-Tastenschlüssel:
5    «EKOMMENTAR»
6    <menü>xe<tab 3>
7    «AWENN Feld="ja"»
8        «BESTIMMEN Umbruch="ja"»
9        <unt>
10   «SONST»
11       «BESTIMMEN Umbruch="nein"»
12       <alt s><return>
13   «EWENN»
```

Das Modul *umbruch-ende*

```
1    «KOMMENTAR»
2    Makro-Funktion: Option Seitenumbruch auf Anfangsstatus setzen
3    Makro-Name: umbruch-ende
4    Makro-Tastenschlüssel:
5    «EKOMMENTAR»
6    «AWENN Umbruch="nein"»
7        <menü>xe<alt s><return>
8    «EWENN»
```

Anwendung: Kapitelabschnitt 26.7

21.3.3   Dialogfeld-Option
Automatische Abfrage für Datei-Info

Wenn ein Dokument zum ersten Mal gespeichert wird, wird sowohl bei den Befehlen *Datei Speichern* und *Datei Speichern unter* das Dialogfeld *Speichern unter* geöffnet. Wenn Sie darin den Dateinamen eingegeben und den Befehl mit der Eingabetaste ausgeführt haben, erscheint möglicherweise das Dialogfeld *Datei-Info für [Dateiname]*. Geöffnet wird es aber nur dann, wenn im Dialogfeld *Einstellungen* des Befehls *Extras Einstellungen* die Option *Automatische Abfrage für Datei-Info* eingeschaltet ist.

Wird ein Dokument durch ein Makro gespeichert, kann es ebenfalls sinnvoll sein, Eingaben in das Dialogfeld *Datei-Info* zu ermöglichen. Wie beim

"Handbetrieb" gilt auch hier, daß die Automatische *Abfrage*-Option eingeschaltet sein muß. Damit das auf jeden Fall gewährleistet ist, muß spätestens
vor dem Speichern-Befehl des Makros die *Abfrage*-Option eingeschaltet sein.

Das Modul *info-anfang*

```
 1    «KOMMENTAR»
 2    Makro-Funktion: Option Datei-Info-Abfrage prüfen und ggf. einschalten
 3    Makro-Name: info-anfang
 4    Makro-Tastenschlüssel:
 5    «EKOMMENTAR»
 6    <menü>xe<tab 4>
 7    «AWENN Feld="ja"»
 8         «BESTIMMEN Info="ja"»
 9         <unt>
10    «SONST»
11         «BESTIMMEN Info="nein"»
12         <alt a><return>
13    «EWENN»
```

Das Modul *info-ende*

```
 1    «KOMMENTAR»
 2    Makro-Funktion: Option Datei-Info-Abfrage auf Anfangsstatus setzen
 3    Makro-Name: info-ende
 4    Makro-Tastenschlüssel:
 5    «EKOMMENTAR»
 6    «AWENN Info="nein"»
 7         <menü>xe<alt a><return>
 8    «EWENN»
```

Anwendung: Kapitelabschnitt 25.8

In ähnlicher Weise wie die beiden eben beschriebenen Module, aber mit der
umgekehrten Wirkung funktionieren die beiden folgenden. Sie werden eingesetzt, wenn das Dialogfeld *Datei-Info* nicht präsentiert werden soll. Dazu
wird der Status der Option geprüft (5) und ausgeschaltet (8), falls er vor der
Prüfung eingeschaltet war (6).

Das Modul *info-anfang-ohne*

```
 1    «KOMMENTAR»
 2    Makro-Funktion: Option Datei-Info-Abfrage prüfen und ggf. ausschalten
 3    Makro-Name: info-anfang-ohne
 4    Makro-Tastenschlüssel:
 5    «EKOMMENTAR»
 6    <menü>xe<tab 4>
```

```
 7    «AWENN Feld="ja"»
 8         «BESTIMMEN Info="ja"»
 9         <alt a><return>
10    «SONST»
11         «BESTIMMEN Info="nein"»
12         <unt>
13    «EWENN»
```

Das Modul *info-ende-ohne*

```
1    «KOMMENTAR»
2    Makro-Funktion: Option Datei-Info-Abfrage "ohne" auf Anfangsstatus setzen
3    Makro-Name: info-ende-ohne
4    Makro-Tastenschlüssel:
5    «EKOMMENTAR»
6    «AWENN Info="ja"»
7         <menü>xe<alt a><return>
8    «EWENN»
```

Anwendung: *Kapitelabschnitte 24.2, 29.2*

21.3.4   Dialogfeld-Option *Druckwarteschlange benutzen*

Wenn Sie mit Word weiterarbeiten wollen, während ein Dokument gedruckt
wird, muß im Dialogfeld des Befehls *Datei Druckereinrichtung* die Option
Druckerwarteschlange benutzen markiert, also eingeschaltet sein. In
bestimmten Fällen kann es nützlich sein, Dokumente ohne die Warteschlange
auszudrucken. Dazu muß dann die genannte Option ausgeschaltet sein. Das
folgende Modul prüft diese Einstellung und schaltet die Option gegebenenfalls
aus.

Hier ist die zweite Möglichkeit realisiert, den Status eines Optionsfeldes zu
prüfen: Das Optionsfeld wird mit Hilfe des hervorgehobenen Buchstabens
aktiviert und damit zugleich ein- bzw. ausgeschaltet, dann wird der Status
geprüft. Jetzt muß allerdings die Bedingungsprüfung invertiert werden:
«AWENN Feld="nein"» bedeutet nun, daß die Option vor der Aktivierung
eingeschaltet war. Die andere Möglichkeit - mit der nicht invertierten Bedingungsprüfung - finden Sie weiter oben im Text beim Modul *mzeile-anfang*.

Das Modul *warteschlange-anfang*

```
 1    «KOMMENTAR»
 2    Makro-Funktion: Status Druckwarteschlange prüfen und ggf. ausschalten
 3    Makro-Name: warteschlange-anfang
 4    Makro-Tastenschlüssel:
 5    «EKOMMENTAR»
 6    <strg unt>de<alt w>
 7    «AWENN Feld="nein"»
 8         «BESTIMMEN Schlange="ein"»
 9         <return>
10    «SONST»
11         «BESTIMMEN Schlange="aus"»
12         <unt>
13    «EWENN»
```

Das Modul *warteschlange-ende*

```
 1    «KOMMENTAR»
 2    Makro-Funktion: Warteschlange auf Anfangsstatus setzen
 3    Makro-Name: warteschlange-ende
 4    Makro-Tastenschlüssel:
 5    «EKOMMENTAR»
 6    «AWENN Schlange="ein"»
 7         <strg unt>dw<alt w><return>
 8    «EWENN»
```

Anwendung: *Kapitelabschnitt 20.2*

21.3.5   Dialogfeld-Option zur freien Verwendung

Falls Sie weitere Makro-Module zur Manipulation von Dialogfeld-Optionen einsetzen wollen, können Sie diese mit Hilfe des folgenden Textbausteins erstellen. Er ist unter dem Namen *option* in der Textbaustein-Datei M-TOOLS.TBS abgelegt. Sie können damit Makro-Module erstellen.

▌ Die einzelnen Schritte

1. Laden Sie den Textbaustein *option* in ein Fenster (Befehl *Bearbeiten Textbaustein* oder F3-Methode; Kapitelabschnitt 4.1).

2. Schreiben Sie anstelle der drei Sterne (2) den Word-Befehl zur Öffnung des gewünschten Dialogfeldes einschließlich der Tab-Tasten zur Markierung der zu prüfenden Option.

3. Wenn die markierte Option eingeschaltet werden soll, lassen Sie den Rest des Textbausteins unverändert.

    Wollen Sie aber eine markierte Option ausschalten, ersetzen Sie den Variablenwert *"nein"* durch *"ja"* (4).

4. Wenn Sie Ihrem Makro-Modul eine KOMMENTAR-Sequenz voranstellen wollen, können Sie entweder vor der BESTIMMEN-Anweisung (1) den Textbaustein *anfang* einfügen und ihn dann vervollständigen (Kapitelabschnitt 21.6.11) oder ...

5. Speichern Sie Ihr neues Makro-Modul mit dem Makro *makro-speichern* (Kapitelabschnitt 20.1.3). Dabei wird die KOMMENTAR-Sequenz (Kapitelabschnitt 20.1) eingefügt, falls Sie das nicht schon vor dem Speichern gemacht haben.

```
1    «BESTIMMEN Echo="aus"»
2    ***
3    <return>
4    «AWENN Feld="nein"»
5        <leertaste>
6    «EWENN»
7    <return>
```

21.4   Die Verwendung der Makro-Textbausteine

Bei der Erstellung von Makro-Texten werden bestimmte Variablen immer wieder verwendet. Ebenso ist es bei den Makro-Anweisungen: Es gibt dabei Kombinationen mit Variablen, die in jedem Makro zigmal auftauchen. Um nun nicht immer wieder dieselben Textsequenzen von Hand eingeben zu müssen, lassen sich sowohl Variablennamen als auch Standardformen von Makro-Anweisungen in Form von Textbausteinen verwenden. Das hat den Vorteil, daß Schreibfehler nicht mehr auftreten können, wenn man beispielsweise regelmäßig bestimmte Buchstaben verwechslet. Pardon, verwechselt.

Um diese Textbausteine in Ihre Makro-Texte einzufügen, schreiben Sie den Namen des gewünschten Textbausteins an der Stelle, wo Sie ihn plazieren wollen, und drücken Sie danach die Funktionstaste F3. Sie können diese Makro-Texte jedoch auch mit Hilfe der Makro-Tools aus Kapitel 22 unmittelbar in Ihre Makros einfügen.

Alle Makro-Textbausteine befinden sich in der Makro/Textbaustein-Datei M-TOOLS.TBS. Ein Inhaltsverzeichnis dieser Datei finden Sie im Anhang.

21.5   Textbausteine für die reservierten Variablen

Die folgende Aufstellung zeigt alle reservierten Variablen. Die Abkürzungen dahinter sind die Namen, unter denen sie gespeichert sind. Trotz der Eingrenzung in der Überschrift auf reservierte Variablen finden Sie - am Ende der Liste - auch noch zwei definierte, die sich aufgrund ihrer Häufigkeit bewährt haben.

Falls Sie dieser Sammlung weitere Variablen als Textbausteine hinzufügen wollen, schreiben Sie den Variablennamen ohne anschließende Leertaste und speichern ihn dann unter einer leicht zu merkenden Abkürzung in eine Textbaustein-Datei (Kapitelabschnitt 3.4).

aktiviert	*ak*	*nichtgefunden*	*ng*
AktuellesVz	*av*	*Papierkorb*	*pk*
Dialogfeld	*df*	*ProgrammVz*	*pv*
Echo	*ec*	*Seite*	*se*
EinfgÜberschr	*üb*	*speichern*	*sp*
Eingabemodus	*eg*	*StartVz*	*sv*
Endmarke	*em*	*Vollbild*	*vb*
Feld	*fe*	*Word5Tasten*	*5t*
Fenster	*fs*	*Wordversion*	*wv*
gefunden	*ge*		
Hilfe	*hi*	*Antwort*	*an*
Markierung	*ma*	*Dateiname*	*da*

Funktion und Anwendung der reservierten Variablen sind ausführlich in Kapitelabschnitt 12.4 dargestellt.

21.6   Textbausteine für vorgefertigte Makro-Anweisungen

Bestimmte Makro-Anweisungen treten relativ oft in Kombination mit immer denselben Variablen auf: Mit der BESTIMMEN-Anweisung und der Variablen *Echo* ist beispielsweise die Aktualisierung der Bildschirmanzeige ein- oder auszuschalten. In solchen Fällen lohnt es sich dann, diese Kombinationen in Form von Textbausteinen zu verwenden.

Die Bedeutung der einzelnen Variablen und Anweisungen der folgenden Kombinationen ist ausführlich in den Kapiteln 12 und 13 beschrieben.

Wenn Sie weitere Kombinationen von Anweisungen und Variablen erstellen wollen, können Sie für das Schreiben der Anweisung die Anweisungen-Makros (Kapitel 22) und die Variablen-Textbausteine (Kapitelabschnitt 21.5) verwenden.

Die Namen der folgenden Textbausteine bestehen aus den gleichen Abkürzungen wie die Variablennamen (Kapitelabschnitt 21.5) und einem Zusatz, der auf den Variablenwert schließen läßt. Dabei bedeutet die Zahl 1 den Wert *"ein"* bzw. *"an"*, die Zahl 0 dementsprechend *"aus"* bzw. *"nein"*.

Die folgenden Textbausteine werden in mehr oder weniger allen Makro-Tools verwendet. Deshalb wird nicht besonders auf die Anwendungsbeispiele verwiesen. Sie finden jedoch bei nicht "alltäglichen" Textbausteinen unter dem Stichwort *Anwendung* einen entsprechenden Hinweis.

Siehe auch: Kapitel 22

21.6.1   ... mit der Variablen *Dialogfeld*

Textbaustein-Name: *dfl*

```
«SOLANGE Dialogfeld<>""»
        <unt>
«ESOLANGE»
```

Anwendung: Kapitel 20, 28.2

21.6.2   ... mit der Variablen *Echo*

Textbaustein-Name: *ec1*

```
«BESTIMMEN Echo="an"»
```

Textbaustein-Name: *ec0*

```
«BESTIMMEN Echo="aus"»
```

21.6.3   ... mit der Variablen *Eingabemodus*

Textbaustein-Name: *emb*

```
«BESTIMMEN Eingabemodus="Benutzer"»
```

Textbaustein-Name: *emm*

```
«BESTIMMEN Eingabemodus="Makro"»
```

Textbaustein-Name: *ema*

```
«BESTIMMEN Eingabemodus="abschalten"»
```

21.6.4   ... mit der Variablen *Fenster*

Textbaustein-Name: *fs9*

```
«BESTIMMEN Echo="aus"»
«BESTIMMEN Fenster=9»
«AWENN Fenster=9»
    «ABFRAGE Antwort=?Es sind bereits 9 Fenster geöffnet. Ein Fenster
    schließen und Makro noch einmal starten. Eingabetaste»
    «QUITT»
«SONST»
    <strg unt>d<return 2>
«EWENN»
```

Damit die Meldung ganz sicher ins Auge fällt, wird Sie nicht mit einer PAUSE-Anweisung präsentiert, sondern in einem eigenen Fenster. Erreicht wird dies durch Verwendung der ABFRAGE-Anweisung.

Siehe auch: Kapitelabschnitt 24.1

21.6.5   ... mit der Variablen *EinfgÜberschr*

Textbaustein-Name: *eü1*

```
«BESTIMMEN EinfgÜberschr="an"»
```

Textbaustein-Name: *eü0*

```
«BESTIMMEN EinfgÜberschr="nein"»
```

21.6.6   ... mit der Variablen *Word5Tasten*

Textbaustein-Name: *5t1*

```
«BESTIMMEN Word5Tasten="an"»
```

Textbaustein-Name: *5t0*

```
«BESTIMMEN Word5Tasten="aus"»
```

21.6.7   ... mit der Variablen *speichern*

Textbaustein-Name: *spa* (=speichern alles)

```
«AWENN speichern»
    <strg unt>da
«EWENN»
```

Anwendung: Kapitelabschnitte 20.2, 26.13, 26.23

21.6.8   ... für einen Meldungstext

Mit dem folgenden Textbaustein können Sie Meldungen, die während des Makro-Ablauf in der Meldungszeile erscheinen sollen, einfach und schnell in Ihre Makro-Texte einbauen. Sie brauchen dazu lediglich nach dem Einfügen des Textbausteins den gewünschten Meldungstext nach der MELDUNG-Anweisung zu schreiben.

Textbaustein-Name: *meldung*

```
«BESTIMMEN Echo="an"»
«MELDUNG »
«BESTIMMEN Echo="aus"»
```

Anwendung: *Kapitelabschnitte 25.1, 25.3, 26.12, 26.13, 26.15, 27.1, 28.1*
Siehe auch: *Kapitelabschnitte 24.1, 24.4*

21.6.9   ... für die Meldung *Bitte warten ...*

Der folgende Textbaustein mit dem Meldungstext "Bitte warten ..." ist im Unterschied zum obigen schon komplettiert.

Textbaustein-Name: *warten*

```
«BESTIMMEN Echo="an"»
«MELDUNG Bitte warten ...»
«BESTIMMEN Echo="aus"»
```

Anwendung: *Kapitelabschnitte 25.1, 25.3, 26.12, 26.13, 27.1, 28.1*
Siehe auch: *Kapitelabschnitte 24.1, 24.4*

21.6.10   ... für Informationen über Makros

Sie können den Textbaustein sowohl von Hand vervollständigen als auch durch die Makros, in denen er verwendet wird, ergänzen lassen.

Textbaustein-Name: *anfang*

```
«KOMMENTAR»
Makro-Funktion:
Makro-Name:
Makro-Tastenschlüssel: <strg >
«EKOMMENTAR»
```

21.6.11   ... für Ja/Nein-Entscheidungen

Fügen Sie in diesem Textbaustein zwischen die beiden Fragezeichen die Frage
bzw. Aufforderung an den Makro-Anwender ein und die Makro-Reaktionen
in die AWENN-Anweisung. Zur Verdeutlichung sind an der Einfügestelle die
Absatzmarken (¶) ausgedruckt.

Textbaustein-Name: *janein*

```
«BESTIMMEN Antwort="@"»
«SOLANGE Antwort<>"" UND Antwort<>"J"»
    «ABFRAGE Antwort=?? J oder nur Eingabetaste»
«ESOLANGE»
«AWENN Antwort="J"»
    ¶
«SONST»
    ¶
«EWENN»
```

Anwendung: *Kapitelabschnitt 20.1*

Siehe auch: *Kapitelabschnitt 29.3*

22 Makros zur Programmierung von Makro-Anweisungen

Einige Makro-Anweisungen werden in komplexeren Makros häufiger verwendet, andere weniger oft. Damit Sie nun nicht immer wieder dieselben Textsequenzen von Hand eingeben müssen, können Sie die folgenden Makros verwenden.

Das hat zwei Vorteile. Zum einen können Schreibfehler bei den Anweisungstexten nicht auftreten. Zum anderen ist damit gewährleistet, daß Makro-Anweisungen vollständig eingegeben werden. Das wirkt sich besonders dann aus, wenn Sie umfangreiche Anweisungen mit Anfangs- und Endbegriffen verschachteln. Wenn also Sie beispielsweise in einer SOLANGE-Anweisung eine AWENN-Anweisung und in dieser wiederum eine WIEDERHOLE-Anweisung verwenden, muß diese komplexe SOLANGE-Anweisung irgendwann auch wieder durch den Begriff ESOLANGE abgeschlossen werden (Kapitelabschnitt 4.4).

Durch die Makros wird der vollständige Anweisungstext geschrieben. In der einfachsten Form sieht das so aus wie beim KOMMENTAR-Makro. Umfangreicher sind die Makros, die neben den Anweisungsbegriffen noch Eingabeaufforderungen, Makro-Reaktionen usw. enthalten. Bei diesen Makros wird die Erstellung des Makro-Textes auf den Bildschirm jeweils unterbrochen, damit Sie chronologisch die weiteren Elemente des Makros eingeben können (Variablen oder Konstanten, Eingabeaufforderungen usw.). Umfangreichere Beispiele dafür sind die AWENN-Makros oder das Makro zur Erstellung der SOLANGE-Anweisung.

Bei den Makros für Anweisungen mit Makro-Reaktionen werden Sie in einem Dialogfeld aufgefordert, das Maß für den Einzug der gesamten Anweisung einzugeben. Sie können dadurch die einzelnen Anweisungstexte so plazieren, daß der fertige Makro-Text übersichtlicher wird (Kapitel 19).

Einsatz der Makros

Die Makros werden mit der F3-Methode aufgerufen (Kapitelabschnitt 4.1.1). Geben Sie also den Namen - einen oder zwei Buchstaben - an der Stelle Ihres Makro-Textes ein, an der Sie die Anweisung brauchen. Drücken Sie unmittelbar danach die Funktionstaste F3. Wenn das Makro so gestartet ist, erhalten Sie in der Meldungszeile oder in einem Dialogfeld Hinweise, was Sie eingeben bzw. sonst alles machen müssen.

Wenn Sie mit den folgenden Makros Anweisungen verschachteln wollen, starten Sie an der Stelle, wo Sie sonst eine "normale" Makro-Reaktion eingeben, das zu verschachtelnde Makro. Geben Sie dazu dessen Namen ein, drücken Sie die Funktionstaste F3 und dann die Eingabetaste. Machen Sie anschließend, wozu Sie in der Meldungszeile oder im Dialogfeld aufgefordert werden.

Achtung   Vor dem Einsatz der Makros muß die Meldungszeile sichtbar sein. Schalten Sie dazu die Option *Meldungszeile* ein (Befehl *Ansicht Bildschirmeinstellungen*).

Im folgenden sind die Makros und die jeweiligen Ergebnisse dargestellt, wie sie sich auf dem Bildschirm zeigen. Zur Verdeutlichung sind die Absatzmarken (¶) an den Stellen ausgedruckt, an denen Text einzufügen ist. In der KOMMENTAR-Sequenz finden Sie den Makro-Namen; die Makros haben keinen Tastenschlüssel.

Die Anweisungen, die Sie mit diesen Makros programmieren können, sind ausführlich in Kapitel 13 beschrieben.

22.1   Das KOMMENTAR-Makro

```
1    «KOMMENTAR»
2    Makro-Funktion: KOMMENTAR-Makro
3    Makro-Name: k
4    Makro-Tastenschlüssel:
5    «EKOMMENTAR»
6    ˆ«KOMMENTAR»
7    <return 2>
8    ˆ«EKOMMENTAR»
9    <return><oben 2>
10   «PAUSE Kommentartext eingeben. Eingabetaste»
```

So sieht die KOMMENTAR-Anweisung auf dem Bildschirm vor Eingabe Ihres Kommentartextes aus.

```
«KOMMENTAR»
¶
«EKOMMENTAR»
```

Siehe auch: *Kapitelabschnitt 21.6.10*

22.2   Das PAUSE-Makro

```
1    «KOMMENTAR»
2    Makro-Funktion: PAUSE-Makro
3    Makro-Name: p
4    Makro-Tastenschlüssel:
5    «EKOMMENTAR»
6    ^«PAUSE »<links>
7    «PAUSE Aufforderungstext eingeben. Eingabetaste»
8    <rechts><return>
```

So sieht die PAUSE-Anweisung auf dem Bildschirm vor Eingabe des Aufforderungstextes aus.

```
«PAUSE _»¶
```

22.3   Das MELDUNG-Makro

```
1    «KOMMENTAR»
2    Makro-Funktion: MELDUNG-Makro
3    Makro-Name: m
4    Makro-Tastenschlüssel:
5    «EKOMMENTAR»
6    ^«MELDUNG »<links>
7    «PAUSE Meldungstext eingeben. Eingabetaste»
8    <rechts><return>
```

So sieht die MELDUNG-Anweisung auf dem Bildschirm vor Eingabe des Meldungstextes aus.

```
«MELDUNG _»¶
```

Siehe auch: *Kapitelabschnitte 21.6.8, 21.6.9*

22.4   Das « »-Makro

```
1    «KOMMENTAR»
2    Makro-Funktion: Leere Anweisung
3    Makro-Name: v
4    Makro-Tastenschlüssel:
5    «EKOMMENTAR»
6    ˆ«
7    «PAUSE Variable eingeben (evtl. Name + F3). Eingabetaste»
8    ˆ»
9    <return>
```

So sieht das Ergebnis des Makros vor der Eingabe eines Variablen-Namens
aus...

```
«_¶
```

... und so nach Eingabe der Variablen (z. B. *Antwort*).

```
«Antwort»¶
```

22.5   Das ABFRAGE-Makro

```
1    «KOMMENTAR»
2    Makro-Funktion: ABFRAGE-Makro
3    Makro-Name: a
4    Makro-Tastenschlüssel:
5    «EKOMMENTAR»
6    ˆ«ABFRAGE »<links>
7    «PAUSE Variable eingeben (evtl. Name + F3). Eingabetaste»
8    =?
9    «PAUSE Eingabeaufforderung eingeben. Eingabetaste»
10   <rechts><return>
```

So sieht das Ergebnis des Makros nach Eingabe der Variablen aus (z. B. *Antwort*) ...

```
«ABFRAGE Antwort=?_¶
```

... und so mit der Eingabeaufforderung.

```
«ABFRAGE Antwort=?PLZ und Ort eingeben. Eingabetaste»¶
```

22.6   Das BESTIMMEN-Makro

```
1    «KOMMENTAR»
2    Makro-Funktion: BESTIMMEN-Makro
3    Makro-Name: b
4    Makro-Tastenschlüssel:
5    «EKOMMENTAR»
6    ˆ«BESTIMMEN »<links>
7    «PAUSE Variable eingeben (evtl. Name + F3). Eingabetaste»
8    =
9    «PAUSE Variable, Konstante oder mathematischen Ausdruck eingeben.
     Eingabetaste»
10   <rechts><return>
```

So sieht das Ergebnis des Makros aus, nachdem eine definierte Variable
(*Zahl*) und eine reservierte (*Feld*) eingegeben worden sind.

```
«BESTIMMEN Zahl=Feld»¶
```

Siehe auch: *Kapitelabschnitte 21.6.1 - 21.6.4*

22.7   Das AWENN-EWENN-Makro

Dieses Makro können Sie einsetzen, wenn Sie nach der Bedingungsprüfung
nur für *einen* Fall - den zutreffenden oder den nicht zutreffenden - eine
Makro-Reaktion vorgesehen haben.

```
1    «KOMMENTAR»
2    Makro-Funktion: AWENN-EWENN-Makro
3    Makro-Name: w1
4    Makro-Tastenschlüssel:
5    «EKOMMENTAR»
6    «BESTIMMEN Echo="aus"»
7    «BESTIMMEN Word5Tasten="aus"»
8    «ABFRAGE Einzug=?Einzug der gesamten Anweisung in cm eingeben. Eingabetaste»
9    <strg unt>ta<alt k>«Einzug»<return>
10   ˆ«AWENN »<return 2>ˆ«EWENN»<oben>
11   «BESTIMMEN Einzug=Einzug+1»
```

```
12    <strg unt>ta<alt k>«Einzug»<return>
13    <links 2>
14    «PAUSE Bedingung eingeben (Ausdrücke/Operationszeichen/logische Operatoren).
      Eingabetaste»
15    <unten>
16    «PAUSE Makro-Reaktion eingeben. Eingabetaste»
17    «BESTIMMEN Antwort=""»
18    «SOLANGE Antwort<>"Q"»
19        «ABFRAGE Antwort=?Q, um Eingabe der Makro-Reaktion zu beenden oder nur
           Eingabetaste»
20        «AWENN Antwort<>"Q"»
21            <return>
22            «PAUSE Weitere Makro-Reaktion eingeben. Eingabetaste»
23        «EWENN»
24    «ESOLANGE»
25    <unten 2>
```

So sieht das Ergebnis des Makros aus, bevor irgendwelche Eingaben gemacht
worden sind. Die Absatzmarke kennzeichnet den Einzug für die Makro-Reaktion, und der Cursor steht dort, wo die Bedingung einzugeben ist.

```
«AWENN _»
 ¶
«EWENN»
```

Siehe auch: *Kapitelabschnitt 22.8*

22.8   Das AWENN-SONST-EWENN-Makro

Dieses Makro können Sie einsetzen, wenn Sie nach der Bedingungsprüfung
sowohl für den zutreffenden als auch für den nicht zutreffenden Fall eine
Makro-Reaktion vorgesehen haben.

```
1     «KOMMENTAR»
2     Makro-Funktion: AWENN-SONST-EWENN-Makro
3     Makro-Name: w2
4     Makro-Tastenschlüssel:
5     «EKOMMENTAR»
6     «BESTIMMEN Echo="aus"»
7     «BESTIMMEN Word5Tasten="aus"»
8     «ABFRAGE Einzug=?Einzug der gesamten Anweisung in cm eingeben. Eingabetaste»
9     <strg unt>ta<alt k>«Einzug»<return>
10    ˆ«AWENN »<return 2>ˆ«SONST»<return 2>ˆ«EWENN»<oben>
11    «BESTIMMEN Einzug=Einzug+1»
12    <strg unt>ta<alt k>«Einzug»<return>
13    <oben 2><strg unt>ta<alt k>«Einzug»<return><links 2>
14    «PAUSE Bedingung eingeben (Ausdrücke/Operationszeichen/logische Operatoren).
      Eingabetaste»
```

```
15    <unten>
16    «PAUSE Makro-Reaktion 1 eingeben. Eingabetaste»
17    «BESTIMMEN Antwort=""»
18    «SOLANGE Antwort<>"Q"»
19        «ABFRAGE Antwort=?Q, um Eingabe von Reaktion 1 zu beenden oder nur
          Eingabetaste»
20        «AWENN Antwort<>"Q"»
21            <return>
22            «PAUSE Weitere Makro-Reaktion 1 eingeben. Eingabetaste»
23        «SONST»
24            <unten 2>
25        «PAUSE Makro-Reaktion 2 eingeben. Eingabetaste»
26        «BESTIMMEN Antwort=""»
27            «SOLANGE Antwort<>"Q"»
28                «ABFRAGE Antwort=?Q, um Eingabe der Reaktion 2 zu beenden
                   oder nur Eingabetaste»
29                «AWENN Antwort<>"Q"»
30                    <return>
31                    «PAUSE Weitere Makro-Reaktion 2 eingeben.
                       Eingabetaste»
32                «EWENN»
33            «ESOLANGE»
34        «EWENN»
35    «ESOLANGE»
36    <unten 2>
```

So sieht das Ergebnis des Makros aus, bevor irgendwelche Eingaben gemacht
worden sind. Die Absatzmarken kennzeichnen die Einzüge für die Makro-
Reaktionen, und der Cursor steht dort, wo die Bedingung einzugeben ist.

```
«AWENN _»
    ¶
«SONST»
    ¶
«EWENN»
```

Siehe auch: *Kapitelabschnitt 22.7*

22.9   Das SOLANGE-Makro

```
1    «KOMMENTAR»
2    Makro-Funktion: SOLANGE-Makro
3    Makro-Name: s
4    Makro-Tastenschlüssel:
5    «EKOMMENTAR»
6    «BESTIMMEN Echo="aus"»
7    «BESTIMMEN Word5Tasten="aus"»
8    «ABFRAGE Einzug=?Einzug der gesamten Anweisung in cm eingeben. Eingabetaste»
9    <strg unt>ta<alt k>«Einzug»<return>
```

```
10    ˆ«SOLANGE »<return 2>ˆ«ESOLANGE»<oben>
11    «BESTIMMEN Einzug=Einzug+1»
12    <strg unt>ta<alt k>«Einzug»<return>
13    <links 2>
14    «PAUSE Bedingung eingeben (Ausdrücke/Operationszeichen/logische Operatoren).
      Eingabetaste»
15    <unten>
16    «PAUSE Makro-Reaktion eingeben. Eingabetaste»
17    «BESTIMMEN Antwort=""»
18    «SOLANGE Antwort<>"Q"»
19        «ABFRAGE Antwort=?Q, um Eingabe der Reaktion zu beenden oder nur
          Eingabetaste»
20        «AWENN Antwort<>"Q"»
21            <return>
22            «PAUSE Weitere Makro-Reaktion eingeben. Eingabetaste»
23        «EWENN»
24    «ESOLANGE»
25    <unten 2>
```

So sieht das Ergebnis des Makros aus, bevor irgendwelche Eingaben gemacht
worden sind. Die Absatzmarke kennzeichnet den Einzug für die
Makro-Reaktion, und der Cursor steht dort, wo die Bedingung einzugeben ist.

```
«SOLANGE _»
¶
«ESOLANGE»
```

Siehe auch: Kapitelabschnitt 21.6.7

22.10   Das WIEDERHOLE-Makro

```
1     «KOMMENTAR»
2     Makro-Funktion: WIEDERHOLE-Makro
3     Makro-Name: wi
4     Makro-Tastenschlüssel:
5     «EKOMMENTAR»
6     «BESTIMMEN Echo="aus"»
7     «BESTIMMEN Word5Tasten="aus"»
8     «ABFRAGE Einzug=?Einzug der gesamten Anweisung in cm eingeben. Eingabetaste»
9     <strg unt>ta<alt k>«Einzug»<return>
10    ˆ«WIEDERHOLE »<return 2>ˆ«EWIEDERHOLE»<oben>
11    «BESTIMMEN Einzug=Einzug+1»
12    <strg unt>ta<alt k>«Einzug»<return>
13    <links 2>
14    «PAUSE Zahl der Ausführungen oder Variable eingeben. Eingabetaste»
15    <unten>
16    «PAUSE Makro-Reaktion eingeben. Eingabetaste»
17    «BESTIMMEN Antwort=""»
18    «SOLANGE Antwort<>"Q"»
```

```
19        «ABFRAGE Antwort=?Q, um Eingabe der Reaktion zu beenden oder nur
          Eingabetaste»
20        «AWENN Antwort<>"Q"»
21            <return>
22            «PAUSE Weitere Makro-Reaktion eingeben. Eingabetaste»
23        «EWENN»
24    «ESOLANGE»
25    <unten 2>
```

So sieht das Ergebnis des Makros aus, bevor irgendwelche Eingaben gemacht worden sind. Die Absatzmarke kennzeichnet den Einzug für die Makro-Reaktion, und der Cursor steht dort, wo die Bedingung einzugeben ist.

```
«WIEDERHOLE _»
    ¶
«EWIEDERHOLE»
```

22.11   Das QUITT-Makro

Eine kleine Vorbemerkung: Sie haben recht, wenn Sie sagen, daß die Anweisung QUITT keine variablen Elemente enthält und deshalb eigentlich "nur" ein Textbaustein ist. Wenn Sie sie aber trotzdem hier und nicht in Kapitel 21 finden, dann einfach deshalb, weil es sich um eine Anweisung handelt und ich sie der Vollständigkeit halber unter dieser Kapitelüberschrift beschrieben habe.

```
1    «KOMMENTAR»
2    Makro-Funktion: QUITT-Makro
3    Makro-Name: q
4    Makro-Tastenschlüssel:
5    «EKOMMENTAR»
6    ^«QUITT»
7    <return>
```

So sieht die QUITT-Anweisung auf dem Bildschirm aus.

```
«QUITT»
```

Wenn Sie bestimmte Kombinationen von Anweisungen und Variablen oder bestimmte Dialogfeld-Optionen häufig verwenden, lohnt es sich möglicherweise, diese als Module mit festem Inhalt in Form von Textbausteinen zu speichern. Die Makro-Textbausteine aus Kapitel 21 sind Beispiele für diese Art von Programmierhilfe.

Dabei ist es wichtig, ob Sie das Modul als Textbaustein in der Textbaustein-Datei oder als Makro-Text in der (gleichnamigen) Makro-Datei speichern. Ein Beispiel zur Verdeutlichung:

Das folgende Modul zum kontrollierten Öffnen eines Fensters (Kapitelabschnitt 21.6.6) ist als Textbaustein gespeichert.

```
1    «BESTIMMEN Echo="aus"»
2    «BESTIMMEN Fenster=9»
3    «AWENN Fenster=9»
4        «ABFRAGE Antwort=?Es sind bereits 9 Fenster geöffnet. Ein Fenster
         schließen und Makro noch einmal starten. Eingabetaste»
5        «QUITT»
6    «SONST»
7        <strg unt>d<return 2>
8    «EWENN»
```

Der Textbaustein enthält neben der Makro-Logik auch alle Formatierungs-merkmale, die den Makro-Text übersichtlich gestalten. Wenn Sie ihn in einen Makro-Text integrieren wollten, würde er dort genau so aussehen wie hier.

Anders würde das Modul aussehen, wenn es in der Makro-Datei gespeichert wäre. Es müßte um einige Dinge ergänzt werden, damit man es in der gleichen Form einfügen könnte wie der oben gezeigte Textbaustein.

```
1    ^«BESTIMMEN Fenster=9»
2    <return>
3    ^«AWENN Fenster=9»
4    <return><strg g>
5    ^«ABFRAGE Hinweis=?Es sind bereits 9 Fenster geöffnet. Ein Fenster schließen
     und Makro noch einmal starten. Eingabetaste»
6    <return>
7    ^«QUITT»
8    <return><strg m>
9    ^«SONST»
```

```
10    <return><strg g>
11    ˆ<strg unt>dˆ<return 2>
12    <return><strg m>
13    ˆ«EWENN»
```

Allen linken Winkelklammern müßte das Zirkumflexzeichen vorangestellt
werden (1, 3, 5, 7, 9, 11, 13). Wenn dabei eines vergessen würde, bekäme
man prompt eine Fehlermeldung oder nicht das gewünschte Ergebnis. Die
zusätzlichen Tastenbezeichnungen (2, 4, 6, 8, 10, 12) dienen allein der Formatierung des Makro-Textes.

Wenn Sie den Original-Textbaustein als Makro definieren wollten, müssten
Sie beim Einfügen mit der Funktionstaste F3 dem Namen des Makros das
Zirkumflexzeichen (ˆ) anhängen. Sollten Sie es aber vergessen, rollt nicht das
Modul als Textbaustein ein, sondern es läuft als Makro ab. Oder umgekehrt:
Wenn Sie das Modul nur mit der F3-Taste einsetzen wollen, definieren Sie es
als Textbaustein.

Welche der beiden Möglichkeiten die bessere ist, ...

Teil D
Makro-Praxis:
Die Makros für alle Fälle

Sie finden in diesem Teil eine umfangreiche Sammlung von Makros, mit denen Sie Ihre täglich Word-Arbeit leichter und schneller erledigen können. Aber auch beispielhafte Makro-Sequenzen zeigen, wie sich die Bearbeitung und der Einsatz von Ihrer Makros optimieren läßt.

Von der Bildschirmgestaltung über die Textbearbeitung bis zum Dateimanagement stehen Ihnen unmittelbar einsetzbare Makros zur Verfügung, die Sie aber auch einfach an Ihre individuellen Anforderungen anpassen können. Alle Makros befinden sich auf der beiliegenden Diskette in der Makro-/Textbaustein-Datei M-PRAXIS.TBS.

Die Makro-Texte in den folgenden Kapiteln sind identisch mit den gleichnamigen Makros in der Datei M-PRAXIS.TBS. Bei den Beschreibungen der Makros und Makro-Sequenzen finden Sie jedoch am Anfang jeder Zeile eine laufende Nummer. Diese Nummern haben nichts mit der Funktion zu tun. Sie dienen lediglich der Zuordnung von Makro-Text und Makro-Beschreibung.

Die Beschreibung der Makros besteht aus zwei Teilen. Der erste Teil zeigt ausführlich, wie das jeweilige Makro zu starten und was dann während des Ablaufs zu tun ist. Im zweiten Teil der Beschreibung finden Sie makrotechnische Erklärungen und Hinweise zur Funktion des Makros. Diese werden Ihnen helfen, wenn Sie das Makro verändern und so an Ihre individuelle Situation anpassen wollen.

Wie Sie Datei M-PRAXIS.TBS in Ihr Word-Verzeichnis kopieren können, ist auf den Seiten 4 - 6 ausführlich beschrieben.

Die folgende Übersicht zeigt den Inhalt von Teil D.

Übersicht Teil D

24 Bildschirmgestaltung

Die folgenden Makros und Makro-Sequenzen dienen zur Gestaltung und Einstellung des Bildschirms als optimierte Arbeitsumgebung für den Einsatz von Makros.

24.1 Alle bestehenden Fenster schließen und ein neues öffnen

Mit Word können bis zu neun Dokumente gleichzeitig bearbeitet werden; dementsprechend viele Fenster sind dann geöffnet. Wenn Sie nun irgendwann während Ihrer Arbeitssitzung "reinen Tisch" machen wollen, um in einem neuen Fenster weiterzuarbeiten, heißt das, daß Sie alle Fenster schließen, beispielsweise mit dem Befehl *Datei Alle schließen*.

Word stellt bei jedem bearbeiteten Dokument die Frage nach dem Speichern, ohne allerdings das Dokument zu präsentieren, über dessen Speicherung Sie entscheiden sollen. Möglicherweise läßt sich am Dateinamen - soweit bereits vorhanden - erkennen, worum es sich handelt. Wenn nicht oder bei einem noch unbenannten Dokument müssen Sie den Befehl abbrechen, um sich danach das entsprechende Dokument anzuschauen. Anschließend können bzw. müssen Sie den Befehl *Datei Alle schließen* noch bis zu neunmal aufrufen. Mit dem bis zu neumal zu wählenden Befehl *Datei Schließen* bzw. *Fenster Schließen* zum Schließen eines einzelnen Fensters könnten Sie die gleiche Wirkung erzielen. So oder so: Sie müssen ziemlich in die Tasten greifen.

▎ Das Makro *maximal-schließen*: Ihr Nutzen

Mit dem folgenden Makro können Sie ebenfalls alle Fenster nacheinander schließen. Sie haben aber den Vorteil, daß Sie jedes Dokument einsehen können, um dann über die Speicheraufforderung zu entscheiden. Wenn alle Fenster geschlossen sind, wird dann ein neues geöffnet.

█ Einsatz des Makros *maximal-schließen*

1. Starten Sie das Makro mit dem Tastenschlüssel < strg x > s.

2. Befolgen Sie die Anweisungen in den Dialogfeldern und in der Meldungszeile. Bestätigen Sie Ihre Eingaben mit der Eingabetaste.

3. Wenn alle Fenster geschlossen worden sind, beginnen Sie im neuen Fenster mit Ihrer Arbeit.

Achtung   Beachten Sie, daß sich die folgenden Module in derselben Makro-Datei befinden müssen, wie das Makro, aus dem Sie sie aurufen wollen: *mzeile-anfang, mzeile-ende, info-anfang, info-ende* (Kapitelabschnitte 21.1, 21.3).

█ Wie das Makro *maximal-schließen* funktioniert

Das Makro funktioniert bis auf das Öffnen eines neuen Fensters (43) und den Hinweis in der Meldungszeile (44) wie das Makro *makro-anfang* (Kapitelabschnitt 29.2).

```
1    «KOMMENTAR»
2    Makro-Funktion: Alle Fenster schließen und ein neues öffnen
3    Makro-Name: maximal-schließen
4    Makro-Tastenschlüssel: <strg x>s
5    «EKOMMENTAR»
6    «BESTIMMEN Echo="aus"»
7    «BESTIMMEN Word5Tasten="aus"»
8    <strg unt>mumzeile-anfang<return>
9    <strg unt>muinfo-anfang<return>
10   «BESTIMMEN Fenster=9»
11   «WIEDERHOLE Fenster»
12       <strg pos1>
13       «AWENN Endmarke»
14           <strg unt>ds
15       «SONST»
16           «PAUSE Schauen Sie sich das an! Wollen Sie das eventuell
             speichern? Eingabetaste»
17           <strg unt>du
18           «BESTIMMEN Dateiname=Feld»
19           «AWENN Dateiname=""»
20               <unt>
21           «BESTIMMEN Antwort="a"»
22           «SOLANGE Antwort<>"" UND Antwort<>"S"»
23               «ABFRAGE Antwort=?Dokument ist noch nicht gespeichert
                 und deshalb unbenannt. S, um zu speichern oder nur
                 Eingabetaste»
24               «AWENN Antwort="S"»
25                   <strg unt>du
```

```
26                      «PAUSE Dateinamen (eventuell mit
                        Verzeichnisnamen) eingeben. Eingabetaste»
27                      <return>
28                      «PAUSE Datei-Informationen eingeben oder nur
                        Eingabetaste»
29                      <strg umschalten unt>ds
30                  «SONST»
31                      <strg umschalten unt>dsn
32                  «EWENN»
33                «ESOLANGE»
34              «SONST»
35                  <strg umschalten unt>ds
36                  «AWENN Feld="Ja"»
37                      «PAUSE Wählen Sie J oder N, aber drücken Sie nicht die
                        ESC-Taste»
38                      <return>
39                  «EWENN»
40              «EWENN»
41          «EWENN»
42      «EWIEDERHOLE»
43      <strg unt>dn<return>
44      «PAUSE Sie können jetzt mit dem neuen Dokument beginnen. Eingabetaste»
45      <strg unt>mumzeile-ende<return>
46      <strg unt>muinfo-ende<return>
```

Siehe auch: *Kapitelabschnitte 24.2, 25.4, 29.9*

24.2   Aufsehenerregende Meldungen

Wenn ein Makro im Hintergrund des unveränderten Bildschirms zeitintensive Dinge erledigt, muß man notgedrungen warten. In der Meldungszeile werden dabei Hinweise relativ unscheinbar präsentiert. Um die Aufmerksamkeit des Anwenders auf Hinweise des Makros zu lenken, gibt es verschiedene Möglichkeiten.

 ## Schalten Sie den Blinker ein!

Eine Möglichkeit besteht darin, den Text blinken zu lassen. Das kann durch folgende Sequenz realisiert werden.

```
1    «BESTIMMEN Blinker=0»
2    «BESTIMMEN Echo="an"»
3    «SOLANGE Blinker<10»
4        «MELDUNG Datensatz «Datensatz» nicht gefunden.
5        «MELDUNG »
6        «BESTIMMEN Blinker=Blinker+1»
7    «ESOLANGE»
```

Mit dem Makro-Teil vor dieser Sequenz wird in einer größeren Datei ein bestimmter Datensatz gesucht. Wenn die Suche erfolglos beendet worden ist, erscheint in der Meldungszeile abwechselnd die Meldung, das der Datensatz soundso nicht gefunden wurde (4), und eine Leermeldung (5). Bei der Leermeldung bleibt die Meldungszeile leer. Dadurch scheint die Meldung zu blinken. Diese beiden Meldungen werden zehnmal präsentiert. Anschließend geht es im Makro weiter.

Um das x-malige Blinken zu erreichen, wird zuerst der Zähler *Blinker* auf 0 (null) gesetzt (1). Die Blinkfrequenz wird durch die Angabe *Blinker < 10* festgelegt (3). Solange dieser Wert nicht erreicht ist, werden die beiden Meldungen eingebelendet (4-5). Danach wird der Zähler *Blinker* um 1 erhöht (6), und die Meldungen werden erneut präsentiert.

■ Bringen Sie Farbe ins Bild!

Eine andere Möglichkeit ist die Farbwahl der Meldungszeile (ein entsprechender Monitor natürlich vorausgesetzt). Mit dem Befehl *Ansicht Bildschirmeinstellungen* und dann mit der Option *Farben* lassen sich Hintergrund und Text der Meldungszeile so gestalten, daß sie sich vom übrigen Bildschirm deutlich abheben.

Wenn Sie diese Einstellungen ausschließlich während des Makro-Ablaufs verwenden wollen, fügen Sie eine kleine Sequenzen in den jeweiligen Makro-Text ein. Mit dem ersten Teil der Sequenz (1-7) stellen Sie Ihre Farben ein, die Sie während des Makro-Ablaufes brauchen; mit dem zweiten Teil (8-12) stellen Sie am Ende des Makros den ursprünglichen Zustand wieder her.

Für einen Farbmonitor mit einem Farbsortiment von 16 Farben sieht das ganze folgendermaßen aus. Als Beispiel soll der Meldungszeilen-Hintergrund schwarz (Kennbuchstabe A) und der Text der Meldungszeile gelb (Kennbuchstabe O) werden.

```
1    <menü>ab<alt F><unten 19><tab 2>
2    «BESTIMMEN Hintergrund-alt=Feld»
3    A
4    <tab 3><unten><tab 2>
5    «BESTIMMEN Text-alt=Feld»
6    O
7    <unt>
     ...
8    <menü>ab<alt F><unten 19><tab 2>
9    «Hintergrund-alt»
10   <tab 3><unten><tab 2>
11   «Text-alt»
12   <unt>
```

Im Dialogfeld *Farben* (1) werden zunächst die bisherigen Farbeinstellungen bestimmt (2, 5) und dann die beiden neuen Farben festgelegt (3, 6). Anschließend läuft Ihr eigentliches Makro ab. Wenn das beendet ist, wird das Dialogfeld *Farben* noch einmal geöffnet (8) und die ursprünglichen Farben wieder eingestellt (9, 11).

Wenn Sie vor dieser Sequenz bzw. vor ihren beiden Teilen die Bildschirmaktualisierung aussschalten, geht das ganze auch ohne Flimmern vor sich.

Siehe auch: *Kapitelabschnitte 24.4, 29.16, 29.18*

 ## Machen Sie das Fenster auf!

Hinweise, die in der Meldungszeile erscheinen sollen, kann man mit den Anweisungen PAUSE und MELDUNG präsentieren (Kapitelabschnitte 13.2 und 13.3). Da dieser Platz in der Regel nur 4 % der Bildschirmfläche ausmacht, springt der Hinweis auf diesem "Flächlein" vielleicht nicht gerade ins Auge. Wirkungsvoller sind da schon die Fenster bzw. Dialogfelder, die Word mit der ABFRAGE-Anweisung öffnet.

Fügen Sie dazu an der gewünschten Stelle Ihres Makro statt einer PAUSE- oder MELDUNG-Anweisung die Anweisung ABFRAGE ein (Kapitelabschnitt 13.5). Als Abfragetext schreiben Sie das, was Sie sonst auch vorgesehen haben. Sie müssen lediglich noch einen Variablennamen eingeben. Im Unterschied zur normalen Verwendung der ABFRAGE-Anweisung erfolgt jetzt aber keine Auswertung der Variablen, d. h., es folgt keine AWENN- oder SOLANGE-Anweisung. Die entsprechende Zeile in Ihrem Makro könnte dann folgendermaßen aussehen:

```
«ABFRAGE Hinweis=?Wenn Sie die Eingabetaste drücken, geht's gleich weiter.
Also los!»
```

Auf dem Bildschirm wird das dann so präsentiert:

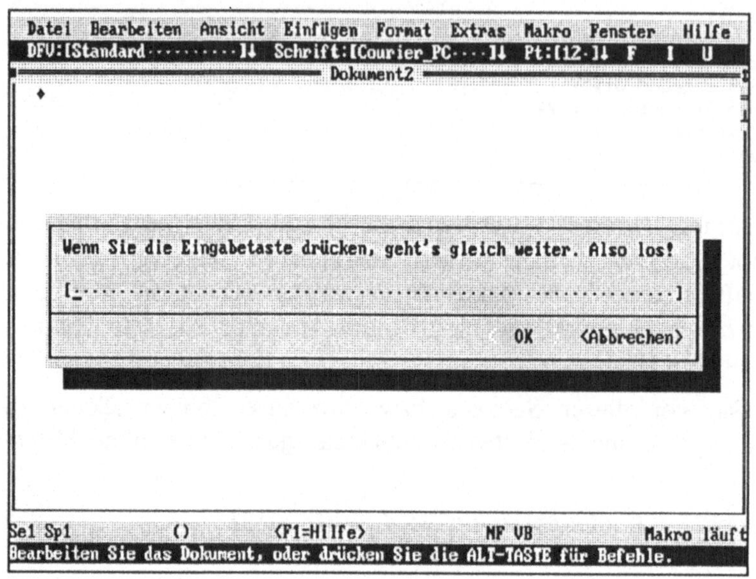

Bild 24.1: Hinweise im ABFRAGE-Fenster erscheinen auf dem
Bildschirm wirksamer

Sie haben jetzt außerdem den Vorteil, daß Sie jetzt 135 Zeichen für den Hinweistext zur Verfügung haben statt nur 80 bei PAUSE oder MELDUNG.

Wenn Sie während der Erstellung des Makros sehen möchten, wie die Abfrage in einem Dialogfeld aussieht, markieren Sie die ABFRAGE-Anweisung. Definieren Sie diesen markierten Teil als temporäres Makro (Kapitelabschnitt 29.13) und starten Sie es. Das Dialogfeld bleibt dann solange geöffnet, bis Sie die Eingabetaste drücken.

Anwendung: *Im Makro, mit dem die Makro-Dateien von der Diskette in das Word-Verzeichnis zu kopieren sind (Seite 4 - 6).*

           Außerdem: Kapitel 20, Kapitelabschnitte 21.4.6, 26.12

Siehe auch: *Kapitelabschnitt 29.15*

25 Datei-Management

Der Datei-Manager erleichtert den Umgang mit Dateien und macht bestimmte Dinge erst möglich. Mit den folgenden Makros geht's noch leichter.

25.1 Datei-Manager schneller aufrufen

Sie bearbeiten gerade ein Dokument und wollen zu diesem Dokument die Einträge im Datei-Manager einsehen. Wenn Sie es "zu Fuß" machen, müssen Sie den Befehl *Datei Datei-Manager* wählen. Anschließend suchen Sie im gleichnamigen Dialogfeld mit der Option *Suchen* die gewünschte Datei. Nachdem Sie sie gefunden haben, müssen Sie möglicherweise mit Hilfe der Option *Optionen* das Optionsfeld *Datei-Info* auf *Komplett* schalten bzw. direkt die Option *Datei-Info* wählen. Nach all den Schritten, oder besser gesagt: Handgriffen (im Sinne des Wortes), haben Sie dann möglicherweise das Ergebnis vor sich.

Falls Sie sich aber während der vielen Handarbeit einmal vertippt haben sollten, bekommen Sie vielleicht Informationen zu einem Dokument, die Sie ja gar nicht wollten. Hatten Sie Ihr Dokument aber noch nicht gespeichert, wenn es also noch keinen Namen hat, sind Sie gar nicht erst so weit gekommen.

Das Makro *d-manager-aufruf*: Ihr Nutzen

Mit dem Makro *d-manager-aufruf* gelangen Sie aus dem aktuellen Fenster direkt in das Dialogfeld *Datei-Manager* mit der kompletten Anzeige der Datei-Informationen. Falls Ihr Dokument noch unbenannt ist, bietet Ihnen das Makro vorher die Möglichkeit, es unter dem gewünschten Namen zu speichern.

■ Einsatz des Makros *d-manager-aufruf*

1. Starten Sie das Makro mit dem Tastenschlüssel < strg d > a.

2. Befolgen Sie die Anweisungen in den Dialogfeldern und in der Meldungszeile. Bestätigen Sie Ihre Eingaben mit der Eingabetaste.

Wenn Sie jetzt die Einträge im Datei-Manager gleich noch einmal sehen wollen, können Sie die Funktionstaste F4 drücken. Das Makro läuft dann noch einmal ab, wenn Sie noch nichts anderes auf dem Bildschirm gemacht haben. Schneller geht es allerdings in diesem Fall mit dem Befehl *Datei Datei-Manager*.

Achtung Beachten Sie, daß sich die folgenden Module in derselben Makro-Datei befinden müssen, wie das Makro, aus dem Sie sie aufrufen wollen: *mzeile-anfang, mzeile-ende, info-anfang, info-ende* (Kapitelabschnitte 21.1, 21.3).

■ Wie das Makro *d-manager-aufruf* funktioniert

Zunächst werden die Bildschirmaktualisierung ausgeschaltet (6) sowie die Module zur Statusprüfung der Optionen *Meldungszeile* (7) und *Datei-Info* aufgerufen (8). Um den Anfangsstatus dieser Optionen wieder herzustellen, werden später korrespondierende Module aufgerufen (27-28 bzw. 38-39).

Nach dem Modulaufruf wird dann im Dialogfeld *Speichern unter* geprüft (14), ob bereits ein Dateiname vorhanden ist. Falls das zutrifft (32), wird der Dateiname bestimmt (31). Andernfalls wird in einer Schleife abgefragt (18-31), ob das Dokument gespeichert werden soll. Mit dieser Schleife wird verhindert, daß das Makro durch Fehleingaben ungewollt beendet wird.

Wenn es nicht gespeichert werden soll, wird das Makro nach Herstellung des Anfangsstatus der oben genannten Optionen beendet (26-30). Bei einer Entscheidung für das Speichern (20) wird der Dateiname abgefragt (21) und das Dokument unter diesem Namen gespeichert (23-24).

Nachdem das Dokument nun so oder so einen Namen hat·(21 oder 33), kann der Datei-Manager aufgerufen werden. Dabei werden mit der Option *Datei-Info Komplett* alle Datei-Informationen angezeigt (35). Die PAUSE-Anweisung unterbricht den Makro-Ablauf zur Kontrolle bzw. Eingabe von Einträgen (36). Das Makro wird mit der Herstellung des Anfangsstatus der oben genannten Optionen beendet (38-39).

```
 1    «KOMMENTAR»
 2    Makro-Funktion: Datei-Manager aus dem aktuellen Dokument aufrufen
 3    Makro-Name: d-manager-aufruf
 4    Makro-Tastenschlüssel: <strg d>a
 5    «EKOMMENTAR»
 6    «BESTIMMEN Echo="aus"»
 7    <strg unt>mumzeile-anfang<return>
 8    <strg unt>muinfo-anfang<return>
 9    <menü>df<alt O>«ProgrammVz»<tab 2>
10    «AWENN Feld="ja"»
11        <leertaste>
12    «EWENN»
13    <return><unt>
14    <strg unt>du
15    «AWENN Feld=""»
16        <unt>
17        «BESTIMMEN Antwort="@"»
18        «SOLANGE Antwort<>"S" UND Antwort<>""»
19            «ABFRAGE Antwort=?Dokument ist noch nicht gespeichert und deshalb
              nicht im Datei-Manager. S, um zu speichern oder nur die
              Eingabetaste»
20            «AWENN Antwort="S"»
21                «ABFRAGE Dateiname=?Dateinamen mit Verzeichnisnamen
                  eingeben - aber ohne «ProgrammVz\». Eingabetaste»
22                «BESTIMMEN Dateiname=ProgrammVz "\" Dateiname»
23                <strg unt>du
24                «Dateiname»<return 2>
25            «EWENN»
26            «AWENN Antwort=""»
27                <strg unt>mumzeile-ende<return>
28                <strg unt>muinfo-ende<return>
29                «QUITT»
30            «EWENN»
31        «ESOLANGE»
32    «SONST»
33        «BESTIMMEN Dateiname=Feld»
34    «EWENN»
35    <strg unt>dm<alt u>«Dateiname»<return><alt o><alt T><return>
36    «PAUSE Option <Datei-Info>, um weitere Informationen einzugeben oder nur
      Eingabetaste»
37    <unt>
38    <strg unt>mumzeile-ende<return>
39    <strg unt>muinfo-ende<return>
```

Siehe auch: *Kapitelabschnitte 25.3, 25.4, 29.3*

25.2   Datei-Manager für den nächsten Einsatz optimieren

Mit dem Datei-Manager lassen sich Dokumente nach ganz bestimmten
Kriterien suchen. Je nach Suchkriterium dauert der Suchlauf unter Umständen

relativ lange. Nach erfolgreicher Suche - oder auch nicht - verlassen Sie den Datei-Manager wieder. Wenn Sie ihn nun das nächste Mal wieder aufrufen, wird das Dialogfeld *Datei-Manager* möglicherweise sofort geöffnet. Es kann jedoch auch sein, daß Sie nach der Befehlswahl in der Meldungszeile zuerst eine Zeitlang die Meldung *Dokumente werden gesucht...* sehen; anschließend erscheint vielleicht noch der Hinweis *Sortieren...* . Und das alles, weil Word - je nachdem, was Sie seit dem letzten Suchlauf gemacht haben - den Lauf durch die vielen Verzeichnisse noch einmal startet. Und der hat ja letztes Mal schon gedauert ...

▌ Das Makro *d-manager-norm*: Ihr Nutzen

Durch den Einsatz des Makros wird die Zeit verkürzt, die Word braucht, um das Dialogfeld des Datei-Managers zu öffnen. Das geschieht dadurch, daß die die Kriterien für die Dateisuche soweit wie möglich vereinfacht bzw. reduziert werden. Dazu sucht das Makro nach den TXT-Dateien im Word-Verzeichnis.

▌ Einsatz des Makros *d-manager-norm*

Starten Sie das Makro mit dem Tastenschlüssel < strg d > n.

Sie können das Makro aus einem Dokumentenfenster, aus dem leeren Arbeitsbildschirm ohne Fenster und aus einem Dialogfeld heraus starten.

▌ Wie das Makro *d-manager-norm* funktioniert

Zunächst wird die Bildschirmaktualisierung ausgeschaltet (6), alle geöffneten Dialogfelder geschlossen (7-9) und dann der Datei-Manager aufgerufen (10). Zur Beschleunigung des Sortiervorgangs werden folgende Optionen eingestellt: *Sortieren nach Verzeichnis* und *Datei-Info Kurz* (10). Der Suchlauf wird immer in dem Verzeichnis ausgeführt, in dem Sie Word installiert haben, unabhängig davon, wie Sie dieses Verzeichnis benannt haben. Möglich ist das durch die Verwendung der reservierten Variablen *ProgrammVz* (11).

```
1    «KOMMENTAR»
2    Makro-Funktion: Datei-Manager durch Standardeinstellung für nächsten Aufruf
     vorbereiten
3    Makro-Name: d-manager-norm
```

```
 4    Makro-Tastenschlüssel: <strg d>n
 5    «EKOMMENTAR»
 6    «BESTIMMEN Echo="aus"»
 7    «SOLANGE Dialogfeld<>""»
 8        <unt>
 9    «ESOLANGE»
10    <strg unt>dm<alt o><alt v><alt k><return>
11    <alt
      u>«ProgrammVz»<tab><lösch><tab><lösch><tab><lösch><tab><lösch><tab><lösch><t
      ab><lösch><return>
12    <unt>
```

25.3 Textteile als Datei-Info für den Datei-Manager verwenden

Dateinamen sollen Rückschlüsse auf den Inhalt des Dokuments ermöglichen. Die Chancen, so die richtige Datei zu finden, sind jedoch wegen der 8 erlaubten Zeichen eines Dateinamens recht eingeschränkt. Der Datei-Manager von Word bietet die Möglichkeit, weitere Informationen zu einem Dokument als *Datei-Info* zusammen mit dem Dokument zu speichern. Diese können dann beim späteren Suchen eines Dokuments bzw. einer Datei weiterhelfen. Das ganze hat allerdings einen kleinen Haken: Man muß diszipliniert und konsequent Informationen eintragen. Das können Sie sich von Word in Form eines Makros abnehmen lassen.

Das Makro *d-manager-eintrag*: Ihr Nutzen

Sie brauchen lediglich den Textteil zu markieren, den Sie als Datei-Info verwenden möchten. Die Übernahme in den Datei-Manager und den Eintrag an der richtigen Stelle erledigt dann das Makro. Anschließend gelangen Sie wieder zu Ihrem Dokument zurück.

Einsatz des Makros *d-manager-eintrag*

1. Starten Sie das Makro mit dem Tastenschlüssel < strg d > e.

2. Befolgen Sie die Anweisungen in den Dialogfeldern und in der Meldungszeile. Bestätigen Sie Ihre Eingaben mit der Eingabetaste.

3. Bearbeiten Sie nun Ihr Dokument weiter.

Achtung Beachten Sie, daß sich die folgenden Module in derselben Makro-Datei befinden müssen, wie das Makro, aus dem Sie sie aufrufen wollen: *mzeile-anfang, mzeile-ende, info-anfang, info-ende* (Kapitelabschnitte 21.1, 21.3).

Wie das Makro *d-manager-eintrag* funktioniert

Zunächst werden die Bildschirmaktualisierung ausgeschaltet (6) sowie die Module zur Statusprüfung der Optionen *Meldungszeile* und *Datei-Info* aufgerufen (7-8). Um den Anfangsstatus dieser Optionen wieder herzustellen, werden später korrespondierende Module aufgerufen (23-24 bzw. 32-33).

Nach dem Modulaufruf werden anschließend mit der Makro-Funktion TEIL die ersten 40 Zeichen der markierten Zeichenkette (7) bestimmt und der Variablen *Eintrag* zugeordnet (8). Die vielleicht naheliegende Verwendung der reservierten Variablen *Markierung* anstelle der Funktion TEIL würde möglicherweise weitere Fenster desselben Dokuments öffnen und Textfragmente undefinierbar in das Dokument einfügen.

Im Dialogfeld *Speichern unter* wird geprüft (9), ob bereits ein Dateiname vorhanden ist. Falls das zutrifft (26), wird der Dateiname bestimmt (27). Andernfalls wird in einer Schleife abgefragt (11-21), ob das Dokument gespeichert werden soll. Mit dieser Schleife wird verhindert, daß das Makro durch Fehleingaben ungewollt beendet wird.

Wenn es nicht gespeichert werden soll, wird das Makro nach der Herstellung des Anfangsstatus der oben genannten Optionen beendet (20-24). Bei Entscheidung für das Speichern (15) wird der Dateiname abgefragt (16) und das Dokument unter diesem Namen gespeichert (17-18).

Nachdem das Dokument nun so oder so einen Namen hat (15 oder 27), kann der Datei-Manager aufgerufen werden. Dort wird der aktuelle Wert der Variablen *Eintrag* eingefügt. Das Makro wird mit der Herstellung des Anfangsstatus der oben genannten Optionen beendet (32-33).

Achtung	Word gibt bei diesem Makro einige Einschränkungen vor:

Von Ihrem markierten Textabschnitt werden die ersten 40 Zeichen (einschließlich Leerstellen) als Eintrag übernommen; der Rest wird abgeschnitten, weil das Textfeld *Titel* im Dialogfeld *Datei-Info* nicht mehr Zeichen faßt.

Falls der markierte Textabschnitt eine Tabulatormarke enthält, wird im Dialogfeld *Datei-Info* alles, was links von der Tabulatormarke stand, in das Textfeld *Titel* eingetragen und alles, was rechts davon war, in das nächste Textfeld *Autor* (insgesamt 40 Zeichen).

Wenn der markierte Text eine Absatzmarke enthält, werden nur die Zeichen links davon als *Datei-Info* verwendet.

```
 1    «KOMMENTAR»
 2    Makro-Funktion: Textteile aus Dokumenten für Datei-Manager übernehmen
 3    Makro-Name: d-manager-eintrag
 4    Makro-Tastenschlüssel: <strg d>e
 5    «EKOMMENTAR»
 6    «BESTIMMEN Echo="aus"»
 7    <strg unt>mumzeile-anfang<return>
 8    <strg unt>muinfo-anfang<return>
 9    «PAUSE Textabschnitt für Eintrag im Datei-Manager markieren. Eingabetaste»
10    «BESTIMMEN Eintrag=TEIL(Markierung;1;40)»
11    <strg unt>du
12    «AWENN Feld=""»
13        <unt>
14        «BESTIMMEN Antwort="ə"»
15        «SOLANGE Antwort<>"" UND Antwort<>"S"»
16            «ABFRAGE Antwort=?Dokument ist noch nicht gespeichert und deshalb
              unbenannt. S, um zu speichern oder nur Eingabetaste, um Makro zu
              beenden.»
17            «AWENN Antwort="S"»
18                «ABFRAGE Dateiname=?Dateinamen eingeben (evtl. mit
                  Verzeichnisnamen). Eingabetaste»
19                <strg unt>du
20                «Dateiname»<return 2>
21            «EWENN»
22            «AWENN Antwort=""»
23                <strg unt>mumzeile-ende<return>
24                <strg unt>muinfo-ende<return>
25                «QUITT»
26            «EWENN»
27        «ESOLANGE»
28    «SONST»
29        «BESTIMMEN Dateiname=Feld»
30    «EWENN»
31    <strg unt>dm<alt u>«Dateiname»<return><alt i>«Eintrag»<alt i><return><unt>
32    <strg unt>mumzeile-ende<return>
33    <strg unt>muinfo-ende<return>
```

Eine alternative Möglichkeit zum Einfügen in das Textfeld *Titel* besteht darin,
den markierten Text im Textfeld *Kommentar* eintragen zu lassen. Sie haben
dann den Vorteil, daß Sie anstelle der 40 Zeichen für den *Titel* bis zu 220
Zeichen für den *Kommentar* verwenden können. Dazu brauchen Sie dann nur
im obigen Makro-Text die Zeilen 8 und 31 durch die folgenden zu ersetzen:

```
...
 8.    «BESTIMMEN Eintrag=TEIL(Markierung;1;220)»
...
31.    <strg unt>dm<alt u>«Dateiname»<return><alt i><alt k>«Eintrag»<alt
       i><return><unt>
```

▌ Kombination mit anderen Makros

Das Makro kann mit einem der beiden Makros aus Kapitelabschnitt 25.4
kombiniert werden; mit den dort beschriebenen Makros lassen sich Namen
von Bearbeitern eines Dokuments in das Dialogfeld *Datei-Info* eintragen. Das
bedeutet, daß Sie nach Beendigung des oben beschriebenen Makros eines der
beiden Makros aufrufen lassen. Sie brauchen dazu nur einen der Makro-
Tastenschlüssel ans Ende des obigen Makro-Textes zu schreiben. Dessen
Textende würde dann - ergänzt um die Zeile 34 - folgendermaßen aussehen:

```
...
33     <strg unt>muinfo-ende<return>
34     <strg z>e
```

Siehe auch: *Kapitelabschnitte 25.1, 25.4, 29.3*

25.4   Bearbeiter-Namen in die
Kurzinformationen eintragen

Mit Hilfe des Datei-Managers kann der Name eines Verfassers zusammen mit
dem Dokument gespeichert werden. Damit läßt sich einerseits der Verfasser
eines Dokuments identifizieren, und andererseits kann der Name später als
Suchkriterium verwendet werden, wenn im Fall von mehreren Bearbeitern ein
bestimmtes Dokument gefunden werden soll. Im Dialogfeld *Datei-Info* des
Befehls *Datei Datei-Dateimanager* läßt sich der Name in den Textfeldern

Autor bzw. *Bearbeiter* eintragen. In beiden Fällen stehen 40 Zeichen zur Verfügung.

Wie alle optionalen Einträge in das Dialogfeld *Datei-Info* nützt auch der Namenseintrag nur dann etwas, wenn er gemacht worden ist. Um den Eintrag zu erleichtern, wird sinnvollerweise ein Makro eingesetzt.

Die Makros *zeichen-eintrag* und *namen-eintrag*: Ihr Nutzen

Sie können die Makros aus unterschiedlichen Situationen heraus aufrufen: aus einem leeren Fenster noch vor der Erstellung eines Dokuments; aus einem noch unbenannten Dokument, das Sie gerade bearbeiten; aus einem bereits benannten Dokument heraus. Auf jeden Fall brauchen Sie nur Ihr Namenszeichen einzugeben, und das jeweilige Makro ergänzt dann das Dialogfeld *Datei-Info*.

Für den Eintrag des Verfassernamens im Datei-Manager gibt es drei Möglichkeiten:

▸ Als Name wird ein Kurzzeichen wie Diktat- oder Korrespondenzzeichen eingegeben, das vom Makro eingetragen wird. Aus diesem Kurzzeichen kann man auf die Person des Autors bzw. Bearbeiters schließen.

▸ Eingegeben wird zwar ein Kurzzeichen, aber das Makro trägt einen diesem Kurzzeichen zugeordneten vollständigen Namen ein.

▸ Der Name wird vom Makro übernommen, da er bereits im Dokument vorhanden ist. Das ist dann möglich, wenn es sich um einen Brief handelt, der mit Hilfe eines Makros geschrieben wird.

Entsprechend diesen drei Möglichkeiten können Sie auch zwei unterschiedliche Makro-Varianten und eine Makro-Sequenz einsetzen.

25.4.1 Das Makro zur Eingabe eines Kurzeichens

Einsatz des Makros *zeichen-eintrag*

1. Starten Sie das Makro mit dem Tastenschlüssel < strg z > e.

2. Befolgen Sie die Anweisungen in den Dialogfeldern und in der Meldungszeile. Bestätigen Sie Ihre Eingaben mit der Eingabetaste.

Achtung   Beachten Sie, daß sich das Modul *dateiname-prüf* in derselben Makro-Datei befinden muß, wie das Makro, aus dem Sie es aufrufen wollen (Kapitelabschnitt 25.8).

Wie das Makro *zeichen-eintrag* funktioniert

Zunächst wird die Bildschirmaktualisierung ausgeschaltet (6). Damit auf jeden Fall ein Namenszeichen eingegebenen wird, befindet sich die Abfrage des Namenszeichens (9) in einer Schleife (8-10), die erst verlassen wird, wenn nicht die Eingabetaste allein gedrückt worden ist.

Mit dem Makro-Modul *dateiname-prüf*, das anschließend aufgerufen wird (11), wird geprüft, ob das Dokument bereits gespeichert worden ist, also schon einen Dateinamen hat (dazu ausführlich Kapitelabschnitt 25.8).

Anschließend oder wenn Sie das Dokument schon vor Aufruf des Makros gespeichert hatten, wird der Datei-Manager aufgerufen (15). Im Dialogfeld *Datei-Info* wird in das Textfeld *Autor* das Namenszeichen eingetragen (16), das Sie zuvor (9) eingegeben hatten.

```
 1    «KOMMENTAR»
 2    Makro-Funktion: Namenskennzeichen des Autors im Datei-Manager eintragen
 3    Makro-Name: zeichen-eintrag
 4    Makro-Tastenschlüssel: <strg z>e
 5    «EKOMMENTAR»
 6    «BESTIMMEN Echo="aus"»
 7    «BESTIMMEN Zeichen=""»
 8    «SOLANGE Zeichen=""»
 9        «ABFRAGE Zeichen=?Namenszeichen eingeben und Eingabetaste»
10    «ESOLANGE»
11    <strg unt>mudateiname-prüf<return>
12    «AWENN Ende="ja"»
13        «QUITT»
14    «EWENN»
15    <strg unt>dm<alt u>«Dateiname»<return>
16    <alt i><tab>«Zeichen»<return><unt>
```

Anpassung des Makros *zeichen-eintrag* an Ihre Situation

Wenn Sie das Namenszeichen nicht im Textfeld *Autor* einfügen lassen wollen, ändern Sie in Zeile 18 die Tastenbezeichnung < tab > so, daß Sie ein anderes Textfeld erreichen. Um das Namenszeichen beispielsweise in das Textfeld *Bearbeiter* zu bekommen, müßte die Tastenbezeichnung < tab 2 > heißen.

25.4.2 Das Makro zur Eingabe des vollständigen Namens

█ Einsatz des Makros *namen-eintrag*

1. Starten Sie das Makro mit dem Tastenschlüssel < strg m > e.

2. Befolgen Sie die Anweisungen in den Dialogfeldern und in der Meldungszeile. Bestätigen Sie Ihre Eingaben mit der Eingabetaste.

Achtung Beachten Sie, daß sich die folgenden Module in derselben Makro-Datei befinden müssen, wie das Makro, aus dem Sie sie aufrufen wollen: *dateiname-prüf, mzeile-ende, info-ende* (Kapitelabschnitte 21.1, 21.3, 25.8)

█ Wie das Makro *namen-eintrag* funktioniert

Die Funktion der beiden Makros *zeichen-eintrag* und *namen-eintrag* ist grundsätzlich die gleiche. Bei der Abfrage des Namenszeichens und der Auswertung der Abfrage unterscheiden sie sich:

Mit der Schleife (8-10) wird nicht nur geprüft, ob Namenszeichen eingegeben wurden; es müssen auch ganz bestimmte sein. Im vorliegenden Beispiel sind es die Zeichen AB, CD oder EF. Solange nicht eines dieser drei Namenszeichen eingegeben worden ist, wird die Eingabeaufforderung immer wieder präsentiert.

Wenn eines der drei zulässigen Namenszeichen eingegeben worden ist, erfolgt die Zuordnung von Namenszeichen und vollständigem Namen (15-17 bzw. 18-20 bzw. 21-23). Der korrespondierende Name wird nach dem Aufruf des Datei-Managers im Textfeld *Autor* eingetragen.

```
 1   «KOMMENTAR»
 2   Makro-Funktion: Namen des Autors im Datei-Manager eintragen
 3   Makro-Name: namen-eintrag
 4   Makro-Tastenschlüssel: <strg m>e
 5   «EKOMMENTAR»
 6   «BESTIMMEN Echo="aus"»
 7   «BESTIMMEN Zeichen=""»
 8   «SOLANGE Zeichen<>"AB" UND Zeichen<>"CD" UND Zeichen<>"EF"»
 9       «ABFRAGE Zeichen=?Namenszeichen eingeben und Eingabetaste»
10   «ESOLANGE»
11   <strg unt>mudateiname-prüf<return>
12   «AWENN Ende="ja"»
```

```
13           «QUITT»
14     «EWENN»
15     «AWENN Zeichen="AB"»
16           «BESTIMMEN Name="Alpha Bravo"»
17     «EWENN»
18     «AWENN Zeichen="CD"»
19           «BESTIMMEN Name="Charlie Delta"»
20     «EWENN»
21     «AWENN Zeichen="EF"»
22           «BESTIMMEN Name="Echo Foxtrott"»
23     «EWENN»
24     <strg unt>dm<alt u>«Dateiname»<return>
25     <alt i><tab>«Name»<return><unt>
```

▌ Anpassung des Makros *namen-eintrag* an Ihre Situation

Sie müssen den Makro-Text an zwei Stellen anpassen: Geben Sie in Zeile 8 anstelle der Zeichen AB, CD oder EF diejenigen Zeichen ein, die Sie als zulässige verwenden wollen. Für jedes als zulässig definiertes Zeichen fügen Sie dann an Stelle der Zeilen 15-23 eine AWENN-EWENN-Anweisung ein, in der Sie dem Zeichen den Verfassernamen zuordnen.

Zum Eintrag in bestimmte Textfelder des Dialogfeldes *Datei-Info* gilt hier das gleiche wie oben beim Makro *zeichen-eintrag*.

▌ Kombination mit anderen Makros

Die Makros können mit dem Makro *d-manager-eintrag* kombiniert werden (Kapitelabschnitt 25.3). Das bedeutet, daß Sie nach Beendigung eines der oben beschriebenen Makros das Makro *d-manager-eintrag* aufrufen lassen. Sie brauchen dazu nur dessen Makro-Tastenschlüssel <strg d>e ans Ende eines der Makro-Texte (*zeichen-eintrag* und/oder *namen-eintrag*) zu schreiben. Wenn Sie das Makro *namen-eintrag* verwenden wollten, würde dessen Textende dann - ergänzt um die Zeile 26 - folgendermaßen aussehen:

```
...
25     <alt i><tab>«Name»<return><unt>
26     <strg d>e
```

25.4.3 Makro-Sequenz zur Übernahme des Namens aus anderen Makros

Die folgende Sequenz ist ein Ausschnitt aus einem Makro, mit dessen Hilfe Korrespondenz schnell und komfortabel erledigt werden kann. Aus dem Text eines Briefes wird der Name in der Schlußformel in das gewünschte Textfeld des Dialogfeldes *Datei-Info* übertragen.

```
1.    ...
2.    <alt f10>
3.    «BESTIMMEN Name=Markierung»
4.    ...
5.    <strg unt>dm<alt u>«Dateiname»<return>
6.    <alt i><tab>«Name»<tab 3>«Empfänger»,«PLZ»<leertaste«Ort»<return>
7.    ...
```

Nachdem einige Dinge durch das Makro erledigt worden sind (1), wird der Name - es können auch zwei sein (Bild 25.1) - in der Schlußformel markiert (2) und der Variablen *Name* zugeordnet.

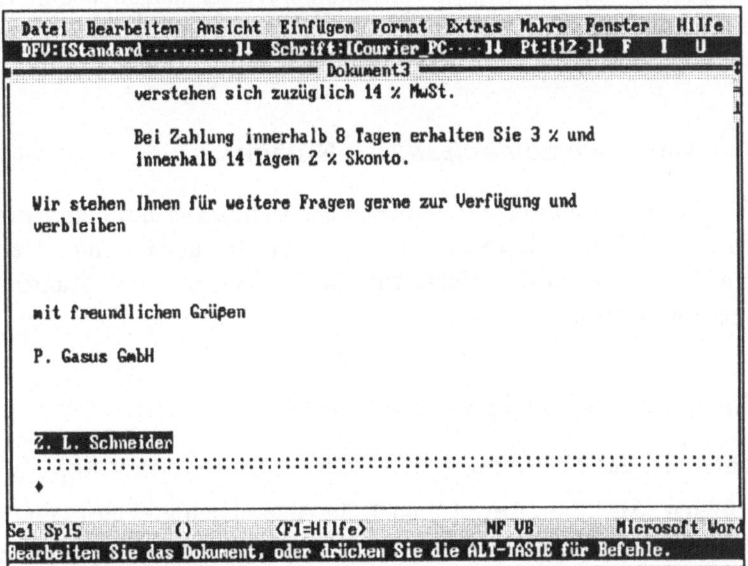

Bild 25.1: Aus einem Text werden während des Schreibens Informationen für den Datei-Manager übernommen

Im weiteren Verlauf wird dann der Datei-Manager aufgerufen (5) und der Wert der Variablen *Name* in das Textfeld *Autor* des Dialogfeldes *Datei-Info* eingetragen (6). Zusätzlich werden in die beiden nächsten Textfelder weitere Textteile eingefügt, die aus dem Brieftext übernommen worden sind (Empfänger, PLZ, Ort).

Siehe auch: *Kapitelabschnitte 25.1, 25.3, 29.3*

25.5   Unterverzeichnisse nach dem Word-Verzeichnis anlegen

Nach der Erstellung von Dokumenten bzw. ihrer Bearbeitung werden sie in der Regel gespeichert. Wenn Sie nun für ein Dokument zuerst ein neues Verzeichnis anlegen wollen, können Sie das alles von Word aus machen.

Sie müssen also Word nicht verlassen, sondern wählen den Befehl *Datei Betriebssystem*. Dadurch wird das Dialogfeld *Betriebssystem (DOS)* geöffnet. Im Textfeld *Befehl* geben Sie dann den DOS-Befehl *MAKE DIRECTORY* bzw. seine Abkürzung *md* mit dem gewünschten Verzeichnisnamen ein. Nachdem das Verzeichnis angelegt worden ist, erhalten Sie auf dem Bildschirm die Aufforderung, eine Taste zu drücken, um nach Word zurückzukehren.

▌ Das Makro *verzeichnisse*: Ihr Nutzen

Wenn Sie das Makro einsetzen, brauchen Sie sich weder um den Word-Befehl noch um den DOS-Befehl, sondern nur noch um Ihr gewünschtes Verzeichnis zu kümmern. Sie geben den Verzeichnisnamen ein, und das Makros ergänzt Ihr Verzeichnissystem.

▌ Einsatz des Makros *verzeichnisse*

1.   Starten Sie das Makro mit dem Tastenschlüssel < strg v > z.

2.   Befolgen Sie die Anweisungen in den Dialogfeldern und in der Meldungszeile. Bestätigen Sie Ihre Eingaben mit der Eingabetaste.

`Achtung` Wenn Sie Ihr neues Verzeichnis in einem Unterverzeichnis anlegen wollen, das aber noch gar nicht existiert, erhalten Sie auf dem DOS-Bildschirm den Hinweis, daß das Verzeichnis nicht angelegt werden kann. Starten Sie in diesem Fall das Makro noch einmal, und legen Sie zuerst das noch nicht existierende Unterverzeichnis und dann Ihr eigentlich geplantes Verzeichnis an.

Wie das Makro *verzeichnisse* funktioniert

Zunächst wird die Bildschirmaktualisierung ausgeschaltet (6). In einer Schleife (8-25) wird dann zunächst der Verzeichnisname abgefragt (9). In einer weiteren Schleife wird dann geprüft, ob der eingegebene Name entsprechend der DOS-Syntax mehr als 8 Zeichen umfaßt und ob nur die Eingabetaste gedrückt worden ist (10-12). Sollte einer der beiden Fehler zutreffen, werden Sie noch einmal zur Namenseingabe aufgefordert (11).

Wiederum in einer Schleife (14-23) wird die Position des neuen Verzeichnisses im Verzeichnisstamm des Word-Verzeichnisses abgefragt (15). Wenn das neue Verzeichnis nicht unmittelbar nach dem Word-Verzeichnis, sondern nach einem seiner Unterverzeichnisse angelegt werden soll (16), wird der Namen des Unterverzeichnisses mit der Variablen *UnterVz* abgefragt (17). Danach wird durch Verkettung (Kapitelabschnitt 14.4) dieser Variablen *UnterVz* und des *Backslash* (\\) der der DOS-Syntax entsprechende Wert der Variablen *UnterVz* bestimmt (18). Soll das neue Verzeichnis unmittelbar nach dem Word-Verzeichnis angelegt werden (20), wird die Variable *UnterVz* als leere Variable bestimmt (21).

Alle Eingaben, die bisher gemacht worden sind, werden nun mit einer ABFRAGE-Anweisung präsentiert (24). Durch Zuweisung des Wertes J an die Variable *Bestätigung* wird die Schleife (8-25) verlassen. Danach wird mit dem Befehl *Datei Betriebssystem* das Dialogfeld *Betriebssystem (DOS)* geöffnet. Dort werden der DOS-Befehl *md (MAKE DIRECTORY)* und die aktuellen Werte der Variablen eingetragen (26). Dabei wird die reservierte Variable *ProgrammVz* verwendet, um unabhängig davon, wie Sie Ihr Word-Verzeichnis bei der Installation benannt haben, den richtigen Verzeichnispfad im Argument des DOS-Befehls *MAKE DIRECTORY* zu haben.

```
 1   «KOMMENTAR»
 2   Makro-Funktion: Verzeichnisse nach dem Word-Verzeichnis anlegen
 3   Makro-Name: verzeichnisse
 4   Makro-Tastenschlüssel: <strg v>z
 5   «EKOMMENTAR»
 6   «BESTIMMEN Echo="aus"»
 7   «BESTIMMEN Bestätigung=""»
 8   «SOLANGE Bestätigung<>"J"»
 9       «ABFRAGE Verzeichnis=?Verzeichnisnamen eingeben (max. 8 Zeichen).
         Eingabetaste»
10       «SOLANGE LÄNGE(Verzeichnis)>8 ODER Verzeichnis=""»
11           «ABFRAGE Verzeichnis=?Das war falsch. Noch einmal den
             Verzeichnisnamen eingeben (max. 8 Zeichen). Eingabetaste»
12       «ESOLANGE»
13       «BESTIMMEN Wo=""»
14       «SOLANGE Wo<>"W" UND Wo<>"U"»
15           «ABFRAGE Wo=?Wo soll das neue Verzeichnis liegen? W = direkt nach
             dem Word-Verzeichnis, U = nach einem Unterverzeichnis vom Word-
             Verzeichnis. Eingabetaste»
16           «AWENN Wo="U"»
17               «ABFRAGE UnterVz=?Wie heißt das Unterverzeichnis nach dem
                 Word-Verzeichnis? Namen eingeben. Eingabetaste»
18               «BESTIMMEN UnterVz=UnterVz "\"»
19           «EWENN»
20           «AWENN Wo="W"»
21               «BESTIMMEN UnterVz=""»
22           «EWENN»
23       «ESOLANGE»
24   «ABFRAGE Bestätigung=?Ist "«ProgrammVz»\«UnterVz»«Verzeichnis»" richtig? J
     oder nur Eingabetaste»
25   «ESOLANGE»
26   <strg unt>dymd<leertaste>«ProgrammVz»\«UnterVz»«Verzeichnis»<return>
```

Siehe auch: *Kapitelabschnitte 29.3, 29,5*

25.6   Grafiken schneller in einen Text einfügen

Sie wollen Sachverhalte, die Sie in einem Dokument beschrieben haben,
durch mehr oder weniger viele Abbildungen veranschaulichen. Das bedeutet,
daß Sie Zeichnungen, Bilder oder Grafiken in den Text einfügen. Eine andere
Art der Anwendung sind Abbildungen, die Sie nicht in Texte integrieren,
sondern in Form von Präsentationsfolien "zu Papier" bringen wollen.

Das Makro *grafik-laden*: Ihr Nutzen

Das Makros nimmt Ihnen alle Schritte ab, die der Befehl *Einfügen Grafik* erfordert. Sie brauchen lediglich die gewünschte Grafik zu auszuwählen. Durch das Makro sind sowohl das Grafikformat als auch die Maße der eingefügten Grafik festzulegen.

Einsatz des Makros *grafik-laden*

1. Setzen Sie den Cursor an die Stelle in Ihrem Dokument, an der die Grafik eingefügt werden soll.

2. Starten Sie dann das Makro mit dem Tastenschlüssel < strg g > l.

3. Befolgen Sie die Anweisungen in den Dialogfeldern und in der Meldungszeile. Bestätigen Sie Ihre Eingaben mit der Eingabetaste.

Achtung Beachten Sie, daß sich die folgenden Module in derselben Makro-Datei befinden müssen, wie das Makro, aus dem Sie sie aufrufen wollen: *mzeile-anfang, mzeile-ende* (Kapitelabschnitte 21.1, 21.3).

Wie das Makro *grafik-laden* funktioniert

Nach Ausschalten der Bildschirmaktualisierung (6) wird das Modul zur Statusprüfung der Option *Meldungszeile* aufgerufen (7). Anschließend werden mit dem Befehl *Einfügen Grafik* im Listenfeld *Dateien* alle Grafikdateien aufgelistet, die sich in einem bestimmten Verzeichnis befinden und die ein bestimmtes Grafikformat haben - hier als Beispiel das Verzeichnis C:\PSPLUS und das Format TIFF (8). Durch die PAUSE-Anweisung (9) wird sowohl das Markieren der gewünschten Datei als auch die Bearbeitung der übrigen Optionsfelder möglich. Wenn das alles geschehen ist, wird der Befehl ausgeführt und damit die festgelegte Grafik in das Dokument eingefügt (10). Mit dem Aufruf des Moduls *mzeile-ende* wird der Anfangsstatus der *Meldungszeile*-Option wieder hergestellt (11).

```
1    «KOMMENTAR»
2    Makro-Funktion: Grafiken laden
3    Makro-Name: grafik-laden
4    Makro-Tastenschlüssel: <strg g>l
5    «EKOMMENTAR»
6    «BESTIMMEN Echo="aus"»
```

```
 7    <strg unt>mumzeile-anfang<return>
 8    <strg unt>egc:\psplus\*.tif<alt d><unten>
 9    «PAUSE Grafikdatei auswählen und übrige Optionen festlegen. Eingabetaste»
10    <return>
11    <strg unt>mumzeile-ende<return>
```

Wenn die Grafiken, die mit diesem Makro eingefügt werden, alle gleiche
Ausrichtung, Größe und Abstände zum übrigen Text haben, können Sie diese
Informationen ebenfalls in das Makro integrieren. Das beschriebene Makro
könnte dann folgendermaßen aussehen:

```
 1    «KOMMENTAR»
 2    Makro-Funktion: Grafiken laden
 3    Makro-Name: grafik-laden
 4    Makro-Tastenschlüssel: <strg g>l
 5    «EKOMMENTAR»
 6    «BESTIMMEN Echo="aus"»
 7    <strg unt>mumzeile-anfang<return>
 8    <strg unt>egc:\psplus\*.tif<alt d><unten>
 9    «PAUSE Grafikdatei auswählen. Eingabetaste»
10    <alt a>links<alt b>10,5<alt h>7<alt o>0,5<alt u>1,5
11    <return>
12    <strg unt>mumzeile-anfang<return>
```

Dabei werden nach dem Markieren des Dateinamens (9) nacheinander (10)
folgende Optionen festgelegt: Ausrichtung links; Breite der Grafik 10,5 cm;
Höhe der Grafik 7 cm; Abstand oberhalb der Grafik 0,5 cm; Abstand unter-
halb der Grafik 1,5 cm. Anschließend wird der Befehl dann ebenfalls ausgeführt (11) und die genannte Option auf den Anfangsstatus gesetzt (12).

Anpassung des Makros *grafik-laden* an Ihre Situation

Verändern Sie in Zeile (8) den Namen für den Verzeichnispfad, aus dem Sie
die Grafiken laden wollen, und tragen Sie die Namenserweiterung ein, die das
Grafikformat Ihrer Grafikdateien verlangt. Wenn Sie konstante Formatierungen verwenden, geben Sie diese in Zeile (10) ein.

Siehe auch: *Kapitelabschnitt 29.9*

25.7 Dateien aus einem bestimmten Verzeichnis auswählen

Sie müssen bestimmte Dokumente regelmäßig bearbeiten. Das bedeutet, daß Sie bestimmte Dateien immer wieder aus dem gleichen Verzeichnis laden. Im Verzeichnisfeld *Dateien* des Befehls *Datei Öffnen* können Sie die gewünschte Datei auswählen und so das Dokument auf den Bildschirm bekommen. Neben dieser Möglichkeit bietet der Datei-Manager zunächst einmal die gleiche Möglichkeit wie der Befehl *Datei Öffnen*.

▌ Das Makro *protokoll-laden*: Ihr Nutzen

Durch den Einsatz des Makros, das Sie an beliebige Verzeichnisse anpassen können, gelangen Sie direkt in das Dialogfeld *Datei-Info*. Dort können Sie die gewünschte Datei anhand der Informationen eindeutig identifizieren und das Dokument anschließend in ein Fenster einfügen.

▌ Einsatz des Makros *protokoll-laden*

1. Starten Sie das Makro mit dem Tastenschlüssel < strg p > l.

2. Befolgen Sie die Anweisungen in den Dialogfeldern und in der Meldungszeile. Bestätigen Sie Ihre Eingaben mit der Eingabetaste.

Achtung Beachten Sie, daß sich die folgenden Module in derselben Makro-Datei befinden müssen, wie das Makro, aus dem Sie sie aufrufen wollen: *mzeile-anfang, mzeile-ende* (Kapitelabschnitte 21.1, 21.3).

▌ Wie das Makro *protokoll-laden* funktioniert

Zunächst wird die Bildschirmaktualisierung ausgeschaltet (6) und das Modul zur Statusprüfung der Option *Meldungszeile* aufgerufen (7). Anschließend wird der Datei-Manager aufgerufen und im Dialogfeld *Optionen* die Art der Anzeige der Dateien festgelegt (8). Sie Dateien werden nach der Option *Verzeichnis* sortiert, und die *Datei-Info* wird *komplett* angezeigt. Anschließend (9) werden alle Dateien im Verzeichnis *protokol* aufgelistet (*protokol* mit einem *l*, weil Verzeichnisnamen nur 8 Zeichen lang sein dürfen). Mit dieser Einstellung des Dialogfeldes stehen alle vorhandenen Informationen auf dem

Bildschirm zur Verfügung, die die Auswahl der gewünschten Datei (10) erleichtern. Nachdem diese Datei in ein Fenster geladen worden ist, wird der Anfangsstatus der *Meldungzeile*-Option wieder hergestellt (12).

```
1    «KOMMENTAR»
2    Makro-Funktion: Prüfprotokolle laden
3    Makro-Name: protokoll-laden
4    Makro-Tastenschlüssel: <strg p>l
5    «EKOMMENTAR»
6    «BESTIMMEN Echo="aus"»
7    <strg unt>mumzeile-anfang<return>
8    <strg unt>dm<alt o><alt v><alt t><return>
9    <alt u>«ProgrammVz»\protokol<return>
10   «PAUSE Prüfprotokoll auswählen. Eingabetaste»
11   <return>
12   <strg unt>mumzeile-ende<return>
```

Anpassung des Makros *protokoll-laden* an Ihre Situation

Fügen Sie in Zeile (9) anstelle von *protokol* den Namen des Verzeichnisses ein, aus dem Sie die Dateien laden wollen. Sie brauchen dabei den Namen Ihres Word-Verzeichnisses nicht einzugeben, da in diesem Makro die reservierte Variable *ProgrammVz* verwendet wird. Dadurch wird im Datei-Manager immer der Name eingesetzt, den Sie Ihrem Word-Verzeichnis bei der Installation zugewiesen haben.

Siehe auch: *Kapitelabschnitte 25.3, 25.6, 25.9, 29.9*

25.8   Ungespeicherte Dokumente benennen

Wenn Sie ein Dokument mit Hilfe des Datei-Managers bearbeiten wollen, muß es vorher gespeichert worden sein. Ein neues Dokument, das Sie im Moment bearbeiten, das Sie aber noch nicht gespeichert haben, müssen Sie also zuerst speichern. Sie werden dabei von Word mit dem Dialogfeld *Speichern unter* zur Eingabe eines Dateinamens aufgefordert. Anschließend können Sie dann mit dem soeben vergebenen Dateinamen im Datei-Manager arbeiten.

Sollen Dokumente durch ein Makro gespeichert werden, dann muß dies alles berücksichtigt werden. Das bedeutet, daß alle Schritte, die Sie manuell ausgeführt haben, durch das Makro auszuführen sind.

Diese Schrittfolge wird in verschiedenen Makros des Buches benutzt, um beispielsweise den Datei-Manager aufzurufen oder den Dateinamen zur Verarbeitung im Dokument selbst zu verwenden. Da es sich dabei um immer gleiche Schritte handelt, werden sie als *Makro-Modul* aus demjenigen Makro aufgerufen, in dem die Schritte notwendigerweise vor dem weiteren Ablauf auszuführen sind.

Das Makro *dateiname-prüf*: Ihr Nutzen

Durch den Einsatz des Makros in Form eines Moduls können Sie folgende Schritte automatisch ausführen lassen:

▶ Prüfen, ob ein Dateiname vorhanden ist,

▶ Abfragen eines Dateinamens für unbenannte Dokumente,

▶ Ausführen des Speichern-Befehls.

Sie brauchen dazu nur einen Startbefehl für das Modul, in dem diese Schritte zusammengefaßt sind, in Ihre Makros einzufügen.

Einsatz des Makro-Moduls *dateiname-prüf*

1. Laden Sie den Makro-Text, in den Sie den Aufruf des Makro-Moduls einbauen wollen, in ein Fenster.

2. Schreiben Sie die Aufrufsequenz *<strg unt>mudateiname-prüf<return>* an die Stelle Ihres Makro-Textes, an der das Vorhandensein eines Dateinamens geprüft werden soll.

Achtung Beachten Sie, daß sich die folgenden Module in derselben Makro-Datei befinden müssen, wie das Makro, aus dem Sie sie aufrufen wollen: *dateiname-prüf, mzeile-anfang, mzeile-ende, info-anfang, info-ende* (Kapitelabschnitte 21.1, 21.3)

Wie das Makro-Modul *dateiname-prüf* funktioniert

Nach Ausschalten der Bildschirmaktualisierung (6) wird im Dialogfeld *Speichern unter* (13-14) geprüft, ob das Dokument bereits gespeichert worden ist, also einen Dateinamen hat. Sollte das nicht der Fall sein, ist das Textfeld *Dateiname* im Dialogfeld *Speichern unter* leer (13). Deshalb wird die Schleife der SOLANGE-Anweisung eingeleitet (18-34).

Wenn die Frage nach dem Speichern des Dokuments bejaht wird (20), werden die Module zur Statusprüfung der Optionen *Meldungszeile* und *Datei-Info* aufgerufen (21-22). Anschließend sind in den Dialogfeldern *Speichern unter* und *Datei-Info* Eingaben zu machen (24, 27). Anschließend wird der Anfangsstatus der genannten Optionen wieder hergestellt (28-29).

Wenn das Dokument nicht gespeichert werden soll (31), wird der am Anfang des Moduls initialisierten Variablen *Ende* (7) der aktuelle Wert *ja* zugewiesen (32). Dieser Wert wird an das aufrufende Makro übergeben, damit dieses dann durch die QUITT-Anweisung beendet werden kann. Wenn sich die Anweisung im Modul befände, würde dieses zwar beendet, nicht aber das aufrufende Makro (Kapitelabschnitte 4.4, 13.10).

```
1    «KOMMENTAR»
2    Makro-Funktion: Dateinamen prüfen, abfragen, Datei speichern
3    Makro-Name: dateiname-prüf
4    Makro-Tastenschlüssel:
5    «EKOMMENTAR»
6    «BESTIMMEN Echo="aus"»
7    «BESTIMMEN Ende=""»
8    <menü>df<alt O>«ProgrammVz»<tab 2>
9    «AWENN Feld="ja"»
10        <leertaste>
11   «EWENN»
12   <return><unt>
13   <strg unt>du
14   «BESTIMMEN Dateiname=Feld»
15   «AWENN Dateiname=""»
16        <unt>
17        «BESTIMMEN Antwort="ə"»
18        «SOLANGE Antwort<>"" UND Antwort<>"S"»
19            «ABFRAGE Antwort=?Dokument ist noch nicht gespeichert und deshalb
                 unbenannt. S, um zu speichern oder nur Eingabetaste, um Makro zu
                 beenden.»
20            «AWENN Antwort="S"»
21                <strg unt>mumzeile-anfang<return>
22                <strg unt>muinfo-anfang<return>
23                <strg unt>du
24                «PAUSE Dateinamen mit Verzeichnisnamen eingeben - aber ohne
                     «ProgrammVz»\. Eingabetaste»
25                «BESTIMMEN Dateiname=Feld»
26                <return>
27                «PAUSE Datei-Informationen eingeben oder nur Eingabetaste»
28                <strg unt>mumzeile-ende<return>
29                <strg unt>muinfo-ende<return>
30            «EWENN»
31            «AWENN Antwort=""»
32                «BESTIMMEN Ende="ja"»
33            «EWENN»
34        «ESOLANGE»
35   «EWENN»
36   <unt>
```

Anwendung: *Kapitelabschnitte 25.4, 28.1*

25.9   Jahres- und Monatsdateien laden

Für Dokumente, die in einem bestimmten Rhythmus erstellt bzw. bearbeitet werden müssen, sind in mehr oder weniger regelmäßigen Abständen diese Dateien immer wieder zu laden bzw. zu öffnen. Konkret bedeutet das, daß in den entsprechenden Verzeichnissen die jeweils aktuelle Datei zu suchen und auf den Bildschirm zu bringen ist. Dabei bietet sich eine bestimmte Art von Datei-Management an.

Der Dateiname enthält dann Informationen zum Themenbereich und zum Jahr bzw. Monat. Solche Dateien sind Dokumente mit Informationen über Einnahmen, Ausgaben, Umsätze oder Berichte im Zusammenhang mit Kundenbetreuung usw. In thematisch geordneten und benannten Verzeichnissen werden die Dateien dann nach Jahren bzw. Monaten sortiert gespeichert. Dateien mit Jahresberichten über das Produkt ABC könnten etwa ABC1990.TXT, ABC1991.TXT usw. heißen; entsprechende Monatsdateien hießen ABCJAN.TXT oder ABCFEB.TXT.

Die Makros *jahresbericht-laden* und *monatsbericht-laden*: Ihr Nutzen

Wenn Sie die beiden Makros einsetzen, werden die aktuellen Jahres- bzw. Monatsdateien automatisch geladen, ohne daß Sie in Verzeichnissen suchen müssen. Das Makro ermittelt mit Hilfe des Word-Textbausteins *Datum* die Jahres- bzw. Monatsangabe und bestimmt so den Dateinamen.

Einsatz der Makros *jahresbericht-laden* und *monatsbericht-laden*

Starten Sie

▶   mit dem Tastenschlüssel < strg l >j das Makro für die Jahresdateien bzw.

▶   mit dem Tastenschlüssel < strg l > m das Makro für die Monatsdateien.

▌ Wie das Makro *jahresbericht-laden* funktioniert

Zunächst werden die Benutzung der Word 5.0-Funktionstasten und die Bildschirmaktualisierung ausgeschaltet (6-7). In einem neuen Fenster (8) wird mit dem Word-Textbaustein *Datum* das aktuelle Datum geschrieben (9); es erscheint im Format *31. Dezember 1999.* Anschließend wird die Jahreszahl markiert (10) und ihr Wert der Variablen *Jahr* zugeordnet (11). Das Fenster hat damit seine Funktion erfüllt und wird deshalb wieder geschlossen (12).

Im nächsten Schritt wird eine Datei geöffnet, die im Verzeichnis *berichte* liegt (13). Ihr Name besteht aus der Produktkennung *abc* und einer Jahreszahl. Die Jahreszahl ist der Variablenwert, den das Makro aus dem Datum bestimmt hat (11).

```
 1   «KOMMENTAR»
 2   Makro-Funktion: Jahresberichte über ABC-Absätze laden
 3   Makro-Name: jahresbericht-laden
 4   Makro-Tastenschlüssel: <strg l>j
 5   «EKOMMENTAR»
 6   «BESTIMMEN Word5Tasten="aus"»
 7   «BESTIMMEN Echo="aus"»
 8   <strg unt>d<return 2>
 9   datum<f3>
10   <f8><links 4>
11   «BESTIMMEN Jahr=Markierung»
12   <strg unt>ds<alt n>
13   <strg unt>dfberichte\abc«Jahr»<return>
```

Wenn Sie bei der Jahreszahl auf die Jahrhundertangabe verzichten, haben Sie noch zwei weitere Zeichen für die eigentliche Produktkennung zur Verfügung, also insgesamt 6 Zeichen. Das kann möglicherweise helfen, die Datei eindeutiger zu identifizieren. Die Markierungssequenz (10) im obigen Makro-Text sieht dann folgendermaßen aus:

```
...
 9   datum<f3>
10   <f8><links 2>
...
```

▌ Wie das Makro *monatsbericht-laden* funktioniert

Wenn Monatsdateien zu laden sind, können Sie prinzipiell den gleichen Makro-Text verwenden. Es ist dann aus dem aktuellen Datum lediglich statt der Jahreszahl der Monatsname zu bestimmen. Damit könnte zwar die eine Monatsdatei von der anderen unterschieden werden, nicht aber zugleich auch für verschiedene Jahre. Es bietet sich also an, eine Kombination von Monatsnamen und Jahreszahl als Dateinamen zu verwenden.

Im praktischen Einsatz hat sich folgendes als nützlich herausgestellt: Als Monatskennung dienen die ersten drei Buchstaben des Monatsnamens. Zur Festlegung des Jahres wird wieder nur die Jahrzehntangabe verwendet.

Der Ablauf ist bis Zeile 9 identisch mit dem der Jahresdateien. Nachdem der Monatsname markiert ist (10), werden mit der Makro-Funktion TEIL die ersten drei Buchstaben als Monatskennung bestimmt und dieser Wert der Variablen *Monat* zugeordnet (11). Ähnliches geschieht mit der markierten Jahreszahl (13): die beiden letzten Ziffern werden ebenfalls mit der Makro-Funktion TEIL als Jahreskennung der Variablen *Jahr* zugeordnet (14).

```
 1    «KOMMENTAR»
 2    Makro-Funktion: Monatsberichte über ABC-Absätze laden
 3    Makro-Name: monatsbericht-laden
 4    Makro-Tastenschlüssel: <strg l>m
 5    «EKOMMENTAR»
 6    «BESTIMMEN Word5Tasten="aus"»
 7    «BESTIMMEN Echo="aus"»
 8    <strg unt>d<return 2>
 9    datum<f3>
10    <strg links 2><f8 2>
11    «BESTIMMEN Monat=TEIL(Markierung;1;3)»
12    <unt><rechts><f8 2>
13    «BESTIMMEN Jahr=TEIL(Markierung;3;2)»
14    <strg unt>ds<alt n>
15    <strg unt>dfberichte\abc«Monat»«Jahr»<return>
```

▌ Anpassung der Makros *jahresbericht-laden* und *monatsbericht-laden* an Ihre Situation

Verändern Sie für Jahresdateien in Zeile 13 bzw. für Monatsdateien in Zeile 15 den Verzeichnisnamen (*berichte*) und den Teil des Dateinamens (*abc*), der nicht durch die Monats- und/oder Jahresangabe gebildet wird.

Siehe auch: *Kapitelabschnitte 25.6, 25.7*

25.10 Automatisch speichern nach einer bestimmten Zahl von Eingaben

Es gibt Dokumente, deren Text in Form von Listen oder Tabellen eingegeben und bearbeitet wird. Solche Dokumente sind beispielsweise Steuerdateien, die Word für den Seriendruck verwendet. Damit lassen sich nicht nur die vielzitierten Serienbriefe schreiben, sondern ebenso Kundenlisten, Adressenverzeichnisse, Formulare und einige andere nützliche Dinge für die Büroarbeit.

Wenn Sie solche Listen erstellen bzw. bearbeiten, lohnt sich der Einsatz eines Makros. Es erfüllt dabei zwei Funktionen: Einmal werden die verschiedenen Einträge für die Listen in einer festgelegten Reihenfolge abgefragt; das hat den Vorteil, daß kein Eintrag vergessen wird. Zum anderen fügt das Makro diese Einträge an den passenden Stellen der Liste ein; dadurch können nicht die richtigen Informationen an den falschen Stellen der Listen oder Tabellen auftauchen.

Auch bei dieser Arbeit kann es passieren - Murphy läßt grüßen -, daß Word sich aufhängt oder wer weiß was passiert. Die Eingaben und damit Ihre Arbeit von vielleicht Stunden waren dann "für die Katz". Verhindern können Sie so etwas durch eine Sicherungssequenz wie die folgende, die Sie an passender Stelle in Ihr Makro einfügen können. Besonders wichtig sind solche eingebauten Sicherungen bei der Erstellung von Steuerdateien im Zusammenhang mit dem Befehl *Datei Seriendruck*.

```
 ...
 2    «BESTIMMEN Eingabe=0»
 3    «SOLANGE Antwort<>"Q"»
 4        «ABFRAGE Name1=?Familiennamen eingeben. Eingabetaste»
 5        «ABFRAGE Name2=?Vornamen eingeben. Eingabetaste»
 6        ...
 7        «BESTIMMEN Eingabe=Eingabe+1»
 8        «AWENN Eingabe=5»
 9            <alt>dp
10        «EWENN»
11        «BESTIMMEN Eingabe=0»
12        «ABFRAGE Antwort=?Q, um Eingabe zu beenden oder nur Eingabetaste»
13    «ESOLANGE»
14    ...
```

Die Sicherungssequenz beginnt durch Nullsetzen der Zählervariablen *Eingabe* (2). In der Eingabeschleife (3-13) können solange Namen eingegeben werden (4-5), bis dies durch Eingabe des Buchstabens Q beendet wird (12).

Wenn die Namenseingaben weiter verarbeitet worden sind (6), wird der Wert der Zählervariablen *Eingabe* um 1 erhöht (7). Nach jeder Erhöhung wird geprüft, ob der aktuelle Wert den vordefinierten Wert 5 erreicht hat (8). Wenn er durch entsprechende Eingaben (4-5) erreicht worden ist, wird das aktuelle Dokument gespeichert (10). Im schlimmsten Fall können also höchstens die letzten fünf Eingaben verlorengehen.

Nachdem der Wert der Zählervariablen *Eingabe* wieder auf Null gesetzt worden ist (11), kann die Eingabeschleife (3-13) entweder mit Q beendet (12) oder erneut durchlaufen werden.

Anpassung an Ihre Situation

Sie können die Zahl der gesicherten Eingaben dadurch verändern, daß Sie den Wert der Zählervariablen *Eingabe* in der AWENN-Anweisung (8) erhöhen oder vermindern.

26 Textbearbeitung

26.1 Anfänge von Dokumenten und Texten erstellen

Umfangreichere Dokumentationen werden sinnvollerweise in einzelne Teile, also Kapitel oder Abschnitte zerlegt. Jedes Kapitel muß in der Regel die gleichen Formatierungsmerkmale aufweisen: Es soll immer auf einer rechten Seite beginnen; die Seiten haben bestimmte Maße und enthalten Kopf- und Fußzeilen; für die Kapitelüberschrift wird eine bestimmte Schriftart verwendet; sie wird durch bestimmte Linien hervorgehoben usw. Da sich diese und ähnliche Schritte regelmäßig wiederholen, können Sie sie durch den Einsatz eines Makros automatisieren.

Das Makro *erste-seite*: Ihr Nutzen

Durch den Aufruf des Makros - auch aus dem leeren Bildschirm heraus! - werden folgende formale Schritte schnell und einfach erledigt:

- ein neues Fenster öffnen,
- das noch unbenannte Dokument mit der gewünschten Druckformatvorlage verbinden,
- die Seitennummern einfügen,
- die Kapitelüberschrift erstellen und formatieren,
- eine Kopfzeile als Kolumnentitel einfügen,
- den Cursor ins "Startloch" zum Schreiben des ersten Satzes setzen.

Einsatz des Makros *erste-seite*

1. Starten Sie das Makro mit dem Tastenschlüssel < strg l > S.
2. Befolgen Sie die Anweisungen in den Dialogfeldern und in der Meldungszeile. Bestätigen Sie Ihre Eingaben mit der Eingabetaste.

3. Beginnen Sie bei der ersten Absatzmarke über der Abschnittsmarkierung, den Text zu schreiben (Bild 26.1).

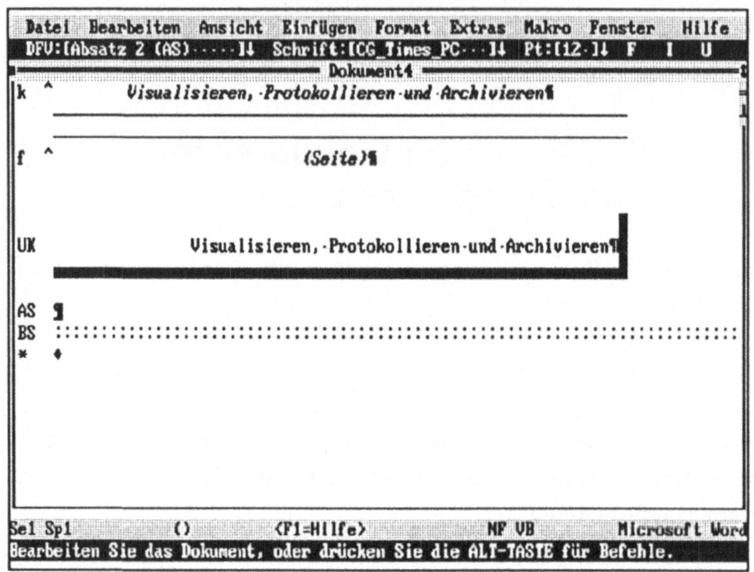

Bild 26.1: Mit dem Makro erstellter Kapitelanfang (am linken Rand die Druckformatspalte)

Achtung Beachten Sie, daß sich die folgenden Module in derselben Makro-Datei befinden müßten, wie das Makro, aus dem Sie sie aufrufen wollten: *layout-anfang, layout-ende* (Kapitelabschnitte 21.1, 21.2). Außerdem müßte diese Makro-Datei den Textbaustein *kapitelanfang* enthalten. Im Word-Verzeichnis müßte sich die Druckformatvorlage BERICHTE.DFV befinden.

Wie das Makro *erste-seite* funktioniert

Zunächst wird die Bildschirmaktualisierung ausgeschaltet (6). Danach wird das Modul zur Statusprüfung des Layoutmodus aufgerufen (7) und der Einfügemodus eingeschaltet (8). Durch Verwendung des Einfügemodus wird sichergestellt, daß der später eingefügte Textbaustein (10) nicht durch den Text überschrieben wird, der durch das Makro auf den Bildschirm kommt.

Bei der Öffnung des neuen Fensters wird dem neuen Dokument die Druckformatvorlage *berichte* zugewiesen (9). Durch die Verwendung der reservierten Variablen *ProgrammVz* ist gewährleistet, daß unabhängig vom Namen des
Word-Verzeichnisses auf die Druckformatvorlage zugegriffen werden kann.

In das neue Dokument wird als erstes der Textbaustein *kapitelanfang* eingefügt (10). Dieser Textbaustein enthält alle Formatierungsmerkmale. Anschließend wird die Kapitelüberschrift über ein Dialogfeld - nicht mit der PAUSE-
Anweisung! - eingegeben und als Variable *Kapitel* in die Kopfzeile und auf
der Titellinie eingefügt (13). Mit der Herstellung des Anfangsstatus des
Layoutmodus und einem Daumendrücken wird das Makro beendet (14-15).

```
 1    «KOMMENTAR»
 2    Makro-Funktion: Erste Seite des Kapitel erstellen
 3    Makro-Name: erste-seite
 4    Makro-Tastenschlüssel: <strg 1>s
 5    «EKOMMENTAR»
 6    «BESTIMMEN Echo="aus"»
 7    <strg unt>mulayout-anfang<return>
 8    <strg unt>xl<unt>
 9    <strg unt>dn<alt m>«ProgrammVz»\berichte<return>
10    kapitelanfang<f3>
11    «ABFRAGE Kapitel=?Kapitelüberschrift eingeben. Eingabetaste»
12    <strg pos1>
13    «Kapitel»<unten 2>«Kapitel»<unten>
14    <strg unt>mulayout-ende<return>
15    «ABFRAGE Hinweis=?Mit der Eingabetaste kann's losgehen. Viel Spaß!»
```

Achtung Wenn Sie nach Beendigung dieses oder ähnlicher Makros
gleich das Makro *d-manager-eintrag* aufrufen, dann können
Sie Ihrem neuen Kapitel gleich einen Dateinamen geben und
auch die für die Dateiverwaltung nützlichen Einträge in der
Datei-Info vornehmen. Mehr dazu finden Sie in Kapitelabschnitt 25.3.

Anpassung des Makros *erste-seite* an Ihre Situation

Wenn Sie das Makro in der beschriebenen Form übernehmen wollten, müßten
Sie den Namen Ihrer Druckformatvorlage anstelle der Bezeichnung *berichte*
eingeben (8). Unter dem Textbausteinnamen *kapitelanfang* müßten Sie den
Textbaustein Ihres Kapitelanfangs definieren (9). Entsprechend diesem Kapitelanfang wären dann Änderungen der Bezeichnungen der Cursorbewegung
notwendig (12).

Siehe auch: Kapitelabschnitte 26.2, 26.3, 29.8

26.2 Sicherstellen, daß vorhandener Text nicht überschrieben wird

Wenn Sie Text in einen vorhandenen Text einfügen, ist es möglich, daß der vorhandene Text überschrieben wird. Das passiert dann, wenn der Überschreibemodus eingeschaltet ist. Ob das so ist, sehen Sie in der Statuszeile am Tastencode ÜB. Im ungünstigeren Fall merken Sie es daran, daß zuvor vorhandener Text verschwunden ist. Der Text läßt sich dann vielleicht wieder schnell rekonstruieren. Anders kann es sein, wenn Text durch ein Makro eingegeben wird. Bis Sie dabei bemerken, daß Text überschrieben worden ist, ist es möglicherweise bereits zu spät.

Abhilfe bringt das Ausschalten des Überschreibemodus bzw. Einschalten des Einfügemodus. Manuell geschieht das durch Drücken der Einfg-Taste. Die gleiche Wirkung erreicht man mit dem Befehl *Extras Linien zeichnen*. Wenn Sie mit diesem Befehl Linien zeichnen, wird vorhandener Text durch die Linien überschrieben - unabhängig vom Status der Einfg-Taste. Nachdem Sie den Befehl mit der Esc-Taste beendet haben, befindet sich Word auf jeden Fall im Einfügemodus.

In einem Makro können Sie sich diesen Effekt zunutze machen, indem der Befehl *Extras Linien zeichnen* gewählt und gleich anschließend - ohne Linien gezeichnet zu haben - wieder abgebrochen wird. Die Einfg-Taste wird dabei in ihrer Funktion *Überschreibemodus ein-/ausschalten* benutzt (Kapitelabschnitt 12.4.14). Voraussetzung ist, daß Sie die Einfg-Taste mit der reservierten Variablen *EinfgÜberschr* auf den Wert *"an"* gesetzt haben bzw. die Variable im Makro überhaupt nicht verwenden (Kapitelabschnitt 12.4.12).

Fügen Sie dazu in Ihren Makro-Text die Bezeichnung des Befehls *Extras Linien zeichnen* und die der Esc-Taste ein. Plazieren Sie diese Angaben vor der Stelle im Makro-Text, an der die Texteingabe durch das Makro festgelegt ist. Das ganze sieht so aus:

```
...
<strg unt>xl<unt>
...
```

Falls nun aber das Makro tatsächlich im Überschreibemodus arbeiten soll, ergänzen Sie die genannte Sequenz um die Bezeichnung der Einfg-Taste. Damit wird, ausgehend vom definierten Zustand *Überschreibemodus = "aus"*, der Modus eingeschaltet. Fügen Sie also in Ihr Makro folgende Zeile ein:

```
...
<strg unt>xl<unt><einfg>
...
```

Anwendung: *Kapitelabschnitte 26.1, 26.5, 26.7, 26.8, 26.22, 26.23*

26.3   Kopf- und Fußzeilen durch ein Makro eingeben

Text, der als Kopf- oder Fußzeile formatiert ist, wird von Word durch ein Zirkumflexzeichen (^) links von der ersten Zeile des Absatzes gekennzeichnet. Wenn Sie die Option *Druckformatspalte* im Dialogfeld *Bildschirmeinstellungen* eingeschaltet haben, steht links vom Zirkumflexzeichen bei Kopfzeilen ein kleines k und bei Fußzeilen ein f (Bild 26.1). Diese Kennzeichen sehen Sie nicht, wenn der Layoutmodus eingeschaltet ist (der Befehl *Ansicht Layout* ist in diesem Fall durch einen Punkt markiert). Und nicht nur das: auch die ganze Kopf- bzw. Fußzeile verschwindet vom normalen Arbeitsbildschirm. Und was nicht da ist, kann nicht bearbeitet werden. Das ist der springende Punkt im Zusammenhang mit Makros.

Wenn Kopf- oder Fußzeilen-Einträge bearbeitet bzw. solche Zeilen zuerst einmal formatiert werden müssen, dann geht das nur bei ausgeschaltetem Layoutmodus. Das gilt natürlich auch, wenn die Bearbeitung durch ein Makro erfolgt.

In einem solchen Makro muß also spätestens an der Stelle, wo Kopf- oder Fußzeilen in Arbeit gehen, der Status des Layoutmodus geprüft werden. Falls er eingeschaltet ist, muß er jetzt ausgeschaltet werden. Das bedeutet, daß nach Beendigung des Makros die Bildschirmeinstellung verändert ist. Deshalb sollte das Makro den ursprünglichen Zustand wieder herstellen, also im vorliegenden Beispiel den Layoutmodus einschalten.

Wenn Sie diese Statusprüfung bzw. -einstellung in ein Makro integrieren wollen, fügen Sie die Makro-Module *layout-anfang* und *layout-ende* in Ihr Makro ein. Wie Sie das machen und wie diese Module funktionieren, ist ausführlich in den Kapitelabschnitten 21.1 und 21.2 beschrieben.

Anwendung: *Kapitelabschnitte 20.1, 20.2, 26.1, 28.1*

26.4 Übungstexte: Wörter durch Lücken ersetzen

Texte, die in Kursunterlagen verwendet werden, lassen so aufbereiten, daß sie als Aufgabentexte zur Vervollständigung einsetzbar sind. Dazu sind Teile aus dem Text zu entfernen und durch Schreiblücken zu ersetzen.

Das Makro *lückentext*: Ihr Nutzen

Das Makro entfernt die von Ihnen gewünschten Wörter und ersetzt sie durch proportionale Schreiblücken. Sie brauchen nur den Cursor auf das Wort zu setzen. Bei der Erstellung der Lücken berücksichtigt das Makro, daß ein handschriftlich eingesetztes Wort mehr Platz beansprucht als das gedruckte Wort. Die entfernten Textteile werden als Hilfestellung am Ende des Aufgabentextes alphabetisch sortiert aufgelistet.

Beispiel   Der folgende Textausschnitt stellt die Ausgangsform für die Bearbeitung durch das Makro dar. Aus diesem Text sind die *kursiv* geschriebenen Wörter zu entfernen.

> In der Bundesrepublik Deutschland unterscheidet man *überörtliche* Straßen und *Gemeindestraßen*. Etwa 80 % der Straßen sind *überörtliche* Straßen. Dazu gehören *Bundesautobahnen*, Bundesstraßen, *Landesstraßen* und *Kreisstraßen*. Bei den überörtlichen Straßen haben die *Kreisstraßen* mit rund 40 % den größten und die Autobahnen mit etwa 4 % den *kleinsten* Anteil. 1979 betrug die *Gesamtlänge* der überörtlichen Straßen rund *170 000* km. Einige *Autobahnen* und *Bundesstraßen* haben in der Bundesrepublik zugleich den Status von Europastraßen. Bei den Gemeindestraßen unterscheidet man *Innerortsstraßen* und *Außerortsstraßen*.

So präsentiert sich der endgültige Text: Die oben kursiv gekennzeichneten Wörter sind durch Lücken ersetzt, und am Ende des Aufgabentextes stehen die Lösungswörter.

In der Bundesrepublik Deutschland unterscheidet man
_________________ Straßen und _________________.
Etwa 80 % der Straßen sind _________________ Straßen. Dazu
gehören _________________ Bundesstraßen,
_________________ und _________________. Bei den
überörtlichen Straßen haben die _________________ mit rund 40
% den größten und die Autobahnen mit etwa 4 % den _________________
Anteil. 1979 betrug die _________________ der überörtlichen
Straßen rund _________________ km. Einige _________________
und _________________ haben in der Bundesrepublik zugleich
den Status von Europastraßen. Bei den Gemeindestraßen unterscheidet
man _________________ und _________________.

Das sind die Lösungswörter. Aber jedes Wort steht nur einmal da, egal
wie oft Sie es brauchen.

170 000, Außerortsstraßen, Autobahnen, Bundesautobahnen,
Bundesstraßen, Gemeindestraßen, Gesamtlänge, Innerortsstraßen,
kleinsten, Kreisstraßen, Landesstraßen, überörtliche

Einsatz des Makros *lückentext*

1. Starten Sie das Makro mit dem Tastenschlüssel < strg l > t.

2. Befolgen Sie die Anweisungen in den Dialogfeldern und in der Meldungszeile. Bestätigen Sie Ihre Eingaben mit der Eingabetaste.

Achtung Beachten Sie, daß sich die folgenden Module in derselben Makro-Datei befinden müssen, wie das Makro, aus dem Sie sie aufrufen wollen: *mzeile-anfang, mzeile-ende* (Kapitelabschnitte 21.1, 21.3).

Wie das Makro *lückentext* funktioniert

Zunächst werden die Benutzung der Word 5.0-Funktionstasten und die Bildschirmaktualisierung ausgeschaltet (6-7). Anschließend wird das Modul zur Statusprüfung der Option *Meldungszeile* aufgerufen (8). Um den Anfangsstatus dieser Option wieder herzustellen, wird später ein korrespondierendes Modul aufgerufen (12). Danach wird der Einfügemodus eingeschaltet, damit eingefügter Text nicht bereits vorhandenen überschreibt (9).

In einer Schleife (12-23) wird dann geprüft, ob der Cursor auf einem Wort oder einer Leerstelle steht. Wenn keine Leerstelle markiert ist (16), wird das Wort mit dem Indexschlüssel *.i.* als Indexeintrag gekennzeichnet (20).

Wird die Schleife durch Markieren einer Leerstelle verlassen, wird mit dem Befehl *Einfügen Index* aus den markierten Wörtern ein Index formatiert (26). Aus diesem werden dann die Seitenzahlen sowie sein Anfangs- und Endeeintrag gelöscht (30-35).

In einer weiteren Schleife (39-53) werden alle Wörter im Text, die als Indexeintrag gekennzeichnet sind, durch Lücken mit Unterstrichen (_) ersetzt. Die Größe der Lücken ist dabei proportional zur Länge des gelöschten Wortes. Das wird durch Verwendung der Funktion LÄNGE erreicht (41). Wenn ein Wort nicht mehr als sieben Buchstaben hat, wird es durch eine um drei Unterstriche längere Lücke ersetzt (43-44). War das Wort länger, ist die Lücke um 50 % länger als das Wort (46).

Nach der Möglichkeit, die Lösungswörter an der gewünschten Stelle einzusetzen (55-60), wird mit der Herstellung des Anfangsstatus der *Meldungszeile*-Option (61) das Makro beendet.

```
 1    «KOMMENTAR»
 2    Makro-Funktion: Lückentext mit Lösungswörtern
 3    Makro-Name: lückentext
 4    Makro-Tastenschlüssel: <strg l>t
 5    «EKOMMENTAR»
 6    «BESTIMMEN Word5Tasten="aus"»
 7    «BESTIMMEN Echo="aus"»
 8    <strg unt>mumzeile-anfang<return>
 9    <strg unt>xl<unt>
10    <strg pos1>
11    «BESTIMMEN Papierkorb=""»
12    «SOLANGE Papierkorb<>"^L"»
13        «BESTIMMEN Echo="an"»
14        «PAUSE Wort markieren, um zu löschen oder Leerstelle markieren, um zu
          beenden»
15        <umschalten lösch><umschalten einf><links>
16        «AWENN Papierkorb<>"^L"»
17            <f8 2>
18            «BESTIMMEN Echo="aus"»
19            «KOMMENTAR Wörter für Index markieren und Index erstellen»
20            <umschalten lösch>.i.;<umschalten links 4><strg unt>tz<alt
              v><return><rechts><links><umschalten einf><rechts>
21            «BESTIMMEN Echo="an"»
22        «EWENN»
23    «ESOLANGE»
24    «MELDUNG Markierte Wörter werden durch Lücken ersetzt. Bitte warten ...»
25    «BESTIMMEN Echo="aus"»
26    <strg unt>ei<tab><rechts>0<return>
27    «KOMMENTAR Überschrift an den Anfang des Index und Formatierung des Index»
```

```
28    <oben><alt f10><lösch>Das sind die Lösungswörter. Aber jedes Wort steht nur
      einmal da, egal wie oft Sie es brauchen.<return><oben><strg unt>taz<alt
      a><alt j><return>
29    «KOMMENTAR Anfang und Ende und Seitenzahlen des Index löschen»
30    <strg unten 2><links><strg links><umschalten strg links>
31    «SOLANGE Markierung="ˆt"»
32        <lösch><umschalten ende><lösch>,<leertaste><strg unten><links><strg
           links><umschalten strg links>
33    «ESOLANGE»
34    <strg oben><strg unt>bs<alt n>z<alt v><return><lösch>
35    <strg unt>tu<alt j><return>
36    «KOMMENTAR Im Text markierte Wörter gegen Lücken tauschen»
37    <strg pos1>
38    <strg unt>bs.i.<return>
39    «SOLANGE gefunden»
40        <umschalten strg rechts 2>
41        «BESTIMMEN Zahl=LÄNGE(Markierung)»
42        <lösch>
43        «AWENN Zahl<=7»
44            «BESTIMMEN Zahl=Zahl+3»
45        «SONST»
46            «BESTIMMEN Zahl=Zahl*150%»
47        «EWENN»
48        «WIEDERHOLE Zahl»
49            _
50        «EWIEDERHOLE»
51        <leertaste>
52        <umschalten f4>
53    «ESOLANGE»
54    «KOMMENTAR Lösungswörter an das Ende des Lückentextes setzen»
55    <strg pos1><strg unt>bsLösungswörter<return>
56    <alt f10><f8><alt f10><umschalten lösch>
57    <oben><return 2>
58    «PAUSE Lösungswörter hier einfügen? Nur Eingabetaste oder andere Stelle
      markieren»
59    <umschalten einf>
60    <lösch>
61    <strg unt>mumzeile-ende<return>
```

Siehe auch: *Kapitelabschnitt 26.2*

26.5   Texte aus einem in ein anderes Fenster kopieren

Wenn Sie Textabschnitte aus einem Dokument in ein anderes kopieren wollen, müssen Sie zunächst im ersten Fenster den gewünschten Text markieren und danach in den Word-Papierkorb kopieren. Anschließend müssen Sie in das Fenster mit dem Dokument wechseln, in das Sie die Textkopie einfügen wollen. Wenn Sie dort den Cursor an die richtige Stelle gesetzt haben, können Sie den Papierkorbinhalt einfügen. Zum Schluß wechseln Sie wieder ins erste Fenster, und die (mühsame) Reise kann von Neuem beginnen.

▌ Das Makro *text-kopieren*: Ihr Nutzen

Sie brauchen nur den Text zu markieren, den Sie kopieren wollen, und im zweiten Fenster den Cursor an die Einfügestelle zu setzen. Das Makro übernimmt den Kopiervorgang, das Umschalten zwischen den verschiedenen Fenstern sowie das Einfügen des Textes.

▌ Einsatz des Makros *text-kopieren*

1. Starten Sie das Makro mit dem Tastenschlüssel < strg t > k in dem Fenster, aus dem Sie kopieren wollen.

2. Befolgen Sie die Anweisungen in den Dialogfeldern und in der Meldungszeile. Bestätigen Sie Ihre Eingaben mit der Eingabetaste.

Achtung Beachten Sie, daß sich die folgenden Module in derselben Makro-Datei befinden müssen, wie das Makro, aus dem Sie sie aufrufen wollen: *mzeile-anfang, mzeile-ende* (Kapitelabschnitte 21.1, 21.3).

▌ Wie das Makro *text-kopieren* funktioniert

Zunächst werden die Benutzung der Word 5.0-Funktionstasten und die Bildschirmaktualisierung ausgeschaltet (6-7). Anschließend wird das Modul zur Statusprüfung der Option *Meldungszeile* aufgerufen (8). Um den Anfangsstatus dieser Option wieder herzustellen, wird später ein korrespondierendes Modul aufgerufen (23). Danach wird der Einfügemodus eingeschaltet, damit eingefügter Text nicht bereits vorhandenen überschreibt (9).

Mit der reservierten Variablen *Fenster* wird der definierten Variablen *Quelle* die Nummer des aktiven Fensters (Quellenfenster) zugewiesen (10). Dieser Wert wird verwendet, um später wieder in das Quellenfenster umzuschalten (20).

In einer Schleife (12-22) findet dann der Kopiervorgang statt. Der im Quellenfenster markierte Text (13) wird in den Word-Papierkorb kopiert (14). Der abgefragte Wert der definierten Variablen *Ziel* (15) wird der reservierten

Variablen *Fenster* zugewiesen. Dadurch wird in das Zielfenster umgeschaltet (16). Dort wird der Inhalt des Papierkorbs eingefügt (17-18).

Nach der Umschaltung zurück ins Quellenfenster (20) kann das Makro beendet (21) oder die Schleife noch einmal durchlaufen werden. Mit der Herstellung des Anfangsstatus der Option *Meldungszeile* (23) wird das Makro beendet.

```
 1    «KOMMENTAR»
 2    Makro-Funktion: Text aus einem Fenster in ein anderes kopieren
 3    Makro-Name: text-kopieren
 4    Makro-Tastenschlüssel: <strg t>k
 5    «EKOMMENTAR»
 6    «BESTIMMEN Word5Tasten="aus"»
 7    «BESTIMMEN Echo="aus"»
 8    <strg unt>mumzeile-anfang<return>
 9    <strg unt>xl<unt>
10    «BESTIMMEN Quelle=Fenster»
11    «BESTIMMEN Kopie=""»
12    «SOLANGE Kopie<>"Q"»
13        «PAUSE Zu kopierenden Text markieren. Eingabetaste»
14        <strg einf>
15        «ABFRAGE Ziel=?In welches Fenster soll kopiert werden? Nummer
          eingeben. Eingabetaste»
16        «BESTIMMEN Fenster=Ziel»
17        «PAUSE Einsetzstelle mit dem Cursor markieren. Eingabetaste»
18        <umschalten einf>
19        «PAUSE Eingefügten Text evtl. korrigieren. Eingabetaste»
20        «BESTIMMEN Fenster=Quelle»
21        «ABFRAGE Kopie=?Noch mehr Text kopieren? Q, um zu beenden oder nur
          Eingabetaste»
22    «ESOLANGE»
23    <strg unt>mumzeile-ende<return>
```

Siehe auch: *Kapitelabschnitt 26.2*

26.6   Aktuelle und Gesamtseitenzahl eines Dokuments anzeigen

Wenn mehrseitige Dokumente ausgedruckt werden, ist die Paginierung der Blätter nicht nur nützlich, sondern eigentlich immer notwendig. Word bietet dazu zwei grundsätzliche Möglichkeiten: Mit Hilfe des Befehls *Einfügen Seitennummern* oder mit dem Word-Textbaustein *Seite* können beim Ausdrucken des Dokuments die Seiten paginiert werden.

Sie haben damit zwar auf jedem Blatt eine Seitenzahl, aber ob Sie tatsächlich alle Seiten des Dokuments in Händen halten, ist ungewiß. Wenn Sie zusätzlich zur aktuellen Seitenzahl noch die Gesamtseitenzahl ausdrucken, ist die Ungewißheit beseitigt. Das Ganze kann beispielsweise so aussehen: *Seite 12/23*, was also heißt, daß Sie gerade die Seite 12 von insgesamt 23 Seiten ins Auge gefaßt haben.

Sie müssten zuerst nachschauen, wie viele Seiten Ihr Dokument hat. Diese Zahl könnten Sie dann kombiniert mit dem Textbaustein *Seite* als Kopf- bzw. Fußzeile in Ihr Dokument einfügen. Von Hand ausgeführt, ist das eher mühsam und/oder umständlich.

Das Makro *letzte-seite*: Ihr Nutzen

Wenn Sie Makro verwenden, brauchen Sie nur noch zu entscheiden, ob Sie den Eintrag der laufenden und der Gesamtseitenzahl als Fuß- oder Kopfzeile auf jeder Seite haben wollen. Den Rest nimmt Ihnen das Makro ab.

Einsatz des Makros *letzte-seite*

1.   Starten Sie das Makro mit dem Tastenschlüssel < strg l > s.

2.   Befolgen Sie die Anweisungen in den Dialogfeldern und in der Meldungszeile. Bestätigen Sie Ihre Eingaben mit der Eingabetaste.

Achtung   Beachten Sie, daß sich die folgenden Module in derselben Makro-Datei befinden müssen, wie das Makro, aus dem Sie sie aufrufen wollen: *layout-anfang, layout-ende, umbruch-anfang, umbruch-ende* (Kapitelabschnitte 21.1, 21.2, 21.3).

Wie das Makro *letzte-seite* funktioniert

Die Formatierung des Seitenzahleintrags als Kopf- oder Fußzeile wird mit einer Schleife abgefragt (7-9), die erst verlassen wird, wenn eine der beiden Möglichkeiten gewählt worden ist.

Entsprechend der Entscheidung in dieser Schleife wird der Variablen *Fußkopf* der Wert *Fußzeile* bzw. Kopfzeile zugewiesen (10-14). Diese Variablenwerte werden als variabler Text zunächst in der anschließenden Meldung (15) und später im Abfragetext zum Entfernen des Seitenzahleintrags (49) verwendet.

Für die Präsentation der Meldung (15) muß die Bildschirmaktualisierung zwar nicht extra eingeschaltet werden, weil Word als Standardeinstellung in diesem

Modus arbeitet; sie wird aber nach der Meldung ausgeschaltet, um den weiteren Makro-Ablauf zu beschleunigen (16).

Mit dem Befehl *Extras Linien zeichnen* (18) wird sichergestellt, daß durch die Eingabe der Fuß- bzw. Kopfzeile nicht der Anfang des Dokuments überschrieben wird. Danach werden die Module zur Statusprüfung der Option *Layoutmodus* und *Seitenumbruch im Hintergrund* aufgerufen (19-20); um den Anfangsstatus dieser Optionen wieder herzustellen, werden später korrespondierende Module aufgerufen (54-55).

Am Ende des Dokuments (21) wird mit der reservierten Variablen *Seite* der definierten Variablen *LetzteSeite* der aktuelle Wert zugewiesen (22). Anschließend wird am Dokumentanfang ein Absatz eingefügt (23) und dieser je nach Entscheidung am Anfang des Makros (8) als Kopf- oder Fußzeile formatiert (24-44).

Danach werden der Word-Textbaustein *Seite* und der Wert der Variablen *LetzteSeite* in die Kopf- bzw. Fußzeile eingefügt (45). Nach dem Ausdrucken des Dokuments (46), kann entschieden werden, ob diese Zeile wieder entfernt oder im Dokument belassen wird (49). Die Abfrage dazu erfolgt in einer Schleife (48-53), damit die Fuß- bzw. Kopfzeilen nicht versehentlich gelöscht werden.

Mit der Herstellung des Anfangsstatus der Optionen *Layoutmodus* (54) und *Seitenumbruch im Hintergrund* (55) wird das Makro beendet.

```
1    «KOMMENTAR»
2    Makro-Funktion: Letzte und aktuelle Seitenzahl für die Paginierung einfügen
3    Makro-Name: letzte-seite
4    Makro-Tastenschlüssel: <strg l>s
5    «EKOMMENTAR»
6    «BESTIMMEN Fußkopf=""»
7    «SOLANGE Fußkopf<>"F" UND Fußkopf<>"K"»
8        «ABFRAGE Fußkopf=?Wo soll der Eintrag stehen? F = Fußzeile, K =
         Kopfzeile. Eingabetaste»
9    «ESOLANGE»
10   «AWENN Fußkopf="F"»
11       «BESTIMMEN Fußkopf="Fußzeile"»
12   «SONST»
13       «BESTIMMEN Fußkopf="Kopfzeile"»
14   «EWENN»
15   «MELDUNG «Fußkopf» wird eingefügt. Bitte warten ...»
16   «BESTIMMEN Echo="aus"»
17   «BESTIMMEN Word5Tasten="aus"»
18   <strg unt>xl<unt>
19   <strg unt>mulayout-anfang<return>
20   <strg unt>muumbruch-anfang<return>
21   <strg ende>
22   «BESTIMMEN LetzteSeite=Seite»
```

```
23    <strg pos1><return><oben>
24    <strg unt>tk
25    «AWENN Fußkopf="Fußzeile"»
26         <alt f>
27    «SONST»
28         <alt k>
29    «EWENN»
30    <alt e>
31    «AWENN Feld="ja"»
32         l
33    «SONST»
34         el
35    «EWENN»
36    <return>
37    <strg unt>tu<alt r>
38    «AWENN Fußkopf="Fußzeile"»
39         <tab>
40    «SONST»
41         <tab 2>
42    «EWENN»
43    <leertaste><return>
44    <strg r>
45    Seite<leertaste>Seite<f3>/«LetzteSeite»
46    <strg unt>dd<alt b>a<return>
47    «BESTIMMEN Entfernen="ə"»
48    «SOLANGE Entfernen<>"J" UND Entfernen<>""»
49         «ABFRAGE Entfernen=? «Fußkopf» wieder entfernen? J oder nur
              Eingabetaste»
50         «AWENN Entfernen="J"»
51              <f8 3><lösch>
52         «EWENN»
53    «ESOLANGE»
54    <strg unt>mulayout-ende<return>
55    <strg unt>muumbruch-ende<return>
```

Siehe auch: *Kapitelabschnitte 21.1, 21.2, 21.3, 26.3*

26.7   Datumsformat wechseln

Word bietet mit den beiden Textbausteinen *Datum* und *Druckdatum* die komfortable Möglichkeit, das aktuelle Datum in ein Dokument einzutragen. Man spart sich dabei die Suche nach dem Kalender und alle Fehleingaben, die der Griff zur Tastatur mit sich bringen kann.

An der gewünschten Stelle brauchen Sie lediglich den Namen des Word-Textbausteins einzugeben und die Funktionstaste F3 zu drücken. Mit *Datum* steht dieses dann gleich auf dem Bildschirm, und mit *Druckdatum* wird das Datum beim Drucken zu Papier gebracht. Das Datum hat dabei immer das folgende Format: *30. September 1999.*

Wenn in Tabellen die Einträge jeweils durch das Datum zu kennzeichnen sind, wird diese Tabelle eine gesonderte Spalte mit dem Eintragsdatum enthalten. Das Datum selbst können Sie mit Hilfe des Textbausteins *Datum* eintragen. Allerdings hat das zwei Nachteile:

- ▶ Die Datumsspalte wird relativ breit, denn ihre Breite muß nach dem längstmöglichen Eintrag ausgerichtet werden (September-Daten). Das kostet unnötig Platz im Tabellenformular.

- ▶ Unabhängig davon, ob das Datum links- oder rechtsbündig eingetragen wird, entsteht ein Flatterrand in dieser Spalte. Sie wird deshalb mehr oder weniger schlecht lesbar.

Beide Nachteile lassen sich dadurch beseitigen, daß man das Datum in einem anderen Format schreibt: Also nicht mehr *30. September 1999*, sondern *30. 9. 1999*. Es wäre natürlich ein Unding, diese Formatänderung jedesmal von Hand vorzunehmen.

Dies Makros *datumsformat-zahl* und *datumsformat-null*: Ihr Nutzen

Wenn Sie die Makros verwenden, wird der Name des Monats durch eine Zahl ersetzt, und Sie haben außerdem die Möglichkeit, bei einstelligen Tages- und Monatszahlen eine führende Null zu verwenden. Das ergibt eine bessere Lesbarkeit der Datumsspalte. Mit einer führenden Null sieht das Beispieldatum von oben dann so aus: *30. 09. 1999*. Wenn's noch kürzer sein soll, können Sie das Datum - auf Wunsch oder automatisch - auch so bekommen: *30. 09. 99*.

Einsatz des Makros *datumsformat-zahl*

1. Setzen Sie den Cursor an die Stelle in Ihrem Dokument, an der Sie das aktuelle Datum einfügen wollen.

2. Starten Sie das Makro mit dem Tastenschlüssel < strg d > z.

3. Befolgen Sie die Anweisungen in den Dialogfeldern und in der Meldungszeile. Bestätigen Sie Ihre Eingaben mit der Eingabetaste.

Falls Sie auf jeden Fall führende Nullen bei Ihren Kalenderdaten verwenden wollen, benutzen Sie nicht < strg d > z als Makro-Tastenschlüssel, sondern < strg d > 0 (siehe Abschnitt unten: "Eine Variation des Makros").

Achtung Beachten Sie, daß sich die folgenden Module in derselben Makro-Datei befinden müssen, wie das Makro, aus dem Sie sie aufrufen wollen: *mzeile-anfang, mzeile-ende* (Kapitelabschnitte 21.1, 21.3).

Wie das Makro *datumsformat-zahl* funktioniert

Die Verwendung führender Nullen wird mit einer Schleife abgefragt, damit nicht versehentlich ein falsches Datumsformat generiert wird (7-9). Die Schleife wird erst verlassen, wenn ausdrücklich für eine der beiden Möglichkeiten optiert wurde.

Für die Präsentation der Meldung (11) wird die Bildschirmaktualisierung zunächst ein- (10) und dann ausgeschaltet (12). Die Meldung wird dadurch bis zum Ende des Makros präsentiert. Ebenso wird die Benutzung der Word 5.0-Funktionstasten ausgeschaltet (13). Danach wird das Modul zur Statusprüfung der Option *Meldungszeile* aufgerufen (14); um den Anfangsstatus dieser Option wieder herzustellen, wird später ein korrespondierendes Modul aufgerufen (65). Mit dem Einschalten des Einfügemodus durch den Befehl *Extras Linien zeichnen* (15) wird sichergestellt, daß durch Einfügen des Datums nicht andere Textteile überschrieben werden.

Mit dem Word-Textbaustein *Datum* wird das aktuelle Datum generiert (16). Die Form der beiden Bedingungsprüfungen in den Zeilen 18-22 und 19-21 zeigt, daß führende Nullen nur dann eingefügt werden, wenn Sie sich dafür entschieden haben (18) und die Tageszahl einstellig ist (19). Die prinzipiell gleiche Bedingungsprüfung erfolgt später (52-54), wobei aber dort die logischen Operatoren UND und ODER verwendet werden.

Nachdem der Monatsname markiert ist (23), wird er anschließend durch die laufende Nummer des Monats ersetzt (24-63). Dabei wird ebenfalls eine führende Null eingefügt, wenn Sie sich dafür entschieden haben, und es sich um die Monate Januar bis September handelt (52-54). Durch den Punkt nach der laufenden Monatszahl (64) wird sie zur Ordnungszahl.

Mit der Herstellung des Anfangsstatus der Option *Meldungszeile* (65) wird das Makro beendet.

```
 1    «KOMMENTAR»
 2    Makro-Funktion: Numerisches Datum satt Word-Datum einsetzen, führende Nullen
      optional
 3    Makro-Name: datumsformat-zahl
 4    Makro-Tastenschlüssel: <strg d>z
 5    «EKOMMENTAR»
 6    «BESTIMMEN Null="@"»
 7    «SOLANGE Null<>"J" UND Null<>""»
 8         «ABFRAGE Null=?Tages- und Monatszahlen von 1-9 mit führenden Nullen
          (01. 02.)? J oder nur Eingabetaste»
 9    «ESOLANGE»
10    «BESTIMMEN Echo="an"»
11    «MELDUNG Das Datum wird formatiert. Bitte warten ...»
12    «BESTIMMEN Echo="aus"»
13    «BESTIMMEN Word5Tasten="aus"»
14    <strg unt>mumzeile-anfang<return>
15    <strg unt>xl<unt>
16    datum<f3><return><links>
17    <pos1><f8 2>
18    «AWENN Null="J"»
19         «AWENN LÄNGE(Markierung)=1»
20              <unt>0
21         «EWENN»
22    «EWENN»
23    <unt><strg rechts 2><f8 2><umschalten links>
24    «BESTIMMEN Monat=Markierung»<lösch>
25    «AWENN Monat="Januar"»
26         1
27    «EWENN»
28    «AWENN Monat="Februar"»
29         2
30    «EWENN»
31    «AWENN Monat="März"»
32         3
33    «EWENN»
34    «AWENN Monat="April"»
35         4
36    «EWENN»
37    «AWENN Monat="Mai"»
38         5
39    «EWENN»
40    «AWENN Monat="Juni"»
41         6
42    «EWENN»
43    «AWENN Monat="Juli"»
44         7
45    «EWENN»
46    «AWENN Monat="August"»
47         8
48    «EWENN»
49    «AWENN Monat="September"»
50         9
51    «EWENN»
52    «AWENN Null="J" UND(Monat="Januar" ODER Monat="Februar" ODER Monat="März"
      ODER Monat="April" ODER Monat="Mai" ODER Monat="Juni" ODER Monat="Juli" ODER
      Monat="August" ODER Monat="September")»
53         <links>0<rechts>
54    «EWENN»
```

```
55    «AWENN Monat="Oktober"»
56         10
57    «EWENN»
58    «AWENN Monat="November"»
59         11
60    «EWENN»
61    «AWENN Monat="Dezember"»
62         12
63    «EWENN»
64    .<ende>
65    <strg unt>mumzeile-ende<return>
```

Eine Variation des Makros

Sie können das oben beschriebene Makro - in leicht veränderter Form - auch
dazu verwenden, um in Tabellen das aktuelle Datum im numerischen Format
einsetzen zu lassen. Diese veränderte Form fügt immer führende Nullen ein
(siehe oben: Spalten mit Flatterrand).

Einsatz der Makro-Variation *datumsformat-null*

Das Makro wird als Modul verwendet, d. h., daß Sie es aus einem Makro
heraus starten, mit dem Sie beispielsweise Tabellen ausfüllen.

1.   Laden Sie den Makro-Text, in den Sie das Modul einfügen wollen, in
     ein Fenster.

2.   Schreiben Sie den Makro-Tastenschlüssel < strg d > 0 dort in Ihren
     Makro-Text, wo das Datum eingefügt werden soll.

3.   Speichern Sie Ihren Makro-Text, natürlich mit dem Makro *maktbs-
     speichern* (Kapitelabschnitt 20.2).

Achtung   Beachten Sie, daß sich die folgenden Module in derselben
              Makro-Datei befinden müssen, wie das Makro, aus dem Sie
              sie aufrufen wollen: *datumsformat-null, mzeile-anfang,
              mzeile-ende* (Kapitelabschnitte 21.1, 21.3).

Wie die Makro-Variation *datumsformat-null* funktioniert

Wenn beim Einsatz Ihres Makros zur Erstellung von Tabellen das Makro
datumsformat-null aufgerufen wird, geschieht alles das, was oben für das
Makro *datumsformat-zahl* beschrieben ist - mit einer Ausnahme: Das Dialog-

feld zur Option für oder gegen führende Nullen wird nicht geöffnet, weil es nicht gebraucht wird.

```
1    «KOMMENTAR»
2    Makro-Funktion: Numerisches Datum mit führenden Nullen satt Word-Datum
     einsetzen
3    Makro-Name: datumsformat-null
4    Makro-Tastenschlüssel: <strg d>0
5    «EKOMMENTAR»
6    «BESTIMMEN Echo="an"»
7    «MELDUNG Datum wird formatiert. Bitte warten ...»
8    «BESTIMMEN Echo="aus"»
9    «BESTIMMEN Word5Tasten="aus"»
10   <strg unt>mumzeile-anfang<return>
11   <strg unt>xl<unt>
12   datum<f3><return><links>
13   <pos1><f8 2>
14   «AWENN LÄNGE(Markierung)=1»
15          <unt>0
16   «EWENN»
17   <unt><strg rechts 2><f8 2><umschalten links>
18   «BESTIMMEN Monat=Markierung»<lösch>
19   «AWENN Monat="Januar"»
20          1
21   «EWENN»
22   «AWENN Monat="Februar"»
23          2
24   «EWENN»
25   «AWENN Monat="März"»
26          3
27   «EWENN»
28   «AWENN Monat="April"»
29          4
30   «EWENN»
31   «AWENN Monat="Mai"»
32          5
33   «EWENN»
34   «AWENN Monat="Juni"»
35          6
36   «EWENN»
37   «AWENN Monat="Juli"»
38          7
39   «EWENN»
40   «AWENN Monat="August"»
41          8
42   «EWENN»
43   «AWENN Monat="September"»
44          9
45   «EWENN»
46   «AWENN Monat="Januar" ODER Monat="Februar" ODER Monat="März" ODER
     Monat="April" ODER Monat="Mai" ODER Monat="Juni" ODER Monat="Juli" ODER
     Monat="August" ODER Monat="September"»
47          <links>0<rechts>
48   «EWENN»
49   «AWENN Monat="Oktober"»
50          10
51   «EWENN»
```

```
52    «AWENN Monat="November"»
53        11
54    «EWENN»
55    «AWENN Monat="Dezember"»
56        12
57    «EWENN»
58    .<ende>
59    <strg unt>mumzeile-ende<return>
```

Kurz-Datum

Wenn Ihre Datumsspalte noch kürzer werden soll, können Sie zusätzlich eine kleine Sequenz in Ihren "Tabellen"-Makro-Text einfügen:

Variante 1

In Tabellen, die Informationen nur zu einem einzigen Jahr enthalten, kann die Jahreszahl ganz entfallen, weil sie in der Regel an irgendeiner anderen Stelle, etwa in der Überschrift des Dokuments sowieso erscheint. Ihr Makro-Text könnte also folgendermaßen aussehen:

```
1.    ...
2.    <strg d>0
3.    <strg links><f8 2>
4.    <lösch>
5.    ...
```

Nachdem Ihr Makro bestimmte Dinge ausgeführt hat (1), wird das aktuelle Datum durch Aufruf des Makros *datumsformat-null* mit führenden Nullen eingefügt (2). Anschließend wird die Jahreszahl markiert (3) und entfernt (4). Dann werden die anderen Schritte Ihres Makros ausgeführt (5).

Variante 2

Wenn Sie nicht die ganze Jahreszahl entfernen, sondern nur auf die Jahrhundertangabe verzichten wollen, sieht die Sequenz so aus:

```
1.    ...
2.    <strg d>0
3.    <strg links><umschalten rechts 2>
4.    <lösch>
5.    <ende>
6.    ...
```

Wie bei der ersten Möglichkeit wird das Datum mit führenden Nullen eingefügt (2). Danach werden aber nur die beiden Ziffern 1 und 9 für die Jahrhundertangabe markiert (3). Nachdem sie entfernt sind (4), wird der Cursor an
das Ende der Datumsangabe gesetzt (5). Sie haben dann wieder die Aus-
gangsposition für die restlichen Makro-Schritte (6).

Siehe auch: *Kapitelabschnitte 21.1, 21.3*

26.8   Laufende Nummern in Listen aktualisieren

In Tabellen bzw. Listen werden fortlaufende Einträge mitunter numeriert.
Wenn ein neuer Eintrag erfolgt, wird er mit der nächsten laufenden Nummer
versehen. Formal bedeutet das, die letzte Nummer um die Zahl 1 zu erhöhen
und die Summe als neue Nummer einzutragen.

Da in numerierten Listen die laufenden Nummern immer an der gleichen
Position stehen, läßt sich die Numerierung schnell und sicher mit einem
Makro durchführen. Möglicherweise können Sie eine solche Numerierungsse-
quenz mit weiteren Eingaberoutinen kombinieren, so daß die Listen- bzw.
Tabelleneinträge weitgehend automatisiert sind.

Für die unten beschriebene Marko-Sequenz wird beispielhaft eine Liste mit
folgender Struktur angenommen:

```
Nr. Datum   Zielort ...

1.  01. 02. Hamburg ...
2.  03. 04. Frankfurt ...
3.  05. 06. München ...
```

Mit der folgenden Makro-Sequenz kann die laufende Nummer dieser Liste
aktualisiert werden.

```
1    <strg ende><strg oben 2><f8 2>
2    «BESTIMMEN AlteNr=Markierung»
3    «BESTIMMEN NeueNr=AlteNr+1»
4    <strg unten>«NeueNr».<tab>
5    <strg d>0
6    <strg links><f8 2><lösch><tab>
7    ...
```

Zunächst wird der Cursor an das Dokumentenende gesetzt. Von diesem definierten Punkt aus kann er dann auf die letzte vorhandene Nummer der Liste bewegt werden (1). Der Wert dieser markierten Nummer wird der definierten Variablen *AlteNr* zugewiesen (2). Durch Addition dieses Wertes und der Zahl 1 bekommt die Variable *NeueNr* ihren Wert und die Liste damit die nächste laufende Nummer (3). Nachdem der Cursor in die nächste Zeile gesetzt worden ist, wird dort die neue laufende Nummer eingetragen (4). Anschließend wird das aktuelle Datum in Kurzschreibweise eingefügt (5). Das kann durch Aufruf des Makros *datumsformat-null* mit dem Makro-Tastenschlüssel < strg d > 0 geschehen. Als nächstes können dann weitere Listeneinträge gemacht werden (7).

Siehe auch: *Kapitelabschnitt 26.8*

26.9   Leere Rahmen in Dokumente einfügen

Wenn Sie in ein Dokument nach dem Ausdrucken Zeichnungen, Fotos oder ähnliche Informationsträger einfügen wollen, müssen Sie dafür entsprechend Platz freilassen, das Ganze eventuell eingerahmt.

Den Platz können Sie dadurch schaffen, daß Sie mit Hilfe des Befehls *Einfügen Grafik* die gewünschten Maße festlegen. Mit den Befehlen *Format Absatz* und *Format Umrandung* läßt sich der "Freiraum" dann weiter bearbeiten.

▌ Das Makro *rahmen-leer*: Ihr Nutzen

Wenn Sie leere Rahmen mit dem Makro erstellen, brauchen Sie nur die Höhe und die Breite sowie die Position des Rahmens auf der Seite und die Linienart der Umrandung festzulegen. Das Makro erstellt dann diesen Rahmen, ohne daß Sie Befehle wählen oder Dialogfelder ausfüllen müssen.

▌ Einsatz des Makros *rahmen-leer*

1. Starten Sie das Makro mit dem Tastenschlüssel < strg r > l.

2. Befolgen Sie die Anweisungen in den Dialogfeldern und in der Meldungszeile. Bestätigen Sie Ihre Eingaben mit der Eingabetaste.

3. Wenn der Rahmen nach Ihren Angaben in den Text eingefügt worden ist, kontrollieren Sie das Resultat in der Seitenansicht.

Achtung Nach Beendigung des Makros sehen Sie in der Meldungszeile den Hinweis *Die Grafik: 0.TIF wurde nicht gefunden.* Ignorieren Sie die Meldung, denn Sie hat keinerlei Bedeutung (zur makrotechnischen Bedeutung siehe unten).

Wie das Makro *rahmen-leer* funktioniert

Zunächst wird mit den aktuellen Maßen im Dialogfeld *Abschnitts-Seitenränder* die Breite des Satzspiegels bestimmt (7-11). Wenn die abgefragte Breite des Rahmens (12) größer ist als das ermittelte Maß des Satzspiegels (13), wird das Makro nach einem Dialogfeld-Hinweis (14) abgebrochen (15).

Im andern Fall werden zunächst Höhe (17) und Ausrichtung (20) abgefragt. Die Abfrage der Variablen *Position* erfolgt in einer Schleife (19-21), die erst verlassen wird, wenn eine der zulässigen Eingaben gemacht wurde. Durch diese Schleife wird verhindert, daß das Makro undefiniert weiterläuft.

Bei zentrierter Ausrichtung werden der linke und der rechte Einzug bestimmt (22-25). Bei nicht zentrierter Ausrichtung (26) wird nach Abfrage des linken Einzugs (27) geprüft, ob mit den Werten der Variablen *Links*, *Spiegel* und *Rechts* der Rahmen überhaupt erstellt werden kann (28-37). Sollte das nicht möglich sein, wird das Makro abgebrochen (30 oder 35).

Wenn der Rahmen aufgrund von Maßen und Ausrichtung erstellt werden kann, wird in einer Schleife die Linienart der Umrandung abgefragt (40-42). Die Werte der Variablen *Links*, *Rechts*, *Position* und *Linie* werden dann in den Dialogfeldern *Absatz* (43-49) und *Absatzumrandung* (50-63) eingetragen.

Der Rahmen selbst wird anschließend als fiktive Grafik *0.TIF* mit dem .Z.-Code für Grafiken eingefügt (64-65). Dabei werden die Werte der Variablen *Breite* und *Höhe* als Abmessung der Grafik eingesetzt.

Achtung   Die Hinweistexte erhalten Sie bei diesem Makro nicht in der Meldungszeile, sondern in einem Dialogfeld. Makrotechnisch bedeutet das, daß der Hinweistext nicht mit der Anweisung PAUSE, sondern mit der ABFRAGE-Anweisung präsentiert wird. Dadurch wird der Makro-Ablauf beschleunigt, weil der Status der Option *Meldungszeile* nicht geprüft und ggf. verändert werden muß; der Aufruf der Module *mzeile-anfang* und *mzeile-ende* entfällt also, und das Makro wird deshalb schneller.

```
 1    «KOMMENTAR»
 2    Makro-Funktion: Leere Rahmen in Texte einfügen
 3    Makro-Name: rahmen-leer
 4    Makro-Tastenschlüssel: <strg r>l
 5    «EKOMMENTAR»
 6    «BESTIMMEN Echo="aus"»
 7    <strg unt>ts
 8    «BESTIMMEN Breite=Feld»<tab 3>
 9    «BESTIMMEN Links=Feld»<tab 2>
10    «BESTIMMEN Rechts=Feld»<unt>
11    «BESTIMMEN Spiegel=Breite-Links-Rechts»
12    «ABFRAGE Breite=?Breite des Rahmens in cm eingeben»
13    «AWENN Breite>=Spiegel»
14        «ABFRAGE Hinweis=?«Breite» cm Rahmenbreite ist unmöglich, weil der
          Satzspiegel nur «Spiegel» cm breit ist. Makro noch einmal starten.
          Eingabetaste»
15        «QUITT»
16    «EWENN»
17    «ABFRAGE Höhe=?Höhe des Rahmens in cm eingeben»
18    «BESTIMMEN Position=""»
19    «SOLANGE (Position<>"Z" UND Position<>"L") ODER Position=""»
20        «ABFRAGE Position=?Position des Rahmens? Z = zentriert, L = linker
          Einzug. Eingabetaste»
21    «ESOLANGE»
22    «AWENN Position="Z"»
23        «BESTIMMEN Links=(Spiegel-Breite)/2»
24        «BESTIMMEN Rechts=Links»
25    «EWENN»
26    «AWENN Position="L"»
27        «ABFRAGE Links=?Linken Einzug des Rahmens in cm eingeben»
28        «AWENN Links>=Spiegel»
29            «ABFRAGE Hinweis=?«Links» cm linker Einzug ist unmöglich, weil
              der Satzspiegel nur «Spiegel» cm breit ist. Makro noch einmal
              starten. Eingabetaste»
30            «QUITT»
31        «SONST»
32            «BESTIMMEN Rechts=Spiegel-(Links+Breite)»
33            «AWENN Rechts<0»
34                «ABFRAGE Hinweis=?Breite oder linker Einzug des Rahmens ist
                  zu groß! Makro noch einmal starten. Eingabetaste»
35                «QUITT»
36            «EWENN»
37        «EWENN»
```

```
38    «EWENN»
39    «BESTIMMEN Linie="a"»
40    «SOLANGE Linie<>"F" UND Linie<>"D" UND Linie<>"C" UND Linie<>""»
41        «ABFRAGE Linie=?Linienart der Umrandung? F = Fett, D = Doppelt, Dick,
          C = Dick oder nur Eingabetaste für Normal»
42    «ESOLANGE»
43    <strg unt>ta
44    «AWENN Position="Z"»
45        <alt z>
46    «SONST»
47        <alt l>
48    «EWENN»
49    <alt k>«Links»<alt v>«Rechts»<alt o>1<alt u>1<return>
50    <strg unt>tu<alt j>
51    «AWENN Linie="F"»
52        <alt f>
53    «EWENN»
54    «AWENN Linie="D"»
55        <alt d>
56    «EWENN»
57    «AWENN Linie="C"»
58        <alt c>
59    «EWENN»
60    «AWENN Linie=""»
61        <alt n>
62    «EWENN»
63    <return>
64    .Z.0.tif;«Breite»<leertaste>cm;«Höhe»<leertaste>cm;tif
65    <strg oben><f8><rechts 3><unt><strg unt>tz<alt v><return><strg f9>
```

Siehe auch: *Kapitelabschnitte 24.1, 29.3, 29.18*

26.10   Absätze numerieren

Mit dem Befehl *Extras Numerieren* lassen sich nur Absätze (neu) numerieren,
die bereits numeriert sind. Wenn Sie jedoch bisher nicht numerierte Absätze
numerieren wollen, geht das nicht mit dem genannten Befehl. Die folgenden
Makros ermöglichen die Erstnumerierung.

26.10.1   Eine beliebige Zahl von Absätzen
             numerieren

Das Makro *numerieren-beliebig*: Ihr Nutzen

Mit dem Makro *numerieren-beliebig* werden aufeinanderfolgende Absätze
numeriert, solange Sie wollen. Die Numerierung erfolgt fortlaufend unabhän-

gig davon, ob die Absätze unterschiedliche oder gleiche Einzüge haben. Numeriert wird im Format *1, 2, 3*. Die Numerierung kann bei jedem beliebigen Absatz und mit jeder beliebigen Anfangsnummer beginnen und jederzeit abgebrochen werden.

▌ Einsatz des Makros *numerieren-beliebig*

1. Starten Sie das Makro mit dem Tastenschlüssel < strg u > r.

2. Befolgen Sie die Anweisungen in den Dialogfeldern und in der Meldungszeile. Bestätigen Sie Ihre Eingaben mit der Eingabetaste.

▌ Wie das Makro *numerieren-beliebig* funktioniert

Zunächst wird dem Befehl *Extras Linien zeichnen* sichergestellt, daß durch die eingefügten Nummern die ersten Zeichen der Absätze nicht überschrieben werden 6). Anschließend wird die abgefragte Anfangsnummer der Variablen *Nummer* zugewiesen (7). Der Wert dieser Variablen wird dann in einer Schleife (11-22) solange um 1 erhöht, bis die Numerierung beendet wird (20).

Damit die erste eingefügte Nummer (17) dem vom Benutzer eingegebenen Wert (7) entspricht, wird der Anfangswert zunächst um 1 vermindert (9). Dieser Schritt ist deshalb notwendig, weil die laufende Erhöhung des Wertes *Nummer* in der Schleife erfolgt (12).

Die jeweils aktuelle Nummer wird am Anfang des nächsten Absatzes eingefügt (13, 17). Damit die Zahlen rechtsbündig ausgerichtet sind, wird vor den Absatz-Nummern 1-9 eine Leerstelle eingefügt (13-15). Nachdem ein Absatz numeriert worden ist, kann das Makro beendet (18-21) oder die Numerierung fortgesetzt werden.

Achtung Wenn Sie das Makro zur Numerierung von mehr als 99 Absätzen (z. B. bis 999) verwenden wollen und dabei ebenfalls alle Zahlen rechts ausgerichtet werden sollen, müssen von 1-9 zwei Leerstellen und von 10-99 aber nur eine eingefügt werden.

Sie brauchen dazu lediglich vor der Bedingungsprüfung *Nummer < 10* (13-15) eine zusätzliche mit der Bedingung *Nummer < 100* in den Makro-Text einzufügen.

```
 1    «KOMMENTAR»
 2    Makro-Funktion: Absätze numerieren
 3    Makro-Name: numerieren-beliebig
 4    Makro-Tastenschlüssel: <strg u>b
 5    «EKOMMENTAR»
 6    «BESTIMMEN Echo="aus"»
 7    <strg unt>mumzeile-anfang<return>
 8    <strg unt>xl<unt>
 9    «BESTIMMEN Echo="an"»
10    «ABFRAGE Nummer=?Anfangsnummer eingeben. Eingabetaste»
11    «PAUSE Den ersten Absatz an beliebiger Stelle markieren. Eingabetaste»
12    «BESTIMMEN Nummer=Nummer-1»
13    «BESTIMMEN Antwort=""»
14    «SOLANGE Antwort<>"Q"»
15        «BESTIMMEN Nummer=Nummer+1»
16        <ende><strg oben>
17        «AWENN Nummer<10»
18            <leertaste>
19        «EWENN»
20        «Nummer»<tab><strg unten>
21        «ABFRAGE Antwort=?Q, um Numerierung zu beenden oder nur Eingabetaste»
22        «AWENN Antwort="Q"»
23            «QUITT»
24        «EWENN»
25    «ESOLANGE»
26    <strg unt>mumzeile-ende<return>
```

26.10.2   Alle Absätze eines Dokuments numerieren

Wenn Sie alle Absätze eines Dokuments numerieren wollen, können Sie das
grundsätzlich auch mit dem Makro *numerieren-beliebig* machen
(Kapitelabschnitt 26.10.1). Sie müssen dann bei jedem Absatz über die weitere Numerierung entscheiden. Es geht aber auch anders.

Mit dem Makro *numerieren-alle* wird am Anfang jedes Absatzes das gleiche
Zeichen als Kennung gesetzt. Diese Kennung, eine Zahl oder ein Buchstabe,
wird dann anschließend mit Hilfe des Befehls *Extras Numerieren* durchnume-
riert.

Die Numerierung erfolgt fortlaufend vom ersten bis zum letzten Absatz.
Dabei haben die Einzüge der einzelnen Absätze einen Einfluß auf die Nume-
rierung. Alle Absätze mit dem gleichen Einzug werden fortlaufend numeriert.
Sobald ein Absatz einen größeren Einzug hat, beginnt die Numerierung wie-
der neu. Das ist bedingt durch die Funktion des Befehls *Extras Numerieren*.
Das folgende Beispiel soll das veranschaulichen.

```
Absatz eins
Absatz zwei
Absatz drei
Absatz vier
    Absatz fünf
    Absatz sechs
    Absatz sieben
Absatz acht
Absatz neun
```

Die Absätze *eins* bis *vier* und *acht* bis *neun* werden fortlaufend von 1-6 numeriert. Die Absätze *fünf* bis *sieben* werden neu beginnend mit 1-3 numeriert. Diesen "Nachteil" können Sie aber auch gleich wieder nutzen (siehe unten).

Das Format der Numerierung können *Sie* festlegen. Möglich sind die folgenden Formate:

Arabisch (1, 2, 3)

Römisch groß (I, II, III)

Römisch klein (i, ii, iii)

Alphabetisch groß (A, B, C)

Alphabetisch klein (a, b, c)

Das Makro *numerieren-alle*: Ihr Nutzen

Wenn Sie dieses Makro zur Numerierung *aller* Absätze eines Dokuments einsetzen, brauchen Sie lediglich das Format der Nummern festzulegen. Den Rest macht dann das Makro.

Einsatz des Makros *numerieren-alle*

1. Starten Sie das Makro mit dem Tastenschlüssel < strg u > a.

2. Bestimmen Sie das Format der Numerierung durch Eingabe des entsprechenden Zeichens. Beachten Sie dabei die unterschiedlichen Zeichen *I* und *i* sowie *A* und *a* (Groß- bzw. Kleinbuchstaben). Bestätigen Sie Ihre Eingaben mit der Eingabetaste.

Das Resultat - mit dem oben genannten Beispiel - sieht dann folgendermaßen aus:

<pre>
1. Absatz eins
2. Absatz zwei
3. Absatz drei
4. Absatz vier
    1.   Absatz fünf
    2.   Absatz sechs
    3.   Absatz sieben
5. Absatz acht
6. Absatz neun
</pre>

Wenn Sie jetzt vor die so entstandenen "Untereinträge" des vierten Absatzes die führende Nummer *4.* setzen, dann sind alle Absätze korrekt numeriert.

Wie das Makro *numerieren-alle* funktioniert

Zunächst wird dem Befehl *Extras Linien zeichnen* sichergestellt, daß die ersten Zeichen der Absätze durch die Numerierung nicht überschrieben werden (6). Dann wird in einer Schleife das Format der späteren Numerierung abgefragt (9-11). Dadurch wird der Variablen *Format* das Zeichen zur Absatzkennung zugewiesen. Mit der Schleife ist gewährleistet, daß Sie auch tatsächlich das gewünschte Format bekommen. Beginnend beim Anfang des Dokuments (7) wird dann an jeden Absatzanfang das Kennungszeichen gesetzt (13). Da der anschließende Befehl *Extras Numerieren* (17) nach einem Kennungszeichen u. a. einen Punkt verlangt, wird dieser nach dem Zeichen gesetzt.

```
1    «KOMMENTAR»
2    Makro-Funktion: Alle Absätze numerieren
3    Makro-Name: numerieren-alle
4    Makro-Tastenschlüssel: <strg u>a
5    «EKOMMENTAR»
6    <strg unt>xl<unt>
7    <strg pos1>
8    «BESTIMMEN Format=""»
9    «SOLANGE (Format<>"1" UND Format<>"A" UND Format<>"I") ODER Format=""»
10       «ABFRAGE Format=?In welchem Format soll numeriert werden? Eines der
            folgenden Zeichen eingeben, dann Eingabetaste. 1 I i A a»
11   «ESOLANGE»
12   «SOLANGE NICHT Endmarke»
13       «Format».<tab>
14       <strg unten>
15   «ESOLANGE»
16   <umschalten f10>
17   <strg unt>xn<return>
```

Siehe auch: *Kapitelabschnitte 26.2, 29.3*

26.11   Einzüge von Absätzen verändern

Die Einzüge von Absätzen lassen sich auf unterschiedliche Weise verändern:

▸ Mit dem Befehl *Format Absatz* können Absätze individuell durch Eintrag des gewünschten Maßes in den Grenzen des Seitenformats eingezogen werden.

▸ Mit den Tastenkombinationen Strg+G und Strg+M lassen sich zur Einzugsänderung nur die Werte verwenden, die im Dialogfeld *Extras Einstellungen* als Standardtabstop festgelegt sind, also beispielsweise die Word-Grundeinstellung 1,25 cm und Vielfache davon.

▸ Bei der Verwendung von Druckformaten lassen sich nur Einzüge von Absätzen mit gleichem Format durch Änderung des definierten Druckformats ändern.

▌ Das Makro *verändern-einzug*: Ihr Nutzen

Mit diesem Makro lassen sich Absätze eines Dokuments, die alle unterschiedliche Einzüge haben können, um bestimmte Maße verändern, also vergrößern oder verkleinern. Sie müssen lediglich das gewünschte Maß der Einzugsänderung eingeben.

Wenn Sie dabei Maße eingeben, die aufgrund der vorhandenen Einzüge oder der Seitenbreite nicht umgesetzt werden können, erhalten Sie vom Makro in einem Dialogfeld einen entsprechenden Hinweis.

▌ Einsatz des Makros *verändern-einzug*

1. Starten Sie das Makro mit dem Tastenschlüssel < strg v > e.

2. Befolgen Sie die Anweisungen in den Dialogfeldern und in der Meldungszeile. Bestätigen Sie Ihre Eingaben mit der Eingabetaste.

Wenn Sie nur einen bestimmten Teil eines Dokuments mit dem Makro bearbeiten wollen, kopieren Sie diesen Teil in ein anderes Fenster. Starten Sie dort das Makro, und fügen Sie dann den veränderten Textteil wieder in Ihr Dokument ein.

█ Wie das Makro *verändern-einzug* funktioniert

Zunächst wird die Bildschirmaktualisierung ausgeschaltet (6). Anschließend wird der Zahlenwert der Einzugsänderung abgefragt und der definierten Variablen *Änderung* zugewiesen (7). Dieser Wert wird später gegebenenfalls in den Fehlermeldungen (21 und 26) oder in der Erfolgsmeldung (33) im jeweiligen Hinweistext verwendet.

Anschließend wird aus den Maßen des Dialogfeldes die Breite des Satzspiegels errechnet (8-12). Dieses Maß dient später als Grenze für die maximal mögliche Verschiebung des Einzugs nach rechts (19, 24).

Beginnend am Dokumentenanfang (13) werden Absatzmarken gesucht (14). Die anschließende Schleife (15-37) wird solange durchlaufen, bis keine Absatzmarken mehr gefunden werden, also das Ende des Dokuments erreicht ist. Solange Absatzmarken vorhanden sind, wird der jeweils aktuelle Einzug (16) um den Wert der Variablen *Änderung* verändert (17-18).

Ist der sich ergebende neue Einzug so groß wie der Satzspiegel oder noch größer (19), wird nach einem entsprechenden Hinweis (21) das Makro abgebrochen (22). Es wird ebenfalls abgebrochen, wenn der neue Einzug einen negativen Wert hat, also wenn der Betrag der negativen Einzugsänderung größer ist als der bisherige Einzug (24-27).

In allen anderen Fällen, wenn also der neue Einzug nicht über den linken und den rechten Seitenrand des Dokuments hinausgeht (28), wird der aktuelle Absatz mit dem neuen Einzug formatiert (29). Anschließend wird der Suchlauf wiederholt (30). Bei erfolgloser Suche (31), also wenn alle Absätze neu formatiert sind, wird das Makro nach einem entsprechenden Hinweis (33) beendet (34). Im anderen Fall beginnt die Plausbilitätsprüfung mit dem nächsten Absatz.

█ Achtung Die Hinweistexte erhalten Sie bei diesem Makro nicht in der Meldungszeile, sondern in einem Dialogfeld. Makrotechnisch bedeutet das, daß der Hinweistext nicht mit der Anweisung PAUSE, sondern mit der ABFRAGE-Anweisung präsentiert wird. Dadurch wird der Makro-Ablauf beschleunigt, weil der Status der Option *Meldungszeile* nicht geprüft und ggf. verändert werden muß; der Aufruf der Module *mzeile-anfang* und *mzeile-ende* entfällt also, und das Makro wird deshalb schneller.

```
1    «KOMMENTAR»
2    Makro-Funktion: Absatz-Einzüge vergrößern oder verkleinern
3    Makro-Name: verändern-einzug
4    Makro-Tastenschlüssel: <strg v>e
5    «EKOMMENTAR»
6    «BESTIMMEN Echo="aus"»
7    «ABFRAGE Änderung=?Änderung für den linken Einzug in cm eingeben
     (Verkleinerung mit Minuszeichen "-"). Eingabetaste»
8    <strg unt>ts
9    «BESTIMMEN Breite=Feld»<tab 3>
10   «BESTIMMEN Links=Feld»<tab 2>
11   «BESTIMMEN Rechts=Feld»
12   «BESTIMMEN Spiegel=Breite-Links-Rechts»<unt>
13   <strg pos1>
14   <strg unt>bs^^a<return>
15   «SOLANGE gefunden»
16        <strg unt>ta<alt k>
17        «BESTIMMEN Einzug=Feld»
18        «BESTIMMEN Einzug=Einzug+Änderung»
19        «AWENN Einzug>=Spiegel»
20             <unt>
21             «ABFRAGE Hinweis=?Einzugsänderung um «Änderung» cm ist unmöglich,
               weil der Satzspiegel nur «Spiegel» cm breit ist. Makro noch
               einmal starten. Eingabetaste»
22             «QUITT»
23        «EWENN»
24        «AWENN Einzug<0»
25             <unt>
26             «ABFRAGE Hinweis=?Einzugsänderung um «Änderung» cm ist unmöglich,
               weil sie über linken Seitenrand geht. Makro noch einmal starten.
               Eingabetaste»
27             «QUITT»
28        «SONST»
29             «Einzug»<return>
30             <umschalten f4>
31             «AWENN nicht gefunden»
32                  <unt>
33                  «ABFRAGE Hinweis=?Alle Einzüge sind um «Änderung» cm
                    verändert. Eingabetaste»
34                  «QUITT»
35             «EWENN»
36        «EWENN»
37   «ESOLANGE»
```

Siehe auch: *Kapitelabschnitte 24.1, 29.18*

26.12   Absätze sortieren

Wenn Sie die Absätze eines Dokuments in einer anderen als der aktuellen
Reihenfolge brauchen, können Sie einen Absatz markieren, ausschneiden und
an der gewünschten Stelle wieder einsetzen; das Ganze wiederholen Sie für

alle anderen Absätze. Dabei können sie - und vielleicht auch Sie - unter Umständen sehr schnell, aber dafür sehr gründlich durcheinander kommen: Der eine oder andere Absatz geht verloren, die Reihenfolge stimmt dann doch nicht, oder was sonst noch alles schief gehen kann.

Das Makro *sortieren-absatz*: Ihr Nutzen

Mit dem Makro können Sie die gewünschte Reihenfolge einfach dadurch festlegen, daß Sie den Cursor nacheinander auf die entsprechenden Absätze setzen. Wenn Sie das getan haben, sortiert das Makro alle Absätze so, wie Sie es festgelegt haben.

Einsatz des Makros *sortieren-absatz*

Achtung Sichern Sie das Dokument vor der Bearbeitung durch das Makro. Falls Sie Ihnen das Resultat der Sortierung nicht gefällt, können Sie so einfach auf die Originalfassung zurückgreifen.

Eine andere Möglichkeit besteht darin, den gesamten Text als unbenanntes Dokument in ein neues Fenster zu kopieren (mit dem Makro *text-kopieren*, Kapitelabschnitt 26.5). Dort lassen Sie in mit dem Makro *sortieren-absatz* sortieren. Nach der Sortierung können Sie ihn dann wieder in das ursprüngliche Fenster kopieren oder im neuen Fenster direkt unter dem alten Namen speichern.

1.	Numerieren Sie auf einem Ausdruck vor dem Starten des Makros die Absätze von Hand. Das erspart Ihnen das Blättern auf dem Bildschirm und macht so den Makro-Einsatz noch effektiver.

2.	Starten Sie das Makro mit dem Tastenschlüssel < strg o > a.

3.	Befolgen Sie die Anweisungen in den Dialogfeldern und in der Meldungszeile. Bestätigen Sie Ihre Eingaben mit der Eingabetaste.

4.	Warten Sie, bis die Absätze sortiert sind, und bearbeiten Sie nach Beendigung des Makros Ihr Dokument weiter.

▌ Wie das Makro *sortieren-absatz* funktioniert

Während der Präsentation der ersten Meldung (6) wird zunächst die Bildschirmaktualisierung ausgeschaltet (7) und danach das Modul zur Statusprüfung der Option *Meldungszeile* aufgerufen (9). Um den Anfangsstatus dieser Option wieder herzustellen, wird später ein korrespondierendes Modul aufgerufen (34). Mit dem Einschalten des Einfügemodus durch den Befehl *Extras Linien zeichnen* (10) wird sichergestellt, daß durch die Eingabe der Sortiernummern (17) nicht andere Textteile überschrieben werden.

In einer Schleife erfolgen Markierung und Numerierung der Absätze (13-19). Die Schleife wird erst verlassen, wenn die weitere Numerierung ausdrücklich beendet werden soll (18).

In dieser Schleife wird zuerst die Zählervariable *Nummer* erhöht (14) und anschließend der aktuelle Wert am Anfang des markierten Absatzes eingefügt (16-17). Diese Zahl wird später wieder gelöscht (28). Damit sie für den Löschvorgang eindeutig identifiziert werden kann, wird nach der eingegebenen Nummer das Zeichen @ gesetzt; es dient nach Abschluß des Sortiervorgangs als Suchmarke (26). Sie finden das Zeichen @ normalerweise als 3. Belegung auf der Q-Taste.

Da der Sortiervorgang (24) unter Umständen recht lange dauern kann, wird während seiner Dauer eine weitere Meldung präsentiert (21). Nach dem Sortieren wird durch Verwendung der reservierten Variablen *speichern* bei einer möglichen Systemmeldung die Ausführung des Befehls *Datei Alles speichern* eingeleitet (25-27).

Anschließend werden die eingefügten Absatznummern wieder gelöscht (28). Das geschieht in einer Schleife (27-33), die erst verlassen wird, wenn das Zeichen @ nicht mehr gefunden worden ist (30-32). Mit der Herstellung des Anfangsstatus der Option *Meldungszeile* (34) wird das Makro beendet.

```
 1   «KOMMENTAR»
 2   Makro-Funktion: Absätze sortieren
 3   Makro-Name: sortieren-absatz
 4   Makro-Tastenschlüssel: <strg o>a
 5   «EKOMMENTAR»
 6   «MELDUNG Numerierung wird vorbereitet. Bitte warten ...»
 7   «BESTIMMEN Echo="aus"»
 8   «BESTIMMEN Word5Tasten="aus"»
 9   <strg unt>mumzeile-anfang<return>
10   <strg unt>xl<unt>
11   «BESTIMMEN Nummer=0»
12   «BESTIMMEN weiter="@"»
```

```
13    «SOLANGE weiter<>"Q"»
14        «BESTIMMEN Nummer=Nummer+1»
15        «PAUSE Absatz markieren. Eingabetaste»
16        <strg unten><strg oben>
17        «Nummer»@
18        «ABFRAGE weiter=?Q, um Numerierung zu beenden oder nur Eingabetaste»
19    «ESOLANGE»
20    «BESTIMMEN Echo="an"»
21    «MELDUNG Absätze werden sortiert. Bitte warten ...»
22    «BESTIMMEN Echo="aus"»
23    <strg num5>
24    <strg unt>xo<alt f><alt n><return>
25    «AWENN speichern»
26        <strg unt>da
27    «EWENN»
28    <strg pos1>
29    <strg unt>bs@<alt b><return>
30    «SOLANGE gefunden»
31        <rechts><umschalten pos1><lösch>
32        <umschalten f4>
33        «AWENN nichtgefunden»
34            <unt>
35        «EWENN»
36    «ESOLANGE»
37    <strg unt>mumzeile-ende<return>
```

▌ Anpassung des Makros *sortieren-absatz* an Ihre Situation

Falls Sie in Ihrem Dokument das Zeichen @ innerhalb des Textes bereits verwenden, entfernen Sie dieses Zeichen im obigen Makro-Text (17, 26). Setzen Sie dafür ein Zeichen ein, das in Ihrem ganzen Text sonst nicht vorkommt.

Siehe auch: *Kapitelabschnitte 21.1, 21.3, 21.6*

26.13   Absätze zusammenhängend einrahmen

Mit Hilfe des Befehls *Format Umrandung* lassen sich Textteile einrahmen - allerdings hat das ganze einen kleinen Haken: Man kann nur einzelne Absätze mit einem Rahmen versehen. Benutzt man den Befehl für mehrere zusammenhängende Absätze, erhält man so viele Rahmen wie Absätze vorhanden sind. Das Ergebnis sieht dann so aus (die Absatzmarken sind zur Verdeutlichung ausgedruckt):

Der 1. Absatz ist eingerahmt.¶

Der 2. Absatz ist eingerahmt.¶

Der 3. Absatz ist eingerahmt.¶

Sollen aber mehrere zusammenhängende Absätze mit einem gemeinsamen Rahmen versehen werden, geht das nur, wenn die Absatzmarken durch Zeilenschaltungen ersetzt werden. Während der Texteingabe kann das gleich geschehen. Wenn Sie aber aus Gewohnheit die Eingabetaste gedrückt haben, dann hilft nur der Austausch von Absatzmarken gegen Zeilenschaltungen.

Die drei eingerahmten bzw. umrandeten Absätze von oben sehen dann so aus (die beiden Zeilenschaltungen und die Absatzmarke sind wieder ausgedruckt):

Der 1. Absatz ist eingerahmt.↓
Der 2. Absatz ist eingerahmt.↓
Der 3. Absatz ist eingerahmt.¶

Das Makro *rahmen-alle*: Ihr Nutzen

Wenn Sie das Makro einsetzen, brauchen Sie nur die Absätze zu markieren, die Sie zusammenhängend einrahmen wollen. Das Makro rahmt dann ein - mit der Standardlinie oder mit der von Ihnen gewünschten Linienart.

Einsatz des Makros *rahmen-alle*

1. Speichern Sie das aktuelle Dokument, bevor Sie das Makro starten. Sie haben es dann einfacher, wenn Sie die eingerahmten Absätze doch wieder in ihrem ursprünglichen Zustand möchten.

2. Starten Sie das Makro mit dem Tastenschlüssel < strg r > a.

3. Markieren Sie alle Absätze, die Sie zusammenhängend umranden wollen. Dabei ist es wichtig, daß Sie die Absätze *von oben nach unten* markieren, weil während des Makro-Ablaufs Ihre Markierung um das letzte Zeichen reduziert wird. Wenn Sie von unten nach oben markieren, erhalten Sie nicht den gewünschten Rahmen.

4.   Befolgen Sie die weiteren Anweisungen in den Dialogfeldern und in der
     Meldungszeile. Bestätigen Sie Ihre Eingaben mit der Eingabetaste.

Achtung   Beachten Sie, daß sich die folgenden Module in derselben
              Makro-Datei befinden müssen, wie das Makro, aus dem Sie
              sie aufrufen wollen: *mzeile-anfang, mzeile-ende* (Kapitelab-
              schnitte 21.1, 21.3).

Wie das Makro *rahmen-alle* funktioniert

Zunächst wird die Bildschirmaktualisierung ausgeschaltet (6) und das Modul
zur Statusprüfung der Option *Meldungszeile* aufgerufen (7). Um den Anfangsstatus dieser Option wieder herzustellen, wird später ein korrespondierendes
Modul aufgerufen (12).

Die Markierung der Absätze wird so reduziert, daß die letzte Absatzmarke
nicht mehr in der Gesamtmarkierung enthalten ist (9). Mit dem Befehl *Bearbeiten Ersetzen* werden dann alle Absatzmarken gegen Zeilenschaltungen ausgetauscht (10). Der so entstandene neue Absatz wird mit der zuvor aus der
Markierung ausgenommenen Absatzmarke abgeschlossen. Anschließend wird
dieser Absatz mit dem Befehl *Format Umrandung* eingerahmt. Dabei wird die
Linienart *Normal* verwendet.

Mit der Wiederherstellung des Anfangsstatus der Option *Meldungszeile* wird
das Makro beendet (12).

```
1    «KOMMENTAR»
2    Makro-Funktion: Zusammenhängende Absätze mit gemeinsamem Rahmen
3    Makro-Name: rahmen-alle
4    Makro-Tastenschlüssel: <strg r>a
5    «EKOMMENTAR»
6    «BESTIMMEN Echo="aus"»
7    <strg unt>mumzeile-anfang<return>
8    «PAUSE Von oben nach unten alle Absätze für Umrandung markieren.
     Eingabetaste»
9    <umschalten links>
10   <strg unt>be¨¨a<tab>¨¨n<alt e><return>
11   <strg unt>tu<alt j><return>
12   <strg unt>mumzeile-ende<return>
```

Anpassung des Makros *rahmen-alle* an Ihre Situation

Wenn Sie die Linienart der Umrandung so ändern wollen, daß Sie immer die
gleiche Linie bekommen, ergänzen Sie die Zeile 11 des Makros mit der

Bezeichnung der Tastenkombination für die gewünschte Linienart. Wenn Sie beispielsweise immer die Linienart *Doppelt* verwenden wollen, müßte die Zeile 11 Ihres Makro-Textes folgendermaßen aussehen:

```
...
11    <strg unt>tu<alt j><alt d><return>
...
```

Die Tastenkombination <alt d> markiert im Dialogfeld *Absatzumrandung* die Option *Doppelt*. Damit würden *alle* Umrandungen, die Sie mit diesem Makro erstellen, eine Doppellinie erhalten.

Wenn Sie aber jedesmal neu entscheiden wollten, welche Linienart für den aktuellen Rahmen zu verwenden ist, könnten Sie anstelle der Zeile 11 des Makro-Textes die folgende Sequenz einbauen:

```
...
11    «BESTIMMEN Linie="@"»
12    «SOLANGE Linie<>"F" UND Linie<>"D" UND Linie<>"C" UND Linie<>""»
13        «ABFRAGE Linie=?Linienart der Umrandung? F = Fett, D = Doppelt, Dick,
          C = Dick oder nur Eingabetaste für Normal»
14    «ESOLANGE»
15    <strg unt>tu<alt j>
16    «AWENN Linie="F"»
17        <alt f>
18    «EWENN»
19    «AWENN Linie="D"»
20        <alt d>
21    «EWENN»
22    «AWENN Linie="C"»
23        <alt c>
24    «EWENN»
25    «AWENN Linie=""»
26        <alt n>
27    «EWENN»
28    <return>
29    ...
```

Dabei wird zunächst die Variable *Linie* initialisiert (11) und dann in einer Schleife die Linienart abgefragt (12-14). Anschließend wird dann im Dialogfeld des Befehls *Format Umrandung* (15) die gewählte Linienart markiert (16-27) und der Befehl ausgeführt (28).

Siehe auch: Kapitelabschnitt 29.3

26.14 Einzelne Wörter als Textmarken für Querverweise manuell markieren

Wenn Sie Wörter in einem Dokument als Textmarken kennzeichnen, können Sie diese Marken für Querverweise verwenden. Sie können also an anderen Stellen des Dokuments auf diese gekennzeichneten Textstellen verweisen. Dazu muß das gewünschte Wort zunächst markiert werden. Diesem Wort, dem Textmarkentext, wird dann mit dem Befehl *Einfügen Textmarke* ein Name zugeordnet.

Das Makro *textmarke-wort*: Ihr Nutzen

Mit dem Makro können Sie einzelne Wörter sehr schnell und komfortabel als Textmarken kennzeichnen *und* benennen. Sie brauchen dazu lediglich den Cursor auf das vorgesehene Wort zu setzen. Den Rest, die Kennzeichnung des Wortes als Textmarke und die Festlegung des Textmarkennamens, macht das Makro.

Achtung Wenn Sie nicht beliebige Wörter für Querverweise verwenden wollen, sondern ausschließlich die Unterschriften von Abbildungen und Tabellen, können Sie das zwar auch mit dem folgenden Makro erledigen. Noch schneller geht's aber, wenn Sie das Makro in Kapitelabschnitt 26.20 einsetzen, das gewissermaßen "spezialisiert" ist auf Abbildungen und Tabellen.

Einsatz des Makros *textmarke-wort*

1. Starten Sie das Makro mit dem Tastenschlüssel < strg t > w.
2. Befolgen Sie die Anweisungen in den Dialogfeldern und in der Meldungszeile. Bestätigen Sie Ihre Eingaben mit der Eingabetaste.

Achtung Beachten Sie, daß sich die folgenden Module in derselben Makro-Datei befinden müssen, wie das Makro, aus dem Sie sie aufrufen wollen: *mzeile-anfang, mzeile-ende* (Kapitelabschnitte 21.1, 21.3).

Wie das Makro *textmarke-wort* funktioniert

Zunächst werden die Benutzung der Word 5.0-Funktionstasten und die Bildschirmaktualisierung ausgeschaltet (6-7). Anschließend wird das Modul zur Statusprüfung der Option *Meldungszeile* aufgerufen (8). Um den Anfangsstatus dieser Option wieder herzustellen, wird später ein korrespondierendes Modul aufgerufen (20).

In einer Schleife werden danach Wörter als Textmarken definiert (10-19). Dabei dient das markierte Wort (11-12) zugleich als Textmarken*text* und als Textmarken*name*.

Da Textmarkennamen keine Leerstellen enthalten dürfen, wird eine eventuell am Ende eines Wortes vorhandene Leerstelle aus der Markierung ausgeklammert (13-15). Das geschieht durch die Makro-Funktion TEIL. Die somit nur aus Buchstaben bestehende Markierung wird der definierten Variablen *Textmarke* zugeordnet (16) und im Dialogfeld *Textmarke einfügen* als *Name der Textmarke* eingesetzt (17).

Mit der anschließenden Abfrage (18) kann das Makro beendet oder ein neuer Markierungslauf durch die Schleife eingeleitet werden. Nach Beendigung der Schleife wird der Anfangsstatus der Option Meldungszeile wieder hergestellt (20).

```
1    «KOMMENTAR»
2    Makro-Funktion: Einzelnes Wort markieren und als Textmarke definieren
3    Makro-Name: textmarke-wort
4    Makro-Tastenschlüssel: <strg t>w
5    «EKOMMENTAR»
6    «BESTIMMEN Echo="aus"»
7    «BESTIMMEN Word5Tasten="aus"»
8    <strg unt>mumzeile-anfang<return>
9    «BESTIMMEN Antwort=""»
10   «SOLANGE Antwort<>"Q"»
11       «PAUSE Wort mit Cursor markieren. Eingabetaste»
12       <f8 2><unt>
13       «AWENN TEIL(Markierung;LÄNGE(Markierung);1)="ˆl"»
14           <umschalten links>
15       «EWENN»
16       «BESTIMMEN Textmarke=Markierung»
17       <strg unt>et«Textmarke»<return>
18       «ABFRAGE Antwort=?Q, um zu beenden oder nur Eingabetaste, um weitere
         Textmarken zu definieren»
19   «ESOLANGE»
20   <strg unt>mumzeile-ende<return>
```

Siehe auch: *Kapitelabschnitte 26.15, 26.16, 26.17*

26.15 Wortfolgen als Textmarken für Querverweise automatisch markieren

In Dokumenten, die Abbildungen oder Tabellen enthalten, muß in der Regel innerhalb des Textes darauf verwiesen werden. Das ist möglich mit sogenannten Querverweisen. Dazu müssen die Bezeichnungen der Abbildungen und Tabellen zunächst mit Textmarken versehen werden. Dabei lassen sich die üblicherweise verwendeten Begriffe "Bild", "Abb." oder "Tabelle" als Merkmale zur Textmarkendefinition einsetzen.

Das Makro *textmarke-automatisch*: Ihr Nutzen

Durch den Einsatz des Makros automatisch alle von Ihnen gewünschten Begriffe mit Textmarken gekennzeichnet. Das Makro ersetzt dabei die in Textmarkennamen unzulässigen Zeichen durch zulässige. Dadurch können ohne Ihr weiteres Eingreifen ganze Wortfolgen (Sätze, Absätze) als Textmarken definiert werden.

Wenn Sie mit diesem Makro Textmarken in Ihr Dokument eingefügt haben, können Sie diese nicht nur für Querverweise verwenden, sondern auch noch gleich Verzeichnisse der Abbildungen und Tabellen erstellen. Natürlich mit einem Makro (Kapitelabschnitt 26.21).

Achtung Das Makro setzt voraus, daß Bildunterschriften mit *Bild* oder *Abb.* und Tabellenunterschriften mit *Tabelle* bezeichnet sind. Sollten Sie andere Bezeichnungen verwenden, können Sie das Makro entsprechend anpassen (mehr dazu weiter unten).

Einsatz des Makros *textmarke-automatisch*

1. Starten Sie das Makro mit dem Tastenschlüssel < strg t > a.

2. Befolgen Sie die Anweisungen in den Dialogfeldern und in der Meldungszeile. Bestätigen Sie Ihre Eingaben mit der Eingabetaste.

Achtung Beachten Sie, daß sich die folgenden Module in derselben Makro-Datei befinden müssen, wie das Makro, aus dem Sie sie aufrufen wollen: *mzeile-anfang, mzeile-ende* (Kapitelabschnitte 21.1, 21.3).

Wenn Sie alle oder einzelne Textmarken wieder löschen wollen, verwenden
Sie dazu das Makro *textmarke-löschen* (Kapitelabschnitt 26.22).

■ Wie das Makro *textmarke-automatisch* funktioniert

Zunächst werden die Benutzung der Word 5.0-Funktionstasten und die Bildschirmaktualisierung ausgeschaltet (6-7). Danach wird das Modul zur Statusprüfung der Option *Meldungszeile* aufgerufen (8). Um den Anfangsstatus dieser Option wieder herzustellen, wird später ein korrespondierendes Modul
aufgerufen (66).

In einer Schleife wird danach das Merkmal für den Suchbegriff abgefragt (10-
12). Entsprechend den beiden möglichen Merkmalen *A* und *T* wird dann der
definierten Variablen *Suchtext* die korrespondierende Textfolge zugeordnet
(13-15 bzw. 16-18 bzw. 19-21). Der jeweilige Wert dieser Variablen wird
dann im Dialogfeld *Suchen* des Befehls *Bearbeiten Suchen* eingesetzt. Solange
der Begriff *Abb.* bzw. *Tab.* gefunden worden ist, geschieht in einer Schleife
(24-65) folgendes:

Als erstes wird die Meldung präsentiert, daß Textmarken markiert werden
(25-27); dabei wird der Wert der Variablen *Suchtext* in die MELDUNG-
Anweisung integriert (25).

Der Absatz, in dem der Begriff gefunden wurde, wird markiert (28). Die
Kennzeichnung als Textmarke erfolgt dann, wenn der jeweilige Suchtext und
die ersten vier Zeichen des Absatzes identisch sind (29). Wenn das nicht der
Fall ist, wird die Suche wiederholt (60). Bei Identität der zu vergleichenden
Zeichenfolge werden im markierten Absatz Leerzeichen, Doppelpunkte,
Kommas und Anführungszeichen durch zulässige Unterstriche ersetzt (32, 36,
40, 44). Unterstriche sind als erstes oder letztes Zeichen eines Textmarkennamens aber nicht zulässig. Deshalb werden höchstens die ersten 29 Zeichen
(49) durch die beiden Buchstaben α und Ω eingerahmt (51). Dies geschieht
durch Verkettung.

Anschließend wird der Unterstrich-durchsetzte Absatz wieder durch seine
Originalfassung ersetzt (31, 52). Darin werden dann höchstens die ersten 29
Zeichen als Textmarke definiert (54-59). Als Textmarkenname dient dabei der
Variablenwert, der durch die Verkettung entstanden ist (51).

Danach wird die Suche nach dem Wert der Variablen *Suchtext* wiederholt (60)
und bei erfolgreicher Suche die gleiche Prozedur noch einmal ausgeführt.
Wenn der Suchtext nicht mehr gefunden worden ist, also keine Bild- bzw.

Tabellenunterschriften mehr vorhanden sind (61), wird zunächst eine dementsprechende Mitteilung mit dem Wert der Variablen *Suchtext* präsentiert (63) und das Makro nach Wiederherstellung des Anfangsstatus der Option *Meldungszeile* (66) beendet.

```
 1   «KOMMENTAR»
 2   Makro-Funktion: Text suchen, markieren und als Textmarke definieren
 3   Makro-Name: textmarke-automatisch
 4   Makro-Tastenschlüssel: <strg t>a
 5   «EKOMMENTAR»
 6   «BESTIMMEN Echo="aus"»
 7   «BESTIMMEN Word5Tasten="aus"»
 8   <strg unt>mumzeile-anfang<return>
 9   «BESTIMMEN Antwort=""»
10   «SOLANGE Antwort<>"A" UND Antwort<>"B" UND Antwort<>"T"»
11       «ABFRAGE Antwort=?Welchen Text suchen für Textmarken? A = Abbildung, B
         = Bild, T = Tabelle. Eingabetaste»
12   «ESOLANGE»
13   «AWENN Antwort="A"»
14       «BESTIMMEN Suchtext="Abb."»
15   «EWENN»
16   «AWENN Antwort="B"»
17       «BESTIMMEN Suchtext="Bild"»
18   «EWENN»
19   «AWENN Antwort="T"»
20       «BESTIMMEN Suchtext="Tabelle"»
21   «EWENN»
22   <strg pos1>
23   <strg unt>bs^^a«Suchtext»<leertaste><alt b><return>
24   «SOLANGE gefunden»
25       «BESTIMMEN Echo="an"»
26       «MELDUNG Textmarken werden markiert. Bitte warten ...»
27       «BESTIMMEN Echo="aus"»
28       <alt f10>
29       «AWENN (Suchtext="Abb." UND TEIL(Markierung;1;4)="Abb.") ODER
         (Suchtext="Bild" UND TEIL(Markierung;1;4)="Bild") ODER
         (Suchtext="Tabelle" UND TEIL(Markierung;1;7)="Tabelle")»
30           <umschalten links>
31           «BESTIMMEN Original=Markierung»
32           <strg unt>be^^l<tab>_<alt e><return>
33           «AWENN nicht gefunden»
34               <return>
35           «EWENN»
36           <strg unt>be:<tab>_<alt e><return>
37           «AWENN nicht gefunden»
38               <return>
39           «EWENN»
40           <strg unt>be,<tab>_<alt e><return>
41           «AWENN nicht gefunden»
42               <return>
43           «EWENN»
44           <strg unt>be"<tab>_<alt e><return>
45           «AWENN nicht gefunden»
46               <return>
47           «EWENN»
48           «BESTIMMEN markiert=LÄNGE(Markierung)»
```

```
49              «BESTIMMEN Text=TEIL(Markierung;1;29)»
50              «BESTIMMEN Zeichen=LÄNGE(Text)»
51              «BESTIMMEN Textmarke="α" Text "Ω"»
52              <lösch>«Original»
53              <strg oben>
54              «WIEDERHOLE Zeichen»
55                  <umschalten rechts>
56              «EWIEDERHOLE»
57              <strg unt>et«Textmarke»<return>
58          «EWENN»
59          <rechts>
60          <strg unt>bs^^a«Suchtext»<leertaste><alt b><return>
61          «AWENN nichtgefunden»
62              <unt>
63              «PAUSE Alle Textmarken sind gekennzeichnet. Eingabetaste»
64          «EWENN»
65      «ESOLANGE»
66      strg unt>mumzeile-ende<return>
```

▎Anpassung des Makros *textmarke-automatisch* an Ihre Situation

Wenn Sie anstelle der Begriffe *Abb.* bzw. *Bild* und *Tabelle* für Abbildungen und Tabellen andere verwenden wollen, setzen Sie diese in den Zeilen 14 und 29 bzw. 17 und 29 bzw. 20 und 29 ein.

Siehe auch: *Kapitelabschnitte 26.14, 26.16, 26.17, 29.22*

26.16 Verzeichnisse mit Hilfe von Textmarken erstellen

Wenn in Dokumentationen Verzeichnisse der Abbildungen und Tabellen eingefügt werden sollen, läßt sich das durch Verwendung von Textmarken machen. Da solche Textmarken in der Regel bereits vorhanden sind, um innerhalb des Dokuments Querverweise auf diese Abbildungen und Tabellen zu ermöglichen, können die Textmarken auch gleich zur Erstellung von Verzeichnissen benutzt werden (eine weitere Möglichkeit finden Sie in Kapitelabschnitt 26.18).

Wenn also in einem Dokument bestimmte Textmarken vorhanden sind, lassen sich Verzeichnisse erstellen, in denen dann Bildunterschriften bzw. Tabellenüberschriften chronologisch mit der zugehörigen Seitenzahl aufgelistet sind.

Das können Sie dadurch realisieren, daß zunächst Sie die Unter- bzw. Überschriften an der gewünschten Stelle des Dokuments schreiben. Hinter jede dieser Angaben schreiben Sie dann den Querverweis auf die Seite. Geben Sie dazu das Wort *Seite* ein, setzen Sie dahinter einen Doppelpunkt (:), und schreiben Sie dann den Namen der Textmarke. Wenn Sie jetzt noch die Funktionstaste F3 drücken, kennzeichnet Word diese drei Eingaben als Querverweis *(Seite:Textmarke)*. Beim Ausdrucken Ihres Dokuments wird der gesamte Querverweis durch die Nummer der Seite ersetzt, auf der sich die Textmarke und damit die Bild- bzw. Tabellenunterschrift befindet.

Das ganze ist eine recht tastenintensive Angelegenheit. Nach etlichen Querverweisen in einem langen Dokument kennen Sie dann zwar die Tastenfolge auswendig, aber mit einem Makro geht es nicht nur schneller, sondern vor allem auch sicherer, weil fehlerfrei. Fehler können durch Tippfehler entstehen oder durch Übersehen von Textmarken usw.

Das Makro *textmarke-übertrag*: Ihr Nutzen

Mit dem Makro können Sie Verzeichnisse einfach dadurch erstellen, daß Sie im Textmarkenverzeichnis die gewünschten Marken auswählen. Den Rest erledigt das Makro. Wenn alles vorbei ist, haben Sie am Ende des Dokuments Ihr Abbildungsverzeichnis, die Auflistung aller vorhandenen Tabellen oder andere Aufstellungen.

Einsatz des Makros *textmarke-übertrag*

1. Starten Sie das Makro mit dem Tastenschlüssel < strg t > ü.

2. Befolgen Sie die Anweisungen in den Dialogfeldern und in der Meldungszeile. Bestätigen Sie Ihre Eingaben mit der Eingabetaste.

3. Formatieren Sie zum Schluß das Verzeichnis am Ende des Dokuments.

Achtung Beachten Sie, daß sich die folgenden Module in derselben Makro-Datei befinden müssen, wie das Makro, aus dem Sie sie aufrufen wollen: *mzeile-anfang, mzeile-ende* (Kapitelabschnitte 21.1, 21.3).

▌ Wie das Makro *textmarke-übertrag* funktioniert

Zunächst werden die Benutzung der Word 5.0-Funktionstasten und die Bildschirmaktualisierung ausgeschaltet (6-7). Danach wird das Modul zur Statusprüfung der Option *Meldungszeile* aufgerufen (8). Um den Anfangsstatus dieser Option wieder herzustellen, wird später ein korrespondierendes Modul aufgerufen (30).

Nach der Wahl des Befehls *Bearbeiten Gehe zu* (9) wird geprüft, ob überhaupt Textmarken vorhanden sind. Wenn das nicht der Fall ist (10-12), wird das Makro beendet. Andernfalls (13-28) wird mit einer Schleife (17-27) immer wieder das Textmarkenverzeichnis des Dialogfeldes *Gehe zu* präsentiert.

Nach Auswahl einer Textmarke (19) und Markierung des dazugehörigen Textes (22) werden beide am Ende des Dokuments als Querverweis formatiert (25).

Die Schleife wird verlassen und damit auch das Makro beendet, wenn die weitere Übertragung abgebrochen wird (26). Mit der Wiederherstellung des Anfangsstatus der Option *Meldungszeile* (30) wird das Makro beendet.

```
 1    «KOMMENTAR»
 2    Makro-Funktion: Textmarken und -texte übertragen
 3    Makro-Name: textmarke-übertrag
 4    Makro-Tastenschlüssel: <strg t>ü
 5    «EKOMMENTAR»
 6    «BESTIMMEN Echo="aus"»
 7    «BESTIMMEN Word5Tasten="aus"»
 8    <strg unt>mumzeile-anfang<return>
 9    <strg unt>bg<alt t><alt n><unten>
10    «AWENN Feld="Fußnote"»
11        <oben>
12        «PAUSE In diesem Dokument gibt es keine Textmarken. Eingabetaste»
13    «SONST»
14        <unt>
15        «BESTIMMEN Antwort="W"»
16        <strg ende>
17        «SOLANGE Antwort="W"»
18            <strg unt>bg<alt t><alt n><unten>
19            «PAUSE Zu übertragende Textmarke markieren (unten/oben).
              Eingabetaste»
20            «BESTIMMEN Textmarke=Feld»
21            <return>
22            «PAUSE Markierung unverändert übernehmen oder ändern.
              Eingabetaste»
23            «BESTIMMEN Text=Markierung»
24            <strg ende>
25            «Text»<tab>Seite:«Textmarke»<f3><return>
```

```
26              «ABFRAGE Antwort=?W, um weiter zu übertragen oder nur
                Eingabetaste»
27          «ESOLANGE»
28      «EWENN»
29      <unt>
30      <strg unt>mumzeile-ende<return>
```

Siehe auch: *Kapitelabschnitte 26.14, 26.15, 26.17*

26.17   Textmarken eines Dokuments löschen

Textmarken, mit denen Textteile markiert worden sind, sind fester Bestandteil des Dokuments. Wenn Sie sie aus irgend welchen Gründen nicht mehr brauchen sollten, können Sie die Marken eigentlich trotzdem bestehen lassen; sie nützen nichts mehr, und schaden tun sie (vielleicht) auch nicht.

Um eine überflüssige Textmarke wieder zu löschen, wird sie im Dialogfeld des Befehls *Einfügen Textmarke* markiert und durch Wahl der Option <Löschen> aus dem Verzeichnis der Textmarken entfernt. Wenn Sie viele Textmarken löschen wollen, bekommen Sie vielleicht sogar Löschmarken an den Fingern (durch das viele Löschen). Mit einem Makro läßt sich das vermeiden!

▌ Das Makro *textmarke-löschen*: Ihr Nutzen

Mit dem Makro können Sie - ohne auch nur einmal einen Befehl zu wählen - nicht nur eine einzelne Textmarke, sondern gleich mehrere oder gar alle Textmarken in einem Dokument löschen. Nach dem Makro-Start haben Sie Wahl zwischen Einzel- und Gesamtlöschung.

▌ Einsatz des Makros *textmarke-löschen*

1. Starten Sie das Makro mit dem Tastenschlüssel <strg t>l.

2. Befolgen Sie die Anweisungen in den Dialogfeldern und in der Meldungszeile. Bestätigen Sie Ihre Eingaben mit der Eingabetaste.

Wie das Makro *textmarke-löschen* funktioniert

Zunächst werden die Benutzung der Word 5.0-Funktionstasten und die Bildschirmaktualisierung ausgeschaltet (6-7). Danach wird das Modul zur Statusprüfung der Option *Meldungszeile* aufgerufen (8). Um den Anfangsstatus dieser Option wieder herzustellen, wird später ein korrespondierendes Modul aufgerufen (49).

Nach der Wahl des Befehls *Einfügen Textmarke* (9) wird geprüft, ob überhaupt Textmarken vorhanden sind. Wenn das nicht der Fall ist (10-12), wird das Makro beendet. Andernfalls (13-47) wird mit einer Schleife (16-18) der Löschumfang abgefragt. Die Schleife wird erst verlassen, eine der beiden möglichen Optionen gewählt worden ist.

Bei Einzellöschung (19-30) wird mit der Schleife (22-29) immer wieder das Textmarkenverzeichnis präsentiert. Die Schleife wird verlassen, wenn keine Textmarken mehr vorhanden sind oder das Löschen manuell beendet wird.

Bei Gesamtlöschung (31-46) werden nach Bestätigung einer Sicherheitsabfrage (34) alle Textmarken gelöscht (36-45).

Mit der Wiederherstellung des Anfangsstatus der Option Meldungszeile (49) wird das Makro beendet.

```
 1    «KOMMENTAR»
 2    Makro-Funktion: Textmarken aus einem Dokument löschen
 3    Makro-Name: textmarke-löschen
 4    Makro-Tastenschlüssel: <strg t>l
 5    «EKOMMENTAR»
 6    «BESTIMMEN Echo="aus"»
 7    «BESTIMMEN Word5Tasten="aus"»
 8    <strg unt>mumzeile-anfang<return>
 9    <strg unt>et<unten 2>
10    «AWENN Feld="Löschen"»
11        <oben>
12        «PAUSE In diesem Dokument gibt es keine Textmarken. Eingabetaste»
13    «SONST»
14        <unt>
15        «BESTIMMEN was=""»
16        «SOLANGE was<>"E" UND was<>"A"»
17            «ABFRAGE was=?E = einzelne Textmarken löschen, A = alle
               Textmarken löschen. Eingabetaste»
18        «ESOLANGE»
19        «AWENN was="E"»
20            <strg unt>et<unten 2>
21            «BESTIMMEN Antwort=""»
22            «SOLANGE Antwort<>"Q" UND Feld<>"Löschen"»
23                «PAUSE Zu löschende Textmarke markieren (unten/oben).
                   Eingabetaste»
24                <alt l>
```

```
25                      <unten 2>
26                      «AWENN Feld<>"Löschen"»
27                          «ABFRAGE Antwort=?Q, um Löschen der Textmarken zu
                            beenden oder nur Eingabetaste»
28                      «EWENN»
29                  «ESOLANGE»
30              «EWENN»
31              «AWENN was="A"»
32                  «BESTIMMEN Antwort="ⓐ"»
33                  «SOLANGE Antwort<>"J" UND Antwort<>""»
34                      «ABFRAGE Antwort=?Wollen Sie wirklich alle Textmarken
                            dieses Dokuments löschen? J, um zu löschen oder nur
                            Eingabetaste»
35                  «ESOLANGE»
36                  «AWENN Antwort="J"»
37                      «BESTIMMEN Echo="an"»
38                      «MELDUNG Textmarken werden gelöscht. Bitte warten ...»
39                      «BESTIMMEN Echo="aus"»
40                      <strg unt>et<unten 2>
41                      «SOLANGE Feld<>"Löschen"»
42                          <alt l><unten 2>
43                      «ESOLANGE»
44                      «PAUSE Alle Textmarken sind gelöscht. Eingabetaste»
45                  «EWENN»
46              «EWENN»
47          «EWENN»
48          <unt>
49          <strg unt>mumzeile-ende<return>
```

Siehe auch: *Kapitelabschnitte 26.14, 26.15, 26.16*

26.18 Erstellung von Stichwort- und anderen Verzeichnissen

Um ein Stichwortverzeichnis zu einem Dokument zu erstellen, sind die einzelnen Stichwörter als Indexeintrag zu kodieren. Jedem einzelnen Indexeintrag wird dazu ein Indexschlüssel vorangestellt; abgeschlossen wird ein Indexeintrag mit einer Indexendmarke. Schlüssel und Endmarke müssen als verborgener Text formatiert werden. Wenn alle Einträge kodiert sind, kann das Stichwortverzeichnis mit dem Befehl *Einfügen Index* erstellt werden. Für den Standardindex in Word wird der Indexschlüssel *.i.* verwendet. Sie können aber auch andere Buchstaben als Indexschlüssel benutzen.

▌ Das Makro *index-erstellen*: Ihr Nutzen

Mit dem Makro können Sie Indexeinträge kodieren, indem Sie nur den Cursor positionieren; den Rest macht das Makro. Wenn Sie wollen, können Sie anschließend durch das Makro auch gleich das Verzeichnis erstellen lassen.

Mit dem Makro sind vier verschiedene Verzeichnisse möglich:

▶   ein normales Stichwortverzeichnis

▶   ein Abbildungsverzeichnis

▶   ein Diagrammverzeichnis

▶   ein Tabellenverzeichnis

Als Indexschlüssel können Sie die Buchstaben *i* (Standardindex), *a* (Abbildungen), *d* (Diagramme) und *t* (Tabellen) wählen. Dadurch lassen sich verschiedene Verzeichnisse nacheinander durch mehrmaligen Aufruf des Makros mit jeweils wechselnden Indexschlüsseln erstellen.

Die Wahl der Buchstaben für den Indexschlüssel ist letztenendes eine willkürliche Sache. Wenn Sie andere oder weitere Buchstaben verwenden wollen, können Sie den Makro-Text leicht abändern. Mehr dazu finden Sie weiter unten.

▌ Einsatz des Makros *index-erstellen*

1.   Starten Sie das Makro mit dem Tastenschlüssel < strg i > e.

2.   Befolgen Sie die Anweisungen in den Dialogfeldern und in der Meldungszeile. Bestätigen Sie Ihre Eingaben mit der Eingabetaste.

Wenn Sie sich für die sofortige Erstellung eines Verzeichnisses entschieden haben, wird es - je nach seinem Umfang mehr oder weniger schnell - am Ende Ihres Dokuments präsentiert. Formatieren Sie nun das Verzeichnis bzw. die Verzeichnisse, und setzen Sie es/sie an die gewünschte Stelle in Ihrem Dokument.

▌Achtung▌   Beachten Sie, daß sich die folgenden Module in derselben Makro-Datei befinden müssen, wie das Makro, aus dem Sie sie aufrufen wollen: *mzeile-anfang, mzeile-ende* (Kapitelabschnitte 21.1, 21.3).

 **Wie das Makro *index-erstellen* funktioniert**

Zunächst werden die Benutzung der Word 5.0-Funktionstasten und die Bildschirmaktualisierung ausgeschaltet (6-7). Danach wird das Modul zur Statusprüfung der Option *Meldungszeile* aufgerufen (8). Um den Anfangsstatus dieser Option wieder herzustellen, wird später ein korrespondierendes Modul aufgerufen (50). Mit dem Befehl *Extras Linien zeichnen* (9) wird sichergestellt, daß durch die Eingabe der Indexschlüssel nicht andere Textteile überschrieben werden.

Der Indexschlüssel wird mit einer Schleife abgefragt, damit das Makro nicht durch Fehleingaben beendet wird (11-13). Diese Schleife wird erst verlassen, wenn eine der möglichen Optionen gewählt worden ist. Die Kennbuchstaben der Optionen werden später in Form der Variablen *Schlüssel* als Indexschlüssel weiter verarbeitet.

Eine weitere Schleife (16-31) ermöglicht die wiederholte Kodierung von Indexeinträgen. Innerhalb dieser Schleife werden je nach Art der Indizierung (17-22) unterschiedliche Markierungsverfahren angewendet: Wenn ein normales Stichwortverzeichnis erstellt werden soll, wird durch das Makro ein einzelnes Wort markiert (19); das Verzeichnis selbst wird dann mit dem Befehl *Einfügen Index* erstellt (35). Für die anderen Verzeichnisse wird der gewünschte Textumfang vom Makro-Anwender markiert (21); die Verzeichnisse werden dann mit dem Befehl *Einfügen Inhaltsverzeichnis* erstellt (37). Diese Schleife wird verlassen, wenn die Markierung weiterer Untereinträge ausdrücklich beendet worden ist (30).

Nach Beendigung der Kodierung (30) wird über den weiteren Verlauf des Makros entschieden (32). Wenn mit den kodierten Einträgen ein Verzeichnis erstellt werden soll (33), wird in Abhängigkeit von der Verzeichnisart der Befehl *Einfügen Index* (35) oder der Befehl *Einfügen Inhaltsverzeichnis* (37) ausgeführt. Im zweiten Fall wird der Inhalt der Variablen *Schlüssel* aus der anfänglichen Abfrage (12) als Eintragungscode verwendet. In beiden Fällen wir die von Word vorgesehene Einstellung der Standardformatierung der Verzeichnisse belassen.

Da Word bei der Erstellung von Verzeichnissen mit dem Befehl *Einfügen Index* die Einträge automatisch alphabetisch sortiert, ist mit der Ausführung des Befehls auch die Bearbeitung des Verzeichnisses beendet.

Bei den anderen Verzeichnissen ergibt sich ein kleiner Zusatzschritt im Makro: Die Einträge der anderen Verzeichnisse werden - logischerweise -

von Word nicht sortiert , weil sie mit dem Befehl *Einfügen Inhaltsverzeichnis* erstellt werden. Inhaltsverzeichnisse dürfen (normalerweise) nicht sortiert, sondern müssen chronologisch aufgelistet werden. Im vorliegenden Fall haben aber die Abbildungs-, Diagramm- und Tabellenverzeichnisse die gleiche Funktion wie das normale Stichwortverzeichnis. Die Einträge müssen deshalb nach Erstellung des Verzeichnisses (42) alphabetisch sortiert werden (44). Nach dem Sortieren wird durch Verwendung der reservierten Variablen *speichern* bei einer möglichen Systemmeldung die Ausführung des Befehls *Datei Alles speichern* eingeleitet (45-47).

Mit der Herstellung des Anfangsstatus der Option Meldungszeile (50) wird das Makro beendet.

```
 1   «KOMMENTAR»
 2   Makro-Funktion: Indexeinträge kodieren und Verzeichnisse erstellen
 3   Makro-Name: index-erstellen
 4   Makro-Tastenschlüssel: <strg i>e
 5   «EKOMMENTAR»
 6   «BESTIMMEN Echo="aus"»
 7   «BESTIMMEN Word5Tasten="aus"»
 8   <strg unt>mumzeile-anfang<return>
 9   <strg unt>xl<unt>
10   «BESTIMMEN Schlüssel=""»
11   «SOLANGE Schlüssel<>"A" UND Schlüssel<>"D" UND Schlüssel<>"T" UND
     Schlüssel<>"I"»
12       «ABFRAGE Schlüssel=?Welcher Indexschlüssel? A = Abbildung, D =
         Diagramm, T = Tabelle,  I = Stichwortverzeichnis. Eingabetaste»
13   «ESOLANGE»
14   <strg pos1>
15   «BESTIMMEN Index=""»
16   «SOLANGE Index<>"Q"»
17       «AWENN Schlüssel="I"»
18           «PAUSE Cursor auf das gewünschte Stichwort setzen. Eingabetaste»
19           <f8 2>
20       «SONST»
21           «PAUSE Gewünschten Eintrag vollständig markieren. Eingabetaste»
22       «EWENN»
23       «AWENN TEIL(Markierung;LÄNGE(Markierung);1)="ˆa"»
24           <umschalten links>
25       «EWENN»
26       <umschalten lösch>.«Schlüssel»."
27       <umschalten links 4><strg unt>tz<alt v><return>
28       <rechts><umschalten einf>
29       ";<umschalten links 2><strg unt>tz<alt v><return>
30       «ABFRAGE Index=?Q, um Eintrag-Markierung zu beenden oder nur
         Eingabetaste»
31   «ESOLANGE»
32   «ABFRAGE Verzeichnis=?Verzeichnis erstellen? J, um es sofort zu erstellen
     oder nur Eingabetaste, um es später zu erstellen»
33   «AWENN Verzeichnis="J"»
34       «AWENN Schlüssel="I"»
35           <strg unt>ei<return>
36       «SONST»
```

```
37            <strg unt>ev<alt e>«Schlüssel»<alt s>
38            «AWENN Feld="ja"»
39                <unt>
40            «SONST»
41                <alt s>^^t<return>
42            «EWENN»
43            <umschalten strg ende><umschalten oben>
44            <strg unt>xo<alt f><alt a><return>
45            «AWENN speichern»
46                <strg unt>da
47            «EWENN»
48        «EWENN»
49    «EWENN»
50    <strg unt>mumzeile-ende<return>
```

▌ Anpassung des Makros *index-erstellen* an Ihre Situation

Wenn Sie anstelle der vorhandenen Indexschlüssel zusätzliche bzw. andere verwenden wollen, ändern Sie die Angaben der Indexschlüssel in der Prüfschleife (11-13).

Um beispielsweise zusätzlich ein Verzeichnis mit dem Indexschlüssel G (vielleicht für Grafiken) zu erstellen, ergänzen Sie die Prüfschleife folgendermaßen:

```
...
11    «SOLANGE Schlüssel<>"A" UND Schlüssel<>"D" UND Schlüssel<>"T" UND
      Schlüssel<>"I" UND Schlüssel<>"G"»
12        «ABFRAGE Schlüssel=?Welcher Indexschlüssel? A = Abbildung, D =
          Diagramm, T = Tabelle,  I = Stichwortverzeichnis, G = Grafik.
          Eingabetaste»
...
```

Siehe auch: *Kapitelabschnitte 21.6, 26.17, 26.19, 29.3*

26.19   Untereinträge für Stichwortverzeichnisse erstellen

In Stichwortverzeichnissen, die mit dem Befehl *Einfügen Index* erstellt worden sind, stehen alle Stichworte - wenn Sie nichts besonderes gemacht haben - als Haupteinträge. Wenn Sie bei einem Stichwort auf unterschiedliche Zusammenhänge hinweisen wollen, kennzeichnen Sie das im Stichwortverzeichnis durch Untereinträge.

Der folgende Ausschnitt aus einem Stichwortverzeichnis zeigt einige Stichwörter (Indexeinträge). Dabei sind die Wörter *Absatz*, *Absatzformate* und
Absatzformatierung Haupteinträge; *ändern* und *entfernen* sind Untereinträge
von *Absatzformate*.

```
Absatz                 57
Absatzformate
- ändern               118
- markieren            113
- suchen               111
Absatzformatierung     110, 112
```

Um ein Stichwort als Untereintrag zu kennzeichnen, wird im Text vor das
Stichwortwort die Bezeichnung des Haupteintrags geschrieben und hinter diesen Haupteintrag ein Doppelpunkt (:) gesetzt.

Die Kennzeichnung als Indexeintrag geschieht wie bei Haupteinträgen.

Das Makro *index-untereintrag*: Ihr Nutzen

Mit dem Makro können Sie Haupt- und Untereinträge für das Stichwortverzeichnis festlegen. Sie brauchen dazu nur den Cursor auf das gewünschte
Wort zu setzen. Die Formatierung als Indexeintrag übernimmt dann das
Makro.

Einsatz des Makros *index-untereintrag*

1. Starten Sie das Makro mit dem Tastenschlüssel < strg i > u.

2. Befolgen Sie die Anweisungen in den Dialogfeldern und in der Meldungszeile. Bestätigen Sie Ihre Eingaben mit der Eingabetaste.

    Wenn Sie ein Wort nur als Haupteintrag kennzeichnen wollen, drücken
    Sie im ABFRAGE-Dialogfeld nur die Eingabetaste. Wollen Sie aber
    einem Wort einen Haupteintrag voranstellen, geben Sie diesen
    Haupteintrag - gefolgt von einem Doppelpunkt (:) - ein, und drücken Sie
    dann erst die Eingabetaste.

3. Erschrecken Sie nicht, wenn Ihre Eingaben nicht vollständig auf dem
    Bildschirm erscheinen. Sie sehen sie vollständig, wenn Sie der nächsten
    Eingabeaufforderung nachgekommen sind.

4. Starten Sie das Makro noch einmal, wenn Sie mit einem neuen Haupteintrag weitere Untereinträge markieren wollen (weiter mit Punkt 1).

Wenn Sie nun das Stichwortverzeichnis erstellen wollen, wählen Sie den Befehl *Einfügen Index*. Danach präsentiert es sich mit allen Untereinträgen am Ende Ihres Dokuments. Formatieren Sie nun das Verzeichnis, und setzen Sie es an die gewünschte Stelle in Ihrem Dokument.

Achtung   Beachten Sie, daß sich die folgenden Module in derselben Makro-Datei befinden müssen, wie das Makro, aus dem Sie sie aufrufen wollen: *mzeile-anfang, mzeile-ende* (Kapitelabschnitte 21.1, 21.3).

Wie das Makro *index-untereintrag* funktioniert

Zunächst werden die Benutzung der Word 5.0-Funktionstasten und die Bildschirmaktualisierung ausgeschaltet (6-7). Danach wird das Modul zur Statusprüfung der Option *Meldungszeile* aufgerufen (8). Um den Anfangsstatus dieser Option wieder herzustellen, wird später ein korrespondierendes Modul aufgerufen (28). Mit dem Befehl *Extras Linien zeichnen* (9) wird sichergestellt, daß durch die Eingabe der Indexeinträge nicht andere Textteile überschrieben werden.

Die Abfrage des Stichwortes für den Haupteintrag und eventuelle Untereinträge ist in eine Schleife eingebaut (11-16). Die Eingabe zu dieser Abfrage (13) wird in einem weiteren Dialogfeld zur Kontrolle noch einmal präsentiert (15). Dazu wird der Variablenname *Haupteintrag* in den Abfragetext der Kontrollabfrage integriert. Die Schleife wird erst verlassen, wenn die Kontrollabfrage bejaht wird.

Eine weitere Schleife (19-29) ermöglicht die wiederholte Kodierung von Untereinträgen zum anfangs (13) eingegebenen Haupteintrag. Dabei wird nach dem Einfügen des Indexschlüssel *.i.* in den Text des Dokuments der aktuelle Wert der Variablen *Haupteintrag* eingefügt (22). Diese Schleife wird verlassen, wenn die Markierung weiterer Untereinträge ausdrücklich beendet worden ist (28).

Mit der Herstellung des Anfangsstatus der Option Meldungszeile (30) wird das Makro beendet.

```
 1    «KOMMENTAR»
 2    Makro-Funktion: Indexeinträge als Untereinträge kodieren
 3    Makro-Name: index-untereintrag
 4    Makro-Tastenschlüssel: <strg i>u
 5    «EKOMMENTAR»
 6    «BESTIMMEN Echo="aus"»
 7    «BESTIMMEN Word5Tasten="aus"»
 8    <strg unt>mumzeile-anfang<return>
 9    <strg unt>xl<unt>
10    «BESTIMMEN Antwort="@"»
11    «SOLANGE Antwort<>"J"»
12         «ABFRAGE Haupteintrag=?Haupteintrag allein = nur Eingabetaste oder
           Haupteintrag für Unter- eintrag im Format ABC: eingeben. Mit
           Doppelpunkt (:)!. Eingabetaste»
13         «ABFRAGE Antwort=?Soll "«Haupteintrag»" als Haupteintrag verwendet
           werden? J oder nur Eingabetaste, um neuen Haupteintrag einzugeben»
14    «ESOLANGE»
15    <strg pos1>
16    «BESTIMMEN Untereintrag=""»
17    «SOLANGE Untereintrag<>"Q"»
18         «PAUSE Cursor auf das gewünschte Stichwort für den Untereintrag
           setzen. Eingabetaste»
19         <f8 2>
20         <umschalten lösch><return><links>.i.«Haupteintrag»-<leertaste>
21         <strg unt>bs.i.<alt f><alt g><return>
22         <umschalten ende><umschalten links><strg unt>tz<alt v><return>
23         <rechts><umschalten einf>
24         ;<umschalten links><strg unt>tz<alt v><return>
25         <strg unten><links><lösch>
26         «ABFRAGE Untereintrag=?Q, um Untereintrag-Markierung zu beenden oder
           nur Eingabetaste»
27    «ESOLANGE»
28    <strg unt>mumzeile-ende<return>
```

Siehe auch: *Kapitelabschnitte 26.18, 29.3, 29.5*

27 Rechtschreibung

27.1 Wörter in Benutzerwörterbücher eintragen

Mit dem Befehl *Extras Rechtschreibung* können Sie die Rechtschreibung Ihres aktuellen Dokuments prüfen. Dabei können falsche Wörter korrigiert werden; Wörter, die bisher nicht in einem Wörterbuch enthalten waren, lassen sich als neues Wort aufnehmen.

Microsoft empfiehlt bzw. schreibt vor, Wörter nicht durch manuellen Eintrag in eine Wörterbuchdatei aufzunehmen, weil sonst möglicherweise bei der Rechtschreibprüfung Probleme mit dem Suchalgorithmus auftreten können. Vielmehr sollten die - eventuell in Form einer Liste - vorliegenden Wörter durch eine Rechtschreibprüfung in ein Wörterbuch aufgenommen werden. Diese Vorgehensweise ist die Grundlage des folgenden Makros.

Seit der Version 5.0 von Word ist es möglich, mit Makros in die Rechtschreibung "reinzukommen". Man kann also den Befehlsaufruf in einen Makro-Text integrieren und auch auf alle Optionen zugreifen, die das Dialogfeld *Rechtschreibung* bietet. Im folgenden Makro ist es die Option *<Hinzufügen>*.

Das Makro *hinzufügen-wörterbuch*: Ihr Nutzen

Mit Hilfe des Makros werden alle Wörter, die bisher nicht in einem Ihrer Benutzerwörterbuch enthalten waren, automatisch dem Bestand hinzugefügt. Bei späteren Rechtschreibprüfungen steht Ihnen dann ein umfangreicheres Wörterbuch zur Verfügung.

Achtung   Alle Wörter, die Sie mit diesem Makro automatisiert einem Ihrer Benutzer-Wörterbücher hinzufügen, werden in der Fassung bzw. Schreibweise übernommen, wie sie vom Makro angetroffen werden. Wenn Sie dieses Wörterbuch künftig benutzen, heißt das aber auch, daß ein möglicherweise falsch geschriebenes Wort mit diesem Fehler als Referenz bei einer Rechtschreibprüfung dient.

Einsatz des Makros *hinzufügen-wörterbuch*

1.   Rufen Sie das Makro in dem Fenster auf, in dem sich Ihre Wörterliste befindet, die Sie in ein Wörterbuch aufnehmen wollen. Starten Sie das Makro mit dem Tastenschlüssel < strg w > e.

2.   Befolgen Sie die Anweisungen in den Dialogfeldern und in der Meldungszeile. Bestätigen Sie Ihre Eingaben mit der Eingabetaste.

3.   Wenn Ihre Wörterliste, die Sie aufnehmen wollen, relativ umfangreich ist, wird das Makro nun erst mal eine Zeitlang laufen.

Sie können die Wörterliste anschließend aus dem Fenster löschen. Falls Sie sie aber vielleicht doch noch einmal brauchen, speichern Sie sie.

Achtung   Beachten Sie, daß sich die folgenden Module in derselben Makro-Datei befinden müssen, wie das Makro, aus dem Sie sie aufrufen wollen: *mzeile-anfang*, *mzeile-ende* (Kapitelabschnitte 21.1, 21.3).

Wie das Makro *hinzufügen-wörterbuch* funktioniert

Während die Meldung (6) präsentiert wird, werden die Benutzung der Word 5.0-Funktionstasten und die Bildschirmaktualisierung ausgeschaltet (7-8). Anschließend wird das Modul zur Statusprüfung der Option *Meldungszeile* aufgerufen (9). Um den Anfangsstatus dieser Option wieder herzustellen, wird später ein korrespondierendes Modul aufgerufen (24). Mit dem Einschalten des Einfügemodus durch den Befehl *Extras Linien zeichnen* (10) wird sichergestellt, daß Text nicht überschrieben wird.

Das ist deshalb wichtig, weil am Anfang des Dokuments bzw. der Wörterliste das Wort *maktech* geschrieben wird (11.) Dieses Wort wird als im aktuellen Wörterbuch nicht vorhanden erkannt. Damit ist gewährleistet, daß die Ausführung des Befehls *Extras Rechtschreibung* (12) zunächst unterbrochen wird, um ein Benutzer-Wörterbuch wählen zu können (13). Damit das Wörterbuch auf jeden Fall in dem Verzeichnis gesucht wird, in dem Sie Ihr Word installiert haben, wird hier die reservierte Variable *ProgrammVz* verwendet.

Nachdem das Wörterbuch installiert ist, wird das von Word gemeldete Wort *maktech* im Sinne der Rechtschreibprüfung ignoriert (16). In der Meldung, die dann präsentiert wird (18), erscheint der Dateiname des gewählten Benutzer-Wörterbuches. Möglich wird das durch die Verwendung der Variablen *cmp*. Ihr wurde nach Wahl des Wörterbuches (13) der Dateiname zugewiesen (14).

Die eigentliche Rechtschreibprüfung und damit die Aufnahme aller unbekannten Wörter (21), dauert solange, bis keine ungeprüften Wörter mehr vorhanden sind (20-22). Danach wird das Wort *maktech* am Anfang des Dokuments wieder gelöscht (23) und das Makro mit der Herstellung des Anfangsstatus der Option *Meldungszeile* (24) beendet.

```
 1    «KOMMENTAR»
 2    Makro-Funktion: Wörter automatisch in Benutzer-Wörterbücher eintragen
 3    Makro-Name: hinzufügen-wörterbuch
 4    Makro-Tastenschlüssel: <strg h>w
 5    «EKOMMENTAR»
 6    «MELDUNG Wörterbuch-Eintrag wird vorbereitet. Bitte warten ...»
 7    «BESTIMMEN Echo="aus"»
 8    «BESTIMMEN Word5Tasten="aus"»
 9    <strg unt>mumzeile-anfang<return>
10    <strg unt>xl<unt>
11    <strg pos1>maktech<leertaste><strg pos1>
12    <f7><alt d>b<alt o><alt b>«ProgrammVz»<return>
13    «PAUSE Benutzer-Wörterbuch auswählen. Eingabetaste»
14    «BESTIMMEN cmp=Feld»
15    <return>
16    <alt i>
17    «BESTIMMEN Echo="an"»
18    «MELDUNG Wörter werden dem Wörterbuch "«cmp»" hinzugefügt. Bitte warten ...»
19    «BESTIMMEN Echo="aus"»
20    «SOLANGE Feld<>""»
21        <alt h>
22    «ESOLANGE»
23    <strg pos1><f8 2><lösch>
24    <strg unt>mumzeile-ende<return>
```

27.2   Korrektur individueller Dauertippfehler

Haben Sie auch Ihren Lieblingsverwechsler? Meiner sit zum Besipiel Arbeti.
Ich habe zwar noch einige andere, die sich regelmäßig wiederholen, aber zur
Verdeutlichung des Problems soll es genug sein.

Wenn solche Fehler nicht schon während des Schreibens auffallen, werden sie
spätestens bei der Rechtschreibprüfung eliminiert - falls man diese durchführt.
Allerdings müßte ich dann in meinem Fall doch wieder von Hand korrigieren:
Word bietet für mein *Besipiel* mehrere Alternativen von *Bespielen* bis *Bestie*.
Bei der *Arbeti* ist es ähnlich. Dort kann ich wählen von *Rabe* über *Arbitria*
bis *Argentit*. Aber das hilft alles nichts.

Hilfreicher bei individuellen Verwechslern ist da schon der Befehl *Bearbeiten
Ersetzen*. In ein Makro eingebaut, lassen sich mit ihm die erwähnten Lieblingsverwechsler schnell und sicher korrigieren. Die drei erwähnten Fehler
werden mit dem unten beschriebenen Makro korrigiert.

▌ Einsatz des Makros *wechseln-tippfehler*

1. Da es sich um meine individuellen Tippfehler handelt, würde ich das
    Makro mit dem Tastenschlüssel <strg x>t starten.

2. Ich warte, bis der Hinweis in der Meldungszeile verschwindet und bin
    dann sicher, daß meine drei Lieblingsverwechsler jetzt korrigiert sind.

▌ Wie das Makro *wechseln-tippfehler* funktioniert

Während der Präsentation der Meldung (6) wird zunächst die Bildschirmaktualisierung ausgeschaltet (7) und danach das Modul zur Statusprüfung der
Option *Meldungszeile* aufgerufen (9). Um den Anfangsstatus dieser Option
wieder herzustellen, wird später ein korrespondierendes Modul aufgerufen
(16). Mit dem Einschalten des Einfügemodus durch den Befehl *Extras Linien
zeichnen* (9) wird sichergestellt, daß Text beim Ersetzen nicht überschrieben
wird. Danach beginnt jeweils am Anfang des Dokuments (10, 12, 14) das
Ersetzen der Tippfehler (11, 13, 15). Dabei ist die Option *Einzeln bestätigen*
im Dialogfeld des Befehls *Bearbeiten Ersetzen* ausgeschaltet. Dadurch läuft
das Makro ohne notwendige Eingriffe von außen.

Mit der Herstellung des Anfangsstatus der Option *Meldungszeile* wird das
Makro beendet (27).

```
1    «KOMMENTAR»
2    Makro-Funktion: Verwechsler korrigieren
3    Makro-Name: wechseln-tippfehler
4    Makro-Tastenschlüssel: <strg x>t
5    «EKOMMENTAR»
6    «MELDUNG Verwechsler werden korrigiert. Bitte warten ...»
7    «BESTIMMEN Echo="aus"»
8    <strg unt>mumzeile-anfang<return>
9    <strg unt>xl<unt>
10   <strg pos1>
11   <strg unt>besit<leertaste><tab>ist<leertaste><alt e><return>
12   <strg pos1>
13   <strg unt>beBesipiel<tab>Beispiel<alt e><return>
14   <strg pos1>
15   <strg unt>beArbeti<tab>Arbeit<alt e><return>
16   <strg unt>mumzeile-ende<return>
```

Anpassung des Makros *wechseln-tippfehler* an Ihre Situation

Ersetzen Sie im obigen Makro-Text die zu suchenden falschen und die dafür
einzusetzenden richtigen Wörter durch Ihre persönlichen Verwechsler (11,
13, 15).

28 Drucken

28.1 Dateinamen und aktuelles Datum mit dem Text ausdrucken

Wenn ein Dokument ausgedruckt wird, kann es in bestimmten Situationen nützlich sein zu wissen, unter welchem Dateinamen es gespeichert worden ist. Eine weitere, manchmal sehr wichtige Information, ist das Datum des Ausdrucks. Wichtig kann es vor allem dann sein, wenn man plötzlich von einer Datei mehrere Fassungen als Ausdruck vorliegen hat und dabei die aktuelle nicht auf Anhieb erkennt. Hier kann beispielsweise die Angabe des Ausdruckdatums helfen.

Es gibt sicher mehrere Möglichkeiten, diese beiden Informationen verfügbar zu machen (handschriftliche Notizen, Datei-Manager u. a.). Eine wirkungsvolle Möglichkeit ist das Ausdrucken von Dateinamen und Datum zusammen mit dem Dokument - vorausgesetzt natürlich, diese zusätzlichen Informationen stören nicht. Word bietet als Textverarbeitung verschiedene Arten, beide Informationen in das Dokument einzufügen.

Das Makro *dateiname-datum-druck*: Ihr Nutzen

Durch den Einsatz des Makros können Sie - ohne einen Befehl wählen zu müssen - den Dateinamen und das Druckdatum wahlweise in einer Kopf- oder Fußzeile einfügen lassen. Das hat den Vorteil, daß die Information auf jeder Seite erscheint und so auch bei "fliegenden Blättern" nützt. Anschließend wird alles ausgedruckt und zum Schluß die Kopf- bzw. Fußzeile entfernt, so daß das Dokument wieder in seiner Originalfassung vorliegt.

Einsatz des Makros *dateiname-datum-druck*

1. Starten Sie das Makro mit dem Tastenschlüssel < strg d > d.

2. Befolgen Sie die Anweisungen in den Dialogfeldern und in der Meldungszeile. Bestätigen Sie Ihre Eingaben mit der Eingabetaste.

Achtung Beachten Sie, daß sich die folgenden Module in derselben Makro-Datei befinden müssen, wie das Makro, aus dem Sie sie aufrufen wollen: *dateiname-prüf, layout-anfang, layout-ende* (Kapitelabschnitte 21.1, 21.2, 25.8).

Wie das Makro *dateiname-datum-druck* funktioniert

Zunächst werden die Benutzung der Word 5.0-Funktionstasten und die Bildschirmaktualisierung ausgeschaltet (6-7). Mit dem Makro-Modul *dateiname-prüf*, das anschließend aufgerufen wird (8), wird geprüft, ob das Dokument bereits gespeichert worden ist, also schon einen Dateinamen hat (dazu ausführlich Kapitelabschnitt 25.8).

Während der Präsentation der Meldung (13) wird das Modul *layout-anfang* zur Statusprüfung des Befehls *Ansicht Layout* aufgerufen (15). Um seinen Anfangsstatus wieder herzustellen, wird später ein korrespondierendes Modul aufgerufen (31). Mit dem anschließenden Einschalten des Einfügemodus durch den Befehl *Extras Linien zeichnen* (16) wird sichergestellt, daß durch Einfügen der Kopfzeile (17-27) Text nicht überschrieben wird.

Die eingefügte Kopfzeile enthält den vollständigen Dateinamen einschließlich des Verzeichnisnamens. Dieser wurde mit der definierten Variablen *Dateiname* aus dem Modul *dateiname-prüf* übernommen. Neben diesen Dateiangaben wird mit Hilfe des Word-Textbausteins *Datum* das aktuelle Datum in die Kopfzeile eingefügt (27).

Nach dem Drucken des Dokuments (28) wird die Kopfzeile wieder entfernt (29) und der Anfangsstatus des Layoutmodus wieder hergestellt (31).

```
 1    «KOMMENTAR»
 2    Makro-Funktion: Dateinamen und aktuelles Datum als Kopfzeile formatieren für
      den Ausdruck
 3    Makro-Name: dateiname-datum-druck
 4    Makro-Tastenschlüssel: <strg d>d
 5    «EKOMMENTAR»
 6    «BESTIMMEN Echo="aus"»
 7    «BESTIMMEN Word5Tasten="aus"»
 8    <strg unt>mudateiname-prüf<return>
 9    «AWENN Ende="ja"»
10        «QUITT»
11    «EWENN»
12    «BESTIMMEN Echo="an"»
13    «MELDUNG Dateiname und Datum werden eingefügt. Bitte warten ...»
14    «BESTIMMEN Echo="aus"»
15    <strg unt>mulayout-anfang<return>
16    <strg unt>xl<unt>
```

```
17    <strg pos1><return><oben>
18    <strg unt>tk<alt k><alt e>
19    «AWENN Feld="ja"»
20        l
21    «SONST»
22        el
23    «EWENN»
24    <return>
25    <strg unt>tu<alt r><tab 2><leertaste><return>
26    <strg r>
27    «Dateiname»<tab>datum<f3>
28    <strg unt>dd1<alt b>a<return>
29    <alt f10><lösch>
30    <unt>
31    <strg unt>mulayout-ende<return>
```

Siehe auch: *Kapitelabschnitte 25.8, 26.2, 26.3*

28.2   Einstellung von Druckparametern

Beim Drucken von Dokumenten wiederholt sich ein Arbeitsschritt regelmäßig: Die Festlegung, wie ein Text zu drucken ist. Dazu sind im Dialogfeld
Drucken des Befehls *Datei Drucken* in der Regel vor allem folgende Informationen einzugeben:

▶   der Druckbereich, also die Frage, ob das ganze Dokument, ein markierter Ausschnitt oder nur einzelne Seiten gedruckt werden sollen

▶   für den festgelegten Druckbereich die Zahl der Kopien

Da für jede Eingabe eine Reihe von Tasten zu drücken sind, lohnt sich der
Einsatz der folgenden Makros.

Druckbereich: Das ganze Dokument

Das Makro *druck-alles* dient zum Ausdrucken des ganzen Dokuments. Dabei
können Sie die Zahl der Kopien des ganzen Dokuments bestimmen.

Druckbereich:Einzelne Seiten

Das Makro *druck-seiten* dient zum Ausdrucken einzelner Seiten des Dokuments. Dabei können Sie die Zahl der Kopien der gewählten Seiten bestimmen.

Achtung ▶ Wenn Sie zusammenhängende Seiten drucken wollen, geben Sie die erste und die letzte Seitenzahl ein, und setzen Sie dazwischen einen Bindestrich. Beispiel: Um die Seiten 12 bis 23 zu drucken, geben Sie *12-23* ein, und drücken Sie danach die Eingabetaste.

▶ Wenn Sie einzelne Seiten drucken wollen, trennen Sie die Seitenzahlen durch ein Semikolon (;). Beispiel: Um die Seiten 12 und 23 zu drucken, geben Sie *12;23* ein, und drücken Sie danach die Eingabetaste.

▶ Wenn Sie sowohl zusammenhängende als auch einzelne Seiten drucken wollen, kombinieren Sie die genannten Eingabearten. Beispiel: Um die Seiten 12 bis 23 sowie 25 und 27 zu drucken, geben Sie *12-23;25;27* ein, und drücken Sie danach die Eingabetaste.

Druckbereich: Ein markierter Teil

Das Makro *druck-markierung* dient zum Ausdrucken eines markierten Teils des Dokuments. Dabei können Sie die Zahl der Kopien des markierten Teils bestimmen.

Einsatz der Makros

1. Starten Sie die Makros mit folgenden Tastenschlüsseln:

    das Makro *druck-alles* mit <strg d>l

    das Makro *druck-seiten* mit <strg d>s

    das Makro *druck-markierung* mit <strg d>m

2. Befolgen Sie die Anweisungen in den Dialogfeldern und in der Meldungszeile. Bestätigen Sie Ihre Eingaben mit der Eingabetaste

Wie die Makros funktionieren

Bei allen drei Makros werden zuerst alle eventuell geöffneten Dialogfelder geschlossen (6-8). Die abgefragte Zahl der Kopien wird mit Hilfe der definierten Variablen *Kopien* im Dialogfeld *Drucken* eingefügt (12-16 bzw. 13-17). Je nachdem, welcher Druckbereich durch den Aufruf des Makros gewählt wurde, wird im Listenfeld *Druckbereich* des Dialogfeldes *Drucken* die entsprechende Option markiert (17 bzw. 18). Falls das *Seiten*-Makro gestartet wurde, wird nicht der Druckbereich markiert, sondern es werden gleich die eingegebenen Seitenzahlen im Textfeld *Seiten* eingefügt.

Das Makro, um das ganze Dokument zu drucken

```
 1    «KOMMENTAR»
 2    Makro-Funktion: Drucken Druckbereich: Alles
 3    Makro-Name: druck-alles
 4    Makro-Tastenschlüssel: <strg d>l
 5    «EKOMMENTAR»
 6    «SOLANGE Dialogfeld<>""»
 7        <unt>
 8    «ESOLANGE»
 9    «ABFRAGE Kopien=?Wie viele Kopien des ganzen Dokuments? Zahl der Kopien
      eingeben oder nur Eingabetaste für 1 Kopie»
10    «BESTIMMEN Echo="aus"»
11    <strg unt>dd
12    «AWENN Kopien=""»
13        1
14    «SONST»
15        «Kopien»
16    «EWENN»
17    <alt b>a<return>
```

Das Makro, um einzelne Seiten zu drucken

```
 1    «KOMMENTAR»
 2    Makro-Funktion: Drucken Druckbereich: Seiten
 3    Makro-Name: druck-seiten
 4    Makro-Tastenschlüssel: <strg d>s
 5    «EKOMMENTAR»
 6    «SOLANGE Dialogfeld<>""»
 7        <unt>
 8    «ESOLANGE»
 9    «ABFRAGE Seiten=?Welche Seiten? "von...bis..." mit Bindestrich (-),
      "...und..." mit Semikolon (;). Eingabetaste»
10    «ABFRAGE Kopien=?Wie viele Kopien der ausgewählten Seiten? Zahl der Kopien
      eingeben oder nur Eingabetaste für 1 Kopie»
11    «BESTIMMEN Echo="aus"»
12    <strg unt>dd
13    «AWENN Kopien=""»
14        1
15    «SONST»
16        «Kopien»
17    «EWENN»
18    <alt s>«Seiten»<return>
```

Das Makro, um markierte Teile zu drucken

```
 1   «KOMMENTAR»
 2   Makro-Funktion: Drucken Druckbereich: Markierung
 3   Makro-Name: druck-markierung
 4   Makro-Tastenschlüssel: <strg d>m
 5   «EKOMMENTAR»
 6   «SOLANGE Dialogfeld<>""»
 7        <unt>
 8   «ESOLANGE»
 9   «PAUSE Text markieren und Eingabetaste. Wenn schon markiert, nur
     Eingabetaste»
10   «ABFRAGE Kopien=?Wie viele Kopien des markierten Teils? Zahl der Kopien
     eingeben oder nur Eingabetaste für 1 Kopie»
11   «BESTIMMEN Echo="aus"»
12   <strg unt>dd
13   «AWENN Kopien=""»
14        1
15   «SONST»
16        «Kopien»
17   «EWENN»
18   <alt b>m<return>
```

Siehe auch: *Kapitelabschnitt 21.6*

29 Tips und Tricks für die Bearbeitung und den Einsatz von Makros

29.1 Klartext-Menü für die Auswahl von Makros

Makros sollen die tägliche Arbeit nicht nur erleichtern, sondern auch schneller machen. Wenn aber die Suche nach Namen oder Tastenschlüsseln den Einsatz von Makros verzögern, wird das Argument mit dem Zeitvorteil vielleicht schon wieder fragwürdig.

Das Makro *menü*: Ihr Nutzen

Durch Verwendung des Makros *menü* wird ein Menü mit Stichworten zu einzelnen Makros präsentiert. In diesem Menü wird dem Anwender im Klartext gesagt, welche Funktionen er wählen kann. Makro-Namen oder Tastenschlüssel braucht sich dann niemand mehr zu merken. Für den Aufruf der Makros genügt die Eingabe einer Zahl. Den Rest erledigt das Makro, das sich natürlich hinter dem Menü verbirgt. Bild 29.1 zeigt ein Beispiel eines solchen Menüs.

Einsatz des Makros *menü*

1. Starten Sie das Makro mit dem Tastenschlüssel < strg m > ü.

2. Befolgen Sie die Anweisungen in den Dialogfeldern und in der Meldungszeile. Bestätigen Sie Ihre Eingaben mit der Eingabetaste.

Achtung Beachten Sie, daß sich der Textbaustein *menübild* in derselben Makro-(Textbaustein)-Datei befinden muß wie das Makro *menü* (siehe unten: "Änderung des Menüs").

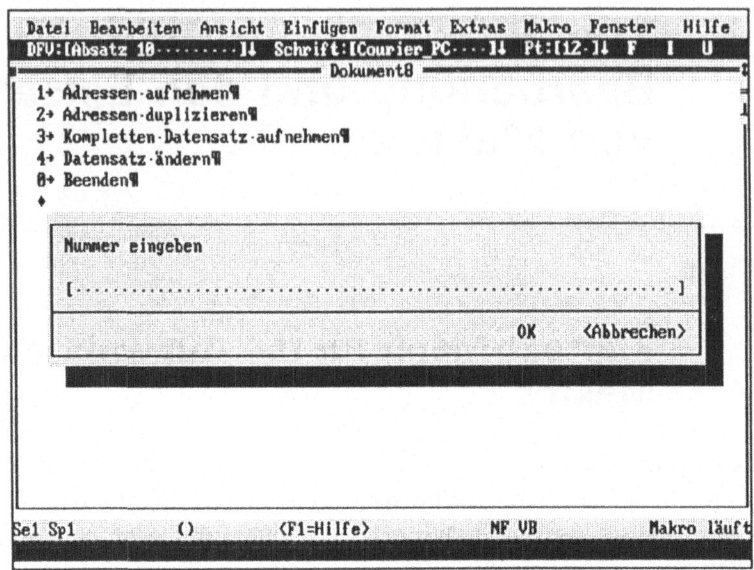

Bild 29.1: Menü zum Aufruf verschiedener Makros

▌ Wie das Makro *menü* funktioniert

Nachdem ein neues Fenster geöffnet worden ist (7-13), wird dort das Menü zur Auswahl der Makro-Funktionen präsentiert. Das geschieht durch Einfügen des Textbausteins *menübild* (14).

In einer Schleife (18-20) wird die Nummer der gewünschten Funktion abgefragt. Die Schleife wird erst verlassen, wenn eine der möglichen Optionen gewählt worden ist. Dadurch ist gewährleistet, daß das Makro nicht ungewollt durch Fehleingaben beendet wird.

Die gewählte Nummer wird dann in Bedingungsprüfungen verarbeitet (22-36). Jede der AWENN-Anweisungen enthält als Reaktion eine Aufrufsequenz für das entsprechende Makro. Hier wird diese Sequenz durch die KOMMENTAR-Anweisungen simuliert (zum Ersetzen dieser KOMMENTAR-Zeilen weiter unten mehr).

```
1    «KOMMENTAR»
2    Makro-Funktion: Klartext-Menü für Makro-Funktionen
3    Makro-Name: menü
4    Makro-Tastenschlüssel: <strg m>ü
5    «EKOMMENTAR»
6    «BESTIMMEN Echo="aus"»
```

```
7    «BESTIMMEN Fenster=9»
8    «AWENN Fenster=9»
9        «ABFRAGE Hinweis=?Es sind bereits 9 Fenster geöffnet. Ein Fenster
         schließen und Makro noch einmal starten. Eingabetaste»
10       «QUITT»
11   «SONST»
12       <strg unt>d<return 2>
13   «EWENN»
14   <strg unt>btmenübild<alt e><strg pos1>
15   «BESTIMMEN Echo="an"»
16   <ende><pos1>
17   «BESTIMMEN Nummer=""»
18   «SOLANGE (Nummer<>1 UND Nummer<>2 UND Nummer<>3 UND Nummer<>4 UND Nummer<>0)
     ODER Nummer=""»
19       «ABFRAGE Nummer=?Nummer eingeben»
20   «ESOLANGE»
21   <umschalten f10><lösch>
22   «AWENN Nummer=1»
23       «KOMMENTAR Aufrufsequenz für das erste Makro»
24   «EWENN»
25   «AWENN Nummer=2»
26       «KOMMENTAR Aufrufsequenz für das zweite Makro»
27   «EWENN»
28   «AWENN Nummer=3»
29       «KOMMENTAR Aufrufsequenz für das dritte Makro»
30   «EWENN»
31   «AWENN Nummer=4»
32       «KOMMENTAR Aufrufsequenz für das vierte Makro»
33   «EWENN»
34   «AWENN Nummer=0»
35       «ABFRAGE Hinweis=?Wenn Sie das Menü wieder einmal brauchen, geben Sie
         den Tastenschlüssel <strg m>ü ein. Also bis später! Eingabetaste»
36   «EWENN»
```

Automatischer Aufruf des Makro-Menüs

Wenn das Menü verhindern soll, daß man sich Namen oder Tastenschlüssel
merken muß, gilt diese Forderung natürlich für das Menü selbst auch. Es
sollte deshalb logischerweise auch "von selbst" auf dem Bildschirm erscheinen. Möglich ist das durch ein sogenanntes *Autoexec-Makro* (Kapitelabschnitt
4.5.1).

Wenn Sie also in das Autoexec-Makro der Makro-Datei STANDARD.TBS
den Tastenschlüssel < strg m > ü eingeben, wird auch Ihr Menü automatisch
nach dem Start von Word präsentiert. Und damit haben Sie dann die Wahl.

Eine zweite Möglichkeit, das Menü nach dem Word-Start auf den Bildschirm
zu bekommen, bietet der Startparameter */m* beim Start von Word. Mehr dazu
finden Sie in Kapitelabschnitt 4.5.2.

Anpassung des Makros *menü* an Ihre Situation

Änderung des Menüs

Tragen Sie die Funktionen jener Makros in das Menü ein, die Sie aufrufen wollen. Ändern Sie dazu den Textbaustein *menübild*.

1. Fügen Sie den Textbaustein *menübild* in ein neues Fenster ein (Befehl *Bearbeiten Textbaustein* Option < *Einfügen* > oder *menübild*+F3).

2. Ergänzen bzw. ändern Sie den Text.

3. Speichern Sie den geänderten Text als Textbaustein unter dem Namen *menübild* (Befehl *Bearbeiten Textbaustein* Option < *Definieren* >):

Änderung des Makro

Verwenden Sie zur Änderung des Makros *menü* das Makro *makro-bearbeiten* (Kapitelabschnitt 20.1.2). Fügen Sie dabei anstelle der KOMMENTAR-Zeilen (23, 26, 29, 32) die Aufrufsequenz für die einzelnen Makros ein. Wenn Sie mehr als vier Makros aus dem Menü starten wollen, ergänzen Sie in Zeile 18 für das fünfte und jedes weitere Makro in der Klammer den logischen Operator UND sowie einen Vergleichsausdruck mit der Variablen *Nummer*. Für ein fünftes Makro sieht die Zeile 18 folgendermaßen aus:

```
...
18    «SOLANGE (Nummer<>1 UND Nummer<>2 UND Nummer<>3 UND Nummer<>4 UND Nummer<>5
      UND Nummer<>0) ODER Nummer="""»
...
```

Entsprechend müssen Sie dann eine weitere Bedingungsprüfung (nach dem Muster der Zeilen 22-24) einfügen. Für das fünfte aufrufbare Makro sieht das erweiterte Ende des Makros so aus:

```
...
31    «AWENN Nummer=4»
32        «KOMMENTAR Aufrufsequenz für das vierte Makro»
33    «EWENN»
34    «AWENN Nummer=5»
35        «KOMMENTAR Aufrufsequenz für das fünfte Makro»
36    «EWENN»
37    «AWENN Nummer=0»
38        «ABFRAGE Hinweis=?Wenn Sie das Menü wieder einmal brauchen, geben Sie
          den Tastenschlüssel <strg m>ü ein. Also bis später! Eingabetaste»
39    «EWENN»
```

Siehe auch: *Kapitelabschnitte 21.6.6, 29.3*

29.2   Sicherheitsanfang von Makro-Texten

Wenn Sie ein Makro aufrufen, wollen Sie damit möglicherweise ein Dokument bearbeiten, das sich bereits in einem Fenster befindet. Eine andere Möglichkeit ist das Erstellen eines neuen Dokuments, wobei durch das Makro auch das neue Fenster geöffnet werden kann.

Falls Sie in einem Fenster ein Dokument mit einem Makro bearbeiten und nicht daran denken, daß sich außerdem in anderen Fenstern Dokumente befinden, werden diese möglicherweise durch das Makro verändert oder gar zerstört. Sie müssen also vorher kontrollieren, ob weitere Fenster geöffnet sind und diese dann gegebenenfalls schließen. Word bietet dazu zwei Befehle.

▶ Mit dem Befehl *Datei Schließen* werden einzelne Fenster geschlossen. Wenn dabei das Dokument bearbeitet und noch nicht gespeichert war, können Sie in einem Dialogfeld entscheiden, ob Sie es speichern wollen. Anschließend wiederholt sich der Vorgang für das nächste Fenster usw.

▶ Mit Befehl *Datei Alle schließen* schließt Word zwar alle Fenster und stellt bei jedem bearbeiteten Dokument die Frage nach dem Speichern. Aber das Ganze hat einen gravierenden Nachteil: Sie sehen nicht unbedingt das Dokument, über dessen Speicherung Sie entscheiden sollen! Wenn es bereits einen Dateinamen hat, wird dieser in der Speichern-Frage gezeigt. Sie können dann am Namen möglicherweise erkennen, ob Sie das Dokument speichern müssen. Anders bei einem noch unbenannten Dokument: Hier erscheint in der Speichern-Frage nur das Wort *Dokument* mit der laufenden Nummer des Fensters. Jetzt hilft nur der Abbruch des Befehls, um sich danach das entsprechende Dokument anzuschauen. Anschließend können Sie den Befehl *Datei Alle schließen* noch einmal aufrufen usw.

Um sich die manuelle Fensterkontrolle zu ersparen, können Sie am Anfang jedes Makros, mit dem Sie in einem neuen Fenster arbeiten, eine kleine Sequenz einfügen. Damit wird dann unabhängig von der Zahl der geöffneten Fenster und unabhängig davon, ob alle Fenster zu sehen sind oder nur eines als Vollbild, ein Dokument nach dem anderen präsentiert. Bei jedem Dokument können Sie dann entscheiden, ob Sie es speichern wollen oder nicht.

Wenn bzw. weil eine solche Fensterkontrolle des öfteren durchzuführen ist, wird die Sequenz in Form eines Moduls verwendet. Sie kann dann aus jedem anderen Makro heraus aufgerufen werden.

Einsatz des Makro-Moduls *makro-anfang*

Der Einsatz des Moduls *makro-anfang* reduziert sich auf das Einfügen des Makro-Tastenschlüssels in Ihr Makro. Machen Sie dazu folgendes:

1. Laden Sie den Makro-Text, in den Sie den Aufruf des Makro-Moduls einbauen wollen, in ein Fenster.

2. Schreiben Sie den Makro-Tastenschlüssel < strg m > a an den Anfang Ihres Makro-Textes.

Achtung   Beachten Sie, daß sich die folgenden Module in derselben Makro-Datei befinden müssen, wie das Makro, aus dem Sie sie aufrufen wollen: *makro-anfang, mzeile-anfang, mzeile-ende, info-anfang, info-ende* (Kapitelabschnitte 21.1, 21.3).

Einsatz Ihres Makros, das den Modulaufruf enthält

1. Starten Sie Ihr Makro in der gewohnten Weise.

2. Befolgen Sie die Anweisungen in den Dialogfeldern und in der Meldungszeile. Bestätigen Sie Ihre Eingaben mit der Eingabetaste.

3. Wenn alle Fenster geschlossen worden sind, wird der erste Schritt Ihres Makros ausgeführt. Befolgen Sie die entsprechenden Anweisungen dieses Makros.

Wie das Makro-Modul *makro-anfang* funktioniert

Zunächst wird die Bildschirmaktualisierung ausgeschaltet (6) und die Module zur Statusprüfung der Option *Meldungszeile* (13) sowie der Option *Datei-Info* aufgerufen (14). Um den Anfangsstatus dieser Optionen wieder herzustellen, werden später korrespondierende Module aufgerufen (48-49).

Mit der reservierten Variablen *Fenster* wird die maximale Zahl geöffneter Fenster bestimmt (15). Dieser Wert wird in der Schleife verwendet (16-47), um nacheinander alle Fenster bzw. Dokumente zu präsentieren. Mit der reservierten Variablen *Endmarke* wird geprüft, ob ein Fenster leer ist (18).

Wenn das so ist, wird das Fenster geschlossen, und die Schleife wird - falls weitere Fenster vorhanden sind - noch einmal durchlaufen.

Wenn sich in einem Fenster aber ein Dokument befindet (20), muß es präsentiert werden. Damit tatsächlich für jedes Dokument der Bildschirm aufgebaut wird, ist zunächst eine PAUSE-Anweisung eingefügt (21). Nach dem Lösen dieser Unterbrechung wird im Dialogfeld *Speichern unter* geprüft, ob es sich um ein Dokument handelt, das bereits einen Dateinamen hat (22-23). Wenn es schon einen Namen hat (39-45), wird das Fenster mit dem Befehl *Datei Schließen* geschlossen (40). Falls das Dokument in diesem Fenster bearbeitet worden ist (41), kann im entsprechenden Dialogfeld über das Speichern entschieden werden (42).

Wenn bei der Prüfung des Dateinamens (23) festgestellt wird, daß das Dokument bisher nicht gespeichert war (24), wird mit einer Schleife (27-38) ein Dialogfeld geöffnet (28). Hier kann entschieden werden, ob dieses bisher unbenannte Dokument gespeichert werden soll oder nicht. Die Schleife wird erst verlassen, wenn für eine der beiden Möglichkeiten ausdrücklich optiert worden ist (27). Bei der Entscheidung für das Speichern (29-34), wird das Dialogfeld *Speichern unter* zur Eingabe des Dateinamens geöffnet (30-31) und anschließend das Dialogfeld *Datei-Info* für die Eingabe weiterer Datei-Informationen (33). Soll das bisher nicht benannte Dokument trotzdem nicht gespeichert werden (35-37), wird das Fenster geschlossen (36).

Die Schleife (16-47) wird verlassen, wenn entsprechend dem Wert der Variablen *Fenster* alle Fenster geschlossen sind. Das Modul *makro-anfang* wird mit der Herstellung des Anfangsstatus der oben genannten Optionen beendet (48-49). Anschließend wird der erste Schritt des Makros ausgeführt, in das Sie den Aufruf des hier beschriebenen Moduls eingebaut haben.

```
1     «KOMMENTAR»
2     Makro-Funktion: Alle Fenster schließen vor dem Start des Hauptmakros
3     Makro-Name: makro-anfang
4     Makro-Tastenschlüssel: <strg m>a
5     «EKOMMENTAR»
6     «BESTIMMEN Echo="aus"»
7     «BESTIMMEN Word5Tasten="aus"»
8     <menü>df<alt O>«ProgrammVz»<tab 2>
9     «AWENN Feld="ja"»
10        <leertaste>
11    «EWENN»
12    <return><unt>
13    <strg unt>mumzeile-anfang<return>
14    <strg unt>muinfo-anfang<return>
15    «BESTIMMEN Fenster=9»
16    «WIEDERHOLE Fenster»
```

```
17        <strg pos1>
18        «AWENN Endmarke»
19            <strg unt>ds
20        «SONST»
21            «PAUSE Schauen Sie sich das an! Wollen Sie das eventuell
              speichern? Eingabetaste»
22            <strg unt>du
23            «BESTIMMEN Dateiname=Feld»
24            «AWENN Dateiname=""»
25                <unt>
26                «BESTIMMEN Antwort="@"»
27                «SOLANGE Antwort<>"" UND Antwort<>"S"»
28                    «ABFRAGE Antwort=?Dokument ist noch nicht gespeichert
                      und deshalb unbenannt. S, um zu speichern oder nur
                      Eingabetaste»
29                    «AWENN Antwort="S"»
30                        <strg unt>du
31                        «PAUSE Dateinamen mit Verzeichnisnamen eingeben
                          - aber ohne «ProgrammVz»\. Eingabetaste»
32                        <return>
33                        «PAUSE Datei-Informationen eingeben oder nur
                          Eingabetaste»
34                        <strg umschalten unt>ds
35                    «SONST»
36                        <strg umschalten unt>dsn
37                    «EWENN»
38                «ESOLANGE»
39            «SONST»
40                <strg umschalten unt>ds
41                «AWENN Feld="Ja"»
42                    «PAUSE Wählen Sie J oder N, aber drücken Sie nicht die
                      ESC-Taste»
43                    <return>
44                «EWENN»
45            «EWENN»
46        «EWENN»
47    «EWIEDERHOLE»
48    <strg unt>mumzeile-ende<return>
49    <strg unt>muinfo-ende<return>
```

Siehe auch: *Kapitelabschnitte 24.2, 25.4, 29.9*

29.3   Falsche Eingaben im Makro-Ablauf abblocken

Wenn während des Makro-Ablaufs Eingaben zu machen sind, ist es sinnvoll, unzulässige Eingaben abzublocken. Dadurch kann das Makro nicht unkontrolliert weiterlaufen. Sie können so sicher sein, daß Dokumente oder Dateien nicht falsch bearbeitet oder gar zerstört werden. Die folgende Sequenz zeigt das Beispiel einer geeigneten "Blockiervorrichtung".

```
1       ...
2       «BESTIMMEN Antwort=""»
3       «SOLANGE Antwort<>"A" UND Antwort<>"T"»
4           «ABFRAGE Antwort=?Welchen Text suchen für Textmarken? A = Abbildung, T
            = Tabelle. Eingabetaste»
5       «ESOLANGE»
6       «AWENN Antwort="A"»
7       ...
```

Setzen Sie die ABFRAGE-Anweisung in eine Prüfschleife (3-5). Darin wird geprüft, ob zulässige Eingaben gemacht worden sind. Die Variable, die Sie bei der Abfrage verwenden - im Beispiel die Variable *Antwort* -, wird mit der BESTIMMEN-Anweisung zunächst initialisiert (2). Die Verwendung der Variablen in der anschließenden SOLANGE-Anweisung gewährleistet, daß die Abfrage solange präsentiert wird (4), bis eine der zulässigen Eingaben gemacht worden ist. Dazu werden die Variable und die zulässigen Zeichen - im Beispiel die Buchstaben A und T - mit Operationszeichen < > (*ungleich*) verglichen.

Wenn eine zulässige Eingabe gemacht worden ist und damit auch die SOLANGE-Bedingung nicht erfüllt ist (*nicht ungleich*), wird die Schleife verlassen. Anschließend erfolgt die weitere Verarbeitung der Variablen (6).

Eine vorgefertigte Sequenz mit der beschriebenen Funktion für zwei Standardentscheidungen finden Sie als Textbaustein in Kapitelabschnitt 21.6.

Siehe auch: Kapitelabschnitt 29.5

29.4   Jimmy Carters Pech

Jimmy Carter, ehemals US-Präsident, soll sich die Arbeit an seinen Memoiren, die er auf einem PC schreiben wollte, durch Verwechseln zweier Tasten zunichte gemacht haben. Er habe, so war zu lesen, die Frage nach dem Speichern verneint. Anekdote oder bittere Wahrheit - bei der Erstellung von Makros kann ein solcher Stolperstein vermieden werden.

Bei der ABFRAGE-Anweisung sind vom Makro-Anwender Eingaben zu machen, die dann vom Makro weiterverarbeitet werden. Dabei können die Eingaben nur aus einzelnen Buchstaben bestehen: Beispielsweise verlangt ein Makro, J oder N (für *Ja* bzw. *Nein*) einzugeben. Nun liegen gerade diese beiden Buchstaben auf der Tastatur dicht beieinander. Man drückt dann schon mal die eine Taste, obwohl man die andere gemeint hat. Wenn dann ein Fenster geschlossen wird, ohne das Dokument zu speichern (*Nein*), obwohl es natürlich hätte gespeichert werden sollen (*Ja*), dann ... usw.

▋ Was man machen kann

1. Buchstaben verwenden, die auf der Tastatur ein bißchen weiter auseinander liegen

2. Nicht einen, sondern zwei oder mehr Buchstaben verwenden

3. Kurze Rückfrage des Makros

4. Ausführliche Rückfrage des Makros

Im folgenden Beispiel ist die Frage nach dem Speichern eines Dokuments in Form einer ABFRAGE-Anweisung zu bejahen oder zu verneinen. Dabei sehen die vier Möglichkeiten der ABFRAGE-Anweisung und der anschließenden Auswertung durch eine Bedingungsprüfung (AWENN...) folgendermaßen aus:

▋ 1. Möglichkeit

```
1   ...
2   «ABFRAGE Antwort=?Dokument speichern? S, um zu speichern oder N, um nicht zu
    speichern»
3   «AWENN Antwort="S"»
4   ...
```

▋ 2. Möglichkeit

```
1   ...
2   «ABFRAGE Antwort=?Dokument speichern? JA, um zu speichern oder NEIN, um
    nicht zu speichern»
3   «AWENN Antwort="JA"»
4   ...
```

▋ 3. Möglichkeit

```
1   ...
2   «ABFRAGE Antwort=?Dokument speichern? J oder N»
3   «AWENN Antwort="N"»
```

```
4        «ABFRAGE Sicher=?Sind Sie sicher, daß Sie nicht speichern wollen? J
         oder N»
5    «EWENN»
6    «AWENN Sicher="J"»
7    ...
```

4. Möglichkeit

```
1    ...
2    «ABFRAGE Antwort=?Dokument speichern? J oder N»
3    «AWENN Antwort="N"»
4        «BESTIMMEN Antwort="Nein, nicht sichern!"»
5    «SONST»
6        «BESTIMMEN Antwort="Ja, sichern!"»
7    «EWENN»
8    «ABFRAGE Sicher=?Ihre Antwort war "«Antwort»". Wollen Sie das so? J oder N»
9    «AWENN Sicher="J"»
10   ...
```

Siehe auch: *Kapitelabschnitte 29.3, 29.5*

29.5   Eingaben im Makro-Ablauf kontrollieren

Eingaben, die Sie während des Makro-Ablaufs machen, können Sie vor ihrer weiteren Verarbeitung kontrollieren. Sie haben dadurch die Möglichkeit, falsche Eingaben noch zu korrigieren. Die folgende Sequenz zeigt diesen Kontrollablauf am Beispiel von drei möglichen Eingabewerten.

```
1    ...
2    «BESTIMMEN Bestätigung=""»
3    «SOLANGE Bestätigung<>"J"»
4        «BESTIMMEN Temperatur=""»
5        «SOLANGE Temperatur<>1 UND Temperatur<>2 UND Temperatur<>3»
6            «ABFRAGE Temperatur=?Welche Temperatur? 1 = 98 K, 2 = 265 K, 3 =
             423 K. Eingabetaste»
7        «ESOLANGE»
8        «AWENN Temperatur=1»
9            «ABFRAGE Bestätigung=?Ist "98 K" die richtige Temperatur? J oder
             nur Eingabetaste»
10       «EWENN»
11       «AWENN Temperatur=2»
12           «ABFRAGE Bestätigung=?Ist "265 K" die richtige Temperatur? J oder
             nur Eingabetaste»
13       «EWENN»
14       «AWENN Temperatur=3»
```

```
15          «ABFRAGE Bestätigung=?Ist "423 K" die richtige Temperatur? J oder
            nur Eingabetaste»
16      «EWENN»
17   «ESOLANGE»
18    ...
```

Setzen Sie die ABFRAGE-Anweisung zur Werteingabe (4-7) und alle
ABFRAGE-Anweisungen zur Kontrolle der Werteingaben (9, 12, 15) in eine
Prüfschleife (3-17). Die Variable, die Sie in der Bedingungsprüfung der
SOLANGE-Anweisung (3) und bei den Kontrollabfragen verwenden - im Bei-
spiel ist es die Variable *Bestätigung* -, wird mit der BESTIMMEN-Anwei-
sung initialisiert (2).

Nach der Abfrage eines zulässigen Wertes - im Beispiel die Werte für die Variable *Temperatur* - wird dieser in einem Fenster noch einmal präsentiert (9,
12 oder 15). Wenn der Wert durch den Buchstaben *J* bestätigt wird, ist die
SOLANGE-Bedingung (3) nicht erfüllt (*nicht ungleich*). Erst dadurch wird
dann die Prüfschleife (3-17) verlassen.

Siehe auch: *Kapitelabschnitte 29.3, 29.4*

29.6 Aktuelle Werte von Variablen anzeigen

Variablenwerte werden während des Makro-Ablaufs weiterverarbeitet. Dabei
kann es sich um Werte handeln, die Sie auf dem Bildschirm nicht zu sehen
bekommen, weil sie nur makrointern verarbeitet werden. Der folgende
Makro-Ausschnitt zeigt eine solche Situation. Dabei werden vom Makro im
Dialogfeld eines Befehls Zahlenwerte bestimmt (2-4) und anschließend durch
eine mathematische Operation weiterverarbeitet (5).

```
1    ...
2    «BESTIMMEN Breite=Feld»<tab 3>
3    «BESTIMMEN Links=Feld»<tab 2>
4    «BESTIMMEN Rechts=Feld»
5    «BESTIMMEN Spiegel=Breite-Links-Rechts»<unt>
6    <strg unt>bs``a<return>
7    ...
```

Wenn das Makro nun nicht so funktioniert, wie es soll, können Sie sich die
Variablenwerte während eines Testlaufs auf dem Bildschirm ausgeben lassen.
Falls im obigen Beispiel der vom Makro berechnete Wert der Variablen *Spie-*

gel (5) kontrolliert werden soll, müsste man unmittelbar nach der BESTIM-MEN-Anweisung (5) den Wert von *Spiegel* ausgeben lassen. Die obige Makro-Sequenz würde dann mit der neuen Zeile (6) folgendermaßen aussehen:

```
1    ...
2    «BESTIMMEN Breite=Feld»<tab 3>
3    «BESTIMMEN Links=Feld»<tab 2>
4    «BESTIMMEN Rechts=Feld»
5    «BESTIMMEN Spiegel=Breite-Links-Rechts»<unt>
6    <strg pos1>«Spiegel»«PAUSE»
7    <strg unt>bs^^a<return>
8    ...
```

Dadurch geschieht während des Makro-Tests folgendes: Die Markierung wird an den Anfang des Dokuments gesetzt . Dort wird mit der leeren Anweisung «» der aktuelle Wert der Variablen *Spiegel* auf den Bildschirm geschrieben. Damit Sie auch tatsächlich Zeit haben, den Wert zu kontrollieren, wird der weitere Makro-Ablauf durch eine leere PAUSE-Anweisung unterbrochen. Sie können jetzt das Makro abbrechen (zweimal die Esc-Taste) oder weiterlaufen lassen (Eingabetaste), je nachdem, was die Kontrolle des Variablenwertes ergeben hat. Später können Sie die "Kontrollzeile" (6) wieder entfernen.

29.7 Wiederholte Eingaben im Makro-Ablauf

Tabellen, Listen und andere formal strukturierte Dokumente lassen sich mit Hilfe von Makros schnell und - wenn das Makro entsprechend aufgebaut ist - auch fehlerfrei erstellen bzw. ergänzen. Das folgende Beispiel einer Liste verdeutlicht die Einsatzmöglichkeit eines solchen Makros.

Firma	Ansprechpartner	PLZ Ort
Alpha GmbH	Herr P. Gasus	1000 Berlin 10
Bravo KG	Herr I. K. Rus	2000 Hamburg 20
Charlie AG	Frau G. O. Graf	3000 Hannover 30

In der Beispielliste werden der Name einer Firma und - soweit vorhanden - auch der Name eines Ansprechpartners in dieser Firma eingetragen. Außer den beiden postalischen Angaben (PLZ, Ort) können durch das Makro natürlich noch weitere Einträge gemacht werden.

Mit der folgenden Makro-Sequenz könnte die oben gezeigte Liste erstellt
werden.

```
1     ...
2     «BESTIMMEN Antwort=""»
3     «SOLANGE Antwort<>"Q"»
4         «ABFRAGE Firma=?Firmennamen eingeben. Eingabetaste»
5         «ABFRAGE Partner=?Namen des Ansprechpartners eingeben. Eingabetaste»
6         «ABFRAGE PLZ=?Postleitzahl eingeben. Eingabetaste»
7         «ABFRAGE Ort=?Ort eingeben. Eingabetaste»
8         «Firma»<tab>«Partner»<tab>«PLZ»<tab>«Ort»<return>
9         «ABFRAGE Antwort=?Q, um Eingabe zu beenden oder nur Eingabetaste»
10    «ESOLANGE»
11    ...
```

Die Grundstruktur ist die Abfrageschleife (3-10), in der die Namen der Firma
(4) und des Ansprechpartners (5) sowie die Postleitzahl (6) und der Ortsname
(7) abgefragt werden. Jede dieser Angaben wird einer Variablen zugeordnet,
die später (8) dazu verwendet wird, die Angaben in die Liste einzutragen.

Wenn eine Zeile mit den vier Einträgen in die Liste eingefügt worden ist,
wird mit der nächsten Abfrage (9) die Möglichkeit geboten, durch Eingabe
des Buchstabens Q die Abfrage weiterer Listeneinträge zu beenden. Die Abfrageschleife wird weiter durchlaufen, indem nur die Eingabetaste gedrückt
wird.

Damit die Schleife zum ersten Mal ausgeführt wird, ist die Schleifenvariable
Antwort vor Schleifenbeginn zu initialisieren, das bedeutet, daß der Variablen
der Inhalt *kein Wert* zugeordnet wird (2). Die Makro-Sprache von Word verwendet dazu zwei Anführungszeichen ("").

▌ Anpassung an Ihre Situation

Ändern Sie die Namen der Variablen bzw. die Eingabeaufforderungen in den
Abfragen (4-7). Falls Sie weitere Angaben in eine Liste machen wollen, fügen
Sie entsprechende Abfragen hinzu.

Falls Sie die Einträge in Ihre Liste zusätzlich numerieren wollen, müssen Sie
die laufenden Nummern nicht unbedingt von Hand eingeben. Sie können diese
Nummern ebenfalls durch ein Makro aktualisieren lassen (Kapitelabschnitt
26.9).

Siehe auch: *Kapitelabschnitt 25.10*

29.8   Texteingabe mit den Makro-Anweisungen ABFRAGE und PAUSE

Um während des Ablaufs eines Makros vom Benutzer Eingaben anzufordern, bietet Word zwei Makroanweisungen: PAUSE und ABFRAGE. Beide unterbrechen den Makroablauf und geben Ihnen die Möglichkeit, Text auf den Bildschirm zu bringen. Mit Hilfe PAUSE-Anweisung schreiben Sie direkt auf den Bildschirm. Bei der ABFRAGE-Anweisung geben Sie den Text zuerst in ein Fenster ein; von dort wird er vom Makro auf den Bildschirm übertragen (Kapitelabschnitte 13.2 und 13.5).

Die PAUSE-Anweisung

Vorteil

Der eingegebene Text kann wie bei der "normalen" Textbearbeitung korrigiert, gelöscht, wieder eingefügt und mit Schriftmerkmalen ausgezeichnet werden. Textelemente in Form von Textbausteinen lassen sich direkt mit der F3-Methode eingeben. Wenn neue Textbausteine dazukommen, muß das Makro nicht geändert werden.

Nachteil

Wenn eingegebener Text mit der Rücktaste gelöscht wird, kann schnell zuviel gelöscht werden. Zur Wiederherstellung des Textes muß möglicherweise das Makro neu gestartet werden.

Die ABFRAGE-Anweisung

Vorteil

Wenn Sie den einzugebenden Text noch einmal ändern wollen, können Sie das im ABFRAGE-Dialogfeld tun, ohne daß dadurch der eigentliche Dokumententext versehentlich gelöscht wird. Da Text mit Hilfe von Variablen auf den Bildschirm kommt, kann er auch an späterer Stelle im Makroablauf noch einmal verwendet werden.

Nachteil   Direkte Zuordnung von Schriftmerkmalen ist nicht möglich. Text kann zwar auch in Form von Textbausteinen auf den Bildschirm gebracht werden; die einzelnen Textbausteine müssen aber mit Hilfe von AWENN-Anweisungen verarbeitet werden. Das bedeutet, daß das Makro geändert werden muß, wenn neue Textbausteine dazukommen.

Siehe auch: *Kapitelabschnitt 24.1*

29.9   Bearbeitung von Dialogfeldern während des Makro-Ablaufs

Mit einem Makro können Dialogfelder genauso bearbeitet werden wie von Hand auch. Damit man Eingaben während des Ablaufs eines Makros machen kann, sind im Makro-Text Einträge für vier Arbeitsschritte notwendig:

1.   Öffnen des Dialogfeldes

2.   Unterbrechen des Makro-Ablaufs

3.   Aufforderung bzw. Hinweis an den Anwender

4.   Aufheben der Unterbrechung

Das folgende Beispiel zeigt die Möglichkeit, einen Dateinamen einzugeben:

```
1    ...
2    <strg unt>du
3    «PAUSE Dateinamen eingeben und dann die Eingabetaste drücken»
4    <return>
5    ...
```

Zunächst wird der Befehl *Datei Speichern unter* gewählt (2). Daraufhin erscheint auf dem Bildschirm das Dialogfeld *Speichern unter*. Mit der PAUSE-Anweisung (3) wird der Makro-Ablauf unterbrochen. Mit den Angaben nach dem Begriff PAUSE wird dem Makro-Anwender gesagt, was er jetzt zu tun hat. Das ist vor allem dann nützlich, wenn ein nicht alltägliches Dialogfeld geöffnet wird, in dem sich auch weniger geübte Anwender zurechtfinden sollen. Sie können damit dann auch recht umfangreiche Hinweise geben. Durch Drücken der Eingabetaste wird die Unterbrechung des Makro-Ablaufs wieder aufgehoben und der Befehl ausgeführt (4).

Wenn in einem Dialogfeld mehr als ein Eintrag gemacht werden soll, werden in der obigen Sequenz nach der PAUSE-Anweisung die Tastenbezeichnungen eingetragen, die den Cursor im Dialogfeld an die nächste gewünschte Eingabeposition setzen, z. B. <tab>, <unten>, <rechts> usw. Anschließend kann der Makro-Anwender seine Einträge machen.

In der folgenden Sequenz können in zwei Dialogfeldern Eingaben gemacht werden; das vollständige Makro finden Sie in Kapitelabschnitt 29.2.

```
23     ...
24     «AWENN Antwort="S"»
25          <strg unt>du
26          «PAUSE Dateinamen (eventuell mit Verzeichnisnamen) eingeben.
          Eingabetaste»
27          <return>
28          «PAUSE Datei-Informationen eingeben oder nur Eingabetaste»
29          <strg umschalten unt>ds
30     «SONST»
31     ...
```

Nach der Eingabe im ersten Dialogfeld (26) wird dieses geschlossen (27) und vom Makro automatisch das zweite geöffnet. Wenn Sie in diesem Eingaben gemacht haben oder auch nicht (28), wird es mit der Wahl eines weiteren Befehls ebenfalls geschlossen (29).

29.10 Wie Sie Optionsfelder und Befehle fehlerfrei wählen lassen

In einigen Dialogfeldern lassen sich bestimmte Optionen mit der Leertaste und den Richtungstasten markieren bzw. wählen. Im Dialogfeld *Absatz* des Befehls *Format Absatz* können Sie beispielsweise die Art der Ausrichtung durch Drücken der Leertaste oder mit den Richtungstasten *nach links/nach rechts* festlegen. Ist das Dialogfeld zu sehen, geht das fehlerfrei.

Wenn eine Option durch ein Makro markiert werden soll, muß das Ergebnis nicht unbedingt richtig sein: Man kann nicht mit Sicherheit davon ausgehen, daß immer die Word Standard-Option markiert ist, die als "Nullpunkt" für das Weiterschalten verwendet werden könnte. Falls das Makro aus irgendwelchen Gründen nicht bei einem Absatz beginnt, der die vorgesehene Ausrichtung als "Nullpunkt" hat, landet man durch Weiterschaltung mit der Leertaste bzw. mit den Richtungstasten nicht dort, wo man hin wollte. Sicherer ist die Wahl der Option durch die Verwendung des hervorgehobenen Buchstabens.

Wenn also ein Makro einen Absatz zentriert formatieren soll, ist in den Makrotext die Bezeichnung < alt z > einzufügen. Die gleiche Art der Optionswahl gilt bei den folgenden Befehlen:

Format Tabstops: Optionsfelder *Ausrichtung, Füllzeichen*

Format Umrandung: Optionsfelder *Umrandung, Linienart*

Format Position: Optionsfeld *Relativ zu*

Format Kopf-/Fußzeilen: Optionsfelder *Formatieren als, Ausrichtung am*

Einfügen Wechsel

Einfügen Seitennummern

Extras Numerieren

Extras Überarbeiten

Extras Sortieren

Ähnlich wie bei den genannten Optionsfeldern ist auch die Wahl einiger Befehle mit den Richtungstasten innerhalb eines Makros nicht sicher fehlerfrei möglich. Es sind die schaltbaren Befehle

Ansicht Gliederung

Ansicht Layout

Ansicht Zeichenleiste

Ansicht Lineal

Ansicht Statuszeile

Ansicht Fußnoten/Anmerkungen

Durch Verwendung der reservierten Variablen *aktiviert* sind Sie hier auf der sicheren Seite (Kapitelabschnitt 12.4).

Siehe auch: *Kapitelabschnitte 21.2, 21.3*

29.11   Leertaste ist nicht gleich Leertaste

Wenn ein Makro während des Ablaufs in einem Dokument oder Dialogfeld zwischen zwei Zeichen eine Leerstelle einfügen soll, haben Sie zwei verschiedene Möglichkeiten. Damit ein Makro beispielsweise den Ausdruck

Wörter mit Zwischenraum

ausgeben kann, könnten Sie ihn im Makrotext eingeben wie gerade eben geschrieben. Eine andere Möglichkeit ist das Ersetzen der Leerstellen durch die Tastenbezeichnung < leertaste >. Im Makrotext sieht das dann so aus:

Wörter < leertaste > mit < leertaste > Zwischenraum

Eine konkrete Anwendung finden Sie im Makro *verzeichnisse* (Kapitelabschnitt 25.5). Dieses Makro gibt an einer bestimmten Stelle im Dialogfeld *Betriebssystem (DOS)* die beiden Buchstaben *md* gefolgt von einer Leerstelle und dann u. a. den Namen des Word-Verzeichnisses ein. Die Zeile im Makrotext, die dies bewirkt, sieht folgendermaßen aus:

```
<menü>dymd<leertaste>«ProgrammVz»«Antwort»<return>
```

Die gleiche Wirkung hätte die folgende Form ...

```
<menü>dymd «ProgrammVz»«Antwort»<return>
```

... es könnte jedoch einmal - Murphy läßt grüßen - im Eifer des Gefechts dazu kommen, daß die Leerstelle gelöscht wird. In diesem Fall würde dann die Befehlszeile nicht mehr der Syntax des DOS-Befehls MAKE DIRECTORY (*md*) entsprechen.

Wenn Sie in einem Makro-Text mehrere Leerstellen durch die Tastenbezeichnung < leertaste > ersetzen wollen, verwenden Sie den Befehl *Bearbeiten Ersetzen*. Sie müssen dazu im Textfeld *Zu suchender Text* die Leertaste tatsächlich *drücken* und im Textfeld *Ersetzen durch* die Tastenbezeichnung < leertaste > eingeben. Wenn Sie die Option *Einzeln bestätigen* verwenden, können Sie in jedem Fall entscheiden, ob die Leerstelle durch die Leertastenbezeichnung ersetzt werden soll oder nicht.

29.12 Wenn Sie mal was suchen ...

Mit dem Befehl *Bearbeiten Suchen* können Sie während des Makro-Ablaufs genauso arbeiten, wie von Hand. Hier wie dort erscheint ein Dialogfeld mit dem Hinweis, daß nichts mehr zu finden sei. Die Suche kann dann am Dokumentenanfang weitergehen. Bei manueller Befehlswahl wählen Sie eine entsprechende Option im erwähnten Dialogfeld.

Im Makro würde das Dialogfeld den weiteren Ablauf unterbrechen. Falls der Makro-Anwender jetzt falsch, also nicht wie vorgesehen reagiert und sich für die nochmalige Suche entscheidet, kann das Makro eventuell unkontrolliert weiterlaufen.

Der folgende Makro-Ausschnitt zeigt, wie Sie in einem Makro die Unterbrechung durch das Dialogfeld handhaben können. Damit ist gewährleistet, daß alles so weiterläuft, wie von Ihnen geplant.

```
1    ...
2    <strg unt>bs«Suchtext»<alt b><alt g><return>
3    «SOLANGE gefunden»
4        ...
5        <umschalten f4>
6        «AWENN nichtgefunden»
7            <unt>
8            «PAUSE Alles gefunden. Feierabend! Eingabetaste»
9        «EWENN»
10   «ESOLANGE»
11   ...
```

Solange der Suchbegriff (2) gefunden worden ist (3), werden bestimmte Makro-Schritte ausgeführt (4). Anschließend wird die Suche wiederholt (5). Zugleich wird jedesmal, wenn der Suchbegriff gefunden wurde, die AWENN-Anweisung (6-9) übersprungen, da ihre Bedingung nicht erfüllt ist. Sie ist aber dann erfüllt, sobald der Begriff zum ersten Mal nicht mehr gefunden wurde. Mit der Funktion der Esc-Taste (7) wird das oben erwähnte Dialogfeld geschlossen, bevor eine der Optionen gewählt werden kann. Dafür wird der Makro-Ablauf mit der PAUSE-Anweisung unterbrochen (8) und dem Anwender mitgeteilt, das alle *Suchtexte* gefunden sind. Wenn er dann die Eingabetaste drückt, wird die SOLANGE-Schleife (3-10) verlassen.

Anwendung: *Kapitelabschnitte 26.12, 26.13, 26.20*

29.13   Temporäre Makros

Viele Makros werden für den längerfristigen Einsatz geschrieben oder aufgezeichnet. Manchmal kann es aber auch nützlich sein, ein Makro nur für eine einzige Anwendung zu verwenden. Solche temporären Makros müssen dann nicht mit einem ausführlichen Namen definiert bzw. gespeichert werden. Es reicht, als Namen einen einzigen Buchstaben zu verwenden.

Als Name empfiehlt sich dann ein Buchstabe, den Sie nicht irgendwann aufgrund seiner mnemotechnischen Eigenschaften für ein dauerhaftes Makro verwenden wollen. Das könnte beispielsweise der Buchstabe Y sein. Die Zuordnung eines Tastenschlüssels ist zwar nicht unbedingt notwendig, kann aber später doch hilfreich sein. Dem Namen entsprechend könnte der Tastenschlüssel < strg y > zugeordnet werden.

Ein solches Makro können Sie dann durch Eingabe des Buchstabens Y und anschließendes Drücken der Funktionstaste F3 oder mit seinem Tastenschlüssel < strg y > starten.

Die einzelnen Schritte

1. Markieren Sie den Makro-Text mit der Tastenkombination Strg+5 (die 5 im numerischen Block!) oder mit der Tastenkombination Umschalten+F10.

2. Drücken Sie die Tastenfolge Alt, M, B. Das Dialogfeld *Makro bearbeiten* ist jetzt geöffnet.

3. Geben Sie im Textfeld Makro Name den Buchstaben Y ein.

4. Wenn Sie einen Makro-Text zum ersten Mal unter dem Namen Y speichern, drücken Sie jetzt die Tabulatortaste, dann die Tastenkombination Strg+Y und anschließend die Kombination Alt+D. Das Dialogfeld wird geschlossen, das temporäre Makro ist definiert.

   Wenn Sie einen Makro-Text nicht zum ersten Mal als temporäres Makro definieren, brauchen Sie nur noch den Namen einzugeben, jedoch nicht mehr die Kombination Strg+Y als Tastenschlüssel; er wird von Word automatisch im Textfeld *Makro Tastenschlüssel* ausgegeben. Drücken Sie jetzt die Tastenkombination Alt+D, und drücken Sie danach die Eingabetaste, um die Frage *Makro ersetzen?* zu bejahen.

Nach dem erstmaligen Definieren eines temporären Makros sieht der Ablauf der Tastenkombinationen und Tastenfolgen also folgendermaßen aus:

Strg+5 bzw. Umschalten+F10, Alt, M, B, Y, Alt+D

... und später dann immer so:

> *Strg +5 bzw. Umschalten +F10, Alt, M, B, Y, Alt +D, Eingabetaste*

Wenn Sie dieses Verfahren einige Male angewendet haben, wird Ihnen der Ablauf möglicherweise in Fleisch und Blut übergegangen sein. Dabei haben Sie dann die Sicherheit, daß sich hinter dem immer gleichen Makro-Namen nichts verbirgt, was nicht überschrieben werden darf.

Dieses Verfahren können Sie natürlich genauso effektiv anwenden, wenn Sie nur einen Ausschnitt aus einem umfangreicheren Makro-Text, etwa zu Testzwecken, einsetzen wollen. In diesem Fall ist dann nicht der gesamte Text, sondern nur der gewünschte Ausschnitt zu markieren.

Siehe auch: *Kapitelabschnitt 29.19*

29.14 Einsatzmöglichkeiten des Makro-Rekorders

Makros können aufgezeichnet werden, wenn sie nur Tastenbezeichnungen enthalten. Dazu ist der Makro-Rekorder mit der Tastenkombination Strg +F3 zuerst ein- und später wieder auszuschalten. Dazwischen wird alles aufgezeichnet, was Sie mit der Tastatur veranstalten. Folgende Anwendungen sind denkbar:

Tastenbezeichnungen ermitteln

Geben Sie im Dialogfeld *Makro aufzeichnen* als Makro-Namen möglichst nur einen Buchstaben ein (Kapitelabschnitt 29.13). Schreiben Sie nach Ausschalten des Makro-Rekorders den Namen des aufgezeichneten Makros an eine geeignete Stelle des Textes, und hängen Sie ein Zirkumflexzeichen (^) an. Drücken Sie unmittelbar danach die Funktionstaste F3, dann haben Sie die gewünschte Tastenbezeichnung.

Makros nur mit Tastenbezeichnungen

Verwenden Sie als Makro-Namen den endgültigen Namen, eventuell mit Tastenschlüssel. Speichern Sie dann die aktuelle Makro-Datei.

Makros mit Tastenbezeichnungen und Makro-Anweisungen

Erstellen Sie die Sequenzen, die nur aus Tastenbezeichnungen, als temporäres Makro, das Sie dann unmittelbar nach Aufzeichnung auf den Bildschirm bringen (^F3-Methode).

Die Makro-Anweisungen lassen sich entweder von Hand eingeben oder durch Verwendung der Makro-Tools einfügen (Kapitel 21 und 22). Durch den wechselnden Einsatz von Makro-Rekorder und Tools lassen sich auch umfangreiche Makros schnell und fehlerfrei erstellen (gemeint sind hier Syntaxfehler, nicht Logikfehler!).

29.15 Lange Mitteilungen in einer kurzen Zeile

Hinweise für den Makro-Anwender, die mit der Anweisungen PAUSE präsentiert werden, erscheinen in der Meldungzeile - vorausgesetzt, diese ist eingeschaltet. Dabei stehen 80 Zeichen zur Verfügung.

Paßt sie in die Zeile?

Um diese Frage zu beantworten, haben Sie drei Möglichkeiten:

▶ Zählen Sie die Zeichen Ihrer Mitteilung, wenn Sie einen Makro-Text schreiben.

▶ Lassen Sie sich die Zeilenwechsel am Bildschirm anzeigen. Drücken Sie dazu die Tastenkombination Alt+F7; Sie können dann die Position des Cursors in der Statuszeile nach der Bezeichnung *Sp* (=Spalte) ablesen. Bis zur Position *Sp80* paßt Ihre Mitteilung in die Meldungszeile, der Rest wird abgeschnitten.

▶ Wenn Sie sehen möchten, wie die Mitteilung im Original in der Meldungszeile aussieht, markieren Sie die PAUSE-Anweisung. Definieren Sie diesen markierten Teil als temporäres Makro (Kapitelabschnitt 29.13) und starten Sie es. Der Mitteilungstext steht dann solange in der Meldungszeile, bis Sie die Eingabetaste drücken.

Mehr als eine Zeile ...

Wenn die Mitteilung, die Sie mit der PAUSE-Anweisung machen wollen, nicht in eine einzige Zeile paßt, teilen Sie den Text auf. Im Makro-Text bedeutet das, daß Sie den Mitteilungstext auf die benötigte Anzahl von PAUSE-Anweisungen verteilen. Für einen Dreizeiler sieht die Makro-Sequenz folgendermaßen aus:

```
...
«PAUSE Mitteilungstext 1. Teil ...»
«PAUSE Mitteilungstext 2. Teil ...»
«PAUSE Mitteilungstext 3. Teil ...»
...
```

Durch jede der drei PAUSE-Anweisungen wird der Makro-Ablauf unterbrochen. Beim Einsatz des Makros ist mit der Eingabetaste also dreimal weiterzuschalten.

Siehe auch: *Kapitelabschnitt 24.3*

29.16   Wissen Sie, was da gerade passiert?

Ein Makro kann Dinge ausführen, die nicht unmittelbar auf dem Bildschirm zu erkennen sind; erst nach einer gewissen Zeit wird ein Ergebnis präsentiert. Beispiele solcher nicht erkennbarer Hintergrundaktivitäten sind Berechnungen, Sortierläufe, Suchvorgänge, Formatierungen.

Der Autor des Makros wird vermutlich - zumindest in der ersten Zeit nach dessen Erstellung - wissen, *daß* etwas bzw. *was* gerade passiert, wenn sich auf dem Bildschirm nichts tut. Ein anderer Anwender des Makros greift in der Situation vielleicht schon mal aus Unsicherheit zur einen oder anderen Taste und kommt damit dem Makro in die Quere. Verhindern läßt sich das durch den Einbau einer MELDUNG-Anweisung. Damit hat man die Möglichkeit, dem Makro-Anwender in der Meldungszeile mitzuteilen, was gerade während des Ablaufs passiert. Der folgende Ausschnitt aus einem Makro zur Verwaltung von Datensätzen für eine Steuerdatei zeigt einen typischen Anwendungsfall.

```
1    ...
2    «BESTIMMEN Echo="an"»
3    «MELDUNG Im Moment werden die «Absatzmarke» Adressen numeriert. Bitte warten
     ...»
```

```
 4    «BESTIMMEN Echo="aus"»
 5    <alt f10><pos1>
 6    «BESTIMMEN Nummer=0»
 7    «SOLANGE Nummer<Absatzmarke»
 8        «BESTIMMEN Nummer=Nummer+1»
 9        ...
10    «ESOLANGE»
11    ...
```

Während die Meldung präsentiert wird (3), werden in einer Adressendatei u. a. die Datensätze numeriert (8-9). Die Meldung ist solange zu sehen, bis die Werte der beiden Variablen *Nummer* und *Absatzmarke* gleich sind (7). Wenn im Makro-Text die Aktualisierung der Bildschirmanzeige am Anfang des Makro-Textes ausgeschaltet worden ist, muß sie vor der Anweisung MELDUNG wieder eingeschaltet werden (2); andernfalls wäre die Meldung nicht zu sehen. Unmittelbar nach der Meldungsanweisung wird die Bildschirmanzeige wieder ausgeschaltet (4). Wenn Sie Meldungen öfter in Makro-Texte einbauen wollen, können Sie sich die Eingabe der MELDUNG-Anweisung durch Verwendung von Textbausteinen vereinfachen (Kapitelabschnitt 21.5).

Siehe auch: *Kapitelabschnitte 21.3.1, 21.6.8, 21.6.9, 24.3*

29.17   Zur Zeit außer Betrieb!

Bei der Bearbeitung oder beim Einsatz von Makros kann es sinnvoll und/oder notwendig sein, bestimmte Teile eines Makros zeitweilig "außer Betrieb" zu setzen. Das bedeutet, daß diese Teile während des Makro-Ablaufs nicht abgearbeitet werden. Sie können das dadurch realisieren, daß Sie die gewünschten Teile des Makro-Textes in eine KOMMENTAR-EKOMMENTAR-Anweisung setzen (Kapitelabschnitt 13.1).

Eine Anwendung bietet sich beim Test eines Makros: Wenn Sie zu Beginn des Makros bestimmte Einstellungen vornehmen lassen, können Sie diese Sequenzen außer Kraft setzen, weil bzw. wenn sie für die eigentliche Funktion des Makros während des Tests nicht wichtig sind. Das Makro läuft dann möglicherweise sehr viel schneller ab.

Eine andere Möglichkeit haben Sie bei der Fehlersuche: Um Fehler besser lokalisieren zu könne, definieren Sie die fehlerfrei ablaufenden Teile des Makros als Kommentar. Vorausgesetzt, der übrige Teil des Makros läßt sich dann noch sinnvoll testen, können Sie so den Fehler allmählich einkreisen.

Siehe auch: *Kapitel 18*

29.18   Ein bißchen schneller? Schon, aber ...

Makros laufen mehr oder weniger schnell ab. Dabei gibt es Vorgänge, die Sie
nicht beeinflussen können. Auf der anderen Seite haben Sie aber doch die eine
oder andere Möglichkeit.

Zunächst einmal können Sie den Bildschirm grundsätzlich schneller machen,
wenn Sie bestimmte Einstellungen vornehmen (Kapitelabschnitt 29.15). Dazu
kommen dann noch die makrotechnischen Möglichkeiten.

Mit Hilfe der reservierten Variablen *Echo* läßt sich die Aktualisierung des
Bildschirms unterdrücken. Das bedeutet, daß alles, was an Veränderungen des
Bildschirm aufgrund des Makro-Ablaufs geschieht, nicht zu sehen ist: Öffnen
von Dialogfeldern, Bewegungen des Textes, Formatierungen usw.

Um dies zu erreichen, schreiben Sie an den Anfang des Makro-Textes eine
BESTIMMEN-Anweisung. Weisen Sie darin der Variablen Echo den Wert
aus zu. Falls Sie an einer bestimmten Stelle des Makros die Anzeige wieder
aktualisieren wollen, verwenden Sie die gleiche Anweisung, jedoch mit dem
Variablenwert *"ein"*. Wenn Sie diese beiden Anweisungen öfter einsetzen,
können Sie das in Form von Textbausteinen tun (Kapitelabschnitt 21.6.1).

In bestimmten Situationen kann es aber auch nachteilig sein, nicht zu sehen,
was sich denn eigentlich auf dem Bildschirm tut. Dabei sind zwei Möglichkeiten zu unterscheiden:

▸   Wenn der Makro-Anwender nur wissen soll, was gerade passiert, kön-
     nen Sie ihm das mit Hilfe der Anweisung MELDUNG mitteilen. Echo
     bleibt dabei aus.

▸   Wenn der Anwender aber abhängig vom Zustand des Bildschirms bei-
     spielsweise Eingaben machen soll, muß der Bildschirm aktualisiert wer-
     den. Ein Beispiel soll das verdeutlichen:

In der folgenden Sequenz wird die Bildschirmaktualisierung ausgeschaltet, um
zunächst den Makro-Ablauf zu beschleunigen (2). Damit laufen alle Makro-
Aktionen (3) schneller ab.

Irgendwann wird dann ein Textbaustein eingefügt (4), aus dem der Anwender
Informationen entnehmen soll. Aufgrund dieser Informationen muß er dann
Eingaben machen (7).

```
1    ...
2    «BESTIMMEN Echo="aus"»
3    ...
```

```
4    <strg unt>bttabelle<alt e><strg pos1>
5    «BESTIMMEN Echo="an"»
6    <ende><pos1>
7    «ABFRAGE Nummer=?Nummer eingeben. Eingabetaste»
8
```

Um den Textbaustein lesen zu können, wird nach dem Einfügen (4) die Bildschirmaktualisierung wieder eingeschaltet (5). Das allein macht aber den eingefügten Textbaustein noch nicht sichtbar, trotz *Echo = "an"*. Der Anwender könnte mit dem Abfrage-Fenster nichts anfangen.

Die Lösung ist eine Cursorbewegung an das Zeilenende und dann wieder zurück an den Anfang (6). Dadurch wird der Bildschirm nun tatsächlich aktualisiert, im Beispiel also der Textbaustein sichtbar. Unmittelbar danach wird dann das Abfrage-Fenster geöffnet. Der Anwender weiß nun, was Sache ist und kann entsprechend reagieren.

Schneller geht's auch, wenn alles, was nur unter bestimmten Bedingungen gemacht werden soll, innerhalb der Bedingung plaziert wird: Initialisierung von Variablen, Aufruf von Modulen usw. Ein Beispiel:

In einem Makro werden die beiden Module *mzeile-anfang* und *info-anfang* nur dann aufgerufen (9-10), wenn kein Dateiname vorhanden ist (6) und wenn das Dokument gespeichert werden soll (8).

```
1      ...
2      «BESTIMMEN Echo="aus"»
3      «BESTIMMEN Ende=""»
4      <strg unt>du
5      «BESTIMMEN Dateiname=Feld»
6      «AWENN Dateiname=""»
7          ...
8          «AWENN Antwort="S"»
9              <strg unt>mumzeile-anfang<return>
10             <strg unt>muinfo-anfang<return>
11     ...
```

Siehe auch: *Kapitelabschnitte 21.15, 29.16*

29.19   Möglichkeiten für die Wiederholung von Makros

Makros können ihre Funktion auf unterschiedliche Weise wiederholt ausführen:

- Durch Drücken der Funktionstaste F4 unmittelbar nach Beendigung des Makros läuft das Ganze noch einmal ab (Kapitelabschnitt 4.1).

- Durch die Angabe der Zahl der Ausführungen in der WIEDERHOLE-Anweisung werden bestimmte Schritte entsprechend oft ausgeführt (Kapitelabschnitt 13.8).

- Abhängig von Bedingungen erfolgen Makro-Reaktionen in der Schleife einer SOLANGE-Anweisung (Kapitelabschnitte 13.9).

Die Möglichkeit, daß ein Makro sich selbst aufrufen kann, ist nach den Regeln der Makrosprache nicht möglich. Das Makro würde abgebrochen mit der Meldung

```
Zirkelreferenz ist im Makro nicht erlaubt. Makro
             abgebrochen nach ...
```

Mehr zu Fehlermeldungen finden Sie in Kapitel 18.

Es gibt jedoch einen "Trick", mit dem man dieser Möglichkeit sehr nahe kommt. Wenn Sie am Ende eines Makro-Textes den Namen dieses Makros schreiben, wird als letzter Schritt der Makroname auf den Bildschirm geschrieben. Sie müssen dann nur noch die Funktionstaste F3 drücken. Dadurch wird der Makroname gelöscht und das Makro startet von neuem.

Diese Möglichkeit ist vor allem dann hilfreich, wenn Sie in einem Text an vielen Stellen den immer gleichen Arbeitsschritt ausführen müssen.

Beispiel   Bei einer Liste numerierter Absätze - so wie die unten folgende - sollen die Nummern durch ein markantes Dreieck (▸) ersetzt werden. Man müßte nun bei jedem Absatz die Zahl und den anschließenden Punkt entfernen und dafür mit der Tastenkombination <alt 16> (die Zahl im numerischen Block) das Dreieck einfügen. Bei einer längeren Liste kann das dauern.

Mit einem kleinen temporären Makro (Kapitelabschnitt 29.13) lassen sich solche Arbeitsabläufe sehr vereinfachen.

Die Erstellung des Makros

Solche sich (beinahe) selbst aufrufenden Makros basieren auf der Tatsache, daß man einen Musterschritt mit dem Makro-Rekorder aufzeichnen kann und ihn dann beliebig oft wiederholen läßt. Für das oben genannte Beispiel sieht das im einzelnen folgendermaßen aus:

1. Schalten Sie die Makro-Aufzeichnung ein.

2. Geben Sie im Dialogfeld *Makro aufzeichnen* den Buchstaben Y ein, und drücken Sie die Eingabetaste.

   Falls Sie unter diesem Makro-Namen schon einmal ein temporäres Makro gespeichert hatten, bejahen Sie die Frage nach dem Ersetzen des Makros.

3. Wählen Sie den Befehl *Bearbeiten Suchen*.

4. Geben Sie im Dialogfeld *Suchen* als zu suchenden Text ^t ein, und drücken Sie die Eingabetaste.

5. Nachdem die Tabulatormarke (^t) gefunden worden ist, drücken Sie die Tastenkombination Umschalten+Pos1 und danach die Entf-Taste. Die Numerierung mit der anschließenden Tabulatormarke ist jetzt entfernt.

6. Drücken Sie die nun Tastenkombination Alt+16. Damit ist der markante Punkt gesetzt.

7. Drücken Sie die Tastenkombination Strg+unten.

8. Geben Sie den Buchstaben Y ein.

9. Schalten Sie die Makro-Aufzeichnung wieder aus.

Damit ist die erste Nummer durch ein Dreieck ersetzt worden. Außerdem steht am Anfang des nächsten numerierten Absatzes der Name des temporären Makros. Das Makro, das Sie damit gleichzeitig aufgezeichnet haben, sieht so aus:

```
<menü>bs¨¨t<return><umschalten pos1><lösch>▶<strg unten>y
```

Der Einsatz des Makros

Um das Makro gleich noch einmal zu starten, brauchen Sie jetzt nur noch die Funktionstaste F3 zu drücken. Damit wird die Absatznummer durch ein Dreieck ersetzt und der Makroname wieder an den Anfang des nächsten Absatzes geschrieben. Um das Makro gleich noch einmal zu starten, ... usw. Im Prinzip können Sie jetzt den Finger auf der Funktionstaste lassen, bis alle Nummern ersetzt sind.

Siehe auch: *Kapitelabschnitt 29.13*

29.20   Wie Sie Makros eindeutig identifizieren können

Wenn man einen Makro-Text vor sich hat, kann man daraus mehr oder weniger schnell erkennen, welche *Funktion* das Makro hat. Schwieriger wenn nicht unmöglich ist es, den *Namen* des Makros herauszufinden, wenn dieser nicht im Makro-Text enthalten ist. Das kann dann zu Problemen führen, wenn Sie einen Makro-Text bearbeitet haben und ihn danach wieder unter seinem bisherigen Namen ablegen wollen.

Falls Sie sich mit dem Makro-Namen nicht ganz sicher ist, hilft bestimmt das nochmalige Laden des ursprünglichen Textes und ein Vergleich mit dem soeben bearbeiteten. Einfacher geht es, wenn Sie den Namen des Makros am Anfang des Makro-Textes schreiben.

Wenn Sie außer dem Namen auch noch die Makro-Funktion und vielleicht das Erstelldatum oder Ihren Namen als Makro-Autor eingeben wollen, lohnt sich schon der Einsatz eines Textbausteins. Der ganze Kommentarblock läßt sich dann immer wieder schnell in einen neuen Makro-Text einbauen.

Bei den Makros des vorliegenden Buches steht am Anfang der Makro-Texte die folgende KOMMENTAR-Sequenz:

```
«KOMMENTAR»
Funktion:
Name:
Tastenschlüssel:
«EKOMMENTAR»
```

Weil es sich dabei lediglich um Informationen zum Makro handelt, die aber auf den Ablauf des Makros keinen Einfluß haben, sind sie in die KOMMENTAR-Anweisung eingefügt.

Sie finden diese Sequenz als Textbaustein in der Textbaustein-Datei M-TOOLS.TBS unter dem Namen *anfang* (Kapitel 21.6.10).

▌ Einsatz des Textbausteins

Wenn Sie diesen Textbaustein in eines Ihrer Makros einfügen wollen, schreiben Sie an den Anfang der vorgesehenen Zeile das Wort *anfang*, und drücken Sie unmittelbar danach die Funktionstaste F3. In den Textbaustein brauchen Sie dann nur noch Namen, Funktion und Tastenschlüssel Ihres Makros einzusetzen.

Wenn Sie Makros mit den Makro-Tools aus Kapitel 20 bearbeiten, wird die KOMMENTAR-Sequenz automatisch eingefügt.

▌ Anpassung an Ihre Situation

Wenn Sie den Textbaustein *anfang* verändern wollen, fügen Sie ihn in ein Fenster ein. Bearbeiten Sie ihn wie einen normalen Text, und speichern Sie ihn danach. Um einen neuen Textbaustein entsprechend Ihren individuellen Anforderungen zu erstellen, schreiben Sie den gesamten Informationstext in eine KOMMENTAR-Anweisung (Kapitelabschnitt 13.1.

Achtung Wenn Sie ausgedruckte Makros immer eindeutig identifizieren wollen, verwenden Sie zum Drucken einfach die Makros *maktbs-drucken* oder *maktbs-druck-alles*. Sie sind in Kapitelabschnitt 20.2 ausführlich beschrieben.

29.21 Die Maus und das Makro

Mausaktionen können nicht in einen Makro-Text integriert werden. Es ist also nicht möglich, mit dem Befehl *Makro Aufzeichnen* Mausbewegungen und Mausklicker aufzuzeichnen. Es gibt aber eine andere und sehr nützliche Möglichkeit, die Maus in Zusammenhang mit Makros einzusetzen: die Bearbeitung von Dialogfeldern.

Wenn ein Makro mit der PAUSE-Anweisung bei einem geöffneten Dialogfeld unterbrochen worden ist, können Sie während dieser Unterbrechung mit Tasten so ziemlich alles machen, was außerhalb eines Makros auch möglich ist, nur eins geht nicht: Sie können eine Option nicht mit der Eingabetaste bestätigen, wenn Sie zugleich aus diesem Dialogfeld noch ein anderes, nachgeschaltetes bearbeiten wollen. Ebenso ist es nicht möglich, ein Dialogfeld mit der Option *Abbrechen* durch die Esc-Taste zu schließen, weil dann der Makro-Ablauf unterbrochen würde.

Mit der Maus können Sie das aber alles machen: Weitere Dialogfelder öffnen, Optionen markieren und durch Anklicken von *OK* bestätigen oder Dialogfelder durch Anklicken von *Abbrechen*.

29.22   Nützliches bei der Makro-Arbeit

Bei der Arbeit mit Makros, also beim Einsatz und bei der Bearbeitung von Makros sind bestimmte Systemeinstellungen und Verhaltensweisen vorteilhafter als andere. Sie erleichtern im weitesten Sinne die Arbeit an und mit Makros.

Die Gestaltung des Bildschirms

Sie haben den Bildschirm nach Ihren individuellen Anforderungen gestaltet: vielleicht haben Sie die Menüleiste eingeschaltet, am linken Fensterrand ist die Druckformatspalte sichtbar usw.

Wenn Sie Makros bearbeiten, kann vieles von dem unpraktisch sein, was sonst nützlich ist. Durch die eine oder andere Einstellung wird die Arbeit insgesamt schneller und übersichtlicher und geht mit weniger hektisch flimmerndem Bildschirm vor sich. Um diese Grundeinstellungen vorzunehmen, sind bestimmte Befehle und Optionen ein- bzw. auszuschalten:

Befehle   Befehl *Extras Einstellungen*: *Automatisch speichern*: *Intervall*:
und   1, *Bestätigen*: aus
Optionen

                Befehl *Ansicht Layout*: aus

                Befehl *Ansicht Statuszeile*: ein

                Befehl *Ansicht Bildschirmeinstellungen*: *Nicht druckbare Zeichen*: *Alle anzeigen*: ein, *Zeilennummer anzeigen*: aus, *Leerzeilen zählen*: aus, *Einblenden Meldungszeile*: ein, *Einblenden Druckformatspalte*: aus

                Diese Einstellungen sind als Minimalkonfiguration zu verstehen. Die übrigen Einstellungen bleiben hier unberücksichtigt. Aber wie gesagt: das alles muß nicht sein.

Konstante Einstellungen	Alle Optionen müssen (eigentlich) nur einmal gewählt werden: Wenn Sie Word mit diesen Einstellungen beenden, werden sie in der Datei MW.INI gespeichert. Damit haben Sie beim nächsten Aufruf des Programms diese Einstellungen automatisch von Anfang an.

Falls Sie die Einstellungen nur temporär ändern, aber Word dann ohne diese Änderungen beenden, müssen Sie sie beim nächsten Mal erneut vornehmen. Sie können das dadurch umgehen, daß Sie Einstellungen durch das Autoexec-Makro der Makro-Datei STANDARD.TBS vornehmen lassen. Sie finden dazu Hinweise in Kapitelabschnitt 4.5.1. Ebenso können Sie natürlich ein gesondertes Makro erstellen, damit Sie diese Einstellungen dann zu beliebigen Zeitpunkten einfach durch Eingabe eines Tastenschlüssels vornehmen können.

Arbeitshilfen für den Umgang mit Makro-Texten

Makros kommentieren

Details eines Makros sind in der Phase der Erstellung und des Tests sehr gegenwärtig; sie haben aber die Angewohnheit, es nach einiger Zeit nicht mehr zu sein. Bei späteren Änderungen können eventuell die kommentierenden Zeilen von damals recht hilfreich sein.

Wenn Sie ein Makro erstellen, scheuen Sie sich nicht, an Stellen, die Sie für wichtig halten, einen Kommentar einzugeben. Schreiben Sie kurz vor oder nach den entsprechenden Arbeitsschritten des Makros, was Sie wie warum oder warum nicht gemacht haben.

Sie können die Kommentare durch Formatierung hervorheben; auf die Funktion des Makro hat das keinen Einfluß.

Klare Aufforderungen

Eingabeaufforderungen, die im Zusammenhang mit den Makro-Anweisungen PAUSE, ABFRAGE und BESTIMMEN an den Makro-Benutzer über den Bildschirm ausgegeben werden, müssen unmißverständlich sein.

Die Aufforderungstexte können zwar nicht unbegrenzt lang sein, aber der Platz in der Meldungszeile bzw. im Dialogfeld sollte doch so extensiv genutzt werden, daß auch längere Zeit nach Erstellen des Makros noch unmißverständlich zu verste-

hen ist, wie denn nun reagiert werden soll. Wenn beispielsweise die Eingabe eines Dateinamens verlangt wird, sollte aus
der Aufforderung ersichtlich sein, ob der Dateiname mit oder
ohne Erweiterung eingegeben werden soll.

29.23   Organisation von Makro-Dateien

Wenn Sie Word starten, wird automatisch die Makro-Datei
STANDARD.TBS geladen. Vielleicht geht es Ihnen bei der Erstellung von
Makros manchmal auch so, daß Sie das neue Makro in dieser Datei ablegen.
Und dabei wird sie dann allmählich immer größer. Wenn Sie Word beenden,
dauert das Speichern der STANDARD.TBS dann jedesmal etwas länger. Die
gleiche Zeitverzögerung tritt dann auch beim Starten von Word auf.

Das allmähliche Aufblähen der STANDARD.TBS läßt sich aber vermeiden.
Makros, die in bestimmten thematischen Zusammenhängen verwendet werden, können in einer eigenen Makro-Datei zusammengefaßt werden. Wenn
Sie beispielsweise spezielle Makros ausschließlich im Zusammenhang mit der
Bearbeitung von Dokumentationen einsetzen, dann könnten Sie diese Makros
in eine neue Makro-Datei mit dem Namen DOKUMENT.TBS auslagern bzw.
neue "Dokument"-Makros in diese Datei ablegen. Die STANDARD.TBS enthält dann tatsächlich nur noch "Standard"-Makros, die universell einzusetzen
sind.

▎ Wie Sie neue Makro-Dateien erstellen können

1.   Wählen Sie den Befehl *Makro Bearbeiten*.

2.   Wählen Sie die Option *< Speichern >*.

3.   Geben Sie im Dialogfeld *Textbausteindatei speichern* den neuen Datein-
      amen ein, und bestätigen Sie. Sie haben damit zwei Makro-Dateien mit
      dem gleichen Inhalt.

4.   Wählen Sie den Befehl *Makro Bearbeiten* und dann die Option *< Alle
      löschen >*, wenn Sie alle Makros löschen wollen.

      Um nur einzelne Makros zu löschen, markieren Sie das zu löschende
      Makro. Wählen Sie dann die Option *< Löschen >*, und schließen Sie an-
      schließend das Dialogfeld.

Sie können in diese neue Makro-Datei nun wie gewohnt Makros ablegen.

Alles, was Sie immer brauchen: Die Makro-Datei BASIS.TBS

Es kann auch bei den thematisch abgegrenzten Makro-Dateien sinnvoll sein, die oben erwähnten "Standard"-Makros abzulegen. Wenn Sie also Ihre universell einsetzbaren Makros in jeder neu erstellten Makro-Datei zur Verfügung haben wollen, müssen Sie diese Makros in jede Datei ablegen. Dieser Vorgang läßt sich dadurch vereinfachen, daß Sie Ihre Universalmakros in die Makro-Datei BASIS.TBS ablegen und diese Datei dann jeweils nur mit Ihren thematischen Makro-Dateien verbinden. Wie Sie die Makro-Datei BASIS.TBS erstellen, ist oben beschrieben.

Damit Sie die Datei BASIS.TBS mit einer Ihrer speziellen Makro-Dateien verbinden können, muß diese spezielle Makro-Datei die aktuelle sein. Sollte das nicht der Fall sein, öffnen Sie sie zuerst (Kapitelabschnitt 2.3). Machen Sie dann folgendes:

1.   Wählen Sie den Befehl *Makro Bearbeiten*.

2.   Wählen Sie die Option *< Verbinden >*.

3.   Wählen Sie im Listenfeld *Dateien* den Namen BASIS.TBS.

4.   Schließen Sie das Dialogfeld *Makro Bearbeiten*.

Natürlich können Sie dann in die Makro-Datei BASIS.TBS auch das eine oder andere Makro dieses Buches ablegen. Falls Sie alle Makro-Tools dieses Buches in der BASIS.TBS zur Verfügung haben wollen, speichern Sie die Datei M-TOOLS.TBS einfach unter dem Namen BASIS.TBS.

Anhang 1:
Die Datei M-TOOLS.TBS

Makros der Datei M-TOOLS.TBS

Verzeichnis der Makro-Namen

a, <->
b, <->
druck-alles, <strg D>L
druck-markierung, <strg D>M
druck-seiten, <strg D>S
fußfenster-anfang, <->
fußfenster-ende, <->
gliederung-anfang, <->
gliederung-ende, <->
info-anfang, <->
info-anfang-ohne, <->
info-ende, <->
info-ende-ohne, <->
k, <->
layout-anfang, <->
layout-ende, <->
leiste-anfang, <->
leiste-ende, <->
lineal-anfang, <->
lineal-ende, <->
m, <->
makro-anfang, <strg M>A

maktbs-bearbeiten, <strg M>B
makro-kopf, <->
makro-neu, <strg M>N
maktbs-druck-alles, <strg M>L
maktbs-druck, <strg M>D
maktbs-name-tastensch, <strg M>T
maktbs-speichern, <strg M>P
mzeile-anfang, <->
mzeile-ende, <->
option-ein, <strg O>1
p, <->
q, <->
s, <->
tbs-druck, <strg T>D
umbruch-anfang, <->
umbruch-ende, <->
v, <->
w1, <->
w2, <->
warteschlange-anfang, <->
warteschlange-ende, <->
wi, <->

Verzeichnis der Makro-Tastenschlüssel

<->, a
<->, b
<->, fußfenster-anfang
<->, fußfenster-ende
<->, gliederung-anfang
<->, gliederung-ende
<->, info-anfang
<->, info-anfang-ohne

<->, info-ende
<->, info-ende-ohne
<->, k
<->, layout-anfang
<->, layout-ende
<->, leiste-anfang
<->, leiste-ende
<->, lineal-anfang

<-> , lineal-ende
<-> , m
<-> , makro-kopf
<-> , mzeile-anfang
<-> , mzeile-ende
<-> , p
<-> , q
<-> , s
<-> , umbruch-anfang
<-> , umbruch-ende
<-> , v
<-> , w1
<-> , w2
<-> , warteschlange-anfang

<-> , warteschlange-ende
<-> , wi
<strg D>L, druck-alles
<strg D>M, druck-markierung
<strg D>S, druck-seiten
<strg M>A, makro-anfang
<strg M>B, maktbs-bearbeiten
<strg M>D, maktbs-druck
<strg M>L, maktbs-druck-alles
<strg M>N, makro-neu
<strg M>P, maktbs-speichern
<strg M>T, maktbs-name-tastensch
<strg O>1, option-ein
<strg T>D, tbs-druck

Textbausteine der Datei M-TOOLS.TBS

Da keinem der Textbausteine ein Tastenschlüssel zugeordnet ist, entfällt die
Auflistung nach Tastenschlüsseln. Sie wäre mit der nach Namen sortieren
Liste identisch.

Die Liste enthält auch die Namen der Word-Textbausteine.

5t0, <->
5t1, <->
an, <->
anfang, <->
as, <->
av, <->
da, <->
Datum, <->
df, <->
df1, <->
Druckdatum, <->
Druckzeit, <->
ec0, <->
ec1, <->
em, <->
ema, <->
emb, <->
emm, <->
fe, <->
fö, <->
fs, <->

fs9, <->
Fußnote, <->
ge, <->
janein, <->
ma, <->
meldung, <->
menübild, <->
Nächste_Seite, <->
nd, <->
ng, <->
option, <->
pa, <->
pv, <->
Seite, <->
sp, <->
spa, <->
sv, <->
warten, <->
wv, <->
Zeit, <->

Anhang 2:
Die Datei M-PRAXIS.TBS

Makros der Datei M-PRAXIS.TBS

Verzeichnis der Makro-Namen

d-manager-aufruf, <strg D>A
d-manager-eintrag, <strg D>E
d-manager-norm, <strg D>N
dateiname-datum-druck, <strg D>D
dateiname-prüf, <->
datumsformat-null, <strg D>0
datumsformat-zahl, <strg D>Z
druck-alles, <strg D>L
druck-markierung, <strg D>M
druck-seiten, <strg D>S
erste-seite, <strg 1>S
fußfenster-anfang, <->
fußfenster-ende, <->
gliederung-anfang, <->
gliederung-ende, <->
grafik-laden, <strg G>L
hinzufügen-wörterbuch, <strg H>W
index-erstellen, <strg I>E
index-untereintrag, <strg I>U
info-anfang, <->
info-anfang-ohne, <->
info-ende, <->
info-ende-ohne, <->
jahresbericht-laden, <strg L>J
layout-anfang, <->
layout-ende, <->
leiste-anfang, <->
leiste-ende, <->
letzte-seite, <strg L>S
lineal-anfang, <->

lineal-ende, <->
lückentext, <strg L>T
makro-anfang, <strg M>A
maximal-schließen, <strg X>S
menü, <strg M>Ü
monatsbericht-laden, <strg L>M
mzeile-anfang, <->
mzeile-ende, <->
namen-eintrag, <strg M>E
numerieren-alle, <strg U>A
numerieren-beliebig, <strg U>B
option-ein, <strg O>1
protokoll-laden, <strg P>L
rahmen-alle, <strg R>A
rahmen-leer, <strg R>L
sortieren-absatz, <strg O>A
text-kopieren, <strg T>K
textmarke-automatisch, <strg T>A
textmarke-löschen, <strg T>L
textmarke-manuell, <strg T>M
textmarke-übertrag, <strg T>Ü
textmarke-wort, <strg T>W
umbruch-anfang, <->
umbruch-ende, <->
verändern-einzug, <strg V>E
verzeichnisse, <strg V>Z
warteschlange-anfang, <->
warteschlange-ende, <->
wechseln-tippfehler, <strg X>T
zeichen-eintrag, <strg Z>E

Verzeichnis der Makro-Tastenschlüssel

<-> , dateiname-prüf
<-> , fußfenster-anfang
<-> , fußfenster-ende
<-> , gliederung-anfang
<-> , gliederung-ende
<-> , info-anfang
<-> , info-anfang-ohne
<-> , info-ende
<-> , info-ende-ohne
<-> , layout-anfang
<-> , layout-ende
<-> , leiste-anfang
<-> , leiste-ende
<-> , lineal-anfang
<-> , lineal-ende
<-> , mzeile-anfang
<-> , mzeile-ende
<-> , umbruch-anfang
<-> , umbruch-ende
<-> , warteschlange-anfang
<-> , warteschlange-ende
< strg 1 > S, erste-seite
< strg D > 0, datumsformat-null
< strg D > A, d-manager-aufruf
< strg D > D, dateiname-datum-druck
< strg D > E, d-manager-eintrag
< strg D > L, druck-alles
< strg D > M, druck-markierung
< strg D > N, d-manager-norm
< strg D > S, druck-seiten

< strg D > Z, datumsformat-zahl
< strg G > L, grafik-laden
< strg H > W, hinzufügen-wörterbuch
< strg I > E, index-erstellen
< strg I > U, index-untereintrag
< strg L > J, jahresbericht-laden
< strg L > M, monatsbericht-laden
< strg L > S, letzte-seite
< strg L > T, lückentext
< strg M > A, makro-anfang
< strg M > E, namen-eintrag
< strg M > Ü, menü
< strg O > 1, option-ein
< strg O > A, sortieren-absatz
< strg P > L, protokoll-laden
< strg R > A, rahmen-alle
< strg R > L, rahmen-leer
< strg T > A, textmarke-automatisch
< strg T > K, text-kopieren
< strg T > L, textmarke-löschen
< strg T > M, textmarke-manuell
< strg T > Ü, textmarke-übertrag
< strg T > W, textmarke-wort
< strg U > A, numerieren-alle
< strg U > B, numerieren-beliebig
< strg V > E, verändern-einzug
< strg V > Z, verzeichnisse
< strg X > S, maximal-schließen
< strg X > T, wechseln-tippfehler
< strg Z > E, zeichen-eintrag

Textbausteine der Datei M-PRAXIS.TBS

Da keinem der Textbausteine ein Tastenschlüssel zugeordnet ist, entfällt die
Auflistung nach Tastenschlüsseln. Sie wäre mit der nach Namen sortieren
Liste identisch.

Die Liste enthält auch die Namen der Word-Textbausteine.

Datum, <->
Druckdatum, <->
Druckzeit, <->
Fußnote, <->
kapitelanfang, <->

menübild, <->
Nächste_Seite, <->
Seite, <->
Zeit, <->

Stichwortverzeichnis